사회에 대해

Telling About Society

말하기

사회에 대해 말하기

Telling About Society

하워드 S. 베커 지음

김봉석·김월화·이성용·고성호 옮김

인간사랑

| 차례 |

사회에 대해 말하기

친구이자 학자였던 미셸 드 라 프라델(Michèle de la Pradelle), 드와이트 컹커굿(Dwight Conquregood), 알랭 페생(Alain Pessin), 엘리엇 프리드슨(Eliot Friedson)을 추모하며,

이 책은 통상적인 연구 프로젝트라 할 수 없다. 이 아이디어는 내가 습관적으로 행하는 무작위적이고 무계획적인 독서, 다년간의 교육, 그리고 평범한 삶 속에서 내 관심사와 매우 잘 절충되어 나왔다.

나는 항상 연극과 영화 애호가이며 지치지 않는 소설 탐독자였다. 나는 언제나 사회에 관한 흥미로운 소재를 배울 때마다 어릴 때 형성된 "재미있다면 할 가치가 있다."는 규칙을 적용한다는 생각으로 임했다. 그렇다 보니 생각해 볼만한 꽤 많은 사례들을 얻게 됐다. 나는 버나드 쇼(George Bernard Shaw)의 희곡 『워렌 부인의 직업(*Mrs. Warren's Profession*)』을 읽었고 이 작품에 나오는 성매매라는 '사회문제'의 해부를 즐겼으며, 사례를 찾기 시작할 때 그 책을 염두에 두었다. 나는 찰스 디킨스(Charles Dickens)와 제인 오스틴(Jane Austen)의 소설도 읽었고 이들 소설가들이 어떻게 사회분석을 하는지를 하나의 사례로서 간직

했다.

1970년에 나는 예술사회학 분야의 작업을 준비하면서 샌프란시스코 예술원에서 사진 촬영기술을 배웠고 샌프란시스코와 시카고에서 사진과 관련을 맺었다. 다큐멘터리 사진가들은 내가 그들이 원하는 사회분석을 어떻게 할 것인지에 대해 염려했고, 나는 어떻게 그들의 문제가 (나를 포함한) 사회과학자들이 자신이 말해야 할 것을 말할 때 처하는 문제와 유사한지를 알기 시작했다.

나는 공식 분야의 문서를 읽는데 전혀 능숙치 못하며, 사회가 어떻게 돌아가는지를 아는데 사회과학이 독점적 지위를 갖고 있다고도 결코 생각해 본 적이 없다. 나는 이 아이디어들을 내가 읽기로 '계획했던' 책들과 소설, 희곡, 영화, 사진을 통해서 찾아냈다. 그리고 다큐멘터리 사진 프로젝트나 영화를 볼 때 떠오른 아이디어들은 통상적인 사회과학에 대한 내 사고방식에도 스며들었다.

나는 모든 분야에서 방법의 문제를 야기하는 논쟁적 저작을 진지하게 읽었다. 이 책은 당신이 그러한 논쟁에 참여한 사람을 대상으로 인터뷰를 한다면 얻을 수 있는 내용을 많이 담고 있다. 이들이 제기하는 문제는 이 분야에 몸담은 사람들이 직면하는 것이며, 이를 확장해 출판한 논의들은 매우 유용했다. 물론 각자의 특정 분야의 작업에서 재현의 문제에 관해 다른 사람들과 이야기할 기회가 있었을 때 나는 그 문제로 비약했지만 어떤 체계적 인터뷰나 자료수집도 하지 않았다.

내가 받은 교육은 두 가지 매우 특수한 사례를 통해 사고의 발전에 영향을 미쳤다. 내가 노스웨스턴대학교에서 사회학을 가르칠 때 스피치 대학 퍼포먼스 학과 교수였던 고(故) 드와이트 컹커굿(Dwight Con-

사회에 대해 말하기

quergood)과 같이 하는 행운을 누린 적이 있었다. 드와이트는 스스로 '사회의 퍼포먼스적 측면(performative aspect of society)'이라고 지칭한 것을 연구했는데, 이는 사회적 삶이 퍼포먼스의 연속으로 파악될 수 있다는 것이었다. 핵심을 말하자면, 그는 종종 자신의 연구결과를(동남아시아 난민, 시카고 갱단 멤버들에 대한) 퍼포먼스의 형태로 재현했다. 이는 내가 (비록 실제 훈련도 받지 못했고 그리 성공적이지도 못했지만) 동료 마이클 맥콜(Michael McCall), 로리 모리스(Lori Morris)와 3개 도시의 극단 공동체에 관한 협동연구 결과를 보고할 때 사회학적 퍼포먼스의 형태로 시도하고자 했던 것이다(Becker, McCall and Morris, 1989; Becker and McCall, 1990). 따라서 드와이트와 내가 만났을 때 '사회과학 퍼포먼스(Performing Social Science)'라는 과목을 공동으로 강의하는 아이디어가 진전된 것이다. 스피치 대학 퍼포먼스 학과생들과 더 많은 수의 연극학과생들이 드와이트의 학생이었고, 내 학생의 대부분은 사회학과 소속이었다. 수업에는 대학원생과 학부생이 같이 참여했다. 우리는 이 수업을 1990년과 1991년에 진행했고, 두 번 모두 수업의 주요 내용은 사회과학으로 간주될 수 있는 것에 대한 학생들의 퍼포먼스였다(그리고 두 번째 수업에서는 교수들의 퍼포먼스도 포함됐다). 우리의 정의는 포괄적이었으며, 따라서 학생들이 수행한 퍼포먼스는 다양한 분야(역사학, 사회학, 문학, 드라마)와 학생들 스스로의 창의성에서 비롯된 것이었다. 나는 이에 대해 때때로 언급할 것이며, 이는 내가 흥미를 가진 조직적, 과학적, 미학적 관심에 체화된 것이다.

두 번에 걸쳐 진행했던 '사회에 대해 말하기' 과목(한 번은 캘리포니아대학교 산타바바라 캠퍼스에서, 그리고 이듬해에는 워싱턴대학교에서) 또한 내게 많은 생각할 거리를 주었다. 이 작은 모험에 참여한 사람들은 몇몇 학과 소속이었으며 대부분 대학원생이었다. 이는 이 학생들이 피치 못하게 나와 컹커굿이 노스웨스턴대학교에서 만났던 학부생들보다 덜 모험적이고 시간과 주의집중에 있어서 손실과 압박이 많음을 의미하는 것이었다. 하지만 다른 한편으로, 이들은 주제의 확장이라는 점에서 훨씬 사려 깊었고 비판하고 논쟁하려는 의사가 있었으며, 따라서 내가 정리됐다고 생각한 질문을 다시 시작하도록 자극했다.

매주 진행된 수업에서는 영화, 희곡, 통계표 등의 다양한 매체를 채택했다. 나는 읽을거리를 주거나, 종종 그랬듯이 수업시간에 뭔가 프레젠테이션을 하고 반응할 거나 무엇이 사회에 대해 말하는 적절한 방식을 구성하는지에 관한 학생들의 고정관념을 깨도록 자극을 주었다. 내가 이 수업을 처음 맡았을 때 첫 시간을 사회계급이 다른 두 루마니아 가족 자녀의 결혼에 관한 이야기를 다룬 카릴 처칠(Caryl Churchill)의 희곡 『광란의 숲(*Mad Forest*)』(1996)에 대한 이야기로 시작했다. 이 희곡의 제2막은 계급이란 무엇인가에 대해 정확히 이야기하고 있는데, 그것은 이 부분이 사회과학자들이 '원초적 집합행동(elementary collective behavior)' 또는 '군중형성(crowd formation)'으로 지칭한 과정의 예술적 재현이기 때문이다. 이 책 12장에서는 학생들에게 이 희곡을 큰 소리로 낭독하게 한 다음 너희들은 뭔가 감정을 느꼈을 뿐만 아니라 군중형성에 관해 내가 알고 있는 최고의 분석을 읽은 것이라고 역설했다는 이야기가 나온다. 학생 대부분은 내 말에 동의했다. 그리고 나는 학생들에게 계급 문제를 정리해 보도록 했다. 사회과학자들이 알고 있는 방식 이외에 어떤 방식이 이런 정보를 전달할 수 있을까? 나

사회에 대해 말하기

는 학생들 중 다수가 만약 그들이 방금 겪은 극적(劇的) 경험이 아니었다면 이 질문을 선뜻 받아들이지 못했으리라 생각한다.

그 다음 주에 우리는 안나 드비어 스미스(Anna Deveare Smith)의 영화 『크라운 언덕의 불길(*Fire in Crown Heights*)』(2001)을 감상했는데, 이 작품에서 스미스는 브루클린에서의 폭력사태 이후 다양한 사회집단의 많은 사람들이 그에게 해 준 이야기들을 다루고 있다. 우리는 매사추세츠 주에 위치한 형사 정신질환자 수용 병원에 관한 프레드릭 와이즈먼(Frederick Wiseman)의 다큐멘터리 영화 『티티컷 폴리즈(*Titicutt Follies*)』(1967)를 감상했다. 우리는 내가 만든 일련의 사회학적 표와 차트에 관해 토론했으며, 또한 나는 수학적 모형과 관련해 가르칠 준비가 미흡했던 단기 과정을 담당하기도 했다. 내가 생각한 것이 '이론적' 논의를 빈약하게 만들지 않기를 바라면서 충분한 구체적 토론사례를 동원한 세미나 모임을 계획했다. 내 계획은 잘 진행됐고, 토론은 매우 훌륭해서 토론 내용과 그로 인해 자극받은 생각에 대한 노트 정리에 하루를 바쳐야 할 정도였다.

수업계획서에서 나는 학생들에게 다음과 같이 말했다.

수업의 주요 전략은 비교다. 비교 대상은 다양한 장르의 재현들, 영화, 소설, 희곡과 표, 차트, 그래프, 수학적 모형, 그리고 그 사이에서 우리가 생각해 볼 수 있는 모든 것들이다. 이것들은 사회적 삶을 재현(再現, representation)하는 일반적 문제들을 해결하는 방식의 측면에서 비교될 것이다. 그리고 그러한 문제 목록은 부분적으로는 각 장르에서 어떤 문제가 부각되는지 파악함으로써 생성될 것이다(우리가 작업을 해 나갈수록 잘 이해할 것이다. 지금 당장은 이것이 다소 신기해 보일 수도 있음을 안다).

우리가 다루게 될 주제들을 좌표(grid)처럼 생각할 수 있다. 한 축에는 앞서 언급한 매체 또는 여러 분야의 장르들이 위치한다. 다른 한 축에는 재현에 있어서 제기되는 문제들, 즉 예산의 영향, 재현 제작자의 윤리적 의무, 알고 있는 바를 일반화하는 방식, 다의성(多意性, polyvocality)[1] 정도 등이 위치한다. 원칙적으로 우리는 모든 장르의 문제를 탐구할 수 있고 교차분류에 의해 생성된 모든 박스를 채울 수 있지만, 그렇게 쓸모 있지는 않다. 따라서 여기서 '다루는' 것은 그저 우연히 일어나는 것 이상이며, 쉽게 이야기할 수 있는 자료들과 특수한 이해관심에 의해 주로 영향 받는 것들이다. 그러나 이야기 목록은 다른 장르와 문제를 다루기 위해 확장될 수 있다. 마치 사람들이 유언장을 받아쓰듯이.

그리고 이러한 태도는 이 책의 구조적 문제를 촉발시켰다.

로버트 머튼(Robert Merton)은 주장을 예시하는 명제들을 찾아내고자 했고, 그의 아이디어 중 가장 성공적인 것은 자기충족적 예언(self-fulfilling prophecy)에 관한 것이었다. 어떻게 재현에 관한 나의 분석을 표

---

1   polyvocality는 동음성(同音性) 또는 일의성(一意性)을 뜻하는 univocality와 상반된 용어다. termwiki.com에 실린 정의는 다음과 같다. In contrast to univocality, this is the use of multiple voices as a narrative mode within a text, typically in order to encourage diverse readings rather than to promote a preferred reading(이하 각주는 모두 역주).

현할 것인가?

　나에게는 두 가지 종류의 자료가 있었다. 영화, 소설, 통계표 등 특정한 종류의 재현을 제작하거나 사용하는 과정에서 조직화된 공동체에 관한 아이디어, 그리고 이러한 몇몇 분야를 통해 수행된 것을 예시하는 사회에 관한 보고 사례와 토론의 확장이 그것이다. 내 생각 중 상당 부분은 성공적인 사회적 재현에 관한 생각, 특히 사회과학 분야의 경계를 뛰어넘는 생각들로부터 자극받은 것이며, 내 탐구의 결과가 그 점을 체화하고 강조하기를 바랐다.

　각종 매체(영화, 희곡, 표, 모형, 기타 등)와 분석적 문제(예를 들면, 재현의 제작자와 사용자 간의 분업)의 교차표화(cross-tabulating)는 저술을 위한 방대한 조합을 창출할 것이다. 이런 종류의 분류구조는 내가 작업한 것에 내재해 있지만, 그렇다고 그 모든 기술적 및 분석적 박스를 채워야 한다는 의무감을 느끼고 싶지는 않았다. 그리고 이런 백과사전식 접근법이 내 목적에 유용하리라 생각하지도 않았다. 내 목적은 나 스스로, 아울러 내가 관심을 가진 분야(지금은 사회과학 영역을 넘어선)에 있는 다른 이들이 광범위한 재현 가능성의 영역에 눈을 뜨는 것이었다.

　나는 하이퍼텍스트(hypertext, 많은 문장 단편들이 다양한 순서로, 경우에 따라서는 사용자가 어떤 순서를 정했든 독해 가능한 것)에 관한 내 경험과 실험에 강하게 영향 받은 다른 접근법을 채택했다. 각 부분은 상호 독립적이지만 주어진 순서대로 따라야 하는 것은 아니다. 이러한 정신에 따라서 이 책은 두 부분으로 구성돼 있다. '아이디어' 부분은 재현의 세계라는 측면으로 볼 때 보다 명백해지는 일반적 주제들에 관한 짧은 에세이들로 구성돼 있다. '사례' 부분은 일반적 아이디어의 견지에서 볼 때 내게 새로운 의미를 가져다 준 특정 작업, 작업성과, 또는 재현 종류에 대한 평가와 분석으로 이루어져 있다. 두 부분의 세부 항목들은 상호 언급되며, 전체는 선형적 논의에 비해 사고와 사례의 네트워크에 보다 가깝다. 이러한 접근법은 아마도 컴퓨터에 가장 적합할 것이다. 독자가 이 주제에서 저 주제로 이동하기 쉽게 만들 수 있으니까 말이다. 하지만 당신은 인쇄된 책을 손에 들고 있다. 미안하다.

따라서 이 두 부분의 내용을 원하는 순서로 읽을 수 있고 또 그래야만 한다. 각 부분은 독립적이며 또한 서로를 조명한다. 온전한 의미는 스스로의 목적에 따라 각 부분을 결합하는 방식에서 나온다. 그방식이 무엇이든 간에. 이것이 내가 바라는 대로 작동한다면, 문헌에 관심을 둔 사회과학자와 예술가들은 모두 자신들이 사용할 수 있는 무언가를 찾을 수 있을 것이다.

1985년 시카고 ~ 2006년 샌프란시스코

이 프로젝트는 1980년대에 내가 노스웨스턴 대학교 동료들(앤드류 C. 고든 [Andrew C. Gordon]이 그 중 유명하다)과 공동으로 지금은 없어진 시스템 발전 재단(System Development Foundation)으로부터 '사회에 대한 재현 양식(Modes of Representation of Society)'에 대한 연구지원금을 받으면서 시작됐다. 이 모호한 제목은 사진, 통계 그래픽, 연극, 그리고 누구든 사회에 대해 알고 있다고 생각하는 바를 다른 사람들에게 이야기할 때 사용해 봤을 거의 모든 매체들에 관한 우리의 다양한 관심사를 포괄하는 것이었다. 많은 이들이 우리와 같이 몇 해에 걸쳐 작업했지만, 우리는 결코 그런 거창한 제목에 걸맞은 방대한 연구보고서를 작성하지 않았다. 나는 논문 한 편을 썼고(이 책 안에 일부 수정된 형태로 재수록 했다), 다른 몇 사람 또한 논문을 썼으며, 우리 모두는 산더미 같은 메모를 남겼다. 결국 우리는 각자의 길을 갔으며, 그것으로 이 작업은 끝난 것처럼 보였다. 주된 저작이 없다는 것은 재단 이사진 한 명이 내놓았던 이 연구를 지원해서 얻을 것이라고는 하나도 없으리라는 재단 이사진 중 한 명의 암울한 전망을 명백히 정당화하는 것이었다.

1990년대 중반에서 후반으로 넘어가던 어느 시점에 나는 이 문제에 다시 관심을 갖게 됐고, 1997년 봄 캘리포니아 주립대학교 산타바바라 캠퍼스 사회학과에서, 그리고 이듬해 워싱턴대학교에서 교환교수로 있을 때 '사회에 대해 말하기(Telling About Society)'라는 세미나를 열었다. 두 세미나 모두 그 주제에 대한 내 생각을 자극했다. 나는 매번 수업이 끝난 후 스스로 장문의 메모를 썼는데, 이 메모들은 다양한 형태를 띠고 있으며 이 책에도 다양한 방식으로 반영됐다. 어떤 수업이 어떤 아이디어를 자극했는지 기억나지 않는 관계로, 이 수업 또는 저 수업에서 일어났던 일에 관해 이야기하고자 할 때는 그냥 '세미나'라고 할 것이다. 두 세미나에 참석한 학생들 모두 별반 뚜렷한 효용도 없는 일에 1년의 4분의 1을 기꺼이 허비할 용의가 있는 모험심 가득한 친구들이었고, 나는 그들의 시끌벅적하고 논쟁적인 참여에, 그 중에서도 내가 그 모든 메모를 작성하도록 만든 일들에 감사한다.

나는 수년간 대화와 사례를 통해 내게 영향을 준 모든 사람들을 일일이 열거하지는 않겠다. 다 기억하기도 힘들뿐더러, 여기서 누락시킨다 해도 그들은 누군지 다 알아서 짐작할 수 있을 것이다. 다이앤 해거먼(Dianne Hagaman)은 누구든 상상할 수 있는 모든 방식으로, 아울러 그를 모르는 사람들이 생각할 수 없을법한 방식으로, 제인 오스틴의 『오만과 편견(Pride and Prejudice)』에 관한 전문적 지식으로 나를 도와주었다(14장은 그의 도움 없이는 감히 엄두도 못 냈을 것이다).

수 년 동안 나는 이곳저곳에 발표 및 출간을 위한 몇 편의 글을 썼고, 그 중 일부를 이 책의 몇몇 부분에 대체로 수정된 형태로 사용했다. 다음 글들은 전체적 또는 부분적으로 여러 장에서 나타난다.

"Telling About Society," in Howard S. Becker, *Doing Things Together* (Evanstone, IL: Northwestern University Press, 1986), 121–136: chapter 1.

"Categories and Comparisons: How We Find Meaning in Photographs," *Visual Anthropology Review* 14 (1998–1999): 3–10: chapter 3.

"Aesthetics and Truth," in Howard S. Becker, *Doing Things Together* (Evanstone, IL: Northwestern University Press, 1986), 293–301: chapter 7.

"Visual Sociology, Documentary Photography, and Photojournalism: It's (Almost) All a Matter of Context," *Visual Sociology* 10 (1995): 5–14: chapter 11.

"La politique de la présentation: Goffman et les institutions totales," in *Erving Goffman et les institutions totales*, edited by Charles Amourous and Alain Blanc, 59–77 (Paris: L'Harmattan, 2001); and, in English, as "The Politics of Presentation: Goffman and Total Institutions," *Symbolic Interaction* 26 (2003): 659–69: chapter 13.

"Sociologie, sociographie, Perec, and Passeron," in *Le Goût de l'enquête: Pour Jean-Claude Passeron*, edited by Jean–Louis Fabiani, 289–311 (Paris: L'Harmattan, 2001); a shorter version appears in English as "George Perec's Experiments in Social Description," *Ethnography* 2 (2001); 63–76: chapter 15.

"Calvino, sociologue Urbain," in Howard S. Becker, Paroles et musique (Paris: L'Harmattan, 2003), 73–89: chapter 16.

1부

아이디어

1 / 사회에 대해 대해 말하기

나는 샌프란시스코의 러시안 힐의 낮은 경사지대 혹은 노스 비치 위쪽 지역이라 불리는 곳에서 수년간 살았다. 그곳에 대한 나의 기술 (記述)은 내가 감명을 주고자 하는 사람이 누구인지에 따라 달라질 것이다. 나는 피셔맨 부두 근처에 살았는데, 그곳은 많은 사람들이 관광지로부터 다운타운 모텔이나 롬바르드 거리 모텔가(街)로 이동하는 길목에 위치해 있었다. 우리 집 창밖을 내다보노라면 가끔 작은 무리의 관광객들을 볼 수 있었는데, 그들은 자신들과 목적지 사이에 위치해 있는 커다란 언덕과 지도를 번갈아가며 쳐다보고 있었다. 무슨 일인지는 자명하다. 지도에 표시된 쭉 뻗은 길은 주거지역을 관통하는 기가 막힌 산책로, 즉 현지 주민들의 사는 모습을 볼 수 있는 거리처럼 보인다. 그러면 그들은, 내가 도움을 제공했던 한 젊은 영국청년의 말처럼, "난 모텔을 잡으려는 거지, 저 끔찍한 언덕을 오르는 게 **아니야!**"라고 생각한다.

지도는 왜 저 언덕들에 대한 경고를 하지 않을까? 지도 제작자가 알고 있는 언덕 표시방식에 따르면, 그 언덕은 보행자에게 불편을 주는 제약적 요소가 아니다. 지도는 운전자용으로 만들어졌고, 원래 (더이상은 아니지만) 유류회사와 타이어 업체의 협찬으로 제작되어 주유소를 통해 배포되었는데(Paumgarten, 2006: 92), 운전자들은 보행자들만큼 언덕에 대해 걱정하지 않는다.

이러한 지도, 그리고 그 지도를 만들고 사용하는 사람과 조직의 네트워크는 보다 일반적인 문제의 좋은 예가 된다. 샌프란시스코의 통상적인 도로지도는 그 도시사회에 대한 관례적인 재현(再現, representation), 즉 도로와 경계지표들, 그리고 그러한 것들의 공간적 배치에 대한 시각적 기술이다. 사회과학자와 일반 시민들은 일상적으로 사회적 실재(social reality)에 대해 지도뿐만 아니라 매우 다양한 다른 재현들을 사용한다. 몇 개만 무작위로 예를 들면, 기록영화, 통계표, 누가 어떤 사람이며 무슨 일을 하는지를 설명하려고 서로에게 말하는 이야기들과 같은 것이다. 이 모든 것은 지도와 마찬가지로, 어떤 목적에 부분적이지만 그럼에도 적절한 그림을 제공한다. 이러한 이해는 여러 개의 흥미로운 질문들을 던진다. 조직체의 욕구와 관행들이 사회적 실재에 대한 우리의 기술과 분석(소위 재현이라고 하는)을 형성하는 방식은? 이러한 재현들의 사용자가 그것들을 적절한 것으로 정의하는 방식은? 이러한 질문들은 과학에서의 알기(knowing)와 말하기(telling)에 관한 전통적 질문들과 관련되지만, 그러한 질문들을 뛰어넘어 예술 및 일상생활의 경험 및 분석에 더 전통적으로 관련된 문제들을 포함해야 한다.

수년간 나는 직업적이든 태생적 호기심에서든 다양한 방식의 사회에 대해 말하기에 관여하여 왔다. 나는 사회학자이므로 가장 즉각적으로 와 닿는 말하기 방식은 사회학자들이 통상적으로 사용하는 방식인 민속지적 기술, 이론적 담론, 통계표 (및 막대그래프 같은 수치의 시각적 표현), 역사적 서사 등이다. 그러나 나는 몇 해 전 예술대학에 진학해서 사진작가가 됐고, 그 과정에서 사회의 사진 재현에 대한 관심을 강력하게 그리고 지속적으로 발전시켰는데, 이는 기록 사진작가와 다른 사진작가들이 그 매체[2]를 만들어 낸 이후 해 온 일이다. 그것은 매우 자연스럽게 필름을 또 다른 방식의 사회에 대해 말하기로 생각하게끔 만들었다. 기록 필름만 아니라 픽션(fiction) 필름도 마찬가지다. 나는 어린 시절 열렬한 픽션 독자였고, 다른 대부분의 독자들과 마찬가지로 그 이야기들이 가공의 판타지에 불과한 것이 아니라 어떻게 사회가 구성되고 작동하는지를 읽어내는데 유용한 관찰들을 포함하고 있음을 알았다. 극적(劇的) 재현들의 이야기들을 무대에 올리면 어떠한가? 이러한 모든 방식의 사회에 대해 말하기에 관심을 갖고 관여해 온 나는 내 머리 속에 다소간 아무렇게나 무작위로 쌓아놓은 사례들의 모음을 이용하기로 결심했다.

뭘 하려느냐고? 사회를 재현하는 작업에 종사하는 사람들이 반드

---

2   사진기.

시 풀어야만 하는 문제는 무엇이고, 발견되고 시도되었던 해결책의 유형들은 무엇이며, 그 결과는 어떠했는지 살펴보고, 여타 매체들이 공통적으로 내포한 문제는 무엇이며, 특정 방식의 말하기에서 통하는 해법을 여타 방식에 적용할 때 어떤지 보려고. 예를 들어, 통계표와 기록사진 프로젝트의 공통점, 수학적 모형과 전위예술(avant-garde) 픽션의 공통점은 무엇인지 보려고. 어떤 분야가 다른 분야에서 수입할 수 있는 기술(記述) 문제의 해결책은 무엇인지를 보려고.

그래서 나는 사람들이 타인들에게 자신들의 사회 혹은 자신들의 관심을 끄는 여타 사회에 대해 알고 있는 바를 말하려고 시도하는 소설, 통계학, 역사학, 민속지, 사진, 영화 및 여타의 방식들에 관심을 갖는다. 나는 이러한 모든 매체들에서의 모든 활동들의 산물들을 '사회에 대한 보고들(reports about society)' 또는 때때로 '사회의 재현들(representations of society)'이라고 부를 것이다. 어떤 매체든, 이러한 보고를 만드는데서 생기는 문제점들과 쟁점들은 무엇인가? 나는 이러한 일에 종사하는 사람들이 서로에게 말하거나 불평을 내뱉는 것들로부터 쟁점들의 목록을 구축했고, 이런 아이디어 ― 만일 그것이 재현들을 만드는 어떤 방식에서 문제라면, 그것은 모든 방식에서 문제다 ― 를 발견하는 기본원칙으로 사용하였다. 그러나 한 영역에 종사하는 사람들은 그 문제를 자체적으로 만족스럽게 해결했을 수 있고, 그래서 그들은 그것을 문제로 간주하지 않는다. 반면 다른 사람들에게는 그것이 해결할 수 없는 딜레마로 보인다. 이는 후자가 전자로부터 뭔가를 배울 수 있음을 뜻한다.

나는 사람들이 이용하거나 이용해 왔던 모든 매체들과 모든 장르

사회에 대해 말하기

들을 (최소한 원칙적으로) 망라함으로써 이러한 비교들을 포괄적으로 해 왔다. 물론 나는 모든 것에 대해 말하지는 않는다. 하지만 가장 뚜렷한 관례적인 어긋남들(conventional biases)을 피하고자 노력해 왔고, 또한 평판이 좋은 과학적 포맷(format)들과 더불어 인지도 높은 과학적 학문분야의 전문가들이 고안하고 사용하는 포맷들, 예술가 및 일반인들이 사용한 포맷들을 고려해 왔다. 목록은 다음과 같은 토픽들을 제시할 수 있다. 사회과학에서는 수학적 모형, 통계표와 그래프, 지도, 민족지적 산문, 역사적 서사 등과 같은 재현 양식이 있고, 예술에서는 소설, 영화, 정지사진(still photograph), 극예술 등과 같은 재현 양식이 있으며, 그 사이의 광범위한 중간 영역에는 생애사(生涯史, life history)들과 여타 전기적(傳記的)·자전적(自傳的) 소재들, 르포르타주(다큐드라마, 기록영화, 사실에 기초한 픽션 등의 믹스 장르), 스토리텔링, 지도제작, 그리고 일반인들의 여타 재현활동들(또는 사람들의, 심지어 전문가들도 대부분의 시간을 그렇게 행하는 일상적 행동)이 있다.

누가 말하는가?

우리 모두는 우리가 살고 있는 사회에 대해 호기심을 갖고 있다. 우리는 가장 일상적인 근거와 가장 통상적인 방식으로 우리 사회가 어떻게 작동하는지를 알 필요가 있다. 어떤 규칙이 우리가 참여하는 조직을 지배하는가? 일상적 행동에서 어떤 패턴들이 타인들을 참여하도록 만드는가? 이러한 것들을 앎으로써 우리 자신의 행동(behavior)을 조직화할 수 있으며, 우리가 원하는 바는 무엇이고, 그것을 어떻게 얻고, 거기에 드는 비용은 얼마이며, 다양한 상황이 우리에게 제공하는 행위의 기회들이 무엇인지를 배울 수 있다.

어디서 이러한 것들을 배울 수 있는가? 가장 가깝게는 일상생활에서의 경험이다. 우리는 모든 종류의 사람, 집단, 그리고 조직과 상호작용한다. 우리는 모든 상황 속에서 다양한 사람과 이야기한다. 물론 **모든** 종류는 아니다. 모든 사람이 하는 그러한 직접 대면 방식의 사회적 경험은 그들의 사회적 연계, 사회 속에서의 상황, 경제적 자원, 지리적 위치에 의해 한정되기 마련이다. 그러한 한정된 지식으로도 그럭저럭 헤쳐 나갈 수 있지만, 현대사회(아마도 모든 사회)에서 우리는 개인적 경험으로부터 얻을 수 있는 것 이상을 알 필요가 있다. 우리는 다른 사람들, 다른 장소들, 다른 상황들, 다른 시대들, 다른 생활양식들, 다른 가능성들, 다른 기회들에 대해 알 필요가 있고 혹은 최소한 알고 싶어 한다.

그래서 우리는 직접적으로는 잘 모르지만 알고 싶어하는 이러한 모든 상황과 장소 그리고 시대에 대해 타인들이 우리에게 말해 주는 '사회의 재현'을 찾는 것이다. 그런 부가적 정보를 바탕으로 훨씬 복합적인 계획을 세우고 우리 자신의 당면 상황에 대해 훨씬 복합적인 방식으로 대응할 수 있다.

간단히 말해서, '사회의 재현'은 누군가가 사회생활의 어떤 측면에 대해 우리에게 말해주는 무엇이다. 이러한 정의(定義)는 많은 영역들을 포함한다. 한 편으로 보통 사람인 우리가 일상생활에서 서로에게 만들어주는 통상적인 재현들이 있다. 지도제작을 예로 들어 보자. 지도 제작은 여러 상황에서, 그리고 여러 목적을 위해 수 세기에 걸쳐 조합된 실제적 경험과 수학적 추론 및 과학적 연구에 기초한 전문화된 활동이다. 그러나 다른 많은 상황에서 그것은 우리 모두가 언젠가 한 번씩은 하는 통상적인 활동이다. 내가 당신에게 조만간 방문해 줄 것을 요청하는데, 당신은 우리 집까지 어떻게 운전해서 와야 하는지를 모른다. 그러면 나는 말로 방향을 알려준다. "버클리 쪽에서 오다가 첫 번째 출구를 타고 베이 브릿지 방향으로 나온 다음에, 램프 끝에서 좌회전해서 몇 블록 가다가 새크라멘토 방향으로 좌회전해서 직진하다가, 키어니가 나오면 콜럼버스 쪽으로 우회전 하세요…" 나는 당신에게 알려주는 방향을 따라 표준 도로지도를 참조하라고 권하거나, 아니면 그냥 우리 집은 롬바르드 거리와 존스 거리 교차점 부근에 있으니 지도에서 잘 찾아보라고 말해줄 수도 있다. 그것도 아니면 나 자신이 맞춤형 지도를 그려줄 수도 있다. 나는 출발점('당신의')을 보여주고, 오는 길에 어디서 회전을 해야 하고 각 지점 간의 거리는 얼마나 되며, 지나쳐야 하는 경계표지는 무엇이고 언제쯤 '우리 집'에 도착할지를 어떻게 알 수 있는지 그림으로 표시할 수 있다. 요즘 같으면 인터넷 사이트를 통해 이 모든 것을 알아내거나 GPS 장치에게 길 찾기를 부탁할 수도 있다.

이러한 것들 모두는 간단한 지리적 관계를 내포하고 있는 사회의 한 부분에 대한 재현이다. 보다 간단하면서도 적절하게 말하자면, 이러한 것들이 사회 혹은 사회의 일부에 대해 말하는 모든 방식이라는 것이다. 그 방식들 중 일부, 예컨대 표준 자동차 지도 또는 컴퓨터 설명서는 고도로 훈련된 전문가들이 특화된 장비 및 지식을 동원해 만들어낸 것이다. 말로 하는 설명이나 직접 그린 지도는 지리적 지식이나 약간의 역량이 있는 일반 성인들 — 그것을 받는 사람들도 마찬가지 — 이 만든 것이다. 이러한 것들 모두는 상이한 방식들로 한 곳에서 다른 곳으로 이동하는 누군가를 안내하는 일을 한다.

내 학계 동료들(사회학자 및 기타 사회과학자들)은 그러한 재현들을 창출하는 독점권을 가진 것처럼, 그리고 그들이 산출하는 사회에 대한 지식이야말로 그 주제에 관한 유일한 '진짜' 지식인 것처럼 말하기를 좋아한다. 하지만 그렇지 않다. 그리고 그들은 사회에 대해 말하기에 대한 자신들의 방식만이 그 일을 하기 위한 최선의 것이라거나 유일하게 적절한 방식이라거나 우리가 범할 수 있는 모든 종류의 끔찍한 실수를 막아주는 일을 수행한다는 식으로 어리석은 주장들을 펴기를 좋아한다.

이런 종류의 말들은 단지 표준적 전문가의 권력남용에 불과하다. 다른 분야의 종사자 — 이를테면 시각예술가, 소설가, 극작가, 사진가, 영화제작자 — 의 사회 재현 방식은 물론 일반인의 사회 표상 방식에 대한 고려가 사회과학에서 종종 간과되어 왔지만, 그것들은 간과되지 않았다면 유용했을 분석적 차원들과 가능성들을 보여준다. 나는 사회과학자들의 재현 작업뿐 아니라 다른 분야 종사자들의 재현 작업에 대해서도 주목할 것이다. 사회과학자들은 자신들의 작업을 어떻게 해야 할지를 알고 있고, 이는 여러 목적을 위해 적절하다. 하지만 그들의 방식이 유일한 것은 아니다.

다른 방식들에는 어떤 것이 있는가? 우리는 많은 방식으로 재현 활동들을 범주화할 수 있다. 매체(예를 들어, 영화 대 언어 대 숫자)에 대해 말할 수 있다. 우리는 재현들을 제조하는 사람들의 의도(과학 대 예술 대 보도기사)에 대해 말할 것이다. 이러한 광범위한 검토는 많은 목적에 이바지할 수 있지만, 재현의 일반적 문제들과 그것들에 대해 세상이 지금까지 생산해 왔던 다양한 해법들을 탐구하는 나의 목적에는 그다지 도움이 되지 않는다. 몇몇 분야들을 살펴보면, 고도로 조직화된 방식들의 사회에 대해 말하기는 과학, 예술, 보도기사 간의 구별짓기에 유의하는 것을 의미한다. 이러한 방식들은 어떤 일을 하는 구분된 방식들이라기보다는 오히려, 소재와 방법들의 관점에서 보면 동일한 활동이라 할 수 있는 것을 조직화하는 방식들이다(나는 11장에서 동일한 사진들이 어떻게 예술, 저널리즘, 사회과학이 될 수 있는지를 살펴봄으로써, 정지사진들이 이 유형들의 작업에 사용되는 세 가지 방식을 비교할 것이다).

사회에 대해 말하기는 통상적으로 해석 공동체(interpretive community), 즉 특정 부류의 표준화된 재현들을 표준화된 목적을 위해 일상적으로 사용하는 다른 이들('사용자')을 위해 일상적으로 산출하는 사람들('제작자')의 조직체와 관련돼 있다. 제작자와 사용자는 자신의 일을 상대방의 일에 보조를 맞춰 왔으므로, 제작과 사용의 조직체는, 적어도 한동안은 안정된 통합체이자 하나의 **세계**(world)이다(이는 기술적 의미로 내가 다른 책[Becker, 1982]에서 발전시킨 것이며, 나중에 보다 충분히 논의하겠다).

어떤 사람들은 이러한 제작자와 사용자의 조직화된 세계에 잘 부합하지 않는다. 이러한 실험가 및 혁신가들은 그들 세계에서 일상적으로 하는 것처럼 일을 하지 않으며, 따라서 이들의 작업은 그리 많은 사용자를 확보하지 못할 수 있다. 하지만 표준의 문제에 대한 이들의 해법은 많은 것을 시사하며 관례적 관행에서 보지 못하는 가능성들에 눈을 뜨게 해준다. 해석 공동체는 종종 절차와 유형들을 차용하는데, 그러한 것들을 사용하여 다른 공동체가 결코 생각하거나 의도하지 않았다는 점에서 창시자들에게 어떤 것을 하도록 하고, 그것들이 속한 훨씬 큰 조직체에서의 변화 조건들에 적합한 방법과 스타일의 합성물들을 산출한다.

이 모든 것은 매우 추상적이다. 여기 사회에 대해 말하기를 위한 훨씬 구체적인 목록의 표준 포맷들이 있는데, 그것들은 유심히 살펴볼 가치가 있는 사회 재현 작업들에 대한 좋은 예들을 산출한다.

픽션: 픽션과 소설 그리고 이야기 작업은 종종 사회 분석의 매체로서 이바지해 왔다. 발자크(Honoré de Balzac), 졸라(Émile Zola), 만(Thomas Mann), 스노우(C. P. Snow), 파월(Anthony Powell) 등 그 목적과 재능이 상이한 작가들이 집필한 가문, 계급, 전문가 집단의 영웅담들은 그들의 능력과 미적 덕목, 사회생활과 그 구성과정에 대한 복합적 기술들을 구체화하고 의존하는 것으로 이해돼 왔다. 디킨스(Charles Dickens)의 작품들은 개별적 및 전체적으로 (그 자신이 의도했듯이) 그가 살고 있는 사회가 처한 고통을 보다 광범위한 대중에게 기술하는 방식으로 이해돼 왔다.

희곡: 연극도 유사하게 종종 사회생활, 특히 사회병리에 대한 기술과 분석을 탐구하는 매체가 되어 왔다. 버나드 쇼(George Bernard Shaw)는 '사회문제'가 어떻게 발생하며 그것이 얼마나 깊이 정계를 관통하는지 담고자 희곡 형식을 사용했다. 그의 작품『워렌 부인의 직업(*Mrs.*

사회에 대해 말하기

Warren's Profession)』은 최소한 일부 영국 상류계급 사람들에게 생계수단을 제공했던 성매매 사업에 대해 설명하고 있다. 또한『바버라 소령(*Major Barbara*)』은 그와 유사하게 전쟁과 군수산업을 다뤘다. 다수의 극작가들이 희곡을 그와 유사한 목적으로 사용해 왔다(입센[Henrik Ibsen], 밀러[Arthur Miller], 마멧[David Mamet] 등).

위에 언급한 작품들과 작가들이 사회분석에 손을 댔다는 말은 그것이 그들이 한 '전부'라거나 그 작품들이 예술의 가면을 쓴 '유일한' 사회학이라는 뜻이 아니다. 이 저자들은 사회분석 이상의 것을 염두에 두고 있다. 그러나 가장 공식적인 평론가들조차 많은 예술작품들의 일부 효과가 그 작품들의 '사회학적' 내용에, 그리고 이 작품들이 사회에 대해 말하는 바가 어떤 의미에서 '참'이라는 독자들과 청중들의 믿음에 기초해 있다는 사실을 인식한다.

영화: 가장 분명한 사례로, 다큐멘터리 영화들(코펠[Barbara Koppel]의 1976년작『할란 카운티(*Harlan Country, U. S. A.*)』, 모랭[Edgar Morin]과 로쉬[Jean Rouch]의 1961년작『여름 연대기(*Chronique d'un été*)』등이 유명한 예다)의 일차적 목적은 종종(꼭 명백히 그런 것은 아니지만) 개혁주의자 양식에서의 사회에 대한 기술이었다. 그런 기술은 관객들에게 현재 사회적 배열(social arrangement)에서 잘못된 점을 보여주는 것을 목적으로 삼았다. 픽션 영화들 또한 종종 그것들이 제시하는 사회들(많은 경우 그 작품이 제작된 곳)에 대해 분석하고 비평하는 수단이었다. 폰테코르보(Gillo Pontecorvo)의 준(準)다큐멘터리『알제[3] 전투(*Battle of Algiers*)』(1966)부터 카잔(Elia Kazan)

의 『신사협정(*Gentleman's Agreement*)』(1947) 같은 할리우드 고전에 이르는 작품들을 예로 들 수 있다.

사진: 마찬가지로, 정지사진사들(still photographers)도 초보자부터 장르 작가에 이르기까지 사회분석에 마음을 두어 왔다. 잘 정의된 장르의 다큐멘터리 사진은 오랜 눈부신 역사를 갖고 있다. 이 장르의 모범적 사례로는 브라사이(Brassaï)의 『1930년대 파리의 내밀한 모습(*The Secret Paris of the '30s*)』(1976), 에반스(Walker Evans)의 『미국의 사진(*American Photographs*)』([1938] 1975), 프랭크(Robert Frank)의 『미국인(*The Americans*)』([1959] 1969) 등을 들 수 있다.

지금까지 나는 사회의 재현을 만드는 '예술적' 양식들에 대해 이야기했다. 다른 재현들은 '과학'과 더 관련된다.

지도: 지도는 지리학(보다 구체적으로는 지도제작법)과 관련되며, 공간적 차원에서 고려되어야 하는 사회 단위들에 대한 대량의 정보를 효율적으로 전시하는 방식이다.

표: 18세기 통계표의 창안은 간결하면서 비교 가능한 포맷으로 방대한 수치의 특정 관찰들을 요약할 수 있게끔 만들었다. 이런 간결한 기술(記述)은 정부 및 기타 기관들이 목적으로 하는 사회적 행위(social

---

3   알제리의 수도.

action)를 조직화하는데 도움을 준다. 정부 센서스는 이러한 용례의 고전적 유형이다. 과학자는 자신의 이론을 평가하는데 사용할 수 있는 데이터들을 다른 사람들에게 보여주기 위해 표를 사용한다. 20세기 사회과학자들은 특히 그런 목적으로 수집된 양적 데이터들을 보여주는 표에 점점 더 의존하게 됐다.

수학적 모형: 일부 사회과학자들은 사회생활을 수학적 모형으로 표현된 추상적 개체(個體, entity)들로 압축시켜 묘사해 왔다. 사회적 실재와 의도적으로 거리를 둔 이러한 모형들은 사회생활의 특색을 이루는 기본 관계들을 전달할 수 있다. 이것들은 친족체제와 상업적 대중음악 세계 등과 같은 다양한 사회현상들의 분석에 이용돼 왔다.

민속지(民俗誌): 고전적 형태의 사회 기술은 민속지, 즉 특정 사회 단위(꼭 그런 것은 아니지만, 전형적으로 소규모 부족집단)의 생활양식 전반에 대한 세부적인 구두(口頭) 기술이다. 이 방법은 학교, 공장, 도시 주변, 병원, 사회운동 등 모든 종류의 조직체들에 적용돼 왔고, 지금도 폭넓게 적용되고 있다.

예술과 과학의 양 극단 사이에는 역사학과 전기(傳記)가 위치하는데, 이것들은 대체로 과거에 대한 상세하고 정확한 설명들에 주력하지만, 여타 사회과학이 다루는 문제들에 대한 거대한 일반화를 평가하는 작업 또한 수행한다(린드 부부[Robert Lynd & Helen Lynd]의 "미들타운[Middletown]" 연구 같은 사회학의 걸작이 사회분석에서 역사적 기록으로 전환된 것처럼, 오늘날의 모든 사회학 문헌이 미래의 역사가에게는 원소재[raw material]가 될 것이라는 점을 상기하라).

　마지막으로 내가 앞서 언급한 바 있는 돌연변이(sports), 독불장군(maverick), 혁신가들이 있다. 사회의 재현들을 제작하는 사람들 중 일부는 방법과 장르를 혼합하고, 유형과 언어를 실험하며, 생각지 않은 곳에서 사회현상들에 대한 분석을 제공하고, 예술이나 과학으로는 인식할 수 없는 형태나 통상적이지 않고 친숙하지 않은 장르 간 혼합이라는 형태로 사회현상을 분석하기도 한다. 그래서 통상 컨셉 예술가(conceptual artist)로 일컬어지는 하케(Hans Haacke)는 복잡하지 않은 장치를 사용해서 사용자들을 예기치 않은 결론으로 인도한다. 프랑스 문인 그룹 울리포(OULIPO)(Motte, 1998)의 멤버인 페렉(Georges Perec)과 칼비노(Itlao Calvino)는 비전적(秘傳的)인 문학적 실험에 몰두하여 미묘한 사회학적 사고의 도구가 될 만한 여러 유형의 소설을 집필했다. 그리고 앤틴(David Antin)의 「이야깃거리들(Talk Pieces)」에는 픽션일 수도 있고 아닐 수도 있지만 복합적 사회분석을 담은 이야기들이 들어있다. 이런 모든 실험처럼, 이들 예술가들의 작업은 우리가 평상시 당연시하는 절차들을 재고하도록 초점을 맞추는데, 나는 이 책의 후반부에서 그들의 작업을 길게 논의할 것이다.

사실들

　비록 잘못이 있고 오해의 소지가 있으며 관련된 모든 단어가 애매하고 불확실할지라도, 중요한 구분을 하나 해야겠다. 나는 그러한 잘못들이 이 책의 목적과 크게 어긋난다고 생각하지는 않는다. 그것은 '사실(fact)'과 '아이디어(idea)'(또는 '해석interpretation')의 구분이다. (내가 방금 개관한 유형들 가운데 하나인) 사회에 대한 보고의 한 부분은 어떤 것들(things)이 어떠한지에 대한 기술 — 어떤 부류의 것들이 어느 곳에서 어느 시점에 어떤지 — 이다. 이것은 미국 센서스 당국이 집계한 2000년 미국 인구수가 얼마인지이다. 이것은 미국 여성인구는 얼마이고 남성인구는 얼마인지이다. 이것은 미국 인구의 연령 분포 — 5세 미만 인구는 얼마, 5~10세 인구는 얼마 등등 — 이다. 이것은 미국 인구의 인종구성이다. 그것은 미국인구의 소득 분포이다. 이것은 인종별 그리고 성별 하위집단들의 소득분포이다.

이러한 것들은 미국 인구에 대한 사실들이다(물론 정도의 차이는 있지만, 유사한 사실들을 지구상의 다른 나라들에서도 얻을 수 있다). 이것들은 그러한 수치(數値)를 찾아내려는 사람이 행한 기술(記述)이며, 인구학자와 통계학자가 자신들의 작업 절차에 따라 수행한 계산에서 나온 증거이다.

동일한 방식으로, 인류학자들은 이 사회에 살고 있는 이 사람들이 친족으로 인지하는 방식에 대해 이야기한다. 이 사람들은 이러한 범주들의 가족관계를 인지하며, 그리고 그 인지가 그런 방식들로 친척관계가 된 사람들이 서로에게 행동해야만 하는 방식이라고 생각한다. 전통적인 어휘로 말해, 이들의 행동 방식들은 자신들의 상호간 권리이자 책무이다. 인류학자들은 이 사람들이 어떻게 말하고 행동하는지에 대한 사실들 — 현지관찰과 인터뷰 보고서인 현장노트에 담겨져 있는 ― 의 설명으로 자신의 분석을 뒷받침하는데, 이는 마치 인구학자들이 미국 인구에 대한 기술을 센서스에 의해 산출된 데이터로 뒷받침하는 것과 같다. 어떤 경우든, 전문가는 자신의 동업자들이 결과물의 사실성을 보증하는데 충분하다고 인지하는 방식으로 수집된 증거로 시작한다.

이제 경고를 해보자. 오래 전에 쿤(Thomas Kuhn, 1970)은 사실은 결코 단지 사실이 아니며, 오히려 그의 말을 빌자면 "이론에 근거한(theory―laden)" 것이라고 나를 설득했다. 사실에 대한 모든 진술은 기술되기 위해 거기에 있어야 하는 개체들이 무엇인지, 그것이 가질 수 있는 특성들은 무엇인지, 그러한 특성들 중 관찰 가능한 것은 어떤 것이고 그리고 관찰 가능한 특성들로부터 단지 추론될 수 있는 것은 어떤 것인지 등을 설명하는 이론을 전제로 한다.

이론은 흔히 너무 분명하고 자명한 것처럼 보인다. 사람을 봤을 때 사람이라고 말하고 사람을 다른 동물 종과 구별해야 한다는 것을 말할 필요가 있는가? 사람이 남성 또는 여성으로 특징지어진다는 사실에 대해 논쟁할 필요가 있는가? 혹은 사람이 흑인, 백인, 아시아인, 기타 다양한 인종으로 구분된다는 것에 대해 논쟁할 필요가 있는가?

센서스에서 인종의 범주들을 끊임없이 바꿈으로써 세상의 모든 것들을 분명하게 만드는 것처럼, 과학자와 일반인들은 실제로 이러한 문제를 놓고 항상 논쟁한다. 젠더와 인종 같은 특성은 본질적으로 명백한 방식으로 나타나지 않는다.[4] 모든 사회는 소년과 소녀를 구별하는 방식 그리고 중요시되는 인종범주의 구성원들과 그렇지 않은 인종범주의 구성원들을 구분하는 방식을 갖고 있다. 그러나 이러한 범주

사회에 대해 말하기

들은 인간의 본질적인 특성들에 관한 이론들에 의존하고 있으며, 범주들의 속성과 사람들을 그 범주들에 위치시키는 방법들은 사회에 따라 다르다. 따라서 우리는 결코 사실을 당연한 것으로 받아들이면 안 된다. 순수한 사실들은 없으며, 내재한 이론으로부터 의미를 갖게 된 '사실들'만 있다는 것이다.

더구나, 사실은 그것과 관련된 사람들이 그렇다고 승인했을 때에만 사실이 된다. 내가 극단적 상대주의 또는 악의적인 말장난에 빠져 있다고? 그럴지도 모르겠지만, 나는 실재에 대한 궁극적 과학(ultimate reality science)이 있는지 여부를 논의할 필요는 없다고 본다. 합리적인 사람들(합리적인 과학자들까지 포함해서) 사이에서 사실을 구성하는 요소들이 무엇인지, 사실이 언제 정말로 사실인지에 대해 의견이 불일치하는 광경을 보게 될 테니 말이다. 이러한 의견 불일치는 과학자들 간에 사실의 존재에 대한 적합한 증거로 설정한 것이 무엇인지에 관한 견해가 서로 다르기 때문이다. 라투르(Bruno Latour, 1987: 23−29)는 나를 비롯해 다른 이들도 충분히 공감할 만큼, 과학적 발견의 운명은 나중에 그것을 틀어쥔 사람들의 손아귀에 달려 있다고 매우 깔끔하게 설명했다. 만일 그들이 그것을 사실로 받아들인다면, 그것은 사실로 취급될 것이다. 이 말은 어떠한 어처구니 없는 것도 사실이 될 수 있다는 뜻인가? 그건 아니다. 왜냐하면 라투르의 그리 우아하지 못한 표현을 빌

---

4   트랜스젠더는 남녀의 성별 범주 중 어디에 속하는가? 백인과 흑인, 아시아인, 그리고 혼혈인의 피가 모두 혼재된 사람의 인종은 어느 범주에 속하는가? 이는 제작자가 임의로 만든 범주에 속할 수밖에 없다.

면, 해석에 동의해야만 하는 '행위자(actant)'[5] 중 하나는 사실에 대한 진술이 만들어지는데 있어서 객체가 되기 때문이다. 나는 달이 녹색 치즈로 만들어졌다고 말할 수 있다. 그러나 달은 다른 사람들이 녹색 치즈로 인지할 수 있는 특성들을 보여줄 때만 그렇게 될 것이다. 마찬가지로, 그렇지 못하면 나의 사실은 받아들여질 수 없는 비사실(non-fact)이 될 것이다. 더 나쁘게는, 나의 사실은 논의조차 되지 않을 것이고, 그냥 무시될 것이고, 그래서 나의 사실은 달을 연구하는 과학자들의 담론에서만 아니라, 결코 존재하지도 않았다고 말할 것이다. 궁극적 실재가 존재할 수는 있지만, 우리 모두는 오류 가능성이 있는 인간이고 틀릴 수 있으므로, 모든 사실은 우리가 사는 실제 세상에서 논쟁 가능하다. 이런 사실은 최소한 다른 과학적 사실과 마찬가지로 확고하고 저버리기가 어렵다.

마지막으로, 사실들은 일반적으로 혹은 세상에서 전반적으로 받아들여지지 않으며, 그것들에 대한 지지를 표명하는 특정 청중에 의해 수용되거나 거부된다. 그렇다면 과학은 상황적(situational)이며 따라서 과학적 발견은 보편적으로 참이지는 않다는 말인가? 나는 이러한 궁극적인 인식론적 질문에 대해 특정 입장을 취하지 않으며, 다음과 같은 점이 확실하다는 것만 인지하고 있다. 우리가 사회에 대한 보고를 작성할 때, 우리는 그것을 우리가 아는 것을 제시하는 방식과 사용자

---

5   라투르는 'actor'를 대신해 'actant'이라는 단어를 고안하였다. 그것은 연결망(network)에서 연결되고 상호작용하는 존재들의 뒤섞임에 있어서 인간과 비인간의 구분이 유효하지 않음을 강조하기 위해서다.

들이 우리가 제시한 것에 반응하는 방식에 영향을 주는 누군가를 대상으로 하여 만든다. 청중들은(이 점이 중요한데) 특정 종류의 믿음 또는 증거에 관해 자신이 아는 것과 자신이 어떻게 해야 할지를 아는데 있어서, 자신이 믿는 것과 받아들이는 것에 있어서 차이를 나타낸다. 상이한 부류들의 보고들은 통상적으로 상이한 청중을 대상으로 한다. 통계표는 그것을 읽을 수 있도록 어느 정도 훈련받은 사람들에게, 수학적 모형은 관련 분야에서 고도로 특화된 훈련을 받은 사람들에게, 사진은 광범위한 일반인 및 전문가 청중을 대상으로 한다.

이제 우리는 사실로서 받아들이게끔 만드는 증거에 의해 뒷받침되는 사실 대신, 이론에 근거한 사실들 — 제작자와 사용자 공동체가 용납할 수 있는 방식으로 수집됐다는 이유로 일부 사람들이 수용할 수 있는 사실들 — 을 갖고 있다.

해석

해석을 사실과 분리하기란 쉽지 않다. 모든 사실은, 그것의 사회적 맥락에서, 해석을 함축하고 유발한다. 사람들은 한 해석에서 다른 해석으로 별 생각 없이 쉽사리 오간다. 동일한 사실이 다양한 해석을 지지할 수 있다. 도발적인 예를 들자면, 인종에 따라 지능지수(IQ) 점수가 차이가 난다는 것은 사실일 수 있다. 이러한 측정이 업무인 심리학자들이 통상적으로 사용하는 검사방법에 의해 드러난다면 말이다. 이러한 발견을 그러한 차이가 속성적(유전된 것이므로 쉽사리 바뀌지 않는)이라는 해명으로 해석하는 것은 사실에 대해서가 아니라, 보고된 사실의 의미에 대한 해석이다. 대안적인 해석이 말하는 바는, 그 사실이 IQ 검사가 문화적으로 특수한 것이므로 상이한 인구집단을 비교하는데 사용될 수 없다는 점을 해명한다는 것이다.

미국 센서스에서 찾아볼 수 있는 인종, 젠더, 소득 중 어떤 것도 그 자체가 말하지는 않는다. 누군가 그것들을 대신해 말하고, 그것들의 의미를 해석한다. 사람들은 사실에 대해서보다 해석에 대해 더 많은 것을 주장한다. 우리는 젠더, 인종과 소득 간의 관계를 기술한 수치에 대해 동의할 수 있지만, 동일한 센서스 데이터가 차별의 존재를 드러낸다고 해석될 수도 있고 차별을 감소시킨다고 해석될 수도 있으며, 두 개의 불리한 조건(여성이면서 흑인)의 결합이 소득에 영향을 미친다는 해석을 비롯해 갖가지 가능한 다른 이야기들이 있을 수 있다.

그러므로 사회에 대한 보고는 사실에 대한 진술들로 구성된 가공물(artifact)[6]로, 일부 청중에게 수용 가능한 증거와 그러한 사실에 대한 해석들에 기초한 것이다.

---

6 '작품'이 아니라 '가공물'로 번역한 것은 사실들(fact), 사람들이 만든 기술이라는 의미를 보다 잘 전달할 수 있기 때문이다.

사회에 대해 말하기

2
조직적 산물인 사회의 재현

사회에 대한 사실들을 수집하고 해석하는 사람들이 보고할 때마다 매번 무(無)에서 출발하는 것은 아니다. 이들은 형태, 방법, 아이디어를 이용하는데, 이것들은 어떤 사회집단이 — 크든 작든 — 이미 그 일을 하는 방식으로 사용해서 유용한 것들이다.

사회에 대한 보고를(**재현**과 **보고**는 동일한 것을 지칭한다) 가장 잘 이해하려면, 당신은 그것이 활동(activities)임을, 어떤 사람이 알고 있다고 생각하는 바를 알고자 하는 다른 사람들에게 말해주는 방식임을, 관련된 모든 사람들의 공동 노력으로 형성한 조직 활동임을 조직적 맥락에서 보아야 한다. 동사보다 명사에, 활동보다 객체에 초점을 맞추면서 표나 차트 혹은 민속지나 영화를 탐구한다고 하는 것은 당혹스러운 오류다. 이러한 가공물에 대해서는 누군가 그것을 사용할 때마다 (차트나 문장을 만들고 읽을 때나 영화를 제작하고 감상할 때처럼) 생명을 얻는 집합적 행위의 냉동물(frozen remains of collective action)로 간주하는 편이 훨씬 낫다. 우리는 **영화**(a film)라는 표현을 '영화 제작' 또는 '영화 감상' 등의 활동에 대한 줄임말로 이해해야만 한다.

이는 색다른 구분법이다. 객체에만 주목하면 매체의 형식적, 기술적 역량들—이를테면 특정 해상도의 TV 모니터가 전달할 수 있는 정보의 비트는 얼마인지, 또는 순수 시각 매체가 인과성(causality) 같은 논리적 개념으로 소통할 수 있는지—로 관심이 오도된다.[7] 반면 조직화된 활동에 집중하면 매체가 할 수 있는 것이 언제나 조직적 제약들이 매체 사용에 영향을 미치는 방식에 대한 함수라는 사실을 알게 된다. 사진이 전달할 수 있는 것은 어느 정도는 사진전 프로젝트 예산에 달려 있다. 그 예산은 얼마나 많은 사진들이 사용될 수 있고 어떻게 그 사진들이 전시될 수 있는지, 얼마나 많은 돈이 사진제작 비용으로 쓰일 것인지(다시 말해, 비용을 지불할 수 있는 촬영시간이 얼마 동안인지), 그리고 사진들의 해석 작업에 투입될 평론가들의 종류와 수를 제한한다.

사회에 대한 보고를 조직의 측면에서 본다는 것은 그 보고를 작성한 조직의 모든 측면들 — 관료제 구조, 예산, 직무 수칙(professional code), 사회에 대해 말하기에 있어서 저해요인이 되는 청중의 모든 특성

---

7 이러한 것의 대표적인 예는 통계기법의 적합성보다 그것의 난이도 수준으로 논문의 질을 평가하는 경우이다.

사회에 대해 말하기

과 역량들 — 을 분석에 포함하는 것을 의미한다. 작업자들이 재현을 어떻게 만들 것인지를 재현 작업의 조건과 청중이 주어진 상황에서 무엇이 가능하고, 논리적이고, 그럴듯하고, 바람직한지를 보고 결정한다.

예술세계(art world)(Becker, 1982)에 대한 생각을 대략 유추해, 재현의 제작자와 사용자의 세계들 — 이를테면 기록영화 또는 통계 그래프의 세계, 수학적 모형 또는 인류학적 모노그래프의 세계 — 를 말하면 이해가 된다. 이 세계들은 특정 종류의 표상에 대한 제작 활동과 사용 활동에 중점을 둔 모든 사람과 가공물들(예를 들면 모든 지도 제작자들, 과학자들, 데이터 수집가들, 출판가들, 디자이너들, 기업들, 지리학과들, 기장들, 선장들, 운전사들, 그리고 지도의 세계에 일조하는 보행자들)로 구성되어 있다.

이 세계는 제작자와 사용자 간의 지식과 권력에서 상대적 차이가 난다. 고도로 전문화된 세계에서, 전문가들은 대체로 다른 전문가들이 사용하도록 가공물들을 만든다. 과학자들은 자신이 하는 일에 대해 잘 아는(또는 자신들 만큼 잘 아는) 동료들을 위한 보고와 처방을 만든다(Latour and Woolgar, 1979; Latour, 1983, 1986, 1987). 극단적인 경우는 제작자와 사용자가 같은데, 수학적 모형화 같은 비전적(秘傳的) 세계들과 같은 상황이 그러하다.

보다 분화된 세계들에서 구성원들은 실제로 하는 작업이 다를지라도 통상적으로 기본 지식을 공유한다. 바로 이것이 통계 작업을 전혀 하지 않을 사회학도들도 최신 기법의 다변량 통계분석을 배우는 이유다. 그러나 다른 전문가들은 평범한 일반 사용자들을 위해 많은 일을 한다. 지도 제작자들은 다음 목적지를 찾을 수 있을 정도의 도법만 알고 있는 모터사이클 족을 위해 지도를 만들고, 영화 제작자들은 점프 컷[8]에 대해 전혀 들어본 적 없는 사람들을 위해 영화를 만든다(물론 이런 전문가들도 늘 동료 전문가들이 자신의 작품에 대해 어떻게 생각할지를 걱정하기는 한다). 또한 평범한 일반사람들도 서로를 위해 이야기를 해주고, 지도를 만들며, 숫자들을 적어준다. 만들고, 의사소통하고, 이해하는 것은 이런 전형적인 부류들의 배경(setting)들에 따라 다양하다.

이는 매체나 형태들에 대해 추상적으로 말하는 것을 무용하게 만든다(비록 내가 지금껏 그래 왔고 앞으로도 그럴 것이지만). **영화** 또는 **통계표** 같은 추상적인 어휘들은 **만든다**(*making*) 또는 **본다**(*seeing*)와 같은 활동적인 동사들이 필요할 뿐만 아니라, **센서스용 표들** 혹은 **할리우드에서 제작된 대규모 예산 영화** 같이 맥락적으로 특정화된 공식화들에 대한 줄임말이어야 한다. 최상은 센서스와 할리우드 같은 조직적 제약들을 그 장소들에서 만들어진 가공물들의 필수불가결한 부분들로 생각하는 것이다. 따라서 내가 말하려는 요점은 통상적이거나 관례적인 것과는 달리, 가공물을 주된 것으로 취급하지 않으며 오히려 그 가공물을 생산하고 소비하는 활동들을 이차적이 아니라 일차적으로 취급해야 한다는 것이다.

재현의 형태와 내용은 다양한데, 그것은 사회조직들이 다양하기 때문이다. 사회조직은 무엇을 만들지는 물론, 사용자들이 원하는 재현의 일이 무엇인지, 사용자들이 생각하기에 할 필요가 있는 일은 무엇

8 　jump cut: 영화에서 한 쇼트에서 다른 쇼트로 급격히 전환하거나 비약시키는 것. 급격한 장면전환으로 연속성이 갖는 흐름을 깨뜨리는 편집기법이다.

사회에 대해 말하기

인지(이를테면 친구 집으로 가는 길을 찾는 일 혹은 자기 분야에서의 최신 발견들이 무엇인지를 파악하는 일), 그리고 사용자들이 재현을 평가하는데 사용할 기준은 무엇인지를 구체화한다. 사용자들이 요구하는 재현의 일은 조직적 정의(organizational definition)에 상당히 의존하기 때문에, 나는 다수의 사람들이 생각하는 주된 방법론적 문제(참으로 **유일한 그** 문제[the problem])가 무엇인지에는 별 관심이 없다. 특정 재현의 작업이 행하도록 주어졌을 때, 그것을 가장 잘 수행할 수 있는 최선의 방식은 무엇인가? 만일 그것이 문제라면, 과업 — 예를 들면 일련의 숫자들을 전달하기는 위한 — 을 설정할 것이고 그런 다음 그 정보를 가장 정직하게, 적합하게, 효율적으로 전달할 수 있을 표나 차트를 조직화하는 방식이 무엇인지를 살펴보아야 할 것이다(마치 사람들이 얼마나 소수[素數, prime number]를 빨리 찾아내는지 봄으로써 컴퓨터들을 비교하듯이). 나는 어떤 양식의 재현이 적합한지에 대한 판단들은 피해 왔고, 그 중 어떤 것을 표준으로 삼아 다른 방법들을 평가하는 일은 하지 않았다. 또한 수행돼야 할 과업이 서로 다르므로 각 부류의 작업을 수행하는 최선의 방식이 있다는 식의 상대주의적 입장도 펼치지 않았다. 내 입장은 상대주의적 금욕주의가 아니다. 재현에 대한 새로운 이해에 도달하려면, 사회적 실재를 재현하는 모든 방식이 **완벽하다고**(*perfect*) — 어떤 것에 대해 — 생각하는 것이 훨씬 유용해 보인다. 질문은 각 방식에 좋은 어떤 것은 **무엇**(*what*)인가이다. 그에 대한 대답은 조직적(organizational)이다. 그 영역의 사회생활에 대한 조직은 재현이 해야 할 일(들)을 반드시 행해져야만 하는 일(들)로 만들기 때문에, 사용자와 제작자는 똑같이 모든 방법을 가장 만족스러운 결과를 산출할 수 있거나 혹은 아마 다른 것들보다 덜 불만족스런 결과를 산출할 수 있는 효율성과 신뢰성에 근거하여 판단할 것이다.

장르와 매체들은 겉보기에 상이하지만, 이들 모두는 동일한 근본적인 문제들을 야기한다. 예산의 영향, 전문화의 역할, 재현의 효율성을 위해 청중이 반드시 갖춰야 할 지식, 재현의 제작에서 윤리적으로 허용될 수 있는 것, 이러한 모든 것은 모든 형태들의 재현 제작에서 공통적이다. 이 문제들의 처리 방식은 조직의 자원과 목적들에 따라 달라진다.

이러한 문제들은 재현을 만드는 모든 분야에서 논쟁이 된다. 소설가들은 사회학자와 인류학자들이 겪는 것과 동일한 윤리적 딜레마에 대해 걱정하고, 영화 제작자들은 사회과학자들과 마찬가지로 예산에 대해 우려한다. 이러한 논란에 대한 문헌들 및 그 분야들에서의 비공식 관찰들과 인터뷰들은 내게 많은 데이터를 제공했다. 또한 나는 재현과 수사(修辭)의 문제와 관심을 가지고 있는 과학사회학에서 유용한 저작들을 발견했다(예를 들어 Gusfield, 1976; 1981, 특히 83-108; Latour and Bastide, 1986; Bazerman, 1988; Clifford, 1988; Geertz, 1983).

변형(變形)

라투르가 말하듯이, 과학자들은 그들의 소재들을 계속해서 변형한다. 그들은 실험실이나 현장에서의 관찰에서 출발해 이를 노트북에 기록으로 변형하고, 노트를 표로 변형하며, 표를 차트로 변형하고, 차트를 결론으로 변형하며, 결론을 논문 제목으로 변형한다. 각 단계에서, 관찰 결과는 더욱 추상적이 되고 원래 상황의 구체성으로부터 더욱 멀어진다. 라투르(Latour, 1995)는 브라질에서 작업한 프랑스 토양과학자의 기술을 통해 그러한 변형들이 어떻게 일어나는지를 보여준다. 과학자가 흙 한 덩어리를 상자에 담아 그것을 연구 중인 구획의 땅에서의 다른 부분들에서 추출한 흙덩어리들과 비교할 수 있는 일련의 유사한 흙덩어리들의 일부로 만들 때, 흙덩어리 하나가 과학적 증거물로 변화되는 방식을 보여준다. 라투르는 바로 이것이 과학이 하는 일이라고 말한다. 객체를 변형하고 그럼으로써 그것은 과학자들이 다른 사람들을 설득하려는 바를 '보여주거나', '예시하는데' 사용될 수 있다.

과학자들은 이러한 변형을 표준화된 방식으로 수행한다. 즉 표준화된 소재들에 표준화된 도구들을 사용하여 표준화된 작업을 수행하고 표준화된 방식으로 결과물을 보고한다. 이는 사용자들에게 요구되지 않는 다른 소재들에는 신경 쓸 필요 없이 제시된 아이디어들을 판단하는데 요구되는 것을 제공하도록 기획된다. 무엇이 요구되는지는 관례에 의해 형성된다. 당신에게는 가능한 질문들에 답할 모든 것이 필요하고 아무도 묻지 않을 질문에 대한 것은 필요 없다. 우리는 모든 부류의 사회생활에 대한 표상을 제작함에 있어서 유사한 작업을 추구할 수 있다. 제작자들이 출발하는 원소재(原素材)는 무엇인가? 제작자들은 그 소재들에 어떤 변형을 가하는가?

라투르는 과학적 논쟁이나 발견의 운명은 언제나 후대 사용자들의 손아귀에 달려 있다고 말한다. 후대 사용자들은 그것을 거부할지 혹은 수용할지 그리고 그 과학 내의 모든 사람이 받아들이는 사실의 체제 속에 집어넣을지를 결정한다(Latour, 1987: 29). 이에 항상 연관되는 문제는 그러한 중요한 의사결정을 하는 사용자들이 누구냐이다.

어떤 세계에서는 재현이 제작자, 전문가, 숙련가의 '내부' 세계를 곧바로 떠나서 일반인의 세계로 들어가는데, 이곳에서 사용자들이 객체에 대해 생각한 바와 제작자들이 의도한 바는 상당히 다를 것이다. 제작자는 자신의 재현에 제한을 설정하여 보는 이들이 할 수 있는 사용과 해석에 한계를 둠으로써, 사용자가 재현에 대해 생각하는 바를 통제하려고 노력할 것이다. 그러나 저자는 자신의 작품이 의미를 저해하는 어떤 것을 의미한다고 설명하는 독자의 목소리를 듣는 기괴한 경험을 하곤 한다.

어떤 재현의 세계에서든 제작자와 사용자의 수중에서 착수되는 소재의 변형과 관련된 흥미로운 질문들의 목록은 다음과 같다.

- 일단 객체가 원제작자의 손을 떠나면 어떤 경로를 거치게 되는가?
- 객체를 수중에 넣은 각 단계의 사람들은 객체에 대해 어떻게 생각하는가?
- 무엇을 위해 사람들이 객체를 필요로 하거나 원하는가?
- 사람들이 객체를 해석하는 장치는 무엇인가?
- 감상하고 해석하는데 제약을 가하도록 객체에 설정된 요소는 무엇인가?
- 제작자는 어떻게 대안적 해석을 저지하는가?

사회에 대해 말하기

- 제작자는 어떻게 사용자들이 객체를 이리저리 생각하는 것을 방해하는가?
- 라투르는 과학적 사실이란 그 존재를 부정하려고 시도하는 검증을 견뎌낸 진술이라고 말한 바 있다(Latour, 1987: 74-79, 87-90). 누가 사회의 재현에 대한 검증을 적용하는가?
- 어떤 전형적인 검증 영역에서 재현이 제시되고(저널, 연극 등), 재현의 사실 여부에 관심을 가진 사람들이 검증을 수행하는 곳은 어디인가?

재현의 제작

사회적 실재에 대한 어떤 재현(기록영화, 인구학 연구, 리얼리즘 소설)도 당신이 경험할 법한 것보다, 그리고 만약 그 재현의 실제 무대에 있다고 할 때 그것을 해석하는데 가용한 것보다 부족하다는 점에서 필연적으로 부분적이다. 결국 이것이 사람들이 재현을 제작하는 이유다. 즉 사용자는 자신이 하고자 하는 것에만 필요한 것을 보고한다. 효율적인 재현은 당신에게 요구하지 않은 것으로 시간낭비할 일 없이 당신의 목적을 위해 알아야 할 모든 것을 말해 준다. 모든 사람은 그런 방식으로 정돈된 가공물을 기대하기 때문에, 재현의 제작자와 사용자는 자신이 의사소통하려는 바의 최종 이해에 도달하기 위해 자신이 경험한 실재에 여러 작업들을 수행해야만 한다. 사회조직은 제작자가 이러한 작업을 수행하는 방식에 영향을 미침으로써 재현의 제작과 사용에 영향력을 행사한다.

선정(selection): 모든 매체는, 그것의 관례적인 사용으로 인해, 실재의 많은 부분(실제로는 대부분)을 빠뜨린다. 사회과학자들이 일상적으로 사용하는 명백히 추상적인 언어와 숫자보다 포괄적인 것처럼 보이는 매체조차 실질적으로 모든 것을 빠뜨린다. 필름(정지사진 혹은 활동사진)과 비디오는 냄새, 촉각 등의 3차원을 다루지 못하며, 불가피하게 재현의 사건들이 벌어지는 전체 시간 범위 중 하나의 작은 표본에 불과하다(비록 앤디 워홀[Andy Warhol]의 영화 『엠파이어 스테이트[*Empire State*]』가 장장 여덟 시간에 걸친 사건을 그려내고 있다 할지라도 — 어떤 사람은 영화를 보다가 자 버렸다). 글로 쓰인 재현들은 통상적으로(필연적인 것은 아닐지라도) 경험의 시각적 요소 전부를 빠뜨린다(소설가 세이발드[W. G. Seybald, 2001]가 자신의 작품에 사진을 첨부한 것은 여전히 독자들을 놀라게 한다). 모든 매체는 우리가 재현의 활동을 멈춘 후에 일어나는 모든 것을 빠뜨린다. 각 매체는 지금까지 일어난 것들을 기술하고 나면 멈춰 버린다. 일부 사회학자들은 숫자적 재현들이 인간적 요소, 감정, 또는 상징적으로 협상된 의미(negotiated meaning)를 빠뜨린다는 사실을 지적한다 — 이들은 자신이 좋아하지 않는 작품을 비평하기 위해 완벽성의 기준을 사용한다. 하지만 사용자와 제작자들 가운데 누구도 불완전성 그 자체를 죄악시하지는 않는다. 그 대신 그들은 그것을 그런 종류의 일을 하는 방식으로 간주한다. 도로지도는 지리적 실재의 매우 추상적이고 불완전한 묘사지만, 불완전한 재현에 대해 가장 까다로운 비평가조차 만족시킨다. 도로지도는 오로지 한 곳에서 다른 곳으로 이동하는 운전자가 필요로 하는 정보만 담고 있다(간혹 보행자를 잘못 인도하지만).

사회에 대해 말하기

어떤 재현이든 언제나 필연적으로 실재의 요소들을 빠뜨리므로, 다음과 같은 것들이 흥미롭고 탐구할 만한 질문이 된다. 가능한 요소들 중 어느 것이 포함되는가? 누가 그러한 선정을 합리적이고 용납될 수 있다고 하는가? 누가 그것에 대해 불평하는가? 사람들이 그런 판단들을 내릴 때 적용하는 기준들은 무엇인가? 그 가능성들을 제시하는 일부 기준들은 장르 연관적 —"이것을 포함하지 않으면(또는 저것을 포함하면) 진짜 소설(또는 사진, 민속지, 표) 혹은 전문적("이것야말로 **진짜** 통계학자[또는 영화제작자, 역사학자]가 항상 하는 방식이다")이 아니다 — 이다.

전환(translation): 전환을 일련의 요소들(제작자가 나타내고자 하는 실재의 일부)을 다른 일련의 요소들(현재 사용 방식에서의 매체에서 입수 가능한 관례적인 것들)의 지도로 그리는 기능이라 생각하자. 인류학자들은 자신의 현지 관찰을 현장노트로 바꾸고 그것들로 표준화된 민속지적 기술을 구성하며, 설문조사 연구자들은 현장 면접을 숫자로 바꾸고 그 숫자로 표와 차트를 만들며, 역사학자들은 자신들의 색인 카드를 서사(narrative), 인물스케치, 분석과 결합하고, 영화 제작자들은 최초 촬영분(raw footage)을 편집하고 이어 붙여 쇼트(shot), 신(scene), 영화로 만든다. 재현의 사용자들은 실재 그 자체를 결코 다루지 않으며, 오히려 소재들과 관례적인 언어의 특정 기법으로 전환된 실재를 다룬다.

재현을 제작하는 표준적 방식들은 제작자들에게 그들의 가공물들 — 소재와 역량을 포함하여 — 을 구성하는데 사용할 일련의 표준 요소들을 제공한다. 특정 빛에 민감한 필름 — 제곱인치 당 다량의 광원 민감성 성분들을 함유하여 특정 수준의 해상도를 갖는 — 은 결코 작지 않으면서 특정 크기를 가진 요소들의 재현, 줄거리에 대한 아이디어나 허구적 캐릭터 같은 개념적 요소들의 재현, 그리고 와이프(wipes, 영상 지우기), 페이드(fade, 영상 흐리기), 시간의 흐름을 가리키는 여타의 영상이동 장치 등과 같은 의미의 관례적 단위들의 재현을 가능케 한다.

제작자들은 표준요소들이 표준효과들을 가질 것이므로, 따라서 이러한 효과들을 담은 재현들에 대해 소비자들은 표준적 방식으로 반응할 것으로 기대한다. 그리고 사용자들은 그 반대 방향으로 동일한 것을 기대한다. 제작자들은 사용자들에게 익숙한 표준적 방식을 사용할 것이고 사용자들이 어떻게 반응할지를 알고 있을 것이다. 그러한 조건이 충족될 때 — 관련 당사자들 모두가 이해한 대로 모든 것이 정확하게 작동할 때 — 만들어진 재현들은 '완벽'하다. 모든 것은 모든 이가 예상한 대로 작동한다. 그러나 그러한 조건은 결코 완벽한 상태로 존재하지 않는다. 소재들은 광고에 나온 대로 행동하지 않는다. 청중은 제작자가 생각하는 바를 기대한 대로 이해하지 않는다. 결국 가용 언어는 제작자의 아이디어를 표현해내지 못한다. 이런 불가피하게 부적절한 재현들이 무엇을 알아야 하는지를 알지 못하는 청중에게 제시될 때 무슨 일이 벌어지는가? 많은 경우 대부분의 사람들은, 제작자와 사용자들도 마찬가지로(특히 파워가 있고 중요한 여론주도층 인물들), 원제작자의 의도 — 결과물은 관련된 모두에게 '수용 가능하다'는 입장 — 에 충분히 근접한 반응을 보인다.

수용가능성을 결정하는 기준은 다양하다. 과학적 결과물을 보고하는데 사용되는 문장, 표, 그림의 '투명성(transparency)' 문제를 생각해 보자. 과학적 재현의 제작자와 사용자들 모두는 논문 및 보고서에 사용하는 구술, 숫자, 시각 언어들이 보고된 바에 다른 어떤 것도 보태지 않은 중립적 표준 요소들이기를 바랄 것이다. 이런 것들은, 마치 투명한 유리창처럼, 어떤 다른 요소에도 영향 받지 않은 상태에서 있는 그대로를 보여주는 결과물이라고 생각될 것이다. 앞에서 언급했듯이, 쿤은 그런 '투명한' 과학적인 기술(記述) 언어는 불가능하며 모든 기술들은 '이론에 근거한' 것(Kuhn, 1970)이라고 설득력 있게 논의했다. 더 중요한 것은, 민속지나 역사적 서사에서의 명사와 형용사는 말할 것도 없고 막대그래프의 막대 폭과 표에서 활자 크기와 서체 또한 보고된 것에 대한 우리의 해석에 영향을 미친다는 점이다. 막대그래프에서 폭이 넓은 막대는 보고된 것의 양을 그 막대의 폭이 좁을 때 우리가 생각할 수 있는 양보다 더 크게 느끼도록 만든다. 우리가 관례적으로 불법 약물 사용자들을 '남용자' 또는 '중독자'로 지칭할 때, 우리는 과학적으로 정의된 '사실' 이상의 것을 의사소통하고 있는 것이다. 그러나 사회적 실재를 묘사하는 이 모든 방법은 과학자와 일반 청중 모두에게 수용 가능한데, 이들은 자신들이 표준으로 받아들이는 의사소통 요소들의 원치 않은 영향들을 수용하거나 무시하거나 평가절하 하도록 스스로를 교육시켰다.

표준요소들은 예술 세계에 대한 탐구에서 이미 발견되었던 특징들을 지닌다. 그 요소들은 그 소재를 요구하는 모든 이에게 알려진 약기(略記, shorthand)를 산출해 냄으로써 효율적인 의사소통의 아이디어들과 사실들을 가능하게 만든다. 하지만 그것들은 동시에 제작자가 할 수 있는 바에 제약을 가하는데, 왜냐하면 모든 일련의 전환은 어떤 것에 대해 말하는 것을 보다 쉽게 만드는 반면 다른 것에 대해 말하는 것은 보다 어렵게 만들기 때문이다. 최근의 예를 들자면, 사회과학자들은 중다회귀방정식을 통해 직장 내 승진에서의 인종 및 젠더 차별을 관례적으로 표현하는데, 이 표준 통계기법의 결과물은 모집단 내 하위집단들 간의 승진 변이 비율이 인종, 젠더, 교육, 선임(先任) 같은 개별 변수들의 독립적 영향력에 기인한다는 것을 보여준다. 그러나 라긴, 메이어, 드라스(Ragin, Meyer, Drass, 1984)가 보여주듯이, 차별을 나타내는 이러한 방식은 일반적인 사회적 과정에 관심을 가진 사회학자 또는 인종차별 금지법 위반 여부를 심리하는 판사가 궁금해 하는 것에는 답을 주지 않는다. 중다회귀분석의 결과는 젊은 백인 남성의 승진 기회가 고령 흑인 여성의 승진 기회와 어떻게 다른지에 대해 말해 줄 수 없다. 그저 방정식 속의 연령 혹은 젠더 같은 변수들(전혀 동일한 것이 아닌)의 가중치에 대해서만 이야기할 따름이다. 라긴, 메이어, 드라스는 또 다른 통계적 요소의 표준, 즉 불린 연산법(Boolean Algorithm, 자세한 내용은 앞서 인용한 논문 또는 베커[Becker, 1998: 183−194] 참조)을 주창했는데, 이것은 특정 조합의 속성들을 가진 사람의 승진 가능성을 전체 모집단 평균 비율과 비교함으로써 차별을 나타낸다. 사회과학자 및 판사들이 알고 싶어 하는 것이 바로 이것이다(관련 및 보완 논의는 리버슨 [Lieberson, 1985]에 나와 있다).

재현이 우리에게 말할 수 있는 것에 대한 제한들 중 일부는 재현 활동이 조직화되는 방식에서 비롯된다. 조직의 예산(돈은 물론 시간과 관심까지 포함한)의 제한은 매체와 포맷들의 잠재력에 한계선을 긋는다. 책과 영화는 제작자가 그것을 만들 수 있는 여력이 있고 사용자가 그것에 주목할 수 있는 한에서 가능하다. 제작자가 더 많은 돈을 쓸 수 있

사회에 대해 말하기

고 사용자들이 꿋꿋이 기다려 줄 수 있다면, 모든 민속지는 인류학자가 만든 모든 필드노트와 분석과정을 담을 수 있을 것이다(이는 클럭혼[Kluckhohn, 1945]이 생애사 데이터를 출간하는 유일하게 적절한 방법이라 생각한 바다). 이러한 요소들은 여전히 공급 가능하지만, 누구나 그 정도의 비용과 시간을 감당할 수 있는 것은 아니다.

배열(arrangement): 그 상황의 요소들, 즉 재현이 기술하는 사실들은 선택되고 전환되기 때문에, 요소들로부터 만들어지는 해석들은 모종의 순서로 배열되어야만 하고 그럼으로써 사용자들은 말하는 바가 무엇인지를 파악할 수 있다. 요소들에 부여되는 순서는 **자의적인**(언제든 그것이 행해지는 또 다른 방식을 볼 수 있다) 동시에 (요소들이 표준적 방식들에 의해 결정되듯이) 표준적 방식들에 의해 **결정**된다. 배열은 무작위적 요소들로부터 서사들을 만들어낸다. 배열은 인과성 같은 개념들을 전달하는데, 그로 인해 감상자들은 갤러리 벽에 걸려 있거나 책 속에 있는 사진들의 순서를 의미 있는 것으로 간주하고, 먼저 배열된 사진들을 나중에 배열된 사진들이 묘사하는 '결과들'을 산출하는 '조건'이라고 해석한다. 내가 어떤 이야기를 할 때(개인적이든, 역사적이든, 또는 사회학적이든), 듣는 사람들은 앞서 나온 요소들을 뒤에 나오는 요소들에 대한 '설명'으로 들을 것이다. 한 막(episode)에서의 어떤 등장인물의 행동들은 다음 막에서 완전히 드러나는 인성(personality)의 증거가 된다. 통계표와 그래픽을 공부하는 학생은 해석에 영향을 미치는 배열의 영향에 특히 민감하다.

사회에 대한 재현의 제작자는 어느 누구도 이런 문제를 피할 수 없는데, 많은 연구들에서 나타는 바와 같이 재현의 사용자들은 요소들의 무작위적 배열에서조차 순서와 논리를 보기 때문이다. 사람들은 사진가가 의도했든 아니든 사진들의 배열에서 논리를 찾으며, 텍스트 내용에 상관없이 활자체들에 대해 "가볍다", "엄숙하다", 또는 "과학적이다" 등의 반응을 나타낸다. 하지만 사회과학자와 방법론자들은 아직 이러한 것을 심각한 문제로 취급하지 않는다. 이는 전문적 지식으로 슬쩍 넘기면 될 일들 가운데 하나일 뿐이다(그러나 에드워드 터프트 [Edward Tufte, 1983, 1990]는 그래픽과 활자체 요소들 및 배열들이 통계적 전시물들(statistical displays)의 해석에 영향을 미치는 방식에 특히 주목하였다).

해석(interpretation): 재현은 누군가가 그것을 읽고 보고 듣는 식으로 사용하고, 그래서 그 결과물을 해석하고 또 제작자가 그 결과물을 보여준 것으로부터 실재를 구축함으로써 의사소통을 완결할 때만 존재한다. 도로지도는 내가 그것을 다른 마을로 가기 위해 사용할 때 존재하고, 디킨스의 소설은 내가 그것을 읽고 빅토리아 시대 영국을 상상할 때 존재하며, 통계표는 내가 세밀히 검토하여 표가 제시하는 구성비들을 평가할 때 존재한다. 이러한 것들은 그것들의 완벽한 사용 잠재력에 도달한다.

따라서 사용자들이 어떻게 해석할지 안다는 것은 재현이 성취할 수 있는 것에 대한 주요 제약이 된다. 사용자들은 반드시 매체와 장르에 대한 관례적 요소들과 포맷들의 사용에 대해 알아야 하고 또한 사용할 수 있는 능력도 가지고 있다. 제작자들은 그러한 지식과 능력을 당연시할 수 없다. 역사학적 연구들(예를 들면, 코헨[Cohen, 1982])은 미국

주민들 대부분이 19세기에 들어서도 표준 연산 작업을 이해하고 사용할 정도의 '수리적 능력'을 가지지 못했음을 보여준 바 있다. 인류학적 연구를 보면, 롤랑 바르트(Roland Barthes)와 수잔 손탁(Susan Sontag) 같은 문예 비평가들이 주장했던 정지사진들과 영화들에서 구체화되었던 우리의 현실 감각에 대한 보편적 호소력은 오히려 학습된 기술이라는 것이다. 전문화된 영역들에서는, 비록 알아주기를 기대하는 바가 때에 따라 변화할지라도, 사용자들이 대학원 교육이나 전문교육을 통해 재현에 대해 정통한 소비자들이 되기를 기대한다. 사회학과 대학원에서는 학생들이 특정 수준의 고급 통계 지식을 습득하기를 기대하지만(부분적으로는 '공식과 표'를 읽을 수 있는 능력을 위해), 학생들이 수학적 모형에 대해 많이 알기를 기대하는 사람들은 거의 없다.

사용자는 재현에서 두 종류의 질문에 대한 답변을 찾아냄으로써 재현을 해석한다. 한편으로, 사용자들은 '사실들' — 불런 전투[9]에서 일어났던 일, 로스앤젤레스 슬럼 공동체가 위치해 있는 곳, 사무직 계급의 교외 거주자들의 중위소득, 1980년 미국에서 인종·소득·교육 간의 상관관계, 우주비행사가 된다는 건 '정말로 어떤 느낌인지' — 을 알고 싶어 한다. 이러한 질문들에 대한 답변은 어떤 수준의 것이든 사람들이 자기 행위의 지향을 잡는데 도움을 준다. 다른 한편으로, 사용자들은 도덕적 질문에 대한 답변을 원한다. 단지 인종·소득·교육 간의 상관관계만이 아니라, 그 상관관계가 왜 그렇게 나타나는지, 그것은 누구의 잘못인지, 그리고 그에 대해 무엇을 해야 하는지에 대한 대답

---

9   Battle of Bull Run: 미국 남북전쟁 최초의 본격적인 지상전

을. 사람들은 남북전쟁(결국에는 불런 전투)이 '필연적'이었는지 또는 막을 수 있었는지를 알고 싶어 하고, 우주비행사 존 글렌(John Glenn)[10]이 대통령직에 합당한 인물이었는지 아닌지 등을 알고 싶어 한다. 가장 표피적인 탐색 수준에서, 대부분의 사회에 대한 사실적 질문은 강한 도덕적 차원을 보여주는데, 이는 사소한 문제들에 대한 기술적 해석처럼 보이는 것을 놓고 종종 벌어지는 치열한 논쟁들을 설명한다. 아서 젠센(Arthur Jensen)[11]이 지능검사 분석에서 범한 통계적 실수는 통계학자가 아닌 사람들의 분노를 야기했다.

사용자들과 제작자들

우리 모두는 이야기들을 말하고 듣고, 인과분석을 만들고 읽는 등, 재현의 사용자이자 제작자로서 행위한다. 다른 서비스 관계에서와 마찬가지로, 제작자와 사용자의 이해관계는 대체로 상당한 차이가 나는데, 특히 제작자가 재현의 제작에 전적으로 종사하는 전문가이고 사용자가 그 재현을 습관적이고 면밀하지 않은 방식으로 이따금 사용하는 아마추어일 때 자주 그렇다(휴즈[Hughes, 1984: 316−325]의 일상과 비상

---

10 1960년대 미항공우주국(NASA) 소속 우주비행사였으며, 1970년대에 정치에 입문했다.
11 미국의 교육심리학자로서, 지능지수의 차이가 인종적 차이에 기인한 것이라는 견해를 제시하여 논란을 불러일으킨 바 있다.

사태에 대한 고전적 분석을 참조). 재현의 세계는 지배적인 이해관계가 무엇인지에 따라 달라진다.

제작자가 지배하는 세계에서, 재현은 **논쟁**(argument)의 형태, 즉 제작자가 전달하고자 하는 요점(point)들을 만들뿐 그 이상은 만들지 않으며, 단지 그러한 소재를 제시하는 형태를 띤다(앞서 언급한 바 있는 과학적 글쓰기의 수사에 관한 현재의 작업이 이러한 논지를 충분히 입증한다). 전문화된 세계의 재현 제작에서는 제작자가 대개 제작상황을 통제하는데, 그 이유를 휴즈는 다음과 같이 지적했다. 대부분 사용자들에게 유별난 결과물들은 제작자가 늘 하는 것이다. 다른 사람들이 실질적인 파워를 갖고 있더라도, 전문가는 그 과정을 조작하는 방식에 대해 훨씬 많은 지식이 있기 때문에 상당한 통제력을 보유한다. 장기간에 걸친 재현 제작을 지지하는 유력한 사용자들은 그러한 장애를 극복하는 법을 충분히 배우지만, 일시적 사용자들은 좀처럼 그렇지 않다. 따라서 전문적으로 제작된 재현은 제작자의 선택과 이해관계를 담고 있고, 간접적으로는 자신을 고용할 역량이 있는 사람들의 선택과 이해관계를 담고 있으며, 따라서 당연히 보행자들이 알고 싶어 하는 언덕배기를 보여주지 않는다.

다른 한편으로, 사용자가 지배하는 세계의 구성원들은 표상들을 **파일**(file)들, 즉 유능한 사용자가 염두에 둘 수 있는 모든 질문과 사용자가 사용하려는 모든 정보에 대한 답을 샅샅이 뒤져 찾아낼 수 있는 기록 저장고(archives)로 사용한다. 당신이 상점에서 구매한 시내 지도와 내가 **당신**에게 **우리** 집에 찾아오는 길을 그려준 아마추어 지도간의 차이를 생각해 보자. 나의 지도에는 우리 집에 오는데 걸리는 시간, 눈을 기쁘게 할 흥미로운 것들, 그리고 교통 혼잡을 피할 수 있는 방법 등이 적혀 있을 것이다. 평범한 일반인의 재현은 전형적으로 전문가들이 만든 재현보다 사용자가 원하는 것에 상응하여 지역화 되어 있다. 마찬가지로, 아마추어들의 스냅사진은 사진 속에 있는 모든 사람들을 잘 아는 친밀한 집단의 사람들이 보고자 하는 기록들을 원하는 제작자들의 요구를 충족시키는 반면, 저널리스트·예술가·사회과학자가 찍은 사진들은 전문가 공동체의 표준을 지향하며 동료 전문가 및 지식 수준이 높은 사람들을 만족시키는 것을 목표로 한다(Bourdieu, 1990).

일부 가공물들은 **본질적으로** 파일처럼 보인다. 그렇게 놓고 보면, 지도는 사용자가 자신의 목적을 위해 참조할 수 있는 지리적 및 여타 사실들의 단순한 저장소로 보인다. 실제로 지도는 매우 다양한 방식으로 제작될 수 있는데, 그중 어느 것도 실재의 단순한 전환이 아니며, 그래서 어떤 중요한 의미에서 지도는, 아마 단지 그 어떤 것을 당연시함으로써, 그 어떤 것을 지도의 사용자들에게 설득하기 위해 기획된 논쟁인 것이다. 따라서 이전에는 목소리를 내지 않던 사람들이 세계에 대한 사고를 지배하는 지도가 '유럽 중심적(Eurocentric)', 즉 자의적으로 유럽과 북미를 세계의 중심인 것처럼 보이게 만드는 결과물을 초래하는 기술적(technical) 선택이라는 주장을 하는 것이다. 이런 지도는 유럽과 북미가 지도 구석에 위치한 다른 지역들보다 '더 중요하다'는 논쟁을 구체화한다고 할 수 있다.

하지만 논쟁과 파일은 객체의 유형이라기보다 사용의 유형, 즉 무언가가 아니라 무언가를 하는 방식들이다. 우리는 사용자들이 힘이 없는 것이 아니라, 실제로는 제시된 산물을 자신들의 소망과 요구에

　　　　　　　　　　　　　　　사회에 대해 말하기

맞게 다시 만들어 내는 경우가 많음을 인식함으로써 이를 알게 된다.

　모든 영역에서 학자들은 일상적으로 자신들이 인용한 학술논문에 담긴 논쟁을 무시하고 그 대신 **자신들의** 목적에 적용할 수 있는 결과들을 담은 문헌만을 훔친다. 간단히 말해서, 학자들은 문헌을 그 제작자가 의도했던 논쟁들이 아니라 원저자가 결코 생각해 본 적이 없는 질문들에 답하기 위한 결과물들의 파일로서 사용한다. 문화적 생산물들에 대한 이러한 종류의 반역적인 사용이 기술사회학(sociology of technology)(Oudshoorn and Pinch, 2003), 디지털 게임과 기타 인터넷 현상의 창의적 사용(Karaganis, 근간), 그리고 문화연구 등의 분야에서 탐구되어 왔다. 펜리(Constance Penley, 1997)는 상당수의 노동계급 이성애자 여성들이 『스타 트렉(Star Trek)』의 주연배우들을 이용해서 창작한 동성애 춘화(커크 선장과 미스터 스포크는 유명한 커플이다)를 인터넷을 통해 배포한 사례를 연구한 바 있다. 이러한 모든 사례들에서, 사용자들은 제작자가 일방적 커뮤니케이션으로 의도했던 바를 사용자 자신의 목적을 위한 구성체에 맞게끔 원소재를 철저하게 개조했다. 사용자들은 언제나 어떤 것을 이런 방식으로 자신의 손아귀에 넣을 수 있다.

그래서?

　내가 언급한 것은 최소한 어느 정도는 지식에 대한 상대주의적 관점을 함축한다. 우리가 질문을 던지는 방식과 답을 형성하는 방식은 매우 다양한 취향들 속에서 나오고(내가 인용한 수많은 사례가 이를 증명한다), 그 가운데 최선의 방식이라고 보장된 것은 없다. 이는 그 방식들이 모두 무언가를 전달하는데 훌륭하기 때문이다. 동일한 실재가 많은 방식으로 기술될 수 있는데, 왜냐하면 그 기술이 수많은 질문들 가운데 어느 하나에 대한 대답이 될 수 있기 때문이다. 우리의 절차들이 동일한 질문에 대해 동일한 답을 내도록 해야 한다는 점에 원칙적으로 동의할 수 있지만, 사실상 우리는 사회적 상호작용과 조직체의 상황들이 '훌륭한 질문'을 구성하는 것에 대한 합의를 산출했을 때만 동일한 질문을 던진다. 이런 일은 그리 자주 생기지 않으며, 사람들의 삶에 대한 조건들이 어떤 문제를 공통적인 것으로 인도했을 때만 생긴다. 일상적 기초에 근거한 사회적 실재에 대한 특정 부류의 재현을 요구한다는 것은 일상적 사용을 위한 재현을 만들어 내는 전문성과 기술의 발전을 인도한다. 사람들의 삶의 조건이 그들로 하여금 특정 문제를 공통의 것이자 일상적 기초에 근거한 사회적 실재에 대한 특정 종류의 재현을 요하는 것으로 인식하게 하고, 따라서 일상적 사용을 위한 재현을 산출하는 전문성과 기술의 발전으로 이어질 때만 가능하다.

따라서 어떤 질문들은 제기되고 답변되는 반면, 다른 질문들은 제아무리 좋고, 흥미롭고, 가치 있고, 심지어 과학적으로 중요한 것일지라도, 최소한 사회가 그러한 답들을 요구하는 사람들이 답을 얻게끔 하는 자원을 동원할 수 있을 만큼 변화하기 전까지는 무시된다. 그때까지, 보행자들은 샌프란시스코 언덕배기를 보고 놀랄 것이다.

사회에 대해 말하기

3 / 누가 무엇을 하는가?

　재현은 제작자와 사용자들의 협력세계에서 만들어진다. 재현의 제작 작업은 여러 유형의 제작자들 그리고 제작자와 사용자들 사이에서 분업화된다. 만약 재현이 앞서 구분했던 네 종류의 작업을 요한다고 하면, 각각의 종류를 누가 담당하는가? 만약 재현이 관련된 모든 이의 만족을 위해 창출되고 소통된다면, 제작자 자신이 하지 않고 사용자의 몫으로 남겨 놓아야 할 것은 무엇인가? 일단 분업이 확립되면, 협력 당사자들은 각자의 상이한 일을 놓고 어떻게 협력하는가?

　경우에 따라서는 제작자가 사용자의 자율성을 상당히 제한하면서 대부분의 작업을 한다. 영화의 경우, 영화 제작자가 모든 것을 선택하고 배열하며, 우리의 활동은 어떤 작업이 수행됐는지 보는 것과 그러한 작업과 그것이 다루고 있는 주제에 대한 의견을 갖는 것으로 제한돼 있다(물론 기술변화로 인해 영화를 극장이 아닌 곳에서 제작자가 의도한 것과 다른 순서에 따라 보는 것이 가능해지기는 했다). 그러나 우리가 보는 것에 대해 해석하고 평가할 수 있는 외견상의 자유가 주어진다 하더라도, 영화 제작자는 모든 기술적 장치를 사용해 우리의 반응을 자신이 원하는 방향으로 돌려놓는다. 과학적 연구논문의 저자들은, 그들의 활동에 대한 라투르(Latour, 1987: 21-62)의 묘사에 의하면, 독자를 훨씬 엄격한 통제 하에 두고자 한다. 이들은 자신의 작업에 대한 질문과 비평을 예측하고 그에 대한 답변과 방어를 구축하므로, 독자는 이들의 논의에 반박하는 것이 불가능하다고 여긴다. 비록 종종 목적달성에 실패하고 비평의 표적이 되기도 하며, 더 나쁘게는 연구결과가 자신이 전혀 의도하지 않았던 바로 사용되거나 아예 받아들여지지 않을 수도 있지만, 이들은 최소한 그런 종류의 통제를 목표로 한다.

다른 재현 제작 세계에서는 제작자가 배열과 해석의 상당부분을 사용자의 몫으로 남겨 놓는다. 사회적 실재에 대한 재현을 제작하는 일부 예술가들은 이러한 작업을 신중하게 수행한다. 이들은 자신이 제시하는 소재에서 너무 비약하는 것처럼 보이는 일반화를 거부하면서, 이 부분을 단호하게 사용자에게 넘긴다. 여기서도 자유라는 것이 가끔씩은 외견상만 그럴싸하게 보이지 실제로는 그렇지 않은데, 이는 제작자가 자기 분야의 기술적 및 개념적 도구를 동원해서 사용자의 활동과 반응을 돌려놓기 때문이다.

가령 조사 중인 사회현상에 대한 보고(작업 중인 매체에서 보고가 이야기, 영화, 기타 등등 무엇으로 지칭되든 간에)에 무엇이 들어갈 것인지를 놓고 힘든 결정을 내렸다고 하자. 당신은 '데이터(data)', 즉 원소재(raw material)를 얻었다. 당신은 쓰디쓴 알약을 삼키는 것과 같은 힘든 과정을 겪고 난 후, 당신이 수집한 모든 것을 하나로 묶어낼 수는 없지만 당신 또는 당신의 보고가 의미를 갖는 사람들에게 유용한 어떤 것을 생각하고 여전히 그것을 달성한다는 점을 인정한다. 당신은 어렵사리 획득한 지식과 원료의 일부(어쩌면 상당부분)가 영화인들이 말하듯이 편집실에서 완결되리라는 점을 인정한다. 이제 당신은 이러한 걸러내기 과정 후에 남은 파편들의 더미, 즉 필름 더미, 숫자 더미, 필드노트 더미를 들고 있다.

이 모든 소재를 어떻게 배열하고 한데 모아서 원하는 사람들에게 소통하고자 하는 바를 (그리고 물론, 사람들이 당신이 소통해 주기를 원하는 바까지도) 전달할 수 있을 것인가? 사회과학 (및 다른 학문분야) 텍스트의 저자들은 전형적으로 이것을 논쟁구축의 문제, 즉 언급해야 할 것을 자신들의 아이디어를 효율적이고 명확하게 표현하는 순서로 언급함으로써 독자들이 당신이 의도하지 않은 바를 말한다고 착각하지 않도록 하면서 또한 모든 비평과 의문을 사전에 차단하는 문제로서 경험한다. 학위논문 상담자 및 학술지 편집자들은 반복적으로 저자들에게 "논의를 일관되게 하라"고 말한다. 그리고 이런 조언은 명제, 결론, 아이디어의 논리적 배열을 넘어 증거 제시와 조사 데이터에서 선택된 소재에도 적용된다. 소재를 어떻게 (어떤 유형으로든) 배열하여 어떤 합리적 독자에게도 당신의 논의가 말하는 바를 이야기하고, 결론이 명확하고 오류가 없으며 불가피한 것으로 만들 것인가?

이러한 질문에 대한 답들은 곧바로 제작자와 사용자가 그들의 재현 분업을 나누는 방식들의 다양성에 대한 문제로 이어진다. 나는 두 개의 매우 다른 사례에 초점을 맞출 것인데, 표 형태로 통계 데이터(숫자)를 관례적으로 제시하는 사회과학의 문제와 갤러리 벽의 전시에서, 슬라이드 쇼나 책에서, 기록사진들이라 불리는 것을 어떤 유형의 순서로 배열하는 문제이다.

통계의 문제

통계의 문제부터 시작해 보자. 나는 센서스, 서베이, 혹은 실험을 수행하고 많은 것을 집계하였다. 센서스에서 우리는 사람들을 집계하고 우리가 집계한 사람들 각각에 관한 몇 가지 사실, 즉 연령·성·인종·최종학력·전년 소득 등에 대한 숫자를 발견한다. 그런데 그 숫자는 센서스 설계 방식에 따라 다를 수 있다. 실험에서는 둘 또는 그 이상의 집단을 생성하고, 한 집단에는 무언가를 하고('실험처치') 다른 집단('통제집단')에는 아무 것도 하지 않으며, 그리고 그 '처치'의 결과로 나타날 것으로 생각되는 다양한 것들을 측정한다. 설문조사는 비록 연구자가 실험처치를 받은 사람들을 통제할 수는 없지만 그래도 실험을 모방했다고 할 수 있는데, 왜냐하면 연구자가 조작할(manipulate) 수는 없으나 통계적으로 '통제'할 수 있는 연령, 성, 혹은 과거 경험 등과 같은 어떤 것을 인과변수로 간주하기 때문이다.

상기한 모든 것들은 많은 숫자들을 산출해낸다. 개별 숫자는 그리 큰 의미를 갖거나 중요한 것이 아니다. 난 신경 쓰지 않는다. 그리고 특정인의 가족 및 친구 아니고서는 그 사람이 몇 살인지 또는 작년에 얼마나 벌었는지에 대해 신경 쓰지 않는다. 만약 내가 특정 부류의 사람들의 소득을 합산하고 그 평균을 낸다면, 표면적으로는 보다 흥미로워 보이긴 하겠지만 실제로는 꼭 그렇지만도 않을 것이다. 시카고의 특정 구역에 사는 사람들의 평균소득은 19,615 달러다. 센서스를 보면 이 구역 거주자의 27%가 흑인이며(이것이 미국 센서스가 인종을 측정하는 방식이다) 36%가 65세 이상이라고 한다. 그래서 어떻단 말인가? 이렇게 홀로 떨어져 있는 숫자들은 여전히 별로 흥미롭지 않다.

왜 그럴까? 그건 아직 우리가 더 중요한 질문을 던지지 않아서 그렇다. 무엇과 비교해서 그런 것인가? 센서스 표를 읽는 사람들은 그 속에 담긴 숫자들을 서로 비교해 가면서 이해한다. 이들은 두 숫자를 보고 이렇게 묻는다. 둘이 같은 것이냐 아니면 하나가 다른 하나보다 큰 것이냐? 만약 한 쪽이 더 크다면, 그 차이가 심각하게 받아들일 만큼 큰 것이냐? 그 구역 거주자들의 평균소득 19,615 달러가 유의미하려면 그것을 다른 숫자와 비교해야 한다. 무엇과? 아마도 다른 구역 거주자들이 벌어들인 29,500 달러(또는 50% 더 많은)와 말이다. 이런 비교를 해야 그 도시가 소득집단의 지리적 분리로 특징지어진다는 결론을 내릴 수 있을 것이다. 혹은 흑인이거나 65세 이상 노인들이 여타 인종이나 연령보다 25% 덜 벌기 때문에, 소득에서 인종 혹은 연령차별이 존재하고 있다고 결론을 내릴 수 있다. 이제 우리는 우리가 무언가를 안다고 생각하게 된다. 비교를 통해 드러난 두 숫자 간의 차이는 중요한 정보를 담고 있다.

이는 단지 두 동위(同位) 집단(흑인 대 백인, 65세 이상 대 65세 미만) 간의 차이에 머물지 않는다. 우리는 우리가 연구하는 집단을 그것이 포함된 더 큰 집단과 비교할 수 있거나(이 구역 거주자와 도시 전역[全域] 거주자의 비교), 외적 기준을 동원하여 이 인종집단을 '빈곤선'과 비교할 수 있다.

나의 통계 결과, 즉 나의 숫자를 배열하는 문제는 관련된 비교를 명확하게 만드는 문제이다. 바로 이것이 미국 센서스 책자들이 어떤 결론을 제시하지 않는 이유다. 그 책자들은 논쟁들이 아니라 파일들이기 때문에 어떤 것을 명확하게 비교하지는 않는다. 그 책자들은 단지 비교를 위한 원소재들만 제공하기 때문에, 적지 않은 사람들이 그 모든 센서스 출판물에서 우리가 자유롭게 유용할 수 있는 것을 재배열하는 일로 먹고살 수 있게끔 만든다.

사실 센서스는 통상적으로 데이터를 표의 형태로 출판하여 비교를 용이하게 만든다. 마치 내가 요점을 짚기 위해 고안한 것과 같은 연령별 소득 교차표처럼 말이다. 표의 행(行, row)은 연령집단 별로 분류돼 있고(0–15세, 15–25세, 25–35세 등등), 열(列, column)은 소득집단 별로 분류돼 있다(10,000–15,000 달러, 15,000–25,000 달러 등등). 이 행과 열의 격자 속의 셀(cell)들에는 숫자, 즉 연령과 소득의 조합으로 특징 지워진 사람들의 수가 담겨 있다. 이는 인접한 셀 간의 비교를 용이하게 하여 소득이 15,000–25,000 달러인 사람들의 수는 25–35세가 35–50세보다 많지만(사실이라면 말이다), 이 두 연령집단 간의 소득격차는 소득이 늘어남에 따라 감소함을 알 수 있다. 우리가 할 일은 한 셀에서 다음 셀로 이동하여 소득 60,000 달러 이상에서는 인접한 셀 간의 숫자가 동일함을 발견하는 것이다. 그러나 우리는 인접하지 않은 셀 간의

사회에 대해 말하기

비교를 하고 싶을 수 있고(15-25세의 사람들과 65세 이상 사람들의 소득격차), 그렇다면 숫자를 복사하여 다른 곳에 비교를 목적으로 순차적으로 갖다 붙여야 한다.

가상의 센서스 표

소득($)	연령					
	0–15	15–25	25–35	35–50	50–65	65+
0–15,000						
15,000–25,000	400	300	200	100	75	60
25,000–40,000	350	275	225	125	70	55
40,000–60,000	250	250	250	150	50	50
60,000–90,000	50	125	200	200	40	30
90,000+	25	100	175	175	25	35

이러한 통계 비교의 경우, 우리가 비교하는 것은 표 속의 행과 열의 표제(label)들에서 나타난다. 평균소득과 연령의 관계에 관심이 있는 경우에는 열에 연령범주의 명칭을, 행에 소득범주의 명칭을 표제로 붙인다. 독자는 65세 이상의 사람들이 다른 연령 범주의 사람들보다 소득이 적음을(이것이 사실이라면) 발견하는 분석적 작업을 수행한다.

센서스 표는 잠재적 사용자들인 대규모의 다양한 청중을 위해 고도로 훈련된 전문가들이 만든다. 이들 사용자들은 연령, 소득, 젠더, 인종, 교육 년수, 미국 센서스 홈페이지나 간행물에서 쉽사리 얻을 수 있는 여타 변수들에 대한 비교범주를 만들지 않는다. 표 제작자들은 이런 차원들을 가진 행과 열들에 표제를 붙임으로써 그러한 분석적 작업을 이미 수행했다. 이러한 행과 열의 표제(표의 차원)를 구성하는 일은 사용자들로 하여금 다음과 같은 비교를 가능케 한다. 35-50세의 사람들이 25-35세의 사람들보다 돈을 더 많이 버는가? 또는 행과 열이 나타내는 다른 변수를 동원해서, 흑인이 백인보다 교육수준이 낮은가? 여성이 남성보다 덜 버는가? 이 표를 설계하는 전문가들은 독자가 중요한 비교를 용이하게 할 수 있도록 차원과 숫자의 배열 문제에 신경을 쓴다(투키[Tukey, 1972], 터프트[Tufte, 1983, 1990]의 논의, 그리고 데로지에르[Desrosières, 1993]의 역사 관련 논의 참조).

사진의 문제

이는 전문가들이 대규모의 이질적 사용자 집단을 위한 많은 작업을 수행하는 재현 제작의 세계에서 어떻게 일이 돌아가는지에 관한 것이다. 지금부터는 기록사진의 세계에서 일어나는, 표면적으로는 매우 달라 보이지만 유사한 문제에 대해 생각해 보자. 거기에는 실제 차이를 보다 정확히 구체화하도록 하는 유사성도 존재한다. 이렇게 함으로써 제작자와 사용자 간에 배열된 업무의 분화에 있어서 또 다른 방식을 볼 수 있다.

내가 다수의 사진을 촬영했고(큰 주제를 추구하는 진지한 기록사진가라면 수천 장의 사진을 찍을 것이다), 내 생각에 내가 촬영하고자 하는 사진의 주제에 관한 아이디어를 가장 잘 전달하는 이미지들을 선정했다고 해 보자. 그리고 이 장르의 고전적인 예로서 그 방면에서 가장 많이 토의되고 존경받아 온, 기록 사진가를 열망하는 이들의 모델로 추앙받는 워커 에반스(Walker Evans)의 『미국의 사진(*American Photographs*)』

([1938]1975)을 떠올려 보자.

에반스는 수 년 간 미국 동부(서부에서 가장 멀리 간 곳은 베이튼 루즈 [Baton Rouge])의 남과 북 — 뉴욕, 펜실베이니아, 미시시피, 앨라배마 등 — 사이에서 촬영한 사진들로 이 책을 만들었다. 게다가 꼭 미국에 서만도 아니었다. 이 책의 제목은 폭넓게 해석돼야 하는데, 이는 사진 중 석 장이 쿠바의 아바나에서 촬영한 것이기 때문이다. 그는 그 모 든 영상들을 만든 후에 무엇을 할 것인지에 대해서는 그리 분명하지 않았다. 그의 작품에 조예가 깊은 문하생인 알란 트라츠텐버그(Alan Trachtenberg)에 따르면, 에반스는 대공황이 많은 미국 지식인들에게 제 기한 문제, 즉 "미국인에게 특별한 점은 무엇인가? 미국인의 특징적 신 념, 민속사(folk history), 영웅, 노동 패턴, 여가 등등은 무엇인가?"에 대 답하려고 노력했다. 미국인에 대한 에반스의 개념은 그가 어느 특정 진영에 속하는 식으로 쉽게 파악될 수는 없지만, 그의 작품이 진정한 미국문화와 미국인다움(Americanness)에 대한 탐구라는 일반적 패턴 속 에 위치한다고 말할 수는 있다(Trachtenberg, 1989: 247).

에반스의 의도에 관한 더 심도 있는 증거는 그가 이 사진들을 촬 영할 당시 그 후에 뭘 할 것인지의 목록을 친구에게 적어 보낸 편지에 서 찾을 수 있다.

새로이 생겨난 노숙자 무리에 둘러싸인 모든 계급의 사람들.

자동차와 자동차의 정경(landscape).

건축물, 미국의 도시적 취향. 소규모, 대규모의 상거래, 도시의 거리

분위기, 거리의 냄새, 역한 냄새, 여성 클럽, 모조품 문화(fake culture), 열악한 교육, 부패한 종교.

영화.

도시인이 즐거움을 위해 읽고 먹고 보는 것은 휴식을 위해서이지 그

것을 획득하자는 것이 아니다.

섹스.

광고.

그 밖의 많은 것들, 내 말 무슨 뜻인지 알 거야.

(Trachtenberg, 1989: 244)

이러한 관심들이 인도한 그의 직관은 자신의 책에 사용했던 사진
들의 아카이브(archive)로 이어졌다. 그는 이 아카이브에서 현대예술 박
물관(Museum of Modern Art) 전시회에 쓰일 사진 100장을 최종적으로
선정했다. 이 가운데 87장이 『미국의 사진』에 수록됐다.

그는 이러한 선정 과정에서 너무도 단순한 문제 — 책에 이 사진
들을 어떤 순서로 실을 것인가? — 에 부딪쳤다.

여기에는 예비적이면서도 실질적인 문제가 있다. 원하는 효과를
낳기 위해 어떤 순서로 사진들을 배열할 지가 아니라, 관람객들의 주
목을 끌기 위해서는 어떤 순서로 배열하느냐는 것이다. 전시회에 오는
사람들에게 사진들을 특정 순서에 따라 보도록 강요할 수 없고, 또한
어떤 이들은 전시장 입구로 들어오자마자 오른쪽으로 돌아 감상을 시
작할 것이고 다른 이들은 반대로 왼쪽으로 돌아 관람을 시작하는 광
경을 쉽게 목격할 수 있다. 게다가, 사진가들의 입장에서는 미쳐 버릴
노릇이지만, 독자들은 종종 사진집을 마치 거기가 처음인 것 마냥 끝

사회에 대해 말하기

에서부터 대충 넘겨가면서 본다. 사진 배열에서 순서가 중요한 것인가? 사진가들은 이를 명백히 중요하면서도 어려운 문제로 간주한다.

문제가 무엇이든 사진가들은 전시기획자 및 박물관 큐레이터와 마찬가지로 감상자가 전시품을 특정한 배열에 따라 보기를 원하고, 감상자가 특정 차원을 따라 특정한 분위기를 낳는 특정한 비교를 수행하도록 만들고자 한다. 이들은 단일한 이미지는 애매모호하고 '그것이 무엇인지'에 대한 것을 명확하게 드러내지 않는다는 점을 이해하고 있다. 사진가들이 뉴스 및 광고 같은 다른 목적으로 사진들을 찍을 때, 그들은 통상적으로 모든 '외적 세목(extraneous detail)'을 배제하는, 즉 주목을 끌고자 뉴스 이야기나 상품의 특성에 대한 '요지(point)'를 제외한 모든 것을 배제하는 방식으로 사진들을 구성한다. 이들은 이야기의 주된 아이디어를 강조하거나 상품의 호소력을 확대하기 위해 그 요지를 둘러싸고 있는 세목들을 조심하여 선택한다(Hagaman, 1996: 11). 과학적 목적으로 촬영된 사진들도 유사하게 제작자(통상적으로 과학 논문의 저자)가 사용자들이 알기를 원하는 것으로 내용을 한정하며, 그 목적에 비추어 외적인 모든 것을 철저하게 배제한다.

에반스 같은 기록사진가들은 그렇게 거침없이 포괄적인 방식으로 사진의 내용을 축소시켜 버리지 않는다. 이들은 사진에 관한 진실을 기대하며 거기 있는 것은 거기에 있도록 내버려 둔다. 그 결과, '기록물'로 만들어진 대부분의 사진은 상당량의 세목, 즉 그 영상이 만들어질 때 그 영역에 있었던 모든 소재(stuff)들을 담고 있고, 심지어 그 소재들이 무슨 일이 일어나고 있는지에 대한 어떤 해석도 도와주지 않을 때도 그렇다. 해석이라는 중요한 작업은 제작자가 암묵적으로 의도한 모든 통제장치와 더불어 사용자의 몫으로 넘어간다. 사진들을 제아무리 세심하게 구성했다 해도, 세목이 불규칙한 소음에 불과한 것이 아닌 이상, 감상자는 사진들을 그것이 강조하는 세목들과 그 구성에 따라 다양한 방식으로 해석한다.

상당히 많은 세목을 포함한 사진은 항상 여러 가지 해석들, 신문 기사나 광고가 전달하는 단순명료한 문구의 경우보다 분명 더 많은 해석을 달고 다닐 것이다. 이는 다음과 같은 질문을 야기한다. 이러한 분업은 해석을 사용자의 몫으로 남겨두기 때문에, 이 사용자들은 무엇이 중요하고, 아이디어가 무엇이고, 사진가는 무엇을 염두에 두었고, 그들이 "이 사진에서 얻어낼 것으로 가정되는" 것은 무엇인지를 어떻게 알 수 있을까? 사진가는 어떻게 자신이 염두에 둔 바가 자신의 작품을 보는 사람들의 해석을 형성하도록 사진을 배열할 수 있을까?

일반적으로 설명(caption)은 무엇이 중요한지를 알려주고, 우리가 주의를 기울여야 하는 바를 지적해 주며, 우리가 무시해 버릴 수 있는 것을 일러주고, 사진 속의 대상과 인물을 이어주는 연결고리를 적시해 준다. 일부 기록사진가들은 장문의 설명을 달아 감상자의 이해를 돕는다. 도로시아 랭지(Dorothea Lange)는 쟁기질이 끝난 들녘에 버려진 작은 농가의 영상("트랙터에게 쫓겨나다[Tractored Out]"로 불리기도 하며, 많은 문헌에 재수록된 작품. 일례로 스트라이커와 우드[Stryker and Wood, 1973: 100] 참조)에 '기계화된 대규모 면화 농장에 있는 버려진 농가'(그림 3.1 참조)라는 설명을 달았던 것처럼 종종 긴 설명을 첨가했다(이 농가들은 거대 농기업들이 더스트 볼[Dust Bowl][12] 지역의 소작 농장들을 매입했으나 소작농들의 가옥을 철거하라고 다그치지 않았기 때문에 남아 있게 된 것이다).

사회에 대해 말하기

오토바이 갱단에 대한 대니 라이언(Danny Lyon, 1968)의 책은 활동 중인 갱단의 사진들과 갱단 멤버들과의 긴 인터뷰를 조합한 것이다. 다른 사진가들은(에반스도 그 가운데 하나인데) 영상이 만들어진 장소와 날짜를 제외하고는 자신들의 영상들을 말로 설명하지 않은 채로 남겨 놓는데, 이는 트라츠텐버그가 다음과 같이 기술하는 결과를 낳는다.

설명이 없는 사진 시퀀스는 독자의 방식으로부터 비켜나 있는 숨은 저자(플로베르[Flaubert]나 헨리 제임스[Henry James] 같은)를 암시하지 만, 일관된 물리적·도덕적 견해를 유지한다. 사진들의 편집자가 정 말로 어떤 선택을 한 것인지 정확히 유추할 수는 없다. 무엇에 대한 사진인지에 관한 명시적 표식들을 제외하면 사진은 매우 다양한 해 석을 유발할 수 있고, 따라서 편집자가 그 영상에 분명한 설명을 달 아주지 않는다면 그 의미는 믿을 수 있을만큼 확실한 관점을 제공 하기에는 너무도 열려 있고 미결정적인 것이다(Trachtenberg, 1989: 251).

그러나 제작자는 영화 편집자 세르게이 에이젠슈타인(Sergei Eisen-stein)이 **몽타주**(*Montage*)라 지칭한 것을 사용하여 **영상**의 의미를 적시할 수 있다. 다시 한 번 트라츠텐버그의 글을 보자.

---

12 미국 중남부 지역으로 1930년대 큰 가뭄이 들었을 때 토양침식으로 피해를 본 곳.

책에 있는 사진들을 그룹으로 묶는 방식은 어떤 것이든 에반스가 몽타주 장치를 수용한 사례로 간주될 수 있는데, 이는 반테제(coun-ter-thesis)를 야기하는 테제의 변증법적 과정 — 이와 함께 보이지 않고 언급되지 않는 종합을 감정과 아이디어로 산출하는 — 으로 다시 진술될 수 있다. 각 사진은 정반대의 영상이 뒤따를 것이라는 힌트 또는 암시를 통해 다음 사진과의 연결고리를 드러낸다. 독자는 각 영상이 각 영상의 세목과 뉘앙스들 모두에서 완벽하게 기억될 것으로 기대하는데, 왜냐하면 가장 불명확한 세목이 계속되는 반향과 암시 속에서 의미를 갖기 때문이다. 사진들은 연속성, 중첩, 반전, 클라이맥스, 결말을 드러내 보이는 관계들의 조화에서 그리고 관계들의 조화를 통해 그것들이 뜻하는 바를 드러낸다(Trachtenberg, 1989:

[그림 3.1] 도로시아 랭(Dorothea Lange): 트랙터에게 쫓겨나다: 기계화된 대규모 면화 농장의 버려진 농가. LOC, LC-USF342-8140A.

사회에 대해 말하기

259).

이것은 한 사진에 뒤이어 나오는 사진, 그 사진보다 먼저 나온 사진, 그리고 심지어 감상자가 보는 사진들의 시퀀스에서 멀찍이 떨어져 위치해 있는 사진들이다. 이 사진들 모두는 우리가 지금 보고 있는 사진에 대한 이해를 조건 지운다. 사실 모든 영상은 다른 모든 영상의 이해에 영향을 미친다. 네이선 라이언스(Nathan Lyons)는 사진의 순서가 중시되는 **시리즈**(series)와 그것이 그리 중요치 않은 **시퀀스**(sequence)를 구분한다. 만일 궁극적으로 중요한 것이, 트라츠텐버그의 말대로 주의 깊은 독자가 염두에 두는 사진들 사이의 울림(resonance)과 메아리(echoes)들이라면, 우리가 접하는 사진들의 최초 순서는 작품의 궁극적 이해에 있어 그리 크게 중요치 않을 수 있다. 순서가 어떻든 간에, 이러한 견해에서는, 우리가 본 모든 영상들은 어떤 단일 영상에 대해서든 우리의 이해에 영향을 미친다.

비교

이는 어떻게 일어나는가? 한 시퀀스 영상들의 소재들을 어떻게 사용하면, 우리는 그것들이 '의미하는' 바가 무엇인지에 대한 이해, 단지 거기 제시된 순서를 넘어 그것들이 전달하는 아이디어에 대한 이해를 생성할 수 있는가?

우리는 비교를 통해 이를 수행하는데, 이것은 마치 통계표를 읽는 독자가 숫자들을 서로 비교함으로써 이해하는 것과 같다. 명확히 말하자면, 우리는 두 개의 사진을 보면서 그들 간에 공통된 것은 무엇인지 파악하며, 그 공통의 특징을 그 사진이 무엇에 대한 것인가에 관한 모든 것은 아닐지라도, 최소한 잠정적으로 그 중 하나에 관한 것이라고 받아들인다. 음악에 관한 레너드 메이어(Leonard Meyer, 1856), 그리고 시에 관한 바버라 헤른스타인 스미스(Barbara Herrnstein Smith, 1968)의 말을 빌면, 우리는 그런 공통의 특징이 그 사진들에 관한 무엇이라고 가정한다. 물론 우리는 이어지는 사진들을 통해 그러한 가정을 계속 검증한다. 메이어와 스미스가 우리는 음악을 듣거나 시를 읽으면서 그렇게 한다고 암시했듯이 말이다. 우리는 세 번째 사진을 보면서 그것이 유사성에 관한 우리의 가정이 제시하는 특징을 갖고 있는지를 파악한다. 세 번째 사진이 그것을 정확하게가 아니라 부분적으로만 갖고 있다면 우리의 가정 즉 그 시퀀스가 무엇인지에 대한 우리의 아이디어를 수정한다. 그리고 계속해서 그 후에 이어지는 사진들을, 전체 시퀀스가 무엇에 대한 것인지에 대한 이해에 도달하기 위해 유사성과 관련된 축적된 이해를 사용하면서 앞서 지나간 영상들과 거듭 비교한다.

물론 통계학자들이 표에 수록된 모든 숫자가 동일함을 발견하는 것이 아니듯, 우리도 유사성만 찾는 것은 아니다. 통계학자들은 어떤 숫자가 더 큰지를 따진다. 하지만 사진들은 있는 그대로의 숫자보다 많은 세목들을 포함하므로, 우리는 두 항목이 동일한지를 따지는 것보다 훨씬 더 많은 비교 거리들과 훨씬 복잡한 가정들을 갖는다. 우리는 유사성뿐 아니라 차이점을 찾아내고, 그 차이점을 기록해 놓으며, 그것을 어떻게 해석할 것인지를 고민한다. 이러한 것들은 두 번째 테

사회에 대해 말하기

마를 제시하는가? 첫 번째 테마의 변형인가? 두 테마 간의 연결고리를 파악할 수 있는가?

트라츠텐버그는 『미국의 사진』 속의 첫 여섯 개의 영상을 통해 카메라와 사진들 그리고 촬영 당시의 상황들에 대한 연속적 지시들(reference)이 (감상자가 읽어낸 공통점과 차이점이 트라츠텐버그가 읽어낸 것과 일치한다면) 어떻게 감상자로 하여금 그 시퀀스가 만들고 있는 사진과 영상에 관한 것이라는 결론에 도달하게 만드는지를 설명한다(에반스의 책을 앞에 놓고 트라츠텐버그가 기술하는 특징과 관계들을 찾아가면서 읽으면 도움이 된다).

첫 번째 사진부터 두 번째 사진을 거쳐 세 번째 사진으로의 이동은 이 책의 방식을 요약적으로 보여준다. 그 이동은 두 번째 사진(여기서 '스튜디오'는 그 사건 속의 위트에 대한 우리의 반응을 귀띔한다. 하나의 단일 사건은 많은 작은 사진들로 이루어져 있으며 그것들에 대해 코멘트한다)에 있는 그 아이디어의 전복을 단순하게 식별해주는 사진의 착상으로부터 어딘가를 응시하는 두 소년의 모습을 담은 사진(글이 없고 모호함으로 가득한)으로의 이동이다. 영상 프레임 저편에 있는 소년들의 시선은, 세계는 넓고 어떤 사진이 보여줄 수 있는 것보다 훨씬 많은 상황들로 가득 차 있음을, 사진은 너무 많은 것을 놓쳐 버리기 때문에 피사체를 적절히 '식별할(identify)' 수 없음을, 그리고 독해에는 한계가 있으며 사진의 프레임이 갖는 자의성을 감안해야 함을, 즉 앞선 사진에서 함의되거나 명시된 '스튜디오' 영상에는 없는 우연성을 인정해야 함을 말해준다(Trachtenberg, 1989: 264).

트라츠텐버그의 미묘한 분석은 세련된 독자가 조심스럽게 배열된 시퀀스의 사진들에서 생각할 수 있는 것이 무엇인지를 보여준다. 하지만 이런 식의 독해에 관해 두 가지를 짚고 넘어가자. 하나는 독자가 반드시 진정으로 세련되어야 하고, 세련된 방식으로 사진들을 '읽는' 법을 알아야 한다는 점이다. 다른 하나는 통계표 독해와 비교해 보면 분명히 드러난다.

수준 높은 사진 독자는 평범한 독자들이 무감각하게 주의를 기울이지 않고 행하는 것을 의식적으로 주의 깊게 한다. 의식적이고 주의 깊은 독해가 '보통의' 독해와 다른 점은, 무엇보다도 신중하고 철저하다는 데 있다. 우리는 모든 사진 감상자들이 프레임 안의 모든 것을 알든 모르든 상관없이 반응한다고 가정할 수 있다. 감상자들은 색조와 구성에 영향 받고 모든 세목을 명심해 두지만, 자신들이 그렇게 하고 있다는 것은 알지 못한다. 잠깐잠깐 보고 그걸 뭉뚱그려 요약해 "야, 이거 충격적인데"라거나 "참 슬프다"라거나 "핵심을 잘 포착했는데" 등의 말을 한다. 그러나 그들은 사진이 포착한 것에 대한 자신들의 요약에 어떤 작업이 들어갔는지 혹은 자신들의 해석 작업이 어떻게 수행됐는지는 모른다. 당신이 어떻게 이런 요약 작업을 수행하는지가 차이를 만든다는 것은 중심 경향치(central tendency)의 통계적 측정을 어떻게 계산하는지가 차이를 만들어내는 것과 같다. 중위수가 아닌 평균은 최빈수(最頻數)도 아니다.

반면, 의식적이고 주의 깊은 독해는 시간이 걸린다. 수준 높은 감상자는 사진의 모든 부분을 검토하여, 거기에 있는 것, 그 사진이 재현하고자 하는 시점(point of view, 사진사가 선택 가능한 많은 것들 가운데 특정한

사회에 대해 말하기

시야[view]를 얻기 위해 카메라를 놓는 곳), 촬영한 날짜, 사진의 구도에서는 빠져 있지만 암시되고 있는 것들을 명확히 기록한다. 수준 높은 감상자는 사진가가 동일한 소재를 가지고 많은 다른 버전(version)들을 만들 수 있는, 아마도 만들었다는 것을 안다. 그 버전들에서 이 모든 선택들이 달리 이루어졌고, 그래서 프레임 안에 담긴 것을 사진가의 신중한 선택들의 결과물이며, 그러한 신중한 선택들의 조합을 통해 최종 효과를 산출한 것으로 독해한다. 주의 깊은 사진 독자는 각각의 사진에 오랜 시간을 들인다.

그 결과, 시퀀스의 사진들은 트라츠텐버그가 말한 대로 독자가 사진 하나하나와 각 사진이 다른 모두와 맺는 관계에 그렇게 시간을 들여 심사숙고할 때만 모종의 의미를 갖게 된다. 따라서 『미국의 사진』 같은 책은 비슷한 길이의 난해한 시집을 읽는 것과 같은 주의 깊은 독해를 요한다(트라츠텐버그는 에반스의 책을 T. S. 엘리엇[T. S. Eliot]의 『황무지(The Waste Land)』에 비견할만한 것으로 본다).

통계표와 사진의 시퀀스 사이에서 나타나는 두 번째, 그리고 보다 중요한 차이는 사용자와 제작자 간의 분업이 두 경우에서 각각 다르다는 점이다. 통계표 제작자는 사진 시퀀스 제작자가 사용자에게 스스로 할 것을 요하는 해석 작업을 꽤 많이 수행한다. 통계표의 행과 열에는 우리가 설명해야 하는 범주들 및 그 범주들의 세분화에 대한 명칭으로서 표제가 붙는다는 점을 상기하라. 표를 작성하는 통계학자는 이러한 분석적 작업을 통해 사용자들에게 행과 열의 표제에서 연령·성별·인종·소득·교육·기타 변수들이 중요한 것이며, 이 변수들은 표제에서 인지되는 구분들(25–35세, 15,000–25,000달러, 남성 또는 여성)에 따라 나뉜다는 점을 알려준다. 이렇게 나뉜 둘 또는 그 이상의 범주들을 모아 구축한 격자(나는 앞서 연령과 소득을 함께 모아, 통계학자들이 교차표라 부르는 것을 만들었다)는 모든 가능한 조합들을 펼쳐 보여준다. 그 결과로 생긴 셀의 기재사항은 각 조합의 사례수, 즉 25−35세의 사람들 중 한 해 15,000−25,000 달러를 버는 이는 몇 명인지, 60,000−90,000 달러를 버는 이는 몇 명인지, 그리고 연령과 소득에 대한 모든 조합에서의 각 숫자를 말해준다.

우리는 『미국의 사진』에 있는 시퀀스의 사진들을 통계표 혹은 격자에 기재된 사항들과 같은 것으로, 각각의 사진은 '데이터'의 일부, 즉 사용자들에게 작업을 하도록 주어진 사실로 생각할 수 있다. 하지만 사용자들이 사진의 시퀀스에서 각각을 비교할 때는 통계표의 행과 열에 주어진 표제와 같은 방식의 도움을 받지 못한다. 아무도 사용자를 위해 표를 만들지도, 행과 열에 표제를 붙여 놓지도 않았다. 아무도 중요한 비교의 차원이 무엇인지 (최소한 명시적으로는 아니더라도) 말해주지 않았다. 그리고 결과적으로, 아무도 사용자 입장에서 가능한 조합의 범위에 대해 기술해 주지 않았다. 사진가는 그러한 작업을 감상자에게 일임하며, 감상자의 첫 단계 분석 작업은 비교의 차원이 무엇인지, 또는 무엇일지, 아니면 무엇이 그렇게 될 수 있는지를 찾아내는 것이다. 다음 단계는 그것을 바탕으로 사진가가 담은 사회의 단면에서 사람들과 상황들 그리고 그들 간의 상호작용의 조합을 읽어내는 것이다. 이러한 작업의 결과는 통계표의 셀들에서 발견되는 항목들이 아니라 행과 열 그 자체의 표제들, 즉 사진들 간의 비교가 우리에게 중요하다고 일러주는 차원들이다.

『미국의 사진』에서 우리가 찾아낼 수 있는 차원들은 무엇이며, 그 결과표는 무엇처럼 보일까? 이어지는 한 가지 가능성은 뉴욕 거리의 여성들의 경험을 담아 에반스가 촬영한 두 장의 사진에서 출발하는 개략적이고 예시적인 분석이다. 내가 내린 해석과는 다른 해석들이 가

[그림 3.2] 워커 에반스(Walker Evans): 뉴욕 풀턴 가(街)의 여인, 1929년.

능하며, 그런 해석들은 이러한 훈련을 통해 나온 결과물이다.

"1929년 뉴욕 풀턴 가(街)의 여인(A Girl on Fulton Street, New York, 1929)"(83쪽)을 보면 마른 체형의 젊은 백인 여성이 있는데, 우리에게 등을 돌린 상태여서 왼쪽 옆모습만 보인다(그림 3.2). 이 여인은 커다란 모피 깃이 달린 어두운 색 코트를 입고 그와 동일한 같은 모피 소재로 만들어진 머프(muff)[13]를 들고 있으며, 단발머리 위에 검은 색 클로쉬(cloche)[14]를 쓰고 있다. 그녀는 아마도 '딱딱한', 심지어는 '화난' 인상이라 부름직한 표정을 짓고 있다. 어쩌면 그녀가 '경계하는' 듯 보인다고 말하고 싶을 수도 있다. 아닐 수도 있고. (그렇지만) 그녀가 긴장을 풀고 있다거나 편안한 표정이 아니라는 점에 대해서는 수긍할 수 있다. 이 여인은 예리하게 초점을 잡은 프레임 속의 유일한 피사체다. 그녀 뒤에 있는 페도라(fedoras)[15]를 쓴 세 명의 남자는 조금 흐릿하게 보이고, 그들 뒤의 피사체는 더 흐릿하게 보인다. 이들은 줄지어 선 상점들, 광고판 몇 개, 공사용 크레인이 있는 혼잡한 다운타운 거리에 있다.

"42번가(42nd street)"(85쪽)는 "1933년 플로리다 흑인 전도사의 집 인테리어(Interior of Negro Preacher's House, Florida, 1933)"가 중간에 끼면서 첫 번째 사진과 분리돼 있는데, 이 사진에는 나이 들고 뚱뚱한 흑인 여성이 나오며(그림 3.3), 모피 깃이 달린 좋은 코트를 입고 진주 목걸이를 하고, 백인 여성보다는 조금은 덜 맵시가 나는 모자를 쓰고 있다.

---

13 팔을 따뜻하게 하는 토시의 일종.

14 여성용 모자의 일종.

15 남성용 중절모의 일종.

이 여인은 지상철(地上鐵)로 통하는 계단 가까이 서 있는데 그 계단으로 한 남자가 내려오고 있고, 그녀 뒤에 펼쳐진 거리는 차량, 간판, 철도 구조물로 가득하다. 색조는 풀턴 가의 사진보다 더 어둡다. 여인의 표정은 뭐라 표현하기 어렵다. 눈꺼풀이 무겁고, 사진을 촬영하는 이에 대해 조금은 미심쩍은 듯하며, 또한 경계하는 듯하다.

[그림 3.3] 워커 에반스: 42번가.

이 두 사진을 잘 보면 아마도 이 뉴욕 거리에서 여성들의 경험에 대한 잠정적인 결론을 내릴 수 있을 것이고, 또한 아마도 에반스가 우리에게 제시한 거리에서의 이 순간들에 내포된 것을 여성의 삶에 대한 보다 일반적인 것으로 결론내릴 수도 있을 것이다. 이 두 사진을 비교해 보면, 이 사진들이 어떻게 보이느냐에 대한 우리의 직관적 판단이 비교의 몇 가지 차원을 알려준다. 우리는 뉴욕의 여인들이 거리에 있을 때는 뭔가 편치 않고 경계한다고 말할 수 있다. 그리고 그와 관련해서 이 두 여인이 그런 점에서 동일하며, 그들의 모자와 모피의 비슷함을 통해 강조된 유사성이, 비록 연령과 인종은 다르지만 둘 다 에반스의 책 초반부에 등장하는 평범한 복장과 머리 모양을 하고 비바람에 젖은 자신의 집 벽에 기대 서 있는 시골 여인([그림 3.4] "1936년 앨라배마 주 면화 소작농의 아내[Alabama Cotton Tenant Farmer's Wife, 1936]")(86쪽)과는 확연히 다르다고 생각할 수 있다. 이 여인은 경계하는 듯 보이지는 않지만, 그렇다고 편안해 보인다고 말하기도 어렵다. 추측컨대 이 여인은 뉴욕에서 온 사진가가 자신의 모습을 커다란 카메라로 촬영한다는

[그림 3.4] 워커 에반스: 앨러배마 주 면화 소작농의 아내, 1936년.

사회에 대해 말하기

[그림 3.5] 워커 에반스: 아바나 중심가의 시민. 1932년.

것에 대해 조금은 부끄러워하며 당혹해 하는 듯하다. 이는 '경계'라는 말의 효력이 여전히 살아있음을 뜻한다. 여성의 삶에 대한 우리의 생각에 추가될 수 있는 것은 여전히 많다.

　이제 이 여성들을 남성들과 비교해 보자. 예를 들어, 흰 정장을 입고 검은 띠를 두른 흰 밀짚모자를 쓴 말쑥한 나이든 흑인이 스페인어 잡지와 신문들로 가득 차 있고 코카콜라 간판이 꼭대기에 달린 가판대 앞에 서 있는 사진을 보자("1932년 아바나 다운타운의 시민[Citizen in Downtown Habana, 1932]")(87쪽). 이 남성은 다른 나라의, 다른 도시환경 속에서 아주 편안해 보이며 경계심이라고는 없는 듯하다(그림 3.5).

사진가가 제공한 소재들을 가지고 감상자가 행한 이와 같은 사진 분석을 통해 나오는 첫 번째 산물은 "풀턴 가의 여인"이 뉴욕 거리에 서 있는 백인 여성, 그리고 아마도 모든 백인 여성 또는 특정 연령 및 계급의 모든 백인 여성은 그렇게 보임을, 그리고 '그렇게'라는 말은 공공장소 및 전시에서의 분위기 또는 태도를 보여주는 것임을 말해준다는 점이다. "42번가"를 볼 때, 우리는 뉴욕 거리에 서 있는 이 흑인 여성 또한 '그와 같은' 그녀만의 연출로 그렇게 보인다는 결론을 잠정적으로 내릴 수 있다. 그러나 우리는 또한 제작 중인 표의 격자 내의 인접한 두 셀처럼 보이는 것 속에 담긴 내용을 비교하는 것이기도 하다. 우리는 두 사진이 공통된 모습을 가지고 있으며, 그들이 가진 공통된 모습은 뉴욕의 공공장소에 있는 여성들이 스스로 갖게 되는 느낌의 방식에 대해 이야기하는 것이라고 결론지을 수 있다. 우리는 자세히 보면 이 모습들도 차이가 난다(흑인 여성의 시선은 아마도 더욱 경계하는 것처럼 보인다)는 식으로 판단할 수 있는데, 이런 방식으로 흑인과 백인 여성의 상이한 사회적 상황이나 상이한 연령의 여성이 처한 상이한 상황, 또는 상이한 사회계급의 여성이 처한 상이한 상황들을 추적할 수 있다. 그리고 우리는 이러한 생각을 시퀀스 내의 다른 사진들에 적용하여 뉴욕의 여인이 된다는 것은 앨라배마에 사는 것과 같은 느낌을 갖기 어렵게 만들며, 반대의 경우도 마찬가지라고 결론내릴 수도 있을 것이다. 그리고 이것은 가능성의 표(table of possibilities)에 또 다른 차원을 덧붙일 것이다. 따라서 감상자의 작업은 삶의 상황들에서 가능한 조합들의 목록뿐 아니라 비교의 격자 — 즉 이 모든 가능성들에 대한 교차부분(intersection)들과 그것들의 교차연계(interconnections)들로 정의된 공간 — 를 산출한다.

좀 더 논리적으로 말해 보자. 누군가를 '여성' 또는 '백인'으로 기술하거나 어떤 상황을 '도시적'이라고 기술할 때마다 우리는 자동적으로 가능한 표제들을 끌어들이는데, 대칭적일 수도 있지만('남성'), 그보다는 동격의 대안들의 목록이 될 가능성이 더 크다('흑인', '아시아인', '미국 원주민' 등). 어떤 상황이 '도시적'이라면, 이는 인구밀도의 상이한 정도('교외', '농촌', '준교외[exurban]' 또는 다른 어떤 것)에 중점을 둔 것이다. 우리가 사용하는 용어는 우리가 초점을 맞춘 것과는 다른 위치들의 차원이 존재함을 일러준다.

내가 언급해 온 가상의(imaginary) 표는 논리적 분석을 가시적으로 표현한다. 그 표는 우리가 비공식적으로 사용했던 모든 가능한 조합들의 기술적(descriptive) 차원들을 보여준다. 두 뉴요커가 여성이므로 '여성'을 포함시킴으로써, 우리의 분석을 위한 젠더의 차원(그래서 '남성'이라는 범주의 여지를 허용하는)을 생성했다. 두 여성이 인종적으로 다르다는 것은 인종이 하나의 차원임을 보여준다. 우리는 이 표제 하에 사용하게 될 하위유형들 모두에 대해서는 알지 못한다. 이 여성들이 뉴욕 거리에서 관찰을 당하는 것에 대해 '경계하는' 반응을 보인다는 점에서, 우리는 '공공장소에서 관찰 당하는 것에 대한 반응'이라는 차원을 만들었다. 우리는 또한 앨라배마 농촌 여인을 상기하면서 농촌—도시 연속선(rural—urban continuum)을 추가하여 그 안에 걸치는 것은 무엇이든 적절한 또는 필요한 것으로 검토해야 한다.

이러한 방식으로 우리는 센서스 통계학자들이 표를 펼쳐놓을 때와 같은 일을 하는 것이다. 우리는 행과 열에 이름을 붙였다. 우리가 이것들을 조합할 때는 열에 젠더 용어를 붙이고 행에 공공장소에서 관찰 당하는 것에 대한 가능한 태도라는 명칭을 붙여서(공공장소에서 관찰당하는 반응들에 대한 종류가 더 많이 나올수록 확실히 더 많은 행이 추가될 것이라는 점을 인식하라), 에반스가 그려낸 것보다 더 넓은 개념적 공간을 본다. 하지만 그 개념적 공간은 에반스의 책에 수록된 사진들이 함의하는(이러한 분석에 동의한다면) 것이다. 우리는 사진가로부터 일말의 도움을 얻을 수 있는데, 사진가는 다른 가능성이 아닌 어떤 특정 가능성들을 제시하기 위해 사진들을 구성했고, 그 사진들을 내가 논의해 온 비교를 통해 표에 나타나거나 나타날 수 있는 차원들과 그와 교차되는 것이 무엇인지에 대한 힌트를 주는 방식으로 배열했다.

이 모두를 한 후에(마치 실제보다 더 많은 일을 한 듯 들리기도 하지만), 우리는 다른 사진들을 계속 살펴보면서 이 사진들이 그 속에 촬영된 특정 사례에 대한 우리의 이해뿐 아니라 일반적 아이디어와 제시된 범주들에 대한 우리의 이해에 무엇을 보태주는지를 생각해 본다.

이제 우리는 통계학자가 사용하는 표를 능가하는 사진이라는 방식의 장점이 무엇인지를 알 수 있다. 나는 처음에 에반스의 책에 대한 이전의 분석으로부터 산출되는 표를 만들 심산이었지만, 이것이 무모한 일임을 깨닫고는 그런 생각을 버렸다. 표라는 형식은 상대적으로

적은 수의 범주를 다룰 때는 매우 유용하다. 당신은 충분히 다룰 수 있는 수의 표제와 셀을 만들 수 있다. 하지만 새로운 차원을 추가할 때마다 필요한 셀의 수는 두 배가 된다(이러한 과정에 대한 매우 명확한 논의는 단토[Danto, 1964]에게서 찾을 수 있다. 그는 예술적 가치의 판단에 대한 예를 이용하지만 분석의 논리를 매우 명쾌하게 설명한다). 가장 단순한 사례, 즉 단지 두 개의 값을 가지는 두 변수는 네 개의 셀을 생성한다. 이를테면, 나이든 집단과 젊은 집단으로 나눠진 연령과 남성과 여성으로 구분된 젠더를 교차시켜 표를 만든다(연습 삼아 이 표를 직접 그려볼 수도 있다). 각 셀은 중요한 사실을 포함한다. 얼마나 많은 수의 사람이 그러한 특성의 조합을 갖고 있는가 하는 것이다(조금 복잡하게 말하자면, 그 셀에 속한 사람들 중 몇 퍼센트가 제3의 특성 x, 이를테면 '가난'에 대비되는 것으로서의 '부유'의 값을 갖는가의 문제이다). 이제 농촌과 도시로 나뉘는 인구밀도라는 변수를 추가한다면, 연령/젠더의 네 가지 셀 각각을 농촌과 도시로 나눠 여덟 개의 셀을 만들어야 한다. 세부범주가 추가될 때마다(예를 들어, 만약 교외라는 범주를 추가한다면) 행 또는 열의 부제(subhead)의 수와 셀의 수는 늘어나게 된다(표에서 이러한 정보를 제시할 때의 문제점은 5장에서 다시 논의할 것이다).

　　네 개 또는 다섯 개의 특성들을 교차시켜 표로 만들면, 그 결과로 나오는 표는 너무 많은 셀을 갖고 있어서, 비교에 도움이 될 두 개의 숫자를 찾아내기가 어렵게 되며(불가능하다는 것은 아니지만 어렵다는 말이다), 따라서 그 고유의 목적을 상실하게 된다. 열 개의 교차변수로 구성된 표는 1,024개의 셀을 포함하고 있으며, 따라서 다루기 불편하고 출판하는데 어려움을 겪을 것이다. 설령 이를 잘 정리했다 하더라도, 사용자의 입장에서는 기재된 항목들에 대한 이해는 고사하고 표를 물리적으로 다루는 데도 어려움을 겪을 것이다.

기록사진은 작동방식이 다르다. 이는 전형적으로 상당량의 세목을 포함하고 있어서 관심 있는 사용자가 어떤 두 영상들 간의 비교를 수없이 많이 용이하게 만들어 낼 수 있고, 각각의 비교는 변이의 차원 및 가능한 세부구분(subdivision)들을 제시하며 그리고 시퀀스에서 이어지는 영상들을 보면서 던질 수 있는 질문들의 목록을 추가시켜 준다. 기록사진은 처음부터 이러한 모든 가능성들을 내포하고 있으며, 그 수는 거기에 있는 것을 탐구하는 사용자의 역량에 따라 제약을 받는다. 모든 비교가 긴 시퀀스 전반에 걸쳐 유지되는 아이디어 및 이어지는 영상들을 접했을 때 지속되는 시퀀스가 어떠한지에 대한 가설을 산출하는 것은 아니다. 하지만 일부(소수가 아닌)는 그렇게 할 수 있다. 이 아이디어들은 상충하지 않는다. 그것들은 감상자가 구성할 수 있는 세부주제들과 연관된 보다 복잡한 가설들을 제시하면서 상호보완적이 될 것이다.

비교의 범주들과 분할(divisions)들을 구축하고, 가설을 생성하고 점검하는 이러한 모든 작업은 사용자의 몫이 된다. 제작자는 원소재(사실 모든 것이 다 원 상태는 아니다)를 인위적으로 선정하여 확실하도록 배열하지만, 그 후에 여러 도구를 가지고 분석을 구성하는 것은 사용자의 몫이다. 이는 센서스 표의 제작 및 사용과는 상당히 다른 재현 작업이다.

기록 영상에 있는 엄청난 양의 세목은 감상자에게 내가 언급한 종류의 한 가지 비교보다 많은 비교를 구성할 수 있는 소재를 제공한

사회에 대해 말하기

[그림 3.6] 워커 에반스: 뉴욕 사라토가 스프링스 메인 가, 1931년.

다. 당신은 긴 사진 시퀀스에서 하나 이상의 표를 만들어낼 수 있다. 비교할 거리도 많고, 탐색할 차원도 많고, 풀어낼 이야기도 많다. 예를 들어, 거리에 서 있는 여성들에게 초점을 맞추는 것이 아니라 거리 그 자체, 여성들의 시선, 그리고 여성들이 미국인의 삶에 대해 이야기하는 바에 초점을 맞출 수 있다. 이는 이제 우리가 인물이 등장하지

[그림 3.7] 워커 에반스: 펜실베이니아 주 베들레헴의 거리와 묘지. LOC, LC-USF342-1166A.

[그림 3.8] 워커 에반스: 버지니아 주의 목조주택들, 1936년. LOC, LC-USF342-008053A.

사회에 대해 말하기

않는 거리들의 모든 영상 즉 빗속 커브 길에 전면 주차된 자동차들을 담은 인상적인 사진("1931년 뉴욕 주 사라토가 스프링스 메인 가[Main Street, Saratoga Springs, New York, 1931"], 59쪽) — 들을 우리의 비교에 포함시킬 수 있다는 사실을 의미한다. 이는 펜실베니아 주 베들레헴(117쪽), 버지니아 주 프레드릭스버그(153쪽), 그리고 기타 다양한 크고 작은 마을에서 촬영한 다른 사진들이 보여주는 다른 거리들과의 비교를 가능케 한다(그림 3.6, 3.7, 3.8).

따라서 잘 만들어진 사진 시퀀스는 수많은 비교들과 해석들을 지원하는데, 이것이 우리가 끊임없이 몇 장 안 되는 영상들에 대해 점점 더 많은 의미들을 부여할 수 있는 이유다. 그리고 왜 그러한 작업에 대한 결정적인 해석을 확정하기가 어려운지(사실상 불가능한지), 왜 『미국의 사진』이 반복적으로 읽히면서 새로운 해석의 가능성을 제공하는지에 대한 이유다. 에반스는 그의 몫을 충분히 했다. 그는 그러한 가능성들을 포함한 사진들을 찍었고 선별했으며, 책에 수록했다. 그리고 나머지를 사용자의 몫으로 남겨 놓았다.

4

사용자가
하는 작업

사회생활의 재현들 중 일부는 사용자로 하여금 많은 작업을 요구한다. 얼마나 많은 사용자들이 그러한 작업에 소요되는 지식과 기술을 갖고 있는가? 사용자가 그러한 작업을 할 수 없거나 하려 들지 않으면 어떤 일이 벌어지는가? 재현의 제작자들은 어떻게 제각기 역량과 의지가 다른 사용자들로 하여금 자신의 보고들이 요구하는 작업 수행을 하도록 만드는가?

뜻 파악(construing)

일부 재현들은 자신들의 의미를 너무 쉽게 넘겨주는 듯 보인다. 당신은 그 의미를 한눈에 알아챈다. 마치 뒤뜰의 오렌지 나무 열매를 따듯이 말이다. 다른 재현들은 그 함의들에 대해 보다 많은 작업, 생각, 숙고를 요구한다. 메시지 수용자가 메시지를 무언가로 만들고, 해석하고, 메시지에 의미를 부여하거나 메시지로부터 의미를 끌어내는 것을 언급하기 위해 **뜻 파악**(*construal*)이라는 용어를 사용해 보자.

사용자는 사회에 대한 어떠한 재현이든 다음 두 방식 중 하나로 받아들일 수 있다. 최소한의 일상적 메시지만을 요구할 정도로 명백한 '바로 거기' 같은 의미이거나, 또는 모든 세목들에 대해 세심한 주의를 요구하는 복잡한 것이다. '명백함(obvious)'과 '복잡함(dense)'은 대상 혹은 사건의 자연스런 특성이 아니다. 오히려 우리가 그러한 것들에 주목하기 위해 결정하는 방식을 기술하는 것이다.

우리는 배운 방식대로 재현에 접근한다. 재현은 그 의미를 파악하기 위해 무엇을 알아야 하는지를 이미 알고 있는 사용자에게는 명백하게 보이고, 사용자가 전에 그와 같은 것을 접한 적이 없을 때는 보다 많은 작업을 요하는 복잡한 것으로 보인다. 우리 모두는 어린 시절부터 그러한 대상의 뜻을 파악하는 훈련을 어느 정도 받아 왔지만, 우리 중 누구도 모든 종류의 재현에 대한 훈련과 경험을 갖고 있지는 못하다. 이러한 능력은 온갖 종류의 사회적 구분선(lines of social division)을 따라 차별적으로 분포돼 있다.

우리는 모든 사진을 명백하다거나 복잡하다고 독해할 수 있다(10

장에서 나는 어떻게 사람들이 동일한 사진을 상이한 방식으로 읽을 수 있는지를 다룰 예정이다). 많은 사진들에는 다양한 종류의 사람들에게 익히 알려진 관습들이 사용되는데, 이러한 관습들은 유경험자들에, 그들과 일상적으로 접하는 사람들에, 전반적 이야기에, 우리들 대부분이 단지 부분들만 본 징후들에 대한 전문(full text)을 어림짐작하는 방식에 그리 도움을 주지 못한다. 조직화가 잘 이루어진 재현세계에서, 사용자들은 일상적으로 접하는 재현들의 뜻을 파악하는 방식을 알고 있다. 예를 들어, 스포츠 장면 사진 — 게임, 시합 혹은 경쟁 중에 만들어진 행위사진이 아니라 큰 시합을 둘러싸고 있는 여타 활동들에 대한 행위사진 — 들은 경험 있는 감상자들이 쉽사리 읽어낼 수 있게 고도로 정형화해서 조직적으로 제약되어 있다(Hagaman, 1993). 이 사진들은 선정된 일부의 상황들 — 그런 상황들을 일상적으로 접하는 신문 독자들에게 널리 알려진 상황들 — 만을 취급한다.

가장 일반적인 사진들은 선수, 팀의 승리 혹은 패배를 다룬 것들이다(나는 여기서 해거맨의 분석을 상당부분 따르고 있다). 모든 경기에는 당연히 승자와 패자가 있다. 사진이 승자의 어느 측면을 보여주느냐는 신문이 배달되는 도시가 어딘지에 달려 있다. 시카고 지역신문의 사진은 커브스와 화이트삭스를 '우리 팀(our team)'으로 취급하므로 그들의 승리를 축하한다. 반면 뉴욕 지역신문은 양키스와 메츠를 '우리 팀'으로 취급한다. 독자가 그것을 꼭 구별해야만 할 필요는 없다. 이는 그저 각 신문이 자신의 해석활동을 행하는 장치의 일부다(사진들은 전송 서비스용으로 제작되어 여러 도시의 많은 신문사들에 제공되는데, 일반적으로 각 지역신문 편집진이 자기 고장 팀에 적절한 것을 선택할 수 있도록 선정된 것도 포함되어 있다.) '우리' 팀이 이겼을 때 우리는 환호에 찬 승자의 모습, 개인이든 집단이든 두 팔을 하늘 높이 치켜들고 머리를 젖혀 위로 향하며 입을 크게 벌리고 있거나 서로 얼싸안고 있는 모습을 본다. '우리' 팀이 패했을 때 우리는 벤치에 홀로 앉아 고개를 숙인 패자의 모습, 어깨는 축 처져 있으며 간혹 동료 선수가 어깨에 팔을 걸치면서 위로해 주는 모습을 본다. 이런 판에 박힌 모습은 모든 종목의 선수 사진에서 나타난다. 아마추어든 프로든, 여자든 남자든, 성인이든 아이들이든 상관없이.

사회화가 잘 된 미국인은(그리고 의심할 여지없이 지구 곳곳의 많은 사람들은) 이러한 제스처와 포즈의 언어를 어릴 때부터 배워서 두 손을 하늘로 치켜들고 크게 웃는 선수의 사진이 의도하는 의미를 보면 바로 파악한다. 다른 의미가 있는가? 그가 이겼다는 거다! 사람들은 같은 방식으로 패배의 언어도 안다. 벤치에 홀로 앉아 고개를 숙이고 있는 누군가를 보면, 전에 그런 사진을 수백 수천 장 본 경험에 의해 이 선수가 패배했다는 것을 안다. 또 뭐가 있는가? 그 시각적 언어 속에 담긴 제스처가 본질적으로 명백하기 때문에 의미가 명백한 것이 아니다. 그것이 명백한 것은 사용자가 모든 언어가 학습되는 방식으로 지속적 반복을 통해 그 언어를 학습했기 때문이다. 사람들은 그 영상을 어떻게 읽는지를 **안다**(know).

사진가들은 이렇게 뜻이 쉽사리 파악되는 방식으로 승자와 패자의 사진을 촬영함으로써 신문 독자들이 어제 경기의 결과를 단 1~2초에 살펴보는데 적합한 영상들을 제공한다. 이 영상들은 그 핵심적 의미와 코드를 알고 있는 이들에게 빠르게 전달된다. 사용자들이 그 언어를 알고 있고 사진가들은 사용자들이 그 언어를 알고 있다는 점을 알기 때문에, 영상 제작자가 그 언어를 마스터하면, 이런 영상들은 쉽게 만들어지고, 그럼으로써 경기 결과를 빠르고 효과적으로 전달하려는 편집진의 요구사항을 충족시킬 수 있다.

쉽게 파악되는 사진(널리 알려진 시각적 언어로 만들어진 영상)은 스포츠 면에만 있는 것이 아니다. 중대한 사건이나 포토저널리즘의 표준적 토픽(전쟁, 기근, 암살)들은 유사하게 전형적 사진의 레퍼토리를 갖고 있는데, 그것은 적절히 사회화된 사용자라면 쉽게 해석할 수 있는 고도로 관례적인 시각적 언어를 사용한다. 기근은 부풀어 오른 배를 가진 꼬마 아이를 확실히 만들어낸다. 암살은 두 가지 형태를 띤다. 운이 좋아 암살 현장에 있던 사진가는 암살범이 총을 겨누고 피해자가 땅에 쓰러지는 광경을 담게 된다. 현장에 뒤늦게 도착한 사진가는 피해자가 피가 흥건한 땅바닥에 쓰러져 있는 모습을 담아야만 한다. 그리고 이런 사진을 보는 이라면 누구나 '그것이 의미하는 바'를 안다.

이렇게 쉽게 파악되는 사진을 만들려면 기술이 필요하다. 사진가는 공식화된 영상으로 프레임을 채워야 하고, 공식화된 단서로부터 사용자의 주의를 분산시키는 세목들을 제거하거나 선별한 것에 초점을 맞춤으로써 그런 '외부적' 세목(편집자들이 흔히 '잡다한 것(clutter)'이라 부르는)들을 잘 보이지 않도록 만들어야 한다(Hagaman, 1993: 50-51, 59-63).

에반스의 작품처럼 세심하게 만들어진 다른 사진들은 정반대의 의도를 갖는다. 그 사진들은 익히 알려진 관례적인 시각 언어를 사용하지 않고 의미가 명백하지 않은 세목들, 주의 깊은 연구와 사색이 보상을 받는 세목들을 포함하고 있다. 이러한 영상들은 주의 깊게 보지

사회에 대해 말하기

않는 사람들에게는 무미건조하거나 평범하게 보인다. 그 사진들은 사용자에게 그것들이 무엇에 관한 것인가를 말해주는 일반적으로 이해되는 코드를 사용하지 않는다. 그 대신, 사용자로 하여금 관련 소재들을 의식적으로 끄집어내서 연관성을 찾아내고, 무엇이 만들어져 나올 수 있는지를 살펴보도록 채근한다.

이것은 사회분석 작업을 수행하는 예술가들의 구미를 당기는 부분이다. 이들은 공식화되고 이미 알려진 것을 표현하거나 익히 알려진 언어를 사용하려 하지 않는다. 이들은 자신의 사진을 보는 사람들에게 전에 본 적이 없는 무언가를 보여주고자 한다. 사진가가 누구나 알고 있는 시각 언어를 사용할 때는 감상자가 그 안에 있는 새로운 의미를 보기를 원하는 것이다.

컨셉 예술가 한스 하케(Hans Haacke)는 이러한 논점을 예증한다(Becker and Walton, 1975). 하케는 한때 자신의 작품을 체계들의 연구라고 말한 바 있는데, 그의 초기 작품인 자연체계(natural systems)에서는 소량의 습기를 머금은 봉인된 플라스틱 육면체에서 번갈아 일어나는 응축과 증발을 통해 그러한 과정의 체계적 특성을 보여주었고, 후기 작품인 사회체계(social systems)에서는 명시적 조각들을 통해 정치적 및 경제적 권력의 작동을 보여준 바 있다(Haacke, 1975, 특히 59-123쪽).

예를 들어, 그의 '구겐하임 프로젝트(Guggenheim project)'(Haacke, 1975: 59-67)는 뉴욕 솔로몬 R. 구겐하임 미술관(Solomon R. Guggenheim Museum) 이사진에 관한 여러 사실들을 담은 일곱 개의 패널로 구성돼 있는데, 여기에는 이사들이 누구며, 가족관계는 어떠하며(이들 상당수가 성이 다르기는 하지만 거의 대부분 구겐하임 가문의 일원이다), 이들이 점유한 다른 직위(기업체와 조직체에서의)는 무엇이며, 그리고 이 기업체들이 저지른 범죄는 어떤 것인지에 관한 많은 사실들(특히 제3세계 국가 현지 노동자들에 대한 착취)에 대한 것들이 포함돼 있다. 구겐하임 프로젝트라는 작품은 어떠한 결론도 내지 않고 어떠한 일반화도 하지 않는다. 거기에는 마르크스주의 또는 기타 어떠한 정치 분석에 관한 힌트도 없고, 단지 사실에 대한 상세한 서술만 있다. 하케는 유죄 당사자를 지목하지도 모종의 음모가 있다고 단언하지도 않는다. 더구나 그는 이러한 현대 예술의 거점과 예술적 사고의 진보가 미국보다 덜 발전된 나라들에서 벌어진 착취에 기초한 부의 지원을 받는다고는 결코 말하지 않는다.

그러나 이 작품을 세밀하게 살펴보는 사람은 단지 그러한 결론에 도달하지 않기 위해 심히 둔감해지고 의도적으로 외면해 버릴 것이다. 하케는 보통의 독자가 습관적으로 사용하는 방법인 잘 알려진 포맷을 통한 추론, 의심의 여지가 없는 사실(이름, 날짜, 장소, 공식 직위)의 단순한 나열을 역이용한다. 그럼으로써 당신은 박물관 이사들이 누구이며, 그들 대부분이 동일한 가계(家系)에 속해 있으며, 이들이 여러 기업체의 임원직에 있고, 이 기업들이 세계 각지에서 광산업을 하고 있음을 알게 된다. 당신은 각각의 '명백한' 사실을 받아들이면서 이것을 당신이 이미 알고 있는 것에 더하고, 그리고 … 거기서 박물관이 세계 각지의 억압받는 노동자들에 대한 착취로 재원을 마련한다는 결론을 내리기만 하면 된다.

하지만 꼭 그렇게만 되리라는 법은 없다. 그것을 받아들이는 방법을 알아야 한다. 대부분의 사용자는 결론이 자신이 수행하는 작업에서 나온다는 것을 알고 있기 때문에, 단순하고 논란의 여지가 없는 사

사회에 대해 말하기

실들을 삼단논법으로 나열하고 그럼으로써 삼단논법들은 그러한 결론들을 불가피하고 자연스럽게 도출하도록 한다. 하케는 동일한 기법을 사용해 콜론 왈라프 리하르츠 박물관 후원회(Friends of the Cologne Wallraf-Richartz-Museum) 의장이었던 독일 기업가(그는 박물관에 마네[Eduardo Manet]의 작품 '아스파라거스 더미[*Bunch of Asparagus*]'를 기증한 바 있다)의 정치적 커넥션(나치가 가장 중요하다)을 보여준 바 있다(Haacke, 1975: 69-94).

나는 이러한 활동을 지칭하고자 **뜻 파악**(*construe*)이라는 용어를 사용했는데, 이러한 활동을 통해 해석공동체(잠시 후 이 표현이 다시 나올 것이다) 내의 사용자들은 재현의 의미를 쉽고 '자연스럽게' 추출하고 이해하는 것이다. 재현이 사용자에게 그 의미를 전달하기 전에 그러한 작업을 반드시 해야 한다는 점을 명확하게 하기 위해 나는 뜻 파악이란 용어를 사용했다. 그러한 작업이란 무엇인가? **뜻 파악**이라 함은, 일차적 의미로 보면 어떤 진술의 문법을 분석하는 것, 그 진술에 있는 용어들과 그 용어들이 어떻게 연결되는지를 이해하는 것이다. 그 의미를 좀 더 확장하면 '~의 의미를 발견하고 적용하는, 즉 해석'을 지칭한다. 이제부터 이를 좀 더 진지하게 살펴보자.

사용자들은 이런 절차를 종종 건너뛰고, 실제로 사용자들을 위해 그렇게 조심스럽게 구축된 재현의 가공물(representational artifact)을 간과할 수 있다. 나는 여기저기 대충 훑어보면서 후다닥 읽는 것, 사진집을 뒤로부터 훑고 지나감으로써 사진가의 부아를 돋우는 경우를 말하는 것이 아니다. 내가 말하는 것은 로렌스 맥길(Lawrence McGill)이 과학 수업을 수강하는 학생들의 읽기 훈련 ─ 이는 다수의 숫자 표들이 포함된 많은 논문들을 읽기 위해 요구된다 ─ 에 관한 연구에서 기술한 내용이다. 그는 이렇게 말한다.

> 이러한 논문들을 읽는 학생들이 지향하는 바는 그들이 수강하는 수업의 요구사항들을 충족시키기 위해 반드시 '논문들을 모두 읽어야 한다(get through them)'는 것이다. 학생들은 불순물, 즉 논문이 알리고자 하는 '요점'에 부차적인 것을 피해 가느라 애쓴다. 통계표, 방법론의 기술(記述), 그리고 결과는 모든 연구논문에서 실질적으로 나타나는 정형화된 과정으로 간주한다(즉 이것들은 마치 '꼭 서술돼야만 하기 때문에 서술된' 것으로 읽히는 부분들이다). 이들의 목적은 잘 알려지고 이해됐으며, 학생들은 합당한 이유가 있을 때만 그것들에 주목한다(McGill, 1990: 135).

합당한 이유를 찾아내는 일이 흔치 않기 때문에, 학생들은 자신이 읽는 논문의 핵심을 구성하는 표들을 너무도 자주 간과하면서, 이 표들이 저자가 말하는 바를 전달하는 것이 분명하다고 합리화하며 그렇지 않으면 편집자가 이 논문의 게재를 거부했을 것이라고 생각한다. 학생들은 수업시간의 쪽지시험에 나올 것이 확실하게 보이는 결론을 머릿속에 집어넣으면서, 다른 부분은 그 진술을 뒷받침하는 것이라는 믿음을 받아들인다.

따라서 사용자들은 자신들에게 남겨진 일을 하지 않을 수 있고, 아마 전혀 신경을 쓰지 않을 것이며, 사진을 전혀 쳐다보지 않을 수도 있다. 영화 상영 중에 잘 수도 있고, 표를 후다닥 넘어갈 수도 있으며,

소설의 많은 부분들을 건너 뛸 수도 있다. 이런 일은 실제로 일어나고 있다.

하지만 이런 일은 그리 자주 일어나지는 **않으며**, 만약 일어난다면 우리는 사용자들을 위해 만들어 놓은 것을 간과하는 사람들을 무시할지 말지를 결정해야 할 것이다. 우리는 의미들이 담긴 묶음으로부터 의미를 풀어내는데 필요한 작업을 수행할 의지와 관심이 있는 감상자들에 주목할 것이다.

이러한 모든 재현들이 데이터와 아이디어들의 요약 장치로 작동한다는 점에 주목함으로써 재현들의 뜻 파악에 대한 분석을 시작할 수 있다. 사회과학적 분석의 모든 버전은 수집해 왔던 것들을 보다 이해하기 쉽고 융합 가능하게 만드는 과정에서 많은 것(more)을 적은 것(less)으로 만드는 일과 관련이 있다(이 중요한 주제에 대해서는 6장에서 본격적으로 다룰 것이다). 라투르(Latour, 1987, 특히 233-243쪽)는 과학자가 어떻게 자기 데이터를 요약 및 축소하는지, 즉 어떻게 자신의 보고에서 더 많은 세목을 제거함으로써 남은 것들을 이동가능하고 비교가능하게 만드는지를 상세히 기술한다. 그는 이러한 일련의 변형(transformation)들을 **계단식 정렬**(*cascade*)이라고 불렀다.

독자에게 종종 요구되는 일은 재현을 '풀어헤치기(unpacking)', 즉 우리가 조사하고 있는 가공물(artifact)을 생산한 요약을 원상태로 되돌리는 것이다. 이 주제와 관련된 내 세미나에서 취합한 일련의 표와 차트를 예로 들어 생각해 보자. 이러한 표와 차트들은 모종의 해석 작업, 즉 뜻 파악을 요한다.

일부 표들은 매우 단순하지만 너무 세부적이다. 즉 오늘날의 독자가 보기에 과하다 싶은 수준의 세목을 제시하면서 표가 전달하는 내용에 너무 많은 주목을 요구한다. 관례적으로 기대되는 수준을 뛰어넘은 표를 접하면서, 맥길의 인터뷰 대상이었던 학생들과 마찬가지로, 독자들은 아마 표가 제시하는 저자의 의도를 말한다고 확신하기 때문에 그것들을 건너뛸 것이다.

필라델피아에 있는 흑인 사적지 세븐스 와드(Seventh Ward)에 관한 뒤부아(W. E. B. Dubois)의 연구에서 두 개의 표를 검토해 보자. 단지 반 페이지만을 차지하는 작은 표에는 "1896년 세븐스 와드 10~21세 남성들의 직업"이라는 제목이 붙여졌고, 두 페이지 반을 차지하는 큰 표는 제목이 '21세 이상'으로 바뀌었지만, 연령집단을 제외하고는 동일하다(DuBois, [1899]1996: 105−107).

이 표들은 흑인 청소년과 성인들의 직업에 관한 매우 상세한 분류를 제공하는데, 오늘날 필요로 하는 것은 물론 아마도 1899년 당시 필요로 한 것보다 훨씬 더 세부적이다. 한살 간격으로 소년들의 직업들을 분류하는 것은 어떤 목적 때문인가? 그리고 오늘날의 독자에게 일부 직업명은 더 이상 아무 의미도 없다. 내 세미나에 참석한 학생 중 다수는 '마부(馬夫, hostler)'가 무엇을 하는 사람인지 몰랐으며, 그저 뒤부아가 살던 시대에는 집계됐지만 지금은 신비롭고 더 이상 알려지지 않은 직업 중 하나라고 생각했다(나는 이것이 말과 관련된 것임은 알고 있었지만, 정확한 정의를 알기 위해서는 사전을 참조해야 했다. 사전적 정의는 이렇다. "여인숙 같은 곳에서 [다른 사람의] 말을 돌보는 사람, 마부(stableman)이다"). 더 지적하자면 연령범주들로 나누어진 표에 왜 도자기 수선공(china repairer)이나 버들고리짝 세공사(wicker worker) 같이 한 명밖에 없는 직업들을 열거하여 번거롭게 만드는가? 물론 이 모든 것을 포함하려고 마음만 먹으면 포함할 수 있는 것은 사실이다.

이 표는 오늘날 우리들 중 누군가가 필요하다고 생각하는 것 이상의 정보를 담고 있다. 그럼에도, 세미나에서 표를 접한 이들은 모두가 그것을 어떻게 읽을지 알았다. 많은 사람들, 아마 특히 사회과학도들은 어떻게 독해를 해야 할 지 안다. 우리 모두는 이 표가 직업과 연령이라는 두 개의 차원으로 돼 있고, 직업명과 연령이 마주쳐 교차하는 각 셀 안의 숫자는 각각의 수효가 얼마나 되는지를 일러준다는 점을 알고 있다. '31−40세의 버들고리짝 세공사' 셀은 그 안에 '1'이라는 숫자가 있는데, 이는 '21−30세의 이발사' 셀 안의 '28'이라는 숫자가 그 나이에 그 직업에 종사하는 이가 28명임을 의미하듯이, 그 직업 종사자가 한 명이라는 것을 뜻한다. 이는 다른 셀의 경우도 마찬가지다.

많은 이들은 2차원 표가 훈련받은 대학원생이 작성한 것보다 덜 명료하다고 생각한다. 나는 이 점에 대해 학부 4학년 사회학전공 수업에서 그러한 대상을 어떻게 이해해야 하는지를 강의할 때, 수직 차원은 상이한 값들을 갖는 한 요소를 나타내고 수평 차원은 역시 상이한 값들을 갖는 두 번째 변수를 나타내며 각 셀은 그 두 기준 모두를 충족하는 사례(즉 사람)의 수를 포함한다고 말하는 가운데 느꼈다(전 장에서 설명했듯이).

사회과학 보고서에 빈번하게 등장하는 차트(chart)들은 은유, 즉 복잡한 사회적 실재의 2차원적 재현이라는 역할을 수행한다. 나는 이런 은유를 10장에서 상세히 분석할 것이므로, 여기서는 단지 도표들이 아무리 간단하더라도 의미 파악을 요구하며, 그 도표들이 무엇으로부터 만들어졌는지는 결코 명백하지 않다는 점만을 지적한다. 도표들을 보고 있을 때 스스로에게 의식적으로 이렇게 말해야 한다. "어디 보자, 이 선(line)은 이것을 의미하고 저 선은 저것을 의미한다. 두 선을 비교하면 이 선이 저 선보다 기니까, 나타내는 양도 더 크다." 또는 나중에 논의하게 될 일부 도표들처럼, 이러한 데이터와 이런 분석에 특화된 상징과 포맷이 사용되어, 독자로 하여금 의식적으로 구성요소들을 판별하고 그것들이 무엇을 의미하는지를 밝히고, 그럼으로써 차트에서 무엇을 끌어낼 수 있는지를 파악해야 하는 경우도 있다.

연극, 소설, 영화, 사진은 각기 다른 문제들을 산출하는데, 특히 그것을 제작한 사람이 예술가일 때 특히 그러하다. 예술가들은 통상적으로 자신의 작품이 뭔가를 스스로 이야기하며, 그 주제에 관해 이야기할 모든 것을 (그게 뭐가 됐든) 작품 속에서 이미 말했다고 생각한다. 그리고 명료함이 떨어진다면 그것은 감상자가 의미를 분명히 파악하는데 필요한 작업을 수행하지 않은 것이라고 본다. 말하자면, "당신이 세심하게 읽지 않았다", "당신이 사진을 주의 깊게 보지 않았다", 또는 "당신이 연극 공연 시 중요한 대목에서 잠들어 버렸다"는 식이다. 일반적으로, 예술가들은 감상자가 작품이 요구하는 주의집중을 온전히 하지 않았다며 책임을 돌린다.

누가 무엇을 어떻게 해야 할지 아는가? 해석공동체

제작자가 작품에 대한 해석을 사용자에게 일임한다면, 즉 작품의 파생물과 결론의 도출을 사용자 스스로 한다면, 작품의 최종 의미는 사용자가 그것(그리고 그와 같은 일)을 어떻게 하는지 아는가에 달려 있다. 사용자가 해석을 어떻게 하는가에 대한 지식이 특정 재현의 제작자와 사용자 공동체 속에서 언제나 균일하게 배분되는 것은 아니다(사실 통상적으로 균일하지 않다).

스티븐 샤핀(Stevem Shapin)은 현대과학의 발전이 시작될 무렵 불거진 이런 문제에 대해 관심을 갖고 있었다. 그는 17세기 영국 '실험 자연철학자(experimental natural philosopher)' 로버트 보일(Robert Boyle)이 자신(보일)의 물리학 연구결과를 동료 및 관련 당사자들과 어떻게 소통했는지 알고자 했다. 샤핀(Shapin, 1994)의 분석은 사회에 대해 말하기를 다루지는 않지만, 말하기의 방식이 어떻게 감상자의 이해방식에 따라 달라지는지, 그리고 그에 따라 제작자가 새로운 청중에게 다가가고자 할 때 자신의 이야기 방식을 어떻게 바꾸는지를 잘 설명해 준다. 샤핀의 분석은 사회에 대해 말하는 방식들이 어떻게 이와 유사하게 바뀔 수 있는지를 이해하는 밑바탕을 제공한다.

보일이 자신의 연구결과를 수학적 언어로 표현하기를 주저했으며 보고 방식에 있어서 좀 길더라도 구술(口述)을 선호했다는 점에 대해 샤핀은 다음과 같이 말한다.

보일은 수학을 추상적이고 난해하며 사적(私的)인 형태의 문화를 포괄하는 것으로 이해했다. 이것이 그가 실험 자연철학 내에서의 수학의 위치에 대해 우려한 주된 이유다. 실험철학이 공적 언어를 통해 정당성과 진리를 확립하는 것이라면, 수학 문화와의 결합은 새로운 사적 영역을 위협하게 된다. 오직 코페르니쿠스만이 수학을 수학자를 위한 저술로 특화시킴으로써 전반적인 교양 문화 내에서 수학의 위치를 이해하는데 있어서 탁월한 견해를 내놓았다. 오래된 이야기이긴 하지만, 쿤(Thomas Kuhn)이 지적한 대로 오직 비실험적 수학만이 "일반인이 접근할 수 없는 용어와 테크닉, 그리고 오로지 전문가만을 대상으로 한 문법체계"로 특징지어졌다. 들리는 바에 의하면, 보일은 수학의 상대적인 접근불가능성에 대해 언급했다고 한다. 그가 보기에는, 수학자들이 하는 대로 나아간다는 것은 전문가 공동체의 규모를 제한하는 일이었다. 이러한 제한은 실제적 진실의 산출능력 자체를 위태롭게 했다. 확실히 수학 문화는 그 명제의 진실성에 대한 **믿음**(*belief*)을 확고히 하는 매우 강력한 도구를 소유하지만, 믿음에 대한 동의를 자유롭고 적절하게 이끌어낼 수 있는 **신봉자들**(*believers*)의 구성비는 작다. 이와 대조적으로, 적절히 구성된 실험공동체 구성원들은 자신이 목격한 바와 다른 목격자들의 믿을만한 증언에 기초한 동의를 자유로이 개진했다.

… 보일은 독자들의 마음에 명쾌하게 남을만한 역사적으로 독특한 실험을 수행하고, 그것을 기술된 일자와 장소에서 정확하게 수행됐다는 점에서 도덕적으로 정당한 것으로 만들고자 했다. 이러한 유형의 서사는 또한 다른 의사소통 스타일보다 훨씬 **이해할 수 있는**(*intelligible*) 것으로 간주됐다. 보일의 『정역학(靜力學)의 역설(*Hydro-statical Paradoxes*)』은 그가 연구결과를 보다 양식화되고 수학적인 형식으로 **보고할 수 있지만**(*could have*) 그렇게 하지 않는 쪽을 **선택했**

사회에 대해 말하기

음(*chosen*)을 보여주었다. "수학 서적을 읽어본 적이 없는 사람들은 도식[도표]으로 설명돼야만 하는 내용들을 이해하기를 꺼려한다. 그리고 나는 일반적으로 식자들이, 심지어는 이 새로운 철학자들도 수학에 조예가 깊지 않아서 보다 광대하고 포괄적인 설명을 제시하는 정역학 일반원리에 대해 잘 모른다는 것을 알아냈다. 이러한 관념은 수학적 저술에 익숙하지 않은 사람들에게는 그 일반원리에 대한, 몇 가지 용어만으로는 만족스럽게 전달될 수 없는 수준의, 그런 명확한 설명 없이는 온전히 이해될 수 없다." 많은 용어가 동원돼야 했다. 보일이 털어놓기를, 그것은 "내가 선택의 여지없이 그런 정밀하고 정확한 서술방식에 경도돼 있었다는 것이다." 그는 "내 체면을 세우기 위해서가 아니라 다른 사람들을 가르치기 위해" 저술을 했고, 그런 이유로 "다른 독자들은 몰라도 기하학자들이 내 증명의 단점에 대해 이러쿵저러쿵 하지 않는 편이 낫다. 다른 독자들은 내가 주로 만족시키고자 계획한, 그리고 내 증명의 의미를 철저히 이해하지 못할 사람들이니까 말이다"(Shapin, 1994: 336-337).

보일은 부적절한 양식의 재현이 잠재적 청중에게 원치 않은 제약을 야기할 것을 우려했다. 그는 독자들이 익숙하지 않은 언어와 스타일의 추론을 무시해 버릴까봐 두려워했는데, 그 당시 발전된 과학용어 중 일부는 난해했고, 특히 수학공식이나 기하 도표 및 이러한 것들이 연관되어 결론의 추론 형태에 사용된 경우에는 더 그랬다. 사회분석가가 저술할 수 있는 것을 읽는 독자에게 가해지는 이런 제약이 반드시 피해야만 하는 것인지, 아니면 과학적 사유의 발전에 필수적인 것인지의 문제는 여기서 논외로 하겠다. 오래 됐으면서 특별한 소득은 없는 논쟁이니 말이다.

그 대신 사회생활의 재현을 제작하고 읽는데 필수적인 지식이 상이하게 분배되는 방식들에 대한 조금은 덜 논쟁적인 사회학적 문제를 탐구함으로써, 사회에 대해 말하기라는 우리의 관심사를 충족해 보자. 사회분석가가 제시한 작업을 이해하는 이는 누구인가? 한 쪽 끝에는 소위 '관련 당사자', 즉 관심이 있을 적합한 사회 구성원에게 제시하는 사회에 대한 일부 작업들이 있다. 다른 쪽 끝에는 극소수의 선별된 사람들만이 유일하게 이해할 것으로 기대되고 그리고 작품의 심오한 — 일반적으로는 익숙하지 않은 용어와 추론양식 — 을 해석할 수 있는 일부 작업들이 있다. 이 두 가지 경우의 예로, 한 쪽은 소설이나 사진 또는 영화(그 중에서도 특히 할리우드 영화처럼 가장 대규모이며 이질적인 청중을 겨냥한 것)이며 다른 한 쪽은 수학적 모형을 들 수 있다.

할리우드 영화를 만드는 이들은 전 세계 누구에게나 (적절한 언어로 더빙한 대화를 통해) 이해되기를 바란다. 영화의 언어는 하나의 역사적 사실로, 현재 누구에게나 이해 가능하다. 이제는 아마 영화에서 죽은 배우가 진짜로 죽은 것이며 그 이후의 출연은 유령일 것이라 생각한다거나, 배우가 화면에서 사라지면 어디로 갔는지 궁금해 하는 바보짓을 하는 서구 마케팅에서 동떨어져 있는 사람은 존재하지 않을 것이다. (들리는 말로는 서구 문화상품을 접해 본 적이 없는 부족사회 사람들이 이런 실수를 종종 했다고 하는데, 나는 지금껏 어느 누구도 이를 지면에 서술한 사람을 본 적이 없다. 그래도 일말의 가능성으로 남겨 놓자). 아니, 누구나 이런 단순한 장치는 단지 그러한 것으로 이해한다. 더 나아가, 누구나 보다 복잡한 것

사회에 대해 말하기

들, 이를테면 영상의 페이드(fade)와 와이프아웃(wipeout) 같은 테크닉이 시간의 흐름이나 다른 지리적 위치로의 이동을 의미함을 이해하고 있다. 또한 누구나 한 장면에서 다른 장면으로의 순차 컷(sequential cut)은 두 사람 간의 대화가 일어나고 있다거나 혹은 지금 다른 누군가의 관점에서 무언가를 보여주고 있음을 의미하는 것으로 이해한다.

이는 청중이 영화제작자 혹은 영화 애호가가 이러한 기술적 장치들을 아는 자의식적인 조작 가능한 방식에서 그것들을 '안다'는 말이 아니다. 청중은 그렇지 못하다. 이들은 영화를 볼 때는 그것을 알지만, 영화를 만드는 것은 고사하고 영화에 대해 이야기할 줄도 모른다. 따라서 이러한 재현의 제작자(이 일을 여러 해에 걸쳐 본업으로 해 온 영화 전문가)와 이러한 작품을 엔터테인먼트 혹은 아마 정보를 얻기 위해 보는 사람들(혹은 딱히 추구하거나 원치는 않았지만 엔터테인먼트와 더불어 정보를 얻는 경우도 있기는 할 것이다) 사이에는 분명한 괴리가 있다. 한 쪽은 잘 알지만 다른 쪽은 그렇지 못하다. 그리고 문외한인 감상자는 '바보'가 되거나 '현혹'될 수 있는데, 재현의 도덕적 문제에 대해서는 8장에서 상세히 논의할 것이다.

사회생활의 재현을 어떻게 수학적 모형 제작의 세계에서 사용하는지에 대한 널리 퍼진 지식과는 정반대의 극단을 찾아낼 수도 있다. 이러한 모형은 몇 개의 단순한 속성들로 세심하게 정의된 개체들의 가공의 세계(artificial world)를 만들어 내는데, 이는 특화된 수학적 방법에 의해 주도되는 마찬가지로 세심하게 정의된 방식으로만 상호작용하며 상호 영향을 주고받을 수 있다(수학적 모형에 대한 상세한 설명은 9장 참조). 이런 모형의 장점은 사회생활이 실제로 어떻게 일어나는지에 대한 현실적 묘사가 아니라 세계가 그 모형에 따라 작동한다면 어떨지를 명확히 보여준다는데 있다. 그리고 이는 분명 알아야 할 가치가 있다. 이후 기술하게 될 모형 중 하나는 많은 사람들이 관심을 가지고 있을법한 어떤 것, 만일 관현악단이 어떤 단순한 규칙을 엄격하게 따라 옛 작품을 새 작품으로 대체할 경우 교향악단의 레퍼토리는 어떻게 구성될 것인지에 대해 이야기한다(누구나 이 문제에 관심을 가지라는 법은 없지만, 여기서 그 문제가 핵심은 아니다).

어쨌든 간단히 말해서, 약간 부정확할지 모르지만, 수학적 모형을 읽고 해석하고 이해할 수 있는 사람은 그 모형을 만드는 법 또한 알고 있다. 이는 그러한 모형들의 뜻을 파악하고 이해하는 것은 수학적 추론에 대한 일반적 지식 습득과 특정 사례에 사용된 수학적 추론 영역에 대한 실질적 이해를 요구한다는 말이다. 내가 방금 제시한 교향곡 레퍼토리 분석을 이해하려면, 그리고 그에 대해 충분히 비판적이려면 무언가를, 말하자면, 계차방정식(階差方程式, difference equation)에 대해 알아야 한다. 그리고 나중에 예시하게 될 친족체계 분석을 위해서는 마르코프 연쇄(Markov chains)에 익숙해야 한다. 이러한 것들을 아는 사람은 많지 않으며, 이러한 작업을 통상적으로(항상은 아니겠지만) 수행하는 사람들은 모형 그 자체를 만드는 법을 충분히 알고 있다(당신이 일부 사회과학자들, 특히 사회학자들이 그랬듯이 이 모든 것을 배우는데 시간과 노력을 들였다면, 이 힘들게 습득한 기술로 뭔가를 하고 싶을 것이다). 조금 지나치게 단순화시켜 말한다면, 수학적 모형의 사용자 공동체와 제작자 공동체는 본질적으로 완전히 일치한다. 이것은 단지 동일한 사람들이 종사하는 두 개의 상이한 활동들이다. 이들은 때때로 모형을 만들고, 다른 사람

사회에 대해 말하기

이 만든 모형들을 소비한다.

앞에서 샤핀이 인용했듯이, 보일은 수학적 모형의 세계와 같은 어떤 것에 대해, 비록 그것이 정확하게 말해 그가 염두에 둔 수학은 아니었을지라도, 이야기하고 있다. 그의 불만은 우리가 속칭 '해석공동체', 즉 그 성원들에 의해 통상적으로 제작되고 사용되는 재현들을 해석하는데 충분한 지식을 공유한 집단(물론 충분하다는 것이 어느 정도인지는 논란의 여지가 있지만)을 논의함에 있어서 비교에 유용한 일부 특성들을 제시한다.

보일이 작업하는 경험적 일반화부터 시작해 보자. 그 내용은 다음과 같다. 결과의 표현이 더 복잡하고 기교적일수록 그것을 읽고 이해할 수 있는 사람의 수는 점점 줄어들 것이다. 그 자체로는 불만의 원인이 아니다. 테크니컬한 부분이 너무 많으면 관련 전문가 집단 이외의 사람들에게는 관심을 끌지 못할뿐더러, 전문가가 보기에 외부인은 알아야 할 필요가 없는 것들도 많다. 하지만 이는 공통적인 불만의 원인인데, 왜냐하면 전문가가 아닌 사람들은 누군가 자신에게 사기를 친다는 걱정을 할 필요가 없을 만큼 충분히 알았으면 하고 정말로 바라기 때문이다(의사들에 대한 불만이 자주 이런 형태를 띤다). 이에 대해 제기할 수 있는 명확한 질문 몇 가지가 있다.

제작자들이 대상으로 하는 것은 누구인가? 다시 말해서, 제작자들의 조직화된 세계가 대상으로 하는 사람들은 누구이며, 그 목적이 제작자들에게 이해가능성의 기준으로 부과하는 것은 무엇인가? 내가 제작하는 종류의 재현을 제작하는 사람들은 통상적으로 그것을 하는데, 왜냐하면 어딘가에서 일부 집단의 사람들이 그와 같은 것을 원하고, 그리고 나는 그들에게 명료하고 즐거우며 유용한 것이 되는 방식으로 내가 제작하는 것을(영화, 수학적 모형, 그 무엇이든) 만든다. 그렇다면, 그러한 것들을 만드는 제작자 세계의 조직이 일상적으로 의사소통을 하려는 사람들은 누구인가?

당신이 제작자들이 대상으로 하는 청중을 안다면, 어떤 특정한 재현의 특징들을 제작자가 그 청중들을 겨냥해 그들이 이해하고 받아들일 수 있는 형태로 무언가를 생산한 노력의 결과로 이해할 수 있다. 청중은 그러한 것을 이해하는 법을 배웠으므로 그것을 이해할 수 있고, 그것이 그러한 학습의 일부로 획득된 기준에 부합하기 때문에 받아들일 것이다.

그러나 샤핀이 제시한 보일의 예는 제작자가 사실상 대상이 되는 청중을 선택할 수 있고, 청중의 선택이 재현 스타일의 선택으로 이어질 수 있음을 보여준다. 그래서 보일은 약기(略記) 언어의 수학 공식과 물리적 현상의 기하학적 재현이 그다지 문제가 되지 않을 다른 분야의 식자들을 청중으로 삼은 것이다. 하지만 보일은 그들을 넘어서 보다 대규모의 교육 받은 젠틀맨 계층의 청중에까지 도달하기를 원했다. 이들은 그가 해야만 하는 논의를 이해할 법한 사람들이었다. 만약 모든 젠틀맨 계층의 사람들이 많든 적든 알고 있는 일상적인, 상류층의, 유사 식자층(quasi—literary) 담론의 평이한 언어로 논의를 구성한다면 말이다.

그래서 보일은 기법에 숙련된 청중인 학계 동료들에 제한하여 사용했을 때보다 덜 경제적인 형태의 재현을 사용해야만 했다. 그리고 그것은 단지 상이한 단어들의 사용뿐 아니라 상이한 스타일의 증명

사회에 대해 말하기

사용도 수반하였다. 수학적 증명은 논리력에 의존했다. 당신이 수학적으로 참이라 보여준 것은 **필연성**(*necessity*)의 참이었다. 만일 당신이 가정과 추론이 타당하다고 받아들인다면, 결론은 불가피하다.[16] 하지만 경험적 연구의 세계에서 보여준 것은 상이한 방식에서의 참이다. 그것이 참인 이유는 그것이 진짜 세상의 물질 덩어리에서 일어나 사람들이 관찰했기 때문이고, 그리고 그것이 참인 것으로 **관찰되었기**(*ob-served*) 때문에 그것이 참인 것을 안다. 당신(독자)이 과학자들이 보고하는 모든 것을 관찰할 수 없기 때문이 아니라, 믿을만한 누군가에 의해 그것이 참이라고 관찰되었기 때문이다. 젠틀맨들은 진실을 말하는 코드에 묶여 있는 사람들이다. 당신은 젠틀맨 계층의 독자이기에, 과학자들이 진실을 말하는데 요구되는 사회적 통제 시스템을 이해했고, 그래서 그들의 리포트들을 믿을만한 것으로 받아들이기로 스스로 결정할 수 있었는데, 왜냐하면 당신은 만일 그가 거짓말을 했다면 그의 명예에 가해질 수 있는 위험을 알기 때문이다.

더 나아가, 이러한 젠틀맨-철학자-과학자들은 논쟁을 피할 수 있는 신뢰성의 판정 방식이 필요했다. 논쟁은 누군가가 다른 누군가에 의해 제작된 보고서를 믿으려 하지 않을 때 촉발되지만, 당시 그 지역의 젠틀맨들은 신랄한 공격(아마 최악의 경우에는 결투를 유발할 수도 있는)이 없으면 서로의 언급에 대해 문제 삼지 않았다. 결투? 과학적 연구결과를 놓고? 오늘날에도 당신이 관찰한 바를 잘못 진술한데 따른 처벌이 매우 혹독하긴 하지만(연구지원금, 직장, 그리고 학계의 평판도 잃는다.), 그렇다

---

16 바로 참이다.

고 목숨을 위협하지는 않는다. 보일이 살던 시대 같으면, 만약 내가 X 를 봤다고 말했는데 당신은 내가 그것을 봤을 리가 없다고 한다면, 그 것은 상대방을 거짓말쟁이로 고발하는, 즉 '거짓의 가면을 벗기는(giving the lie)' 것과 같은 치명적인 모욕이었다. 또한 명예를 중시하는 문 화권에서는 이는 진짜 제대로 된 공격이며, 이 문제를 적절히 처리하 는 방식의 하나는 어쩌면 죽음에까지 이를 수 있는 싸움이었다.

보일과 그의 동료들은 수학적 추론에 만족하지 못했는데, 이는 그 것이 정확성뿐만 아니라 확실성까지 목표로 하기 때문에, 누군가가 옳 다면 다른 누군가는 필연적으로 틀린 것을 말했다는 주장을 하지 않 고서는 (아주 점잖은 방식으로) 해결될 수 없는 논쟁, 즉 '정중한 재앙(civic disaster)'을 야기했다. 이 과학자들은 의견 불일치로 싸우고 싶어 하지 않았다. 그들은 본질적으로 자신들의 상이한 발견들을 놓고 정중한 (civil) 대화를 나누기를 원했다. 결국 그들은 각자의 증거 증명에 의존 했는데, 왜냐하면 그들만의 힘으로 모든 것을 볼 수는 없기 때문이었 다. 그래서 그들은 다른 이들의 성실한 보고서를 동일한 문제에 대해 상반된 견해를 갖고 있지만 마찬가지로 성실한 다른 누군가의 보고서 와 마찬가지로 옳은 것으로 받아들여야만 했다.

이는 적절하게 신중한 탐구와 보고의 방식들로 이어졌다. "자연적 인 것과 규범적인 것은 체계적으로 하나가 됐다. 전문가들은 다른 전 문가의 것들도 정직하고 정당한 것으로 인식했고, 어떻게 행동해야 하 는지를 자신들이 탐구하는 세계의 공유된 관점에 입각해 서로에게 말 했다. 실험 문화는 그 성원들이 실재(reality)에 대한 견해를 공유하는 한에 있어서 규범을 공유했다. 구성원들의 행동(conduct)에 대한 궁극

사회에 대해 말하기

적 제재는 바로 그러한 존재론이었다. 만약 당신이 자연세계에 대한 진정한 탐구자라면, **바로 이것이** 당신의 보고가 취해야 할 방법이고 또 당신이 그 보고를 위해 청구해야 할 인식론적 지위인 것이다"(Shapin, 1994: 350). 세계를 수학적 처방이 필연적으로 요구했던 동질적인 방식이 아니라 다양한 방식으로 바라봄으로써만, 경험적인 과학 활동을 지속시키는 상호 신뢰하는 동등한 사람들 간의 대화가 가능했다. 이를 통해 샤핀은 다음과 같은 통찰에 이르렀다.

> **모든** 관행은, 제아무리 세계에 대한 정확하고 철저한 진리의 산출을 위해 수행됐다 하더라도, 그 성원들로 하여금 '합당한 동의' 또는 '적절한 정확성'이 달성됐을 때, "이제 그만 됐다" 할 때, "그냥 넘어가자" 할 때, 특별한 '오류요인'을 거론하거나 증거진술의 다양한 원천에 대해 너무 많이 파고들지 말아야 할 때를 말하는 제도화된 수단을 갖고 있다. 도덕적 불확실성의 정도에 대한 관용은 **미래의 도덕적 확실성**을 산출하기 위한 조건이다. 이러한 관용은 전문가 집단으로 하여금 상호 의존을 가능케 하고 또한 상호 의존하게 함으로써 진리를 생산하는 대화를 미래에도 지속하도록 해 준다(Shapin, 1994: 353−354).

우리가 사회에 대한 보고들의 탐구를 위해 필요로 하는 이러한 진술의 일반화는 어떤 해석공동체 ─ 특정 형태의 재현을 제작하고 사용하는 사람들의 네트워크로 정의되는 ─ 가 그 성원들이 무엇을 믿어야만 하고 언제 그리고 왜 믿어야만 하는지를 규정하는 모종의 규칙을 공유한다는 것이다. 그 공동체 성원 중 일부가 자신이 아는 것을 어떻게 나타내고 소통하는지, 그리고 다른 성원들은 자신이 얻은 커뮤니케이션을 어떻게 해석하는지는 다소간 합의된 규칙들에 의해 지배받으며, 이러한 규칙들은 그러한 활동들 각각에 연루될 사람들의 유형들에 관한 이해를 담을 것이다.

관련된 사람들의 유형에 대한 정의들이 명예와 상호존중에 대한 규약에 항상 기초할 것이라고 생각할 필요는 없다. 오히려 그 반대일 수도 있다. 사회에 대한 재현을 제작하는 사람들 중 다수는 사용자들이 많은 것을 알 것이라고 혹은 많이 믿을 수 있는 사람들이라고 생각하지 않는다. 그 결과, 이들이 제작하는 재현들은 아는 것이 적은 사용자들을 전제로 한 관습들을 사용하고 그래서 많은 보조물들 — 사용자 친화적인(오늘날 그렇게 말하는 것처럼) — 을 포함한다.

그래서? 재현의 제작 작업은 제작자와 사용자 간에 분업화된다. 제작자가 하는 작업은 사용자가 사용하기 위해 거기에 있는 것이다. 제작자가 하지 않는 것은 사용자가 반드시 해야 하는 것이다. 사용자들은 제작자가 원하고 요구하는 것을 충분히 알고 있지 못할 수 있고, 어떻게 하는지는 알고 있으나 의식적으로 하지 않거나 아예 다른 식으로 할 수도 있다. 사용자들이 자신의 방식대로 할 경우 제작자가 염두에 두었던 것과는 다른 결과들을 당연히 낳을 것이다. 재현 제작의 상이한 세계들에서는 분업이 매우 다른 방식으로 일어난다. 한 세계에서 불가피하게 제작자의 작업인 것 — 예를 들어 분석표의 행과 열들에 표제 붙이기 — 이 기록사진의 세계에서는 사용자들의 일상적인 작업이 된다. 모든 유형의 재현은 만들어진 것의 모습과 그것을 만든 것

의 사실의 결과에 대한 상이한 분업방식의 가능성을 제공한다(그리고

아마도 실제로 그렇게 될 것이다).

5

표준화와
혁신

잠깐 생각해 보자. 재현은 조직적 산물이다. 재현을 제작하고 사용하는 조직과 공동체들은 제작자와 사용자 사이에서 선정, 전환, 배열, 해석 작업을 다양한 방식으로 분업화한다. 그것이 이루어지는 방식을 당연시할 수는 없는데, 이는 분업 방식이 계속 변화하기 때문이다. 제작자는 무엇을 포함시킬지 그리고 그것을 어떻게 배열할지를 선택한다. 제작자는 그것을 '우리가 항상 해 온 방식대로' 하는가, 또는 새로운 것을 추구하는가?

많은 경우, 제작자들은 누구나 제작 및 사용 방식에 대해 이해하고 알고 있는 표준화된 형태로 재현을 만든다. 하지만 어떤 이들은 종종 어떤 이유에서든 다른 방식으로, 기존 합의의 일부를 위배하고 불일치와 갈등을 일으키는 식으로 특정 유형의 재현을 만들어 내기 시작한다. 기존에 당연시됐던 표준들에 의문을 제기하는 이러한 상황은 사회를 재현하는 일상의 작업을 사회학적으로 분석하는데 최상의 가능한 데이터를 제공한다. 표준화와 혁신의 상반된 성격은 그 과정의 많은 특징들을 두드러지게 한다.

　재현에 있어서 혁신에 의해 촉발되는 갈등은 종종 재현을 수행하는 최선의 방식은 무엇인지에 대한 논쟁의 형태를 띤다. 무엇을 위해? 바로 혁신을 만들고 사용하는 당신과 다른 사람들이 원하는 종류의 재현을 만들기 위해서다. 재현은 많은 다양한 방식으로 사용되고 만들어질 수 있고 또 그래 왔으며, 제작자와 사용자는 항상 그것을 어떻게 할지에 대한 확고한 견해를 갖고 있다. 어떤 방식이 최선인지는 쉽지도 명확하지도 않은 문제다. 사회학 학술지에 실릴 학술 논문을 쓰는 최선의 방식은 무엇인가? 리포트에서 시각 자료를 활용하는 최선의 방식은 무엇인가? 기록영화에서 사회분석을 제시하는 최선의 방식은 무엇인가? 내가 사회학적 야망을 가지고 있다면 내 소설을 어떻게 집필할 것인가? 사회에 대한 재현의 제작자와 사용자들은 자신들과 서로에게 이런 질문들을 던지며, 여기 관련된 모든 이들은 자신이 하는 일이 무엇이든 그것을 해 나가는 과정에서 틈틈이 그런 질문들에 답해야 한다. 이런 질문들에 확실한 답이 있을 리는 만무하다. 대체로 이런 질문들은 사람들을 짜증나게 하며, 끝없는 논란과 충돌, 그리고 악감정을 불러일으킨다.

　논쟁보다 흥미로운 접근법을 동원하면 앞의 장들에서 나온 아이디어를 활용해서 다음과 같은 원리를 제시할 수 있다. **무언가를 수행하는 모든 방식은 완벽하다**(*Every way of doing things is perfect*). 영화를 어떻게 만들 것인지, 민속지(ethnography)를 어떻게 쓸 것인지, 통계표를 어떻게 작성할 것인지를 놓고 제기된 모든 질문에 대한 답변은 완벽하다.

이 멋들어진 답변에는 함정이 있다. 즉 그 원칙의 전문(全文)이 아니라는 말이다. 전문은 다음과 같다. 무언가를 행하는 모든 방식은 **무언가를 위해** 완벽하다(Every way of doing things is perfect—*for something*). 말하자면, 모든 방식은 어떤 일련의 상황 하에서 누군가가 원하는 어떤 것을 달성하기 위한 최선의 방식이라는 것이다. 그렇다면, 문제는 X를 행하는 최선의 방식이 무엇인지에서 이런 특정 유형의 재현인 X가 달성하는 최선의 것이 무엇인지로 옮겨간다. 논쟁거리가 무엇이든, 핵심은 사람들이 제안한 방식 X를 수행함으로써 달성하고자 하는 것이 무엇인지에 대한 질문이다. 그리고 그에 대한 답은 사람들이 그것을 수행하는 조직에 있다. 조직은 제작자에게는 반드시 만족시켜야만 하는 사용자를 제공하고, 사용자에게는 그런 유형의 일을 수행하면서 그런 욕구를 충족시키는 것을 원치는 않는 제작자를 제공하며, 모든 관련 당사자에게는 작업이 수행되고 분배되는 모든 자원을 제공한다. 자원은 돈뿐만 아니라(물론 중요하긴 하지만) 각 당사자가 그 상황에 가져오는 기술, 훈련, 필요, 욕구까지도 일컫는다.

그 결과로 초래되는 상황들은 무수히 많은 유형을 나타낸다. 그러나 이러한 갈등과 해결책들은 또한 일부 공통점을 갖기도 한다.

표준화

잘 발달된 재현의 세계는 모두 어느 정도는 표준화된 형태로 작동한다. 사회에 대한 재현 중 현존하는 가장 표준화된 사회에 대한 재현 중 하나인 사회과학 학술지 논문은 이러한 현상의 주요한 특징을 보여준다. 아마도 백 년이 훨씬 넘는 기간 동안, 이 논문들은 엄격한 포맷을 지켜 왔다. 주제에 대한 진술 및 그 진술을 도출해 낸 이론, 과거에 그 주제에 관해 저술된 것에 대한 기술(이것이 대학원생들을 두려움에 떨게 만드는 '문헌분석'이다), 검증되어야 할 가설들의 진술, 자료 수집과 분석에 사용된 방법 기술, 보고된 증거에 비추어 가설을 채택 혹은 기각한다는 논의, 그리고 결론(또는 요약)이 그것이다. 이 논문들은 전형적으로 데이터(센서스, 설문조사, 또는 실험에 의한)를 표준화된 유형으로 제시된 표의 형태로 보고한다. 이런 표준화된 유형을 이용하는 모든 사람들은 이를 문제시하지 않으며, 재현의 제작자도 자신이 아는 것을 전달할 수 있는 명백한 과학적 창(窓)의 전형으로 간주한다. 이는 독자들이 그 표 안에 제시된 증거를 실제로 읽고 평가한다는 것을 시사한다. 모든 일이 단지 그런 방식으로 돌아간다면, 세계는 보일과 그의 동료들이 추구했던 대로 자신들의 아이디어와 그 결과를 서로에게 문제시되지 않는 방식으로 전달할 수 있는 모습에 근접할 것이다.

학술논문, 그리고 그것이 증거로 삼는 표들이 과연 그런 방식으로 작동하는가? 학생들의 읽기 습관에 관한 맥길(Mc Gill, 1990)의 연구를 보면 많은 독자들이 증거가 포함되어 있는 표들을 읽지 않을뿐더러, 정보의 재현이 표준화되었을 때는 그것을 읽는 표준화된 방식(표준적인 지름길 포함)을 개발해 낸다고 한다.

　표준화는 학술논문을 읽는 방식에 여러 가지로 영향을 미친다. 표준화는 독자로 하여금 자신이 흥미 있다고 여기는 부분으로 곧장 가도록 함으로써, 나머지를 그냥 넘겨 버리더라도 필요한 것을 놓치지 않을 것이라는 느낌을 갖게 함으로써 시간을 절약케 한다. 독자는 표준화를 통해 논문이 자신에게 흥미로운 것인지를 판단할 수 있고, 또한 자신의 통계 지식과 관심 정도에 따라 논문들을 차별할 수 있다. 따라서 독자는 표들이 텍스트가 말하는 바를 말해준다는 믿음을 가지거나, 혹은 표들이 말하는 바를 생각하는 것은 그렇게 시간을 들일 가치가 없다는 믿음을 가지고 표들을 건너뛰곤 한다.

　맥길은 학술지 독자들을 표를 다루는 방식에 따라 네 가지 유형으로 구분했다. 이론가들(theory people)은 표를 무시하고 아이디어로 직행한다. 수리적 사고와 거리가 먼 사람들(nonnumerate)은 표를 읽을 줄 모르기 때문에 그냥 건너뛰어 버린다. 통계에 관심이 많은 통계학자(interest-driven statistician)들은 주제가 흥미롭다고 생각되면 표를 세심하게 살펴보고 그 자체로 흥미로운 것으로 취급하면서 텍스트를 완전히 무시해 버린다. 통계 순수주의자(statistical purist)들은 표(이들에게는 먹잇감인)를 일상적으로 비판한다. 한 쪽에서는 표와 공식들을 주의 깊게 조사하고 저자가 했던 작업을 재생하면서 통계논문을 읽는다. 다른 한 쪽에서는 증거를 대강 살펴보고 넘어가거나 그 자체를 완전 무시해 버린다. 일부 독자들은 표들이 저자가 말하는 바를 이야기한다고 확신하고 있음을 상기하라. 만일 표들이 그렇지 않다면, 학술지 편집자는 그 논문을 출판하지 않았을 것이다. 이상이 내가 말하려는 바

사회에 대해 말하기

였다.[17]

진지한 사용자가 표나 그래프들에 배열된 숫자들로부터 얻고자 하는 바는 무엇인가? 독자들은 이러한 배열을 통해 두 숫자를 비교하고 한 쪽 값이 다른 쪽 값보다 큰지를 본다는 점을 상기하라. 만약 그렇다면, 우리는 어떤 것(이른바 '독립변수')이 생각해 볼 가치가 있는 결과를 내포한다는 것을, 그렇지 않다면 그 반대임을 알게 된다. 우리는 우리가 검토 중인 아이디어들과 관련된 두 결과 중 하나, 즉 증명했느냐 증명에 실패했느냐를 받아들게 된다.

표준화는 독자들로 하여금 표준적 접근방식을 개발하고, 기존의 표준적 방식이 너무 단조로울 때 사용하는 표준적인 지름길을 고안하도록 한다. 표준화는 빠른 길을 가고자 하는 독자로 하여금 그것을 가능케 하며 또한 천천히 세심하게 가고자 하는 독자에게도 그것을 가능케 하는데, 양자 모두 모든 것을 표준적 언어, 표준적이며 쉽게 인식되는 상징들, 그리고 잘 알려진 표준적 포맷에 집어넣어 당신에게 적합한 부분을 용이하게 밝혀낼 수 있도록 함으로써 달성된다. 당신은 이 부분들을 취향에 따라 평가할 수 있고, 당신이 읽거나 무시해 버린 소재에는 당신이 보기에 그렇다고 생각되는 것들이 포함돼 있음을 알 수 있는데, 왜냐하면 그것이 모두가 일상적으로 그렇게 하는 부분이기 때문이다. 이것이 의미하는 바는 완성된 산물의 특징들이 사용자를 만족시키도록 설계돼만 한다는 것이다. 꼭 그래야만 하는가? **만약** 그 산물이 지금 그것을 사용하는 다양한 사람들 — 각자 자신의 고유

---

17 QED: quod erat demonstrandum.

한 방식으로 사용하는 ─ 로부터 지지를 계속 받고자 하고, 그래서 그와 같은 산물을 계속해서 만들 수 있는 기반을 형성하고자 한다면, 그것은 필수적이다.

다른 재현 활동 영역에서도 그와 유사하게 상이한 방식들로 사회에 관한 지식을 획득하는 경우가 있는가? 재현의 표준적 특징들은 무엇이며, 누가 그 특징들을 알고 그 특징들은 어떻게 작동하는가? 영화, 소설, 또는 연극에서 빠르고 느린 경로는 무엇인가?

이러한 픽션적 재현에 접근하는 빠른 경로는 그것을 그때그때 읽거나 보는 정도로 경험하는 것이다. 그리고 나서 나중에 친구와 "그거 괜찮았냐?"는 식으로 사후 검토를 하면 그걸로 끝이다. 당신은 그것을 봤고 '요점을 짚었으며' 다음에 영화나 소설을 보고 이야기할 때, 이를테면 이번에 구상된 플롯이 다른 것과 어떻게 다른지 비교할 때, 참조할 유사한 소재들을 기억 창고에 보관해 놓았다. 이는 유사한 관심을 가진 사람들과의 친밀한 상호작용을 할 때 일어날 수 있는 완전히 우연한 일이다. 물론 그런 친밀한 상호작용이 그 작품이 다루고 있는 심각한 주제에 대한 심각한 토의(예를 들면 정부의 음모와 악행, 대기업의 파괴 활동, 약물 폐해 등)를 포함하고 있을 수도 있다(여기서 모든 '경험적' 진술들은 창작된 것이고, 아마 그렇게 될 것이라는 추측들이며, 실제 연구를 통해 자세히 조사되어야 할 것이라는 사실을 알아두자. 이러한 것들은, 가상의 데이터라 해도, 연구 가능한 문제들을 생성하는 방식으로서 비교의 기능을 보여준다).

맥길은 유추를 통해 표준화된 포맷이 문제를 최소화하면서 이러한 작품들로부터 아이디어와 감성을 끌어낼 수 있음을 보여준다. 표준화된 요소들은 희곡, 영화, 소설의 언어(즉 인물, 플롯, 은유, 기술 등등)를

사회에 대해 말하기

만들어 낸다. 그리고 생산물의 가장 기초적인 요소들 또한 만들어 낸다. 영화의 예를 들면 카메라의 시점(視點), 한 시점에서 다른 시점으로의 이동('컷[cut]'의 이동), 시점들 간의 편집 방식은 스토리를 만들어 내는데, 이 모든 것들은 영화 테크닉 교재에 기술되어 있다(마멧[Mamet, 1991: 9~55]과 영화학교 학생들의 토론은 분절된 짧은 쇼트들[separate short shots]이 앞으로 진행될 영화의 서사들을 어떻게 구성하는지를 직설적으로 보여준다. 나는 또한 이러한 기법 문제들에 대한 많은 것을 카윈[Kawin, 1992]에게서 배웠다). 표준화된 영화 언어가 제공하는 표준화된 지름길들은, 이를테면, 가장 과학적인 재현 유형조차 무용지물로 만들어 버리는 화제인, 누가 착한 사람이고 누가 나쁜 놈인지를 우리에게 말해준다(이에 대해서는 8장에서 살펴볼 것이다). 그 지름길들은 등장인물이 어떤 유형의 사람들이고, 그 인물이 할 법한 것을 암시하고, 그래서 맞는 것으로 증명되었을 때의 희열과 다른 것으로 증명되었을 때의 경악 모두를 준다. 사용자들은 이런 표준화된 지름길들에 이런 언어가 사용됐다는 점을 거의 의식하지 못한 채 모든 것을 '자연스러운' 것으로 보고 쉽게 내면화하는데, 이는 영화 같은 대중적 유형에서만 일어나는 일은 아니다.

보다 조심스럽고 비판적인 시청자들은 어떤 순간이든 그 작품 속의 모든 것이 제작자가 그렇게 또는 다르게 선택할 수 있는 결과라는 점을 안다. 이 까다로운 사용자들은 비판적 구별과 판단을 내리는데 필요한 모든 분석적, 언어적 장치를 갖추고 작품이 잘 됐는지 아닌지를 결정한다. 영화 비평가들은 한 영화를 반복해서 보는데, 이는 통계 전문가가 표와 공식을 세심히 살피는 것과 다르지 않다. 그 결과 영화 비평가들은 의식적으로 영화를 쇼트(shot)들의 연속으로 구성되어 있는 것으로, 그리고 각 영화를 시점, 조명, 길고 짧은 쇼트들과 클로즈업의 조합 등 각종 구색을 갖춘 것으로 경험한다. 이들은 촬영화면들의 연속이 어떻게 감상자들에게 감정적, 인지적 결과를 초래하는지에 대해 말한다. 까다로운 시청자라면 어떻게 빠른 장면전환들(cuts)이 긴장감을 조성하는지를 살펴보기 위해 장 르누아르(Jean Renoir)의 『게임의 법칙(*The Rules of the Game*)』에서의 사냥 장면에 나오는 연속 쇼트들의 시간을 측정할 것이다. 반면에 일반적인 영화감상자들은 그런 생각 없이 쇼트들의 길이를 기억할 것이고 무엇이 그런 긴장감을 조성했는지를 생각하지 않은 채 긴장감을 느낄 것이다. 반면 그와달리 오손 웰스(Orson Wells)의 『악의 손길(*Touch of Evil*)』에서 멕시코-미국 접경지대를 달리는 차량을 따라가는 (그러다 차량 폭발로 끝나는) 유명한 3분짜리 트래킹 쇼트처럼, 화면전환이 없는 롱테이크(long take)도 긴장감을 조성한다.

다큐멘터리 영화의 청중은, 비록 크게 신경 쓰지 않고 무심하게 보는 소수의 경우일지는 모르나, 유사한 타입을 보여주는 것 같다. 다큐멘터리는 감상자들이 진지한 견해를 갖게 되고, 그럼으로써 보다 비판적이 되고 의혹을 품으며, 자신의 생각을 옹호하면서 감독의 의중을 따를 의사가 별로 없을 법한 소재를 다룬다. 따라서 이 감상자들은 자신들이 보고 있는 것, 영화에 사용된 설득 장치, 가능한 속임수에 대해 의식적으로 분석적이 될 공산이 크다.

표준화된 재현은 제작하거나 사용하기가 쉽지만, 누구나 동일한 방식으로 그것들을 제작하고 사용하는 것은 아니다. 사용자에 따라서는 제작자가 시도한 통제 방식을 벗어날 수 있다. 일부 제작자들은 표

사회에 대해 말하기

준화된 방법으로 쉽게 설명되지 않는 것들을 하고자 한다. 표준이라는 것은 특정한 것을(그것이 무엇이든 간에) 최고의 가능한 방식으로 시도하는 것에 묶여 있기 때문에, 무언가 다른 것을 시도하려는 제작자들은 새로운 가능성과 표준을 창출함으로써 혁신을 한다.

혁신

표준적 방식만으로도 충분한 제작자와 사용자들은 혁신을 반기지 않을 것이다. 이들에게는 기존 방식만으로도 충분하고, 우리가 관심을 갖는 다양한 재현 세계들은 그 생산물이 어떻게 제작돼야 하는지에 대한 주기적인(때에 따라 연대기적인) 분쟁 정도로만 비쳐질 것이다.

통계와 통계 그래픽의 위대한 혁신가인 존 투키(John Tukey)의 사례를 보자. 그의 『탐색적 데이터 분석(*Exploratory Data Analysis*)』(1977)은 고전적 저작으로, 내 전공분야인 사회학에는 비교적 작은 영향을 미치기는 했지만 많은 가능성을 담은 금맥과도 같은 책이다. 내가 투키의 저작을 처음 봤을 때 든 의문은 왜 숫자와 씨름하는 내 동료들이 그가 발견하고 고안한 것들을 사용하지 않느냐는 것이었다.

투키는 자신의 초기 논문(1972)에서 숫자들의 도식적 표시에서 혁신이 일어날 수 있고 또 그래야만 하는 다섯 개의 영역을 제시한다. 이는 (통상적으로 엄격히 분리돼 있는) 문자(text)와 숫자의 혼합, 순환적 데이터를 표시하는 보다 효율적인 방식의 고안, 도식화에서의 집중(그래서 '우리가 흔히 가장 가치 있게 봐야 할 것'에 주목하게 하는), '쌍방향 표(two-way table)에 대한 부가적 적합성'을 표시하는 편리한 방식, 개선된 히스 토그램(막대그래프)이다. 그가 고안한 것들은 중요한 연구결과들을 보다 명확히 하고 독자들이 쉽게 접근할 수 있도록 하기 위한 것이었다.

그는 이러한 혁신에 대해 "친숙한 문제들에 대한 중요한 혁신을 기대하는 사람들에게 이 다섯 가지 진보들은 어떤 방식으로든 이단의 냄새를 풍길 것"(Tukey, 1972: 294)이라고 말한다. 첫 번째 진보와 관련 해 그는 다음과 같이 언급한다.

> 무엇보다도 가장 제도화돼 온 것은 '표'와 '그래프'의 분리이며, 이는 특별한 기법 및 분업과 관련돼 있다. 어떤 숫자 표시든 인쇄공에 의 해 만들어진 인쇄물의 형태를 띠어야 하는데, 인쇄공은 어느 부분이 명확해야 하는지를 이해하고 그럼으로써 자신이 만든 표가 숫자의 고고학에 능한 이들에게 확실히 그 사실을 (통찰력이 아니라면) 전달 할 것을 기대할 수 있는 그런 사람이 아니다. 어떤 그래픽이든 디자 이너가 작성하는데, 그 역시 어느 부분이 명확해야 하는지를 이해하 고 그럼으로써 사고력의 자극을 받을 일이 없는 통찰력이 미약한 사 람들을 위한 그래픽을 만들 것을 기대할 수 있는 사람이 아니다.
> 사진 및 복사를 통한 재생산의 시대를 거쳐 컴퓨터를 통한 제작의 시대로 이행함에 따라, 우리는 무엇을 봐야 하고 요점이 어떻게 강 조돼야 하는지에 대한 통제를 분석가의 손과 정신에 되돌려 줄 기회 를 갖게 되었다(Tukey, 1972: 294).

투키는 통계 그래픽에 있는 현재 관행의 부적절함을 통계학자, 인쇄공, 디자이너 간의 분업 문제와 연결시킴으로써 유용한 조직적 분석을 만들어 낸다. 그러나 '**이단**'(heresy)은 아주 중대한 단어다. 나는 투키가 얼마나 진지했는지는 잘 알지 못하지만, 그는 자신이 제안했던 것과 같은 변화가 통계 및 통계 그래픽 비즈니스와 관련된 다른 이들이 간단한 개선이라 간주했었을 변화가 아니라는 점은 확실하게 의미했다. 아니다. 그들 중 최소한 몇몇은 그의 제안을 부적절하며 일고의 가치도 없는 것으로 받아들였을 것이다. 그 증거는 양대 사회학 학술지 논문들 중 몇 편이 그가 추천한 두 개의 간단한 고안물 — 줄기-잎 도식(stem-and-leaf display)이나 상자-수염 도해(box-and-whisker diagram) — 가운데 하나라도 사용했는지를 간단하게 집계해 보는 것만으로도 어느 정도 드러나는데(결과는 잠시 후에 알려드릴 것이다), 내가 보기에(비록 내가 요약이 필요한 숫자를 일상적으로 다루는 사람은 아니지만) 그 고안물들을 사회학계의 일상적 관행들 속으로 편입시키는 일은 가치 있는 것처럼 보인다.[18]

줄기-잎 도식은 투키가 218개 화산의 높이로 제공한 배열처럼 데이터를 배열한다.

---

18 우리나라에도 자료탐색방법을 사용한 논문은 매우 드물다. 그 가운데 하나는 다음과 같다. 이성용 2003. "사망수준과 사망원인관련 지표들 간의 관계에 대한 자료탐색분석." 『한국인구학』 26(2): 33-62.

```
to
     8        0| 98766562                    0|9 = 900 feet
    16        1| 97719630
    39        2| 6998776654442211009850
    57        3| 876655412099551426
    79        4| 99988443319294333361107
   102        5| 9766666655442210097731
   (18)       6| 898665441077761065
    98        7| 98855431100652108073
    78        8| 653322122937
    66        9| 377655421000493
    51       10| 0984433165212
    38       11| 4963201631
    28       12| 45421164
    20       13| 47830
    15       14| 00
    13       15| 676
    10       16| 52
     8       17| 92
     6       18| 5
     5       19| 39730                      19|3 = 19,300 feet
```

　여기서 높이는 100피트(30.48m) 단위로 표시된다. 수직선 오른쪽에 위치한 숫자들은 각 화산의 높이를 100피트 단위로 나타낸 것들이다. 수직선의 왼쪽에 있는 숫자들은 그 높이를 1,000피트 단위로 나타낸 것이다. 수직선에서 멀리 떨어져 있는 맨 왼쪽 숫자들은 최소한 그 정도의 높이인 화산들에 대한 누적 집계이다. 따라서 세 번째 줄은 그 줄에 표시된 모든 화산이 2,000피트에 수직선 오른쪽의 숫자를 더한 만큼의 높이임을 의미한다. 즉 첫 번째는 2,600피트(2,000+600), 두 번째는 2,900피트(2,000+900)라는 말이다. 맨 왼쪽 숫자는 이 줄의 화산을 다 세고 나서 위 두 줄의 화산 수를 더했다는, 즉 전체 218개 중 39개의 화산을 세었다는 뜻이다. 내가 이런 고통스런 세부사항을 설명한 것은 맥길이 경고한 문제(사용자가 숫자를 읽지 않는 문제)를 피하기 위

　　　　　　　　　　　　　　　　　　　사회에 대해 말하기

함이다.

당신은 이 그래프에서 개략적인 분포의 윤곽 — 낮은 고도들에 집중되어 있는 종 모양의 분포 — 을 얼핏 볼 수 있고, 동시에 그래프를 구성하는 모든 개별 숫자들을 즉각적으로 이용가능하게 된다. 어떤 고도 범주에 있는 개별 숫자들의 목록을 포함하는 형태의 선 길이는 막대그래프의 막대에 대한 또 다른 버전이다. 막대그래프의 막대는 그 범주에 속한 성원들[19]의 수와 시각적으로 동일하다. 투키는 이것을 '반(半) 그래프(semi-graph)'라고 절묘하게 표현하는데, 이는 "위치에 의한 대략적인 정보를 제공하고 또 위치해 있는 특성이나 특성들, 혹은 숫자 문자에 의한 세부 정보를 제공한다."(Tukey, 1972: 295). 그는 또한 '약간 도식적인 목록(slightly graphic list)' — 곡선이나 도표의 본질들을 재생산하도록 배치된 단지 몇 개의 숫자만을 포함한 표 — 의 사용에 대해서도 보여준다.

또 다른 투키의 혁신품인 '상자-수염 도해(box-and-whisker plot)'는 배열된 숫자들에 관한 다량의 데이터를 간편하고 읽기 쉬우며 비교하기 쉬운 형태로 보여준다. 이 도표는 숫자의 분포에 관한 많은 중요한 사실, 이를테면 중위수(median), 4분위점(hinge), 분포의 전체 범위(range) 들을 그래프로 전시하며(그리고 여기에 그와 연관된 숫자들을 첨부할 수 있다), 특히 주목해야 할 예외적 사례들을 인지하기 쉽게 만든다. 여기 제시된 예에서는 대부분의 숫자들이 생략돼 있지만 얼마든지 첨부할 수 있다(Tukey, 1972).

---

19 화산들.

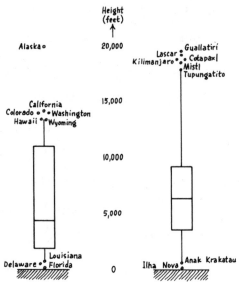

A) HEIGHTS of 50 STATES　　**B) HEIGHTS of 219 VOLCANOS**

이러한 것들은 분포에 관해 알아야 할 중요한 것처럼 보인다. 그리고 이러한 의사소통 방식은 다음 장에서 논의할 문제, 즉 세목을 얼마나 포함해야 하는지의 문제를 해결해 준다. 우리는 종종 분포에 대해 범위(range), 편차(dispersion), 중심집중경향(central tendency) 같은 몇 가지만 알고 싶어 한다. 그러나 우리는 또한 극단적 사례들(extreme cases)에 대해서도 알고 싶어 한다. 우리는 전형적으로 표에서 전자를, 산포도(scatter diagram)에서 후자를 제시한다. 상자-수염 도해는 이 두 가지 모두를 경제적으로 제시한다. 추가 숫자들 — 이를테면 중위수를 대체한 평균(둘 다 사용가능), 표준편차(standard deviation)와 기타 등등과 같은 숫자들 — 을 삽입하거나 대체할 수 있다.

이러한 도해의 가장 분명한 장점은 얼마나 많은 정보를 한눈에 거

　　　　　　　　　　　　　사회에 대해 말하기

의 직관적으로 얻는지, 그래서 단지 그림을 보는 것만으로도 분포들 간의 비교를 얼마나 쉽게 할 수 있는지에 있다.

사회학자들은 투키의 혁신을 거부할까? 그렇지 않다. 단지 무시하고 넘어갈 뿐이다. 나는 소규모의 (이렇게 말하면 미안하지만) 굉장히 지루한 조사를 한 적이 있는데, 바로 양대 사회학 저널인 『미국 사회학 리뷰(*American Sociological Review*)』와 『미국 사회학 저널(*American Journal of Sociology*)』에서 2001년에 발표된 논문들 가운데 몇 편이나 투키가 추천한 줄기-잎 도식 혹은 상자-수염 도해를 사용했느냐를 보는 것이었다. 2001년의 결과가 전년이나 후년의 결과와 크게 다를 이유가 없었으므로, 나는 권태로운 나머지 한 해만 조사해도 충분하리라고 스스로 믿었다. 위의 두 저널에 발표된 논문 77편 중 단 한 편도 이 장치들을 사용하지 않았다(77편 가운데 68편의 논문이 투키의 혁신이 활용될 법한 수치 데이터를 다룬 것들이다). 비평가들은 이 논문들에 표현된 조사 과정의 문제가 이런 테크닉에 맞지 않는다고 할지 모른다. 하지만 많은 논문이 투키가 피하라고 조언한 바로 그 방식으로 양적 데이터를 표현하고 있다. 즉 발견된 바를 명확히 하기보다는 결과물을 흐려 놓고 맥길의 피면접자들이 기술했던 지름길 반응을 촉발했던 숫자들이 수많은 페이지들에 있었다. 저자의 주장을 액면 그대로 받아들이는 것은 지루하게 셀 하나하나를 비교해 가면서 검토하는 것보다 훨씬 쉬운 일이고, 학술논문을 읽는 독자 대부분은 아마도 그렇게 할 것이다.

투키의 간편한 통계 도식이 이단적이라고 할(하는) 사람이 있는가? 투키는 과연 편집증 환자였는가? 진지하게 딴지를 거는 것이 부적절한 반응을 촉발하는가? 라투르(Latour, 1987: 1장, 특히 45-60)는 방법론 섹션은(그렇게 안 보일지 몰라도) 저자가 다른 저자들 및 논문들과 싸우면서 그들의 공격에 맞서는, 학술논문의 가장 논쟁적인 부분이라고 말한다. 방법론(데이터 표시를 위한 방법들을 포함한)은 상당한 도덕적 부담을 안고 있다. 그 분야의 명망 있는 인물들에 의해 채택된 표준에 따라 방법론을 올바로 사용한다는 것은 연구자의 정직성과 동료들 및 그들의 의견에 대한 존중의 표시다(보일과 그의 동료들에 대한 샤핀의 논의를 상기해 보라). 방법론을 올바로 사용하지 않는다는 것은 거만, 무능, 부정직, 또는 부도덕성의 신호다.

재현의 표준적 방법을 올바르지 않게 사용하거나 다른 방식으로 대체하는 것은 지금까지 이루어져 온 방식을 공격하는 것이며 그럼으로써 이러한 종류의 보고들이 순환되는 세계의 지위체계(status system)를 공격하는 것이다. 에버릿 휴즈(Everett Hughes)는 가톨릭 행동(Action Catholique)이라는 1940년대 캐나다 정치운동에 관한 논의에서 이러한 추론의 논리를 보여주었다. 그는 윌리엄 그레이엄 섬너(William Graham Summner)의 "지위는 원규(原規, mores)에 내재한다"와 "모든 분파(sect)는 원규와 전쟁 상태에 있다"는 두 명제에서 출발하여 3단논법을 통해 "분파들은 사회의 지위체계와 전쟁상태에 있다"는 논리적 결론에 도달했다. 섬너와 휴즈는 종교집단 및 정당에 관해 이야기하는 것이었지만 3단논법을 재현의 세계에 적용하고 있다. 표준적 방법을 공격하는 것은 그러한 방법을 사용하는 사람들과 그들에게 높은 위상을 부여하는 체제를 공격하는 것이다.

따라서 투키가 자신의 혁신을 이단이라고 지칭했을 때, 그는 확고한 사회학적 근거에 기초하고 있던 것이다. 그는 표준 막대그래프(히스토그램)에 대한 자신의 창의적 변용에 대해 다음과 같이 말한다. "히스토그램이 총수에 비례한 영역(area proportional to count)을 포함해야 한다는 것은 상당히 뿌리 깊은 사고방식이다. 그 이유는? 몇 개의 분명한 답이 있는 것처럼 보인다. 그 주장은 (1) 영향력(impact)이 영역에 비례적이고, (2) 또한 영향력이 총수에 비례적이어야만 한다는 견고한 신념과는 거리가 멀다. 우리 모두는 꼬리 쪽의 하나 혹은 그 이상의 사례(들)가 중앙 쪽의 하나 또는 그 이상의 사례(들)보다 훨씬 큰 중요성을 가지고 있음을 알고 있다"(Tukey, 1972: 312). 그는 표준 히스토그램이 가장 알고자 하는 것, 즉 어떤 패턴으로부터의 편차들을 보여주는데 종종 실패하고 있다고 말한다. 따라서 그는 먼저 각 막대의 높이를 그것이 나타내는 총수의 제곱근에 비례하도록 도해하는 '루토그램(rootogram)'을 작도한다. 더 재미있는 것은, 그가 이어서 히스토그램 내의 막대들을 정규분포 곡선 맨 위에 고정시켜 '정상상태(normality)'로부터의 일탈을 보다 확실히 보여주는 '걸개 루토그램(hanging rootogram)'을 작도한다는 점이다.

혁신은 영역이 그것을 나타내는 양에 비례하는 막대를 창출하지는 않는다. 이는 표준화된 방식으로부터 갈라져 나오는 지점이다. 이것은 다르게 보여주어야만 하는 것을 막대 위의 높이나 선 아래의 높이를 가지고 보여주는 것이다. 그러나 혁신에 반대하는 표준적 비평가는 사람들(특히 일반인들)이 일반적으로 막대의 영역을 중요한 것이라고 자동적으로 생각하며 따라서 더 많은 영역을 차지한 막대를 표준적인 방식으로 작도된 막대보다 더 많은 '실수(實數, real number)'를 담은 상징이라고 필연적으로 오해하게 된다고 주장한다.

따라서 보수주의자와 현상유지주의자들은 이러한 해석을 밀어붙이면서 표준화의 위반으로 인해 오도될 수 있는 무지한 사람과 순진한 사람들을 보호할 것을 주장한다. 이는 섬너-휴즈 공리가 말하는 차별적 지위의 요소 중 하나다. 즉 알고 있는 '우리'와 그렇지 않은 '그들'과의 구분이고, '우리'는 그들로부터 이득을 챙기려고 하는 자들로부터 '그들'을 보호할 책무를 지닌다(이는 8장에서 '은밀한[insidious]'이라는 표제 하에 논의될 내용이다).

또 다른 요소는 통계 전문가의 내적 위계와 관련돼 있다. 만약 우리가 그것을 항상 이런 방식으로 해왔는데 이제 다른 방식으로 해야 한다고 말한다면, 우리가 한 것은 더 이상 옳은 것도, 중요한 것도, 표준적인 것도 아니라고 인식될 것이다. 데이터를 재현하는 당신의 방식은, 만일 그것이 받아들여진다면, 이전 방식에 의해 유지되어 왔던 영예를 빼앗게 될 것이다. 그리고 당신은 보다 중요한 인물이 되고 더욱 존경받게 될 것이며, 우리는 상대적으로 덜 그렇게 될 것이다 — 이 바닥의 지위체계에서 어떤 자리에 있든. 이에 대한 그리 드물지 않은 반응은 "아, 그래?"다. 전문가들은 그리 쉽게 왕좌에서 밀려나지 않는다.

고전적 상황

변화는 현재 가용한 재현의 유형들을 좋아하지 않는 사람들에 의해 제시된다. 이들은 뭔가 다른 것, 보다 쉽게 혹은 보다 낫게 할 수 있으면서 표준적 방식으로는 할 수 없는 것을 하기를 원한다.

사회에 대해 말하기

우리는 모든 재현 세계에서 이러한 고전적 상황을 발견할 수 있다. 표준적 방식은 그 형태를 사용하는 모든 혹은 대부분의 사람들에게 알려져 있고, 어떤 이유에서든 그런 표준적 방식들에 불만을 가진 사람들은 그것들에 대한 의견불일치를 나타낸다. 의견불일치에 대한 해법은 아마 새로운 재현 유형의 표준화, 그리고 사용자들 간의 읽고 감상하기의 새로운 표준화된 습관들에서 나온다.

사람들이 현재 사용하는 재현들에 불만을 갖는 이유는 무엇인가? 일부에서는 모두가 현재까지 받아들여 온 방식이 더 이상 전문가 세계(사용자 포함)가 해결하고자 했던 문제를 풀지 못한다는 불만을 제기한다. 그리고 우리는 모두가 원하는 것을 끝내주게 행하는 새로운 방식을 찾아냄으로써(또는 우리 중 누군가가 고안함으로써), 기존 방식이 야기한 난점과 문제(우리가 그에 맞춰야 한다고 배웠던)들을 피할 수 있게 됐다. 이제는 그것들에 맞춰야 할 필요가 없다. 바꾸자.

내가 앞서 언급했던 교차표에서 분류 차원이 여러 개일 때 생기는 어려움의 문제로 돌아가 보자. 많은 사회학자들이 이런 작업을 행해야 경우가 있다. 2차원 교차표는 쉽다. 행(row)은 하나의 변수(예컨대 연령)의 범주를 보여주고, 열(column)은 다른 변수(예컨대 소득)의 범주를 보여주면 된다.

	소득	
	부자	빈민
연령		
늙음	늙음/부자	늙음/빈민
젊음	젊음/부자	젊음/빈민

각 셀은 두 변수의 범주들의 가능한 조합 중 하나를 포함한다. 제 3의 변수(예컨대 성별)를 추가하면 범주들을 반복해야 한다.

	소득			
	부자		빈민	
성별	남성	여성	남성	여성
연령				
늙음	늙음/부자/	늙음/부자/	늙음/빈민/	늙음/빈민/
	남성	여성	남성	여성
젊음	젊음/부자/	젊음/부자/	젊음/빈민/	젊음/빈민/
	남성	여성	남성	여성

4개 또는 그 이상의 변수는 더 많은 공간을 필요로 하고 해석하기도 훨씬 어려우며(당신이 비교하려고 마음먹은 두 숫자가 멀찍이 떨어져 있으니까), 적지 않은 셀들이 한 개의 사례도 포함하지 않을 가능성도 있다. 대안은 무엇일까? 찰스 라긴(Charles Ragin, 1987; 2000)이 제시한 불렌 진리표(the Boolean truth table)는 이러한 자료들을 보다 간결하게 요약한다(×는 표제의 특징이 존재함을, ○는 존재하지 않음을 의미한다).

이는 모든 가능한 특성들의 조합들과 그 조합에 속하는 사람들의 수를 보여준다. (내가 지어낸 데이터를 보면) 500명의 부유한 남성 노인(첫째 줄), 125명의 부유한 여성 노인(둘째 줄) 등등에 이어 마지막 줄에 빈곤한 젊은 여성 900명이 위치한다. 이것은 통상적인 8개 칸의 표에 비해 숫자들의 비교와 숫자들이 의미하는 바에 대한 해석을 훨씬 용이하게 함으로써, 자료들을 보다 경제적이고 알기 쉽게 전시한다. 일부 정치학자들은 이 방법을 채택했지만, 사회학에서는 거의 찾아볼 수 없다(내가 학술논문을 조사한 해에는 단 한 건도 없었다).

늙음(60세 이상)	부자(10만 달러 이상)	성별(남성)	사례들 수
×	×	×	500
×	×	○	125
×	○	×	800
×	○	○	875
○	×	×	250
○	×	○	175
○	○	×	900
○	○	○	900

　　내가 주요 학술자들을 대략 조사해 본 결과, 사회학자들은 이 고 안물 혹은 투키가 그의 방대한 저서에서 발전시킨 많은 고안물 중 어 느 것도 사용하지 않았다. 왜 안 쓰는가? 한 번 추측해 보자. 이 방식 들은 표준적인 것이 아니다. 그래서 일부는 이 장치들의 사용법을 모 를 수 있고, 또 다른 이들은 대학원에서 배웠거나 그 동안 해 왔던 방 식에 더 익숙할 수 있다. 게다가 이들이 말하는 바에 의하면(어느 정도 일리가 있기도 한데), 이런 장치의 사용자들 — 통계 차트와 표를 읽는 사 람들 — 은 차트와 표를 읽는 방식을 모를 수 있고 현혹되거나 오도될 수 있다. 이는 참으로 애석한데, 그것은 통계의 목적이 사용자에게 헷 갈리고 오도하는 정보를 주는 것이 아니라 정확하고 쓸 만한 정보를 주는 것이기 때문이다. 맥길이 언급한 표준화된 유형은 그것을 읽는 표준화된 방식을 아는 사람들에게 정확하고 유용한 정보를 제공한다. 변화는 이를 방해한다.

　　수잔 코츠 왓킨스(Susan Cotts Watkins, 1985)는 인구 연구에 있어서 제안은 됐으나 결코 채택된 바 없는 그래픽 장치에 대해 심층적으로 살펴본다(제10장에서 상이한 유형들의 도표들 — 수치 도표와 비수치 도표 — 에 대한 문제를 자세히 살펴볼 것이다). 채택되지 않은 이유는 간단하다. 그것들은 실선과 점선들, 중요 표시가 붙은 대문자와 소문자들, 3차원 배열이 복잡하고 혼란스럽게 뒤범벅된 것들로, 특정한 것을 표현하는 데는 최선이지만 이를 파악하는데 많은 시간을 들이고 싶지 않은 이들에게는 혼란스러운 방식이다. 필요하지 않아 보이는 정보, 혹은 적절치 않은 형태이지만 익숙한 방식이어서 시간과 정력을 덜 소비하는 방식으로 얻을 수 있는 정보를 위해 필요 이상의 에너지를 쏟을 사람이 몇이나 되겠는가?

사람들은 표준화된 유형의 재현이 전에는 몰랐던 방식으로 오도한다는 점 때문에도 불만을 갖는다. 이른바 북 — 남 지도(North—South map)의 경우, 메르카토르 도법으로 세계를 제대로 보여주는 것 같지만, 이를 뒤집어 위아래를 바꿔 벽에 걸어보자. 글자 순서는 바뀌었지만 같은 지도다. 이를 옹호하는 측에서는 북반구(유럽, 캐나다, 미국, 일본)가 남아메리카, 아프리카, 동남아시아보다 중요한 것처럼 보이는 유럽 중심의 관점을 수정하는 것이라 주장한다(우리는 '위'가 '아래'보다 중요한 것으로 생각하므로). 이는 결국 지리학적이라기보다 정치적 판단이다(지도가 유럽중심주의를 나타낸다는 견해에 반대하는 많은 복잡한 논쟁들이 이루어지고 있다).

희곡, 영화, 소설 같은 세계에 참여하는 이들은 변화를 본질적으로 좋은 것으로 간주한다. 예술가들은 일반적으로 동일한 것을 반복적으로 하거나 그 방식에 사로잡혀 있기를 원하지 않는다. 예술에서

사회에 대해 말하기

변화는 자연적인 일이다. 전시의 형태나 방식에서 매번 새로운 혁신적인 작품이 나온다고 하더라도 불평하는 이는 아무도 없을 것이다. 변화는 작가나 영화감독 또는 제작자가 이전의 방식이 수용할 수 없었던 것을 표현하기 때문에 일어난다. 이는 충분한 이유가 된다. 물론 이 세계의 사람들은 변화가 일어날 때 큰소리로 불평을 하지만, 그 불평은 새로운 목표가 쓸 데 없다고 하는 것이 아니다. 작가와 독자가 빠른 개인 컴퓨팅을 통해 서사를 다루는 방식을 새롭고 비선형적으로 유사하게 배우는 하이퍼텍스트[20] 소설이 좋은 예이다(Becker, 1995 참조).

투키는 통계 도표화에서 사소한 변이처럼 보이는 것을 지칭하기 위해 **이단**(*heresy*)이라는 용어를 사용하였다. 당신은 재현의 제작자들이 사회에 대해 알고 있는 바를 재현하는 방식에 관해 논의할 때 그와 같은 언어들을 많이 듣게 된다. 말하자면 이는 이러한 재현들이 어떻게 집단들의 상대적 지위에 그리고 그러한 관계에의 참여자들이 행동하는 방식에 대한 중요한 이해관계와 믿음에 긴밀하게 연계되어 있는지를 보여준다.

나의 세미나에서 유능한 대학원생들이 내가 수집한 차트와 표들이 그러한 것들을 야기한다고 토론할 때(제10장에서 이를 상세히 논하게 될 것이다), 그들의 도덕적인 언어(내가 이미 투키의 저작을 읽고 그가 '이단'이라는 용어를 변칙적으로 사용하고 있음을 알았지만)는 나를 깜짝 놀라게 했다. 학생들은 『남부 오지(*Deep South*)』에서 저자들(Davis, Gardener and Gardener,

---

20 정보란을 마음대로 만들거나 연결시키고 정보를 검색할 수 있게 비순차적으로 기억된 데이터의 텍스트.

1941)이 미시시피 주 나체즈(Natchez) 백인 공동체의 파벌 구조와 계급에 대한 분석에 도달하고 입증했던 방식을 보여주기 위해 만든 차트에도 불만을 토로했는데, 그것은 저자들이 차트에 표제를 충분히 명료하게 붙이지 않았다는 것이었다. 차트 속의 상징들이 갖는 의미를 쉽게 전달하는 어떠한 단서도 들어가 있지 않았다. 학생들은 화난 목소리로 저자들이 "이렇게 해야 했다", 저자들이 "그것을 우리한테 떠맡겼다"고 언성을 높였다. 내가 저자들이 그 정보를 차트 옆쪽에 제시한 것뿐이라고 지적하자, 학생들은 화를 조금 누그러뜨린 후 이렇게 결론지었다. 그래, 그 '책무'는 완수했다 해도, 여전히 했어야 할 만큼은 하지 않았다.

내 생각에 한 학생이 또 다른 그래픽의 저자가 표제를 충분히 명확하게 붙이지 않음으로써 "우리를 실망시켰다"고 말한 것을 들은 것 같다. 내가 그 학생을 오해했지만, 그 실수는 유익했다. 그 학생이 말했던 바는, 그가 고교시절에 '우리(학생들)'가 유사한 그래프에 표제를 명확하게 붙이지 않았을 때 선생님이 "우리(학생)에게 실망했다"는 것이었다. 그 학생의 또 다른 생각에 따르면, 우리가 논의했었던 책의 저자는 실제로 내가 그 저자가 의미했다고 생각했던 방식으로 우리를 실망시켰다. 그러한 혼란은 아마도 이러한 도덕화(moralizing)의 기원에 대한 단서를 제공했다. 이렇게 말하면 너무 앞서는 것처럼 보이겠지만, 나는 성인 교사가 학생들을 "무언가를 잘못된 방식으로 한다"며 처벌하는 학교의 권위주의적(그리고 권의주의자의) 상황 속에서 재현에 대해 배우는 것이 그러한 규칙에 힘을 실어주는 요인 중 일부가 아닐까 생각한다.

사회에 대해 말하기

내가 학생들이 화를 낸 점을 심각하지 않게 여겼다는 것은 아니
지만, 학생들의 관심은 대체로 내가 제시한 표와 차트들이 표준화된
유형이 아니기 때문에 그것들을 읽는데 어려움이 있었고 그래서 시험
에서 그것들이 말했던 바를 기억하고 떠올리는데 힘들었다는 것이다.
이런 사실은 저자들이 자신의 수작업(handiwork)을 명확히 해야만 하
는 수고를 하지 않았음을 뜻한다. 학생들은 조금 다른 식으로 분업에
대해 불평했다. 즉 자신들이 해야 할 필요 없는 일을 너무 많이 해야
만 했다는 것, 그리고 그런 복잡한 차트의 퍼즐을 푸는 일이 자신들의
책임이 아니라는 것인데, 차트를 그리 많이 생각하지 않고도 파악하고
이해할 수 있는 표준적 방식으로 구성하여 그런 퍼즐 풀기를 필요 없
게 만드는 일은 저자의 책임이라는 것이다.

학생들은 책임이라는 도덕적 용어를 사용하여 결국 쌍방과실 쪽
으로 몰아갔다. 즉 쌍방(저자들과 학생들)이 모두 당면 문제에 관해 성공
적으로 의사소통하는데 실패했다는 것이다. 학생들은 "저자의 잘못"
이라고 말하고 싶었던 것이고, 반면 저자들은 아마도 이렇게 말했을
것이다. "이봐, 우리는 복잡한 뭔가를 설명하려 시도한 것이고 거기엔
표준적 방식이라는 게 없어. 조금만 더 노력해 보라고, 젠장." 우리는
이 상황에 대한 분석가이지 참여자는 아니므로 어느 한 쪽에 책임을
물어 비난할 필요는 없다. 그저 한 쪽을 비난한다는 것이 이슈라는 점
만 지적할 수 있다.

동일한 문제가 매우 다른 맥락에서도 발생한다. 독자가 저자의 문
장이 "읽기 어렵다"고 불평하는 경우 말이다. 내 세대의 많은 이들은
탈코트 파슨스(Talcott Parsons)의 이론 저술들이 지나치게 읽기 어렵다

고 불평했다(이들은 요즘 들어서는 피에르 부르디외[Pierre Bourdieu]의 저작에 대해 불평한다). '**지나치게**(*inordinately*)'라는 말은 앞서 말한 불평들을 요약하며, 그 자체로 도덕적 판단인데, 그것은 독자인 내가 그런 복잡한 작업 속에 파묻혀 있을 법한(또는 그렇지 않을 법한) 의미를 되찾기 위해 그렇게 열심히 일할 필요는 없다는 것을 의미한다. 동일한 불평이 1990년대의 '포스트모던' 글쓰기에 대해서도 일어났다. 그런 글쓰기를 사용한 일부 포스트모더니스트들은 그 어려움이 필수적이고 그것은 의도적으로 들어가 있어야 한다고 똑같이 도덕적으로 주장했는데, 왜냐하면 사용자들이 그 의미를 그렇게 쉽게 끌어낼 수 있어서는 안 되기 때문이다. 그리고 사회학도 확실히 사용자들에게 사회에 대한 지식의 예술적 재현들에서 의미를 캐내기 위해 노력할 것을 요구한다. 하비 몰로치(Harvey Molotch, 1994)는 기회비용이라는 특히 유익한 질문을 제기한다. "X라는 학자의 논문을 읽는데 7시간이 걸린다면 우리는 아마 다른 학자들의 논문 세 편을 읽을 시간(혹은 술집에서 뭔가를 배울 시간)을 뺏기는 것이다." X가 대단할지는 모르지만, 과연 세 배나 대단한가? 파슨스가 매우 스마트하지만, 과연 그가 밀스(C. Wright Mills), 고프만(Erving Goffman), 또는 머튼(Robert K. Merton)보다 열 배나 스마트할까(Molotch, 1994: 229)? 만일 파슨스가 그렇지 않다면, 그의 저작을 읽지 않을 권리가 나에게 있지 않은가(한술 더 떠 질문하자면, 당신의 손실을 복구하려면 어느 법정으로 가야 할 것인가)?

세미나 참가자들은 자신들을 맥길이 인터뷰했던 학생들과 같은 입장에 놓음으로써 이에 대한 훌륭한 예를 제공하였다. 그들은 자신들이 시험 준비나 그 두려운 의례적인 문헌검토를 위해 읽어야 하는 엄청난 양의 논문들에 직면했을 때 그러한 입장을 자주 느꼈다고 말했다. 여러분은 맥길이 기술했던 지름길을 사용해야만 그 작업을 할 수 있고, 논문이 표준화된 재현 장치를 사용하는 경우에만 그러한 표준화된 지름길을 사용할 수 있다. 논문의 저자가 그 정도를 넘어선 어려움을 던진다면, 저자가 말하는 바를 꼭 알아야만 한다는 생각을 버릴 수도 있다. (1960년대 언젠가 하버드 대학원생들이 내게 말하기를, 너무 잦은 수정을 하는 파슨스 이론으로부터 자신들을 보호하기 위해, 자신들과 동료들은 최소한 박사학위 논문을 마칠 때까지 파슨스의 1953년 이후 저작은 아무 것도 읽지 않기로 상호 합의했다는 것이다. 나는 이 이야기가 사실과 일치하기를 보증할 수 있었으면 한다).

내 학생들의 언어는 효율성의 도덕 또한 표현하고 있다. 독자들은 통상적으로 왜 어떤 것이 특정한 방식으로 이루어져야만 하는지를 그것이 일들을 '보다 쉽게(easier)' 만드는 것이라고 말함으로써 설명했는데, 이 때 고자질어(telltale) '단지(just)'를 강조어(intensifier)로 종종 사용한다 — "그것은 단지 그러한 방식으로 읽는 것을 보다 쉽게 만든다." '단지'라는 말은 정당화가 필요치 않을 정도로 분명하다는 것을 뜻한다. '보다 쉽게'는 효율성의 논리를 끌어내는데, 말하자면 무언가를 보다 빨리 그리고 필요한 노력을 덜 들이고 한다는 뜻이다. 재현의 사용자는 종종 자기 시간이 너무 귀해 새로운 방법을 배우는데 헛되이 쓸 수 없다고 생각한다. 그래서 그들은 사용할 수 있는 지식을 단숨에 얻고자 한다. 문학적이고 예술적인 실험적 유형의 사회탐구들(제9장에 나오는 데이비드 앤틴[David Antin]이나 제4장에 나오는 한스 하케[Hans Haacke]의 작품 같은 경우)은 사용자(아마 그런 비용을 치르는데 익숙해 있는 사람)들에게 더 많은 노력을 기울일 것을 요구한다.

이러한 갈등의 해결책은 아마도 포괄적 유형을 취할 것이다. 이 새로운 유형은 예전의 것을 완벽하게 대체할 수 있다. C. P. 스노우(C. P. Snow)는 결정학(結晶學)에 관한 자신의 초기 소설 『탐색(The Search)』(1959)에서 고도의 수학적 유형의 재현으로 그 이전의 유형을 완벽하게 대체했으며 새로운 유형이 요구하는 수학적 소양이 없는 기존 작가들이 설 자리가 없게 만들었다.

또 다른 해결책은 (아마도 사회학의 수학적 모형화에서 일어난 것일 텐데) 혁신이 해당 분야와 아주 살짝만 관련을 맺는 것이다. 이것은 어떤 것도 대체하지 않는다. 그것은 일부 사람들이 사용하지만 대부분 사람들이 무시하는 새로운 무언가를 첨가한다. 내 생각에 수학적 모델은 많은 이들이 사용하는 방법보다 훨씬 유용한데, 그래서 제10장의 일부분에서 이 문제를 집중적으로 다뤄 보고자 한다.

어떤 분야는 이 문제를 전혀 해결할 수 없다. 논쟁이 끝도 없이 계속 이어진다. 기록영화가 그런 경우로 보인다. 무엇이 받아들여질 수 있는가? 영화감독이 작품에 담고자 하는 실재를 오염시키지 않으면서 어디까지 나아갈 수 있는가? 어떻게 결과와 타협(절충)할 것인가?(실재와 재현의 관계는 제7장에서 논의된다)

누가 관여돼 있는가?

지금까지 특정 유형의 재현의 제작자들 간에 벌어지는 조직 내 분쟁에 대해 살펴봤다. 제작자들이 자신의 작업 상황이나 결과물을 완벽하게 통제하는 일은 좀처럼 (설령 있다 하더라도) 없다. 사용자들 또한 '그들(사용자들)'이 오도될 것을 우려하는 제작자에 의한 것이라고 암시함으로써 자신의 역할을 수행한다. 그러나 사용자는 그렇게 수동적이고 우둔한 존재가 아니다(캐러거니스[Joe Karaganis]의 최근 저서에 나오는 디지털 문화 소비자 연구가 이를 잘 보여준다). 사용자는 이 과정에 적극적으로 참여하는데, 그 과정에서 제조자의 의도와는 별개로 주목할 것을 선택하고 발견한 것을 해석한다.

사용자는 전형적으로 '재현적 생산물들(representational products)'에 대한 선택권을 갖는다(내가 이런 어색한 표현을 쓰는 것은 아이디어 시장에서 소비자가 되는 사용자의 역할을 강조하기 위함이다). 사용자는 이 영화에서 저 영화로 옮겨갈 수 있고, 저 책보다 이 책을 읽을 수 있으며, 이 장르를 다른 장르보다 선호할 수 있다. 과학에서 사용자는 저런 방식보다 이런 방식에서 표현된 소재들을 더 믿고 사용할 수 있다. 사용자들은 자신의 뜻에 따라 행동한다.

따라서 (사용자들이 그런 식으로 의사표현을 하는 분야에서) 전문가들 사이에서 논쟁의 해결책은 아마도 '전문가적 견해'에 달려 있지 않을 것이며, 그보다는 오히려 최종 사용자(end user)들이 선택한 대안들에 의해 판가름될 것이다. 전문가들은 최종 사용자들이 이를테면 투키의 그래픽 혁신을 사용하느냐 마느냐 같은 문제를 결정하기에는 너무 무지하다고 생각할 수도 있다. 당신은 이것이 통계적 혁신에 대한 선택이 이루어지는 방식이라고 말할 수 있다. 사회학자들은 통계적 혁신을 사용하지 않을 뿐이며 누구에게도 왜 사용하지 않는지를 설명할 이유를 느끼지 못한다. 이는 사회학 내에서 가장 '이론적인' 논쟁이 어떻게 실제로 종결됐는지를 잘 보여준다. 논리나 증거가 아니라 이 아이디어보다 저 아이디어에 흥미를 느낀 사용자들 — 비록 이들이 일반적 참여자들일뿐 이론 전문가는 아니지만 — 이 떨어져 나감으로 그렇게 된 것이다.

사용자 또한 제작자가 전혀 의도하지 않은 방식으로 제시된 것을 사용하기도 하고 그것에 소스라치게 놀라기도 한다. 나는 나의 재현을 논쟁의 체화(體化, embodiment)로서 생성하였다. 문제제기, 가설, 방법, 결과, 결론을 표준화된 방식으로 세심하게 배열함으로써 표준화된 형태로 읽을 수 있는 최종 결론을 제공하고자 했는데, 정작 독자들은 내가 전혀 의도하지 않은 방식으로 자료들을 — 내가 동의하지 않는 결론을 지지하는 증거를 샅샅이 뒤지기 위한 파일로 — 사용함으로써 나의 세심한 구성물을 완전히 무시해 버렸다. 이것은 많은 전문가들이 관여돼 있고 일반 대중이 그 작업과 뭔가 다른 것을 만들어낼 수 있는 자연과학과 예술 세계에서는 항상 일어난다(편집자는 편집하고, 감독은 무대를 설치하고, 청중은 자신이 원하는 결말을 만들어낸다).

6 세목(細目)의 요약

사회에 대한 지식을 나타내는 모든 방식은 사용자가 씨름해야 할 데이터의 총량을 축약시킨다. 라투르(Latour, 1987: 234−237)는 이를 가리켜 n+1번째 기술(description)을 산출하는 과정으로 지칭했다. 그것은 방정식의 요구조건들과 일치하는 숫자들의 모든 조합들을 나타내는 방정식으로서, 더 많은 공간을 차지하는 좀 더 세부적인 기술들의 조합들, 전체를 대표하는 조합들을 기술한다. 설문조사 면접자들은 그들이 피면접자에 관해 조사한 것 중 극히 일부만을 기록하고, 연구 책임자는 그 소량의 기록조차 다른 피면접자들의 응답과 뒤섞어 표의 셀로 요약하며, 그 셀은 평균과 같은 통계 요약으로 압축되거나 다른 셀과 결합되어 상관계수로 압축된다. 그리고 모든 것은 마침내 이 모든 증거에 의해 지지되었다고 말할 수 있는 결론으로 축소된다. 활용될 법하거나 흥미로운 것으로 간주될 법한 대부분의 증거는 증발되어 없어진다.

이 과정을 비웃자는 것은 아니다. 데이터 축약은 학문적 바보짓이 아니라, 이론적이면서 동시에 실질적인 필요불가결한 것이다. 이런 생각을 실험해 보자. 당신은 관찰 장소에서 발견한 것들을 요약하지 않는다. 당신은 물리적, 생물학적, 사회적 내용 전부를 동원한다. 그걸로 뭘 할 수 있을 것인가? 당신이 작업하고자 하는 데이터에만 주력하는 편이 훨씬 나을 것이다. 수천 마일 혹은 타임머신으로 수백 년을 여행할 필요는 없다. 아침에 일어나 커피 한 잔 하고 당신이 옆에 쌓아 놓은 세계로 들어가 지켜보라.

당신이 누군가에게 당신의 연구에 관해 아는 바를 이야기하고자 한다면 그런 식으로는 어떤 유용한 결과도 이뤄내지 못한다. 당신은 호르헤 루이스 보르헤스(Jorge Luis Borges, 1964: 59−66)의 이야기에 나오는 기억왕 푸네스(Funes the Memorius)이다. 모든 것을 기억하며 어떤 것도 잊어버리지 않지만 중요한 것과 그렇지 않은 것을 구분하지 못한다. 모든 것을 안다는 것은 아무 것도 모른다는 것과 같다. 지식은 외부의 세목을 솎아내고 우리의 관심사의 일부인 기본구조를 보여주는 데서 나오는 것이다. 모든 것이 관심사이거나 우리에게 유용한 것은 아니다.

그래서 우리는 잘라낼 수 있다고 느끼는 것은 잘라내고 현재 요약된 정보의 조각들을 조합하는데, 이를 통해 우리는 아는 것을 더 한

층 통제하게 된다. 우리는 이런 축약을 어떻게 하는가? 라투르(Latour, 1995)가 토양학 문제를 다루는 과학자들에 대한 연구를 했을 때, 어떻게 그는 토양학자와 식물학자들, 그들이 작업 중인 브라질 삼림, 삼림 속의 나무, 원숭이, 열, 토양, 식물 등을 제쳐둘 수 있었는가 ― 그리고 과학적 관심과 철학적 관심의 문제 간의 합의를 이끌어 내는 학술논문을 쓸 수 있었는가? 과학자들은 삼림을 자신들이 알아내고자 하는 '본질적 이야기(essential story)'를 감추어 버리는 '잡다한 것들'을 제거하는 실험실로 전환시킴으로써 문제를 해결했다. 과학자들은 삼림의 각 부분에 번호를 부여하고 그 부분을 평방미터 단위의 그리드(grid)로 변형했으며(각 그리드는 지표의 작은 흙덩어리로 표현될 수 있다), 이후 계속되는 축약 작업을 통해 논문에 나오는 도표로 귀결시켰다. 라투르도 같은 방식으로 그가 보고 들은 것을 사진과 필드노트로 변형시켰고, 이를 이야기로서 요약했고, 이를 다시 기의(記意, signified)로부터 기표(記標, signifier)를 얻어내는 방식에 대한 심사숙고로 바꾸어 학술논문을 저술했다.[21]

작업자는 관찰한 것을 사회에 대해 보고하는 다양한 미디어와 장르 속에 어떻게 축약하는가? 마르셀 프루스트(Marcel Proust)는 어떻게 자신이 19세기 말 프랑스 사회에 대해 알고 있는 엄청난 양의 세목들을 등장인물에 대한 플롯을 갖춘 이야기로 축약했는가? 극작가 카릴 처칠(Caryl Churchill)은 어떻게 공산주의 붕괴 후 루마니아에서 몇

---

21 기표는 기호가 취하는 형태이고, 기의는 기호가 전달하는 의미이다. 예를 들어, '나무'는 기표이고, '나무'가 전달 혹은 의미하는 내용은 기의이다.

주 동안 인터뷰 및 관찰한 것을 3막의 희곡인 『광란의 숲(*Mad Forest*)』 (1996)으로 축약했는가? 어떤 법칙이라도 있는 것일까? 기술 가능한 테 크닉이라도 있는 것일까?

지도의 사례

우리가 알고 있는 세목을 축약하여 공식화된 재현으로 변형하는 일은 설명할 수 없는 문제를 제기한다. 버나드 벡(Bernard Beck)이 자주 언급한 바에 따르면, 사회학은 사람들이 원칙적으로 할 수 없는 것을 어떻게 하는지를 연구한다. 사람들은 자신에게 부과된 긴장의 일부를 완화함으로써 설명 불가능한 문제를 풀어낸다. 지도 제작자 존 P. 스나 이더(John P. Snyder, 1993)는 지도 제작에서 불가피하게 발생하는 왜곡에 대해 다음과 같이 설명한다.

약 2,000년 동안 둥근 지구를 평면에 나타내고자 하는 도전은 여러 유형의 발명가들을 매혹시킨 유혹한 수학적, 철학적, 지리학적 문제 를 야기했다.
… 얼마 지나지 않아 곡면을 평면 지도로 만드는 작업은 모든 면에 서 왜곡을 초래한다는 것이 명백해졌다. 왜곡은 형태, 지역, 거리, 방 위, 구간 사이의 차단 또는 단절 등 여러 유형으로 발생할 수 있다. 달리 말하면, 평면 지도는 지구 표면을 결코 정확히 표현할 수 없다. 지구본 또한 기본적으로 왜곡으로부터 기본적으로 자유로움에도

불구하고 몇 가지 문제점을 안고 있다. 지구본은 부피가 있고(비율적으로 축소돼 있긴 하지만) 측정하기가 애매하다. 지구본 표면의 절반도 안 되는 부분만이 한 번에 정상적으로 보일 뿐이다…

구형(球形), 특히 지구의 표면 전부 또는 일부를 평면에 체계적으로 재현하는 것을 **도법**(圖法, *map projection*)이라고 한다. 문자 그대로 무한의 도법이 가능하고 수백 가지의 도법이 출간되었다. 도법 설계사는 일부 왜곡을 최소화 또는 제거하는 대가로, 아마 그 왜곡이 그리 중시되지 않았던 지도상의 다른 지역들에서 오히려 다른 유형의 왜곡을 초래할 수 있다(Snyder, 1993: 1).

그것은 이루어질 수 없는 일이다. 구형을 왜곡 없이 평면으로 변형할 수는 없다. 지도를 손에 넣기 위해 치러야 하는 대가는 사용자가 알아야 하는 왜곡인 것이다.

그러나 평면은 전송이 쉽고 다른 평면 문서에 덧붙일 수 있기 때문에(Latour, 1987: 215–257), 사용자들이 학술적 및 실용적 목적 — 특히 기술된 것에 대한 통제력을 사용자에게 부여하는 고도로 추상적인 재현의 창출 — 을 위해 원하는 것이다. 애덤 고프닉(Adam Gopnik, 2000)은 뉴욕 시 지도를 일컬어 관료들이 덧붙여 보기가 가능한 지도들을 사용해 가로(街路), 상하수도, 전기배선, 기타 경관 요소 간의 관계를 파악하고, 그럼으로써 시의 각 당국이 업무협조를 할 수 있도록 하는 것이라 했다. 이런 일을 지구본을 가지고 할 수는 없지만 평면의 컴퓨터 재현으로는 할 수 있다.

평면투사를 제작하는 모든 방식은 어떤 것을 보여주는 데는 좋지만 다른 것을 보여주는 데는 좋지 않다. 당신이 특정 지역에만 관심이 있다면 그 지역을 지도의 중심에 놓고 원하는 만큼 정확성을 극대화하면서 중요치 않은 곳에 대한 왜곡을 무시할 수 있다(그곳이 다른 이에게는 중요할지 몰라도). "메르카토르가 자신의 도법[1569년]을 개발한 주된 목적은 항해용이었다. 모든 일정 방위선(line of constant bearing, 등각항로[等角航路, loxodrome] 또는 항정선[航程線, rhumb line])은 직선으로 표시됐다. 따라서 이 도법은 선원들에게 유용했던 것이, 지도상의 출발점과 도착점을 연결하는 직선의 방위각에 기초한 하나의 나침반 세팅(자극편차 또는 진북과 자북의 편차에 맞춰진)에 따르면 되는 것이었기 때문이다"(Snyder, 1993: 46).

메르카토르 자신에 따르면,

세계를 이런 방식으로 지도화하는 데는 세 가지 목적이 있다. 첫째, 지구 표면을 평면에 펼쳐 놓음으로써 모든 장소가 적절한 위치에 놓이게 하자는 것인데, 이는 한 장소와 다른 장소 간의 실제 방위와 거리는 물론 적절한 위도와 경도에 따라서도 그렇다. 그리고 더 나아가 지구 표면상의 실제 땅 모양을 가능한 한 정확히 유지하고자 하는 것도 있다.

메르카토르는 이어서 자신의 도법이 선원들의 요구와 필요에 어떻게 부응했는지, 그리고 그로 인해 초래된 왜곡이(종류가 무엇이든지) 왜 공해(公海) 상의 항해에 있어서 걸림돌이 되지 않는지를 설명한다.

그와 유사하게, 일부 지도 사용자들은 매우 작은 지역에 주로 관심을 갖는 경우가 있다. 입체도법(stereographic projection)은 주변 지역을 더 크게 왜곡하지만, 특화된 사용자들의 관심사에 비추어 보면 별 상관이 없다(Snyder, 1993: 20).

지도 제작법이 별도의 전문영역으로 발전함에 따라 그 생산물들은 많은 새로운 용도를 획득했고(예를 들어, 정치기구의 행정 목적 같은 것들), 지도 제작자들은 점차 복잡한 수학적 방법을 사용하게 됐다. 난해함을 최고의 미덕으로 하는 새로운 도법의 개발은 그렇기 때문에 기술적 장애물의 극복에 감사함을 표하는 전문가 청중들을 만족시켰다. "경우에 따라서는 보다 복잡한 도법의 개발이 산악등반을 위해서도 이루어졌다. 거기에도 도전이 존재했으니까. 예를 들어 세계지도를 삼각형 안에 위치시키는 것 말고는 그런 도법에 대해 별로 다른 말이 나오지 않았다. 이러한 많은 참신한 수학적 기법들의 개발자들은 일반적으로 자신의 일을 고상한 학술논문을 출판하는 선에서 멈추었을 뿐 그 선을 넘는 수준으로는 진척시키지 않았다"(Snyder, 1993: 155).

요약하기

사회적 실재(social reality)의 재현은 어떤 것이든 다(多)에서 소(少)를 만들어 내야 한다. 어떻게 다량의 자료를 소량으로 변형하여 자신이 염두에 둔 독자나 감상자가 편안하게 실제적으로 받아들이도록 만들 것인가?

사회에 대해 연구하는 학도들이 새로운 테크닉 개발을 환영하는 것은 그것이 우리의 재현들을 '보다 완벽한' 것으로 만들어 주기 때문이다. 이제(나는 이 책을 2006년 초에 썼지만, 당신이 이 책을 읽을 시점에는 무엇이 가능할지 누가 알겠는가?) 우리는 방에서 모든 소리를 테이프에 왜곡 없이 녹음할 수 있다. 우리는 주변 모습을 테이프를 갈아 끼우지 않고 네 시간 동안이나 녹화할 수 있다. 우리는 현존하는 고대 그리스와 로마 문학작품 속의 모든 단어를 CD롬 한 장에 담을 수 있다. 정말 끝내준다!

이런 것들이 가능해져서 무슨 좋은 점이 있는가? 이걸로는 문제를 해결할 수 없다. 문제를 더 꼬이게 만든다. 이 전제를 극단으로 가져가 보자. 마침내 우리가 사회적 상황의 모든 측면 하나하나를 전체 범위에서 그 모든 복잡성을 포괄하여 재생할 수 있게 됐다고 가정해 보자. 이제 우리는 모든 것을 가졌다.

에릭 크라프트(Eric Kraft)의 코믹 소설 『나는 작품의 일부다(*What a Piece of Work I Am*)』(1994)의 여주인공 아리안 로드코치니코프(Ariane Lodkochnikov)가 이 문제를 구현하고 있다. 그녀는 자신의 삶을 그것으로 구성된 예술작품으로 바꾼다. 그녀는 극장 무대 위에서 산다. 사람들은 표를 사고 들어와 그녀가 사는 모습, 그녀가 손님을 접대하는 모습, 먹는 모습, 책 읽는 모습, TV 보는 모습, 자는 모습을 본다. 그녀는 거기서 몇 해를 살았으며 단골손님들에게 지금 일어나는 일들을 제때 알려주는데 정성을 쏟았다.

하지만 그녀가 창출해 낸 것은 더 이상 무언가에 대한 재현이 아니다. 그건 그것 자체이다. 만일 우리가 이해하고자 하는 것에 대한 정확한 사본, 원본에서 어떤 것도 빼놓지 않는 사본을 만든다면(만들 수 있다면), 결국 우리가 가진 것은 그것 자체이다. 그리고 우리는 그것을 이해하는 과정에 있어서 복제품을 만들기 이전에 비해 한 발짝도 더 나아가지 못한 셈이다. 재현의 제작 관점이 강조하는 것은 그러한 실재의 상당 부분을 제거하여 우리가 신경 쓰지 않는 것에 의해 신경이 분산되지 않은 상태에서 알고자 하는 바에만 정확히 초점을 맞춰 명확히 볼 수 있도록 해야 한다는 것이다(이것이 바로 신문 편집자들이 사진기자들에게 사진에서 '주제'가 아닌 모든 것들을 의도적으로 흐려버리는 방법을 통해 '잡동사니를 빼도록' 주문하는 이유임을 기억하라. 이에 대해서는 해거먼[Hagaman, 1993; 1996]의 논의 참조).

그러나 요약하기(summarizing)는 우리가 진정으로 원하는 무언가를 잃어버리게 만들 위험을 항상 수반한다. 요약이 지나치면 충분한 것을 더 이상 가질 수 없다. 무엇에 충분한 것 말인가? 이는 재현의 제작자가 이뤄내고자 하는 바에 달렸다. 내게는 과다한 것이 당신에게는 그렇지 않을 수 있다. 이는 우리가 상이한 취향을 가져서만이 아니라 우리가 하는 일들이 상이한 종류의 정보를 필요로 해서 그런 것이다. '어느 정도가 적당한지'의 문제는 언제나 특정 집단의 맥락 속에서 이해되어야 하는데, 그것은 그 집단이 특수하고 상황적인 목적을 위한 재현을 원하기 때문이다.

적정량(right amount)만을 요약하는 문제는 많은 경우에서 발생한다. 요약 통계와 민속지적 설명은 매우 뚜렷하게 상이한 두 경우다.

통계 방법은 우리가 다루어야 하는 다량의 데이터를 축약하는 것,

일련의 측정들(measurements)을 차트나 평균 혹은 여타 중심경향 측정치(중위수, 최빈값 등)로 바꾸는 것을 목적으로 한다. 그러나 너무 축약해서도 안 된다. 평균은 그것이 요약하는 숫자들의 모음(collection)에 대해 그리 많은 것을 알려주지 않는다(그것이 어떤 방식으로 그리고 어떤 목적을 위해서 표현하는 것—물론 그것이 다 중요한 것도 아니다—을 제외하고는). 숫자를 사용하는 사람들은 종종 다른 것을, 즉 그 모음이 어느 정도의 변이를 포함하고 있는지, 다른 말로 하자면 그 모음의 구성요소들이 얼마나 다른지를 알고 싶어 한다. 한 가지 대답은 당신의 모음에 포함된 극단치(아마도 가장 큰 값과 가장 작은 값), 분포의 범위가 될 것이다. 또 다른 대답은 숫자들이 평균을 중심으로 얼마나 가깝게 모여 있느냐, 즉 표준편차라는 숫자로 요약되는 것이다.

둘 또는 그 이상의 변수(신장과 체중 또는 교육 수준과 소득 등)가 얼마나 긴밀하게 관련되는지를 기술하고 싶을 때, 우리는 어떤 숫자를 산출한 척도들(measures)을 사용하여 다른 유사한 척도들과 비교할 수 있고, 그래서 그 두 변수가 다른 모집단에서보다 이 모집단에서 더 혹은 덜 긴밀하게 관계되어 있다고 말할 수 있다. 통계학자들은 그러한 관계의 척도들을 많이 개발해 왔는데, 그 척도들은 강조하는 것 혹은 가중치를 두는 것에서 차이가 난다. 동일한 데이터를 요약하고 있지만, 척도들 중 어떤 것도 두 변수가 얼마나 연관성이 있느냐에 대해 다른 척도와 동일한 이야기를 하지 않는다.

이러한 모든 척도들은 정보를 상실한다. 일단 어떤 모음의 측정치들을 평균으로 축약하고 나면, 평균을 산출했던 전체 배열의 개별 측정치들로 복원시킬 수 없다. 날아가 버린 것이다(다른 곳에 저장해 놓지 않왔다면).

각각의 요약방식은 상이한 정보를 상실한다. 상관관계 방법은 사례들을 개별 항목들에 대한 점수로 바꾼 다음 그 항목들 간의 관계를 계산해 낸다. 개별 사례들의 개체성(unity), 이 두 항목들이 특정 사례들에서 그리고 특정 사례들의 다른 맥락에서 관계되는 방식들의 다양성은 사라진다. 다른 방법들은 그 개별 사례에 있는 그 연관성들을 보존하고 있다.

어떤 종류의 정보를 수집하고 그것을 특정한 방식으로 나타낼 것을 결정할 때, 우리는 그와 동시에 다른 어떤 종류의 정보들은 수집도 전시도 하지 않기로 결정한다. 데이터를 요약하는 모든 방식에서, 우리는 통상적으로 배제되는 것은 무엇인지, 그리고 빠뜨린 부분을 복원하여 다시 그것을 되돌려 놓을 수 있는지 등의 질문들을 던질 수 있다. 사회과학자들은 사회과학적 기술에서 무엇이 포함되고 무엇이 빠져도 탈이 없는지에 대해 상당히 관습화된 생각을 갖고 있다. 참여관찰자들이 현장에 나가 있을 때 수집한 모든 정보, 자신들이 결코 사용하지 않는 정보를 생각해 보라. 이들의 필드노트는 결코 그들이 나가 있을 때 벌어진 모든 것을 담을 수 없다.

나는 현장연구 강의의 첫 주 수업에 학생들에게 '더 많은' 글을 쓸 것을 주문하여 그들을 미치게 만들었다. 자동차 정비소에서 네 시간을 보낸 학생은 한 쪽 분량의 노트를 제출할 것이고, 그러면 나는 그것으로는 충분치 못하다고 말할 것이다. 내가 진정으로 원하는 바가 '모든 것(everything)'을 기록해야만 하고 최소한 그렇게 시도라도 해야 한다는 것임을 학생들이 이해하는 데는 몇 주가 걸렸고, 또 몇 주가 더 걸려서야 학생들은 그것을 실제로는 해낼 수 없다는 것과 내가 학생들에게 하도록 원했던 바는 그들이 진정으로 알고자 원했던 것이 무엇인지를 요모조모로 생각하고 그것에 대해 최대한 많이 기록하는 것임을 알았다. 그리고 유일하게 풀리지 않고 남은 난제는 자신이 알고자 하는 바는 무엇이냐 하는 것이었다. 관찰의 술책은 당신이 전에 주목하지 않았던 것들에 호기심을 갖는 것이다.

물론 나의 교육을 위한 영감이 고취시킨 호기심에 한계가 있고, 또한 비록 냄새의 사회학(냄새가 나는 곳, 사람들이 냄새들을 해석하는 방식, 사회생활이 냄새들을 주목 혹은 무시하는 방향으로 조직화되는 방식, 좋은 냄새를 자본화하고 나쁜 냄새를 제거하는 법적 및 비공식적 방법들, 그리고 그 밖에 창의적인 사람들이 몇 분 만에 생각해 낼 수 있는 여타의 것들)의 가능성을 깨닫고자 게오르그 짐멜(Georg Simmel)이 될 필요까지는 없지만, 나는 학생들이 연구를 행했던 곳에서 냄새에 대한 완벽한 명세서를 만들 것을 요구하지는 않았다.

다른 실험을 해 보자. 사회과학자가 사람들의 행동을 설명함에 있어서 불과 몇 가지 사실밖에 알아내지 못했다고 해보자(전형적인 설문조사 면접이 발견될 수 있는 것에 부과하는 실제적 제약들과 별반 다르지 않은 조건이며, 내가 말하는 것은 그 방식에만 국한되지 않는다). 이론적 또는 방법론적으로 추구하는 것이 무엇이든 간에, 그들이 끄집어내는 것은 무엇일까? 연령, 성, 인종, 소득, 교육, 민족 등 일상 원인(또는 '독립변수')일 것이다. 사회과학자가 이러한 것들을 모른다면 수치심을 느끼겠지만, 그것 말고도 논쟁거리에 끌어들일 만한 다른 것들도 많이 있다. 신장―체중 비율은 어떠한가? 머리 색깔은? '일반적 매력'은(측정될 수만 있다면)?

공격성/소심함은? 아니면 일반적인 신체매력(거북함과 대조되는)은? 직업, 이웃, 지역에 특정한 변수들은 언급조차 하지 않았다. 만약 내가 결혼식, 바르미츠바(bar mitzvah, 유대교 성인식), 기타 이벤트, 또는 동네 술집이나 식당에서 연주하는 음악인들에 대해 연구하고자 한다면, 이들이 얼마나 많은 곡을 알고 또 악보 없이 연주할 수 있는지에 대한 변수들은 분명 표준 목록에 있는 어떤 변수들보다 중요할 것이다(Becker and Faulkner, 2006a; 2006b).

얼마나 요약하고 그리고 얼마나 완벽하게 보고할 것인지는, 1980년대 민속지 연구의 질문으로서, 유사한 쟁점들을 분출시켰다(클리포드 [Clifford, 1988]가 이 문제를 조사했다). 인류학자들은 마가렛 미드(Margaret Mead), 브로니슬라프 말리노프스키(Bronislaw Malinowski), A. R. 래드클리프-브라운(A. R. Radcliffe-Brown)의 지도 하에서 1920년대에 인류학적 현지조사를 수행하고 보고하는 방식을 최소한 어느 정도는 개발하고 표준화했는데, 클리포드는 그것을 (1) 특수한 기술을 가진 전문 현장연구자가 (2) 현지 언어를 '자유자재로 구사(commanded)'하기보다 '사용(used)'했으며 (3) 말(talk)보다 시각적 관찰에 더 의존했고 (4) 그 선배 학자들이 형성했던 과학적 추상화와 방법을 사용했고 (5) 특정 제도들 (예를 들면, 미드의 경우 유년기)에 초점을 맞춰, 그 결과들을 '민속지적 표현(ethnographic present)'으로 보고했다는 방식으로 특성화했다. 이는 그 중에서도 특히, 사람들로 하여금 상대적으로 짧은 현장 체류를 바탕으로 긴 분량의 책을 쓰는 것을 가능케 했다. 클리포드는 그것을 "과학적 참여관찰에 기초한 효율적인 민속지"라고 말한다. 이러한 조합은 현지조사자의 권위를 "열성적인 개인의 경험과 과학적 분석의 특유한 합성물"에 기초하게 한다. 참여관찰은 "사건의 '내부'와 '외부' 사이의 지속적 접합으로 구성된다. 이는 한편으로는 특정 사건과 제스처의 의미를 동감적(同感的)으로 간파하는 것이고, 다른 한편으로는 이러한 의미를 보다 넓은 맥락에 위치시키는 작업으로 되돌아가는 것이다"(Clifford, 1988: 32, 34).

현지조사자들은 어떻게 자신들의 관찰로부터 배운 것과 수집했던 소재들의 해석들로서 보태진 것을 조합하여 논리 정연한 요약을 만들 수 있을까? 양자는 동일한 것이 아닌데 말이다. 경험은 현지조사자로 하여금 "내가 거기 있었다"는 말로 자신이 보고한 바의 권위를 주장할 수 있게 해 준다. 경험은 연구자로 하여금 구체화하기는 어렵지만 그럼에도 불구하고 진짜인 단서와 의미에 민감하도록 만든다. 그러나 이러한 소재들은 대화에서 나오는 것이 아니므로, 상호주관적이기보다는 그냥 주관적이고, 그래서 논쟁의 소지가 있다.

인류학자들은 현지조사자들이 자신들의 원래 경험(raw experience) 이상의 것을 가지고 귀환한다는 것을 알았다. 그들은 다양한 경험들을 조각하여 어떤 것들을 만들고, 그것들에 이름을 붙이고 기술했던 노트를 가지고 와서, 그것들을 민속지 작업의 대상(object)들로 바꿨다. 사건들은 현장노트가 된다. 전형적으로 이런 문서화는 조합되고 요약되어, 그 작업에 보고된 '문화' (혹은 그 일부)를 산출한다.

이런 모든 저술은 불가피하게 현장경험을 축약해 버리는데, 왜냐하면 현지조사자가 없어도 된다고 생각하는(다른 사람들은 동의하지 않을 수 있지만), 혹은 포함해야 한다고 생각되지 않는(어느 누구의 현장 보고서에서도 그 냄새를 풍기지 않는) 세목들을 생략하도록 만들기 때문이다. 가장 중요한 것은, 그것이 전형적으로 토착민들과의 대담을 인류학자들이 표준적인 인류학 연구보고서가 구성했던 '그 문화(the culture)'의 일반화된 기술들로부터 제거해 버린다는 점이다.[22] 인류학자들은 관찰과 인터뷰에서 배운 것들을 "누어인(Nuer)은 X를 생각한다." 또는 "사모아인(Samoan)은 Y를 한다."는 식으로 요약한다.

일부 인류학자들은 이런 식의 요약들에 불편해 하고, 어떻게 하면 인류학자보다 타자들의 목소리를 인류학 보고서에 반영시킬 수 있는지를 중요한 질문으로 제기했다. 다성적(多聲的, polyphonic) 스타일의 보고는 민속지 작업의 조합적 특성을 드러내고 인식하도록 해 주며, 그리고 그 작업에 협력했던 사람들의 다양한 목소리를 듣게 해 준다. 1940년대 초반에 클라이드 클럭혼(Clyde Kluckhohn, 1945)은 생애사 소재(life history materials)들, 즉 누군가가 인류학자에게 구술한 장문의 개인사들을 어떤 방식으로 보고해야만 하는지에 대해 고심했다. 그는 기가 막힌 유토피아적 결론을 냈는데(당시에는 지금보다 덜 불가능한 것처럼 보이는), 그것은 바로 그 개인사들을 세 가지 버전으로 출간하는 것이었다. (정확성의 문제가 있긴 하지만) 기록되거나 녹음테이프에 녹음된 것 그 자체인 인류학자의 필사본 노트들(Blauner, 1987), 통상적 대화에서 '연관성이 없는 것들(irrelevances)'을 제거한 편집본(대화분석가들은 그것이 필수적이라고 여기겠지만), 그리고 일반 독자들을 대상으로 하는 덜 대화체

---

22 학자들의 이러한 집합심상(imaginary)에 관해서는 베커의 『학계의 술책(Trick of the Trade)』 2장 "집합심상"을 참조하라(하워드 베커. 이성용 옮김. 2005. 『학계의 술책: 연구자의 기초생각 다지기』. 함께읽는책).

적인 스타일의 축약본이 그것이다. 이러한 일련의 생산물들을 제안하는 것은 그것이 얼마나 실제로 비실용적이 될 수 있는지를 살펴보자는 취지에서다.

어떤 사건에서든, 인류학적 발견들과 이해들을 요약하는 작업은 매우 복잡하며, 특히 실제로 일어난 것 가운데 얼마나 보고서에 포함돼야 하는지에 대한 문제를 제기하면 더욱 그렇다. 클리포드는 여러 유형의 실험적 보고서에 대해 논의하는데, 그 저자들은 단지 인류학자들뿐만 아니라 비전문가, 특히 자신들의 증언이 그 보고서의 일부를 구성하고 있는 사람들도 읽기를 원했다. 클리포드가 말하기를 이는 출판업자들이 보기에는 해석되지 않은 토착민 소재들의 모음을 포함하고 있다는 점에서 한물 간 것으로 여겨지지만, 그러한 출판물들은 비현지인에게는 별 소용이 없더라도 그런 자료들을 보유한 현지인에게는 대단한 관심사가 된다.

지금까지 나는 어떤 사람들을 포함시켜야 하는지에 대해서만 이야기했다. 우리가 관심을 가진 행동이 일어나는 상황들은 어떠한가? 상황들을 기술하려는 노력은 일부 사회과학자들이 '생생한 경험'이라 지칭하는 것을 재현하는 문제로 귀결된다.

사회의 재현들 중 일부는 사용자들에게 사람들과 조직들에 대해 기술된 삶과 경험들이 어떠한지에 대한 의미를 제공하는 것을 목적으로 한다(물론 다른 일부 유형들은 그런 약속을 하는 대신 불변의 관계에 대한 법칙적 진술로 귀결되는 행동의 통일성을 찾고자 한다). 이런 재현들은 행동의 규칙성과 패턴들, 사회적 규칙과 규범들에 관한 진술들, 그리고 기타 집합적 현상들에 대한 보고를 뛰어 넘고자 한다. 이 재현들은 독자나 감상

사회에 대해 말하기

자가 그들 스스로가 참여자가 되는 상황들에서 될 수 있는 것이 어떠한지를 개인적으로 경험하고 느끼기를 바란다.

'생생한 경험'(이 포착하기 어려운 느낌과 감정 덩어리)의 재현들은 대단히 밀착적인 관찰, 세부적인 면접, 또는 서신이나 일기 같은 사물화된 문서들에 대한 접근에 기초할 것이다. 극단적인 경우는 재현이 암묵적이든 명시적이든 보고자들 자신의 경험에 기초할 것이다. 이 때 보고자들은 우연적이든 동시에 일어났든 간에 자신들이 연구했던 사람들과 그러한 경험들을 공유했던 사람들─보고자들은 자신의 연구를 하는 과정에서 그러한 경험들에 자신들을 의도적으로 노출했다(마치 미첼 듀네이어[Mitchell Duneier, 2000]가 자신이 연구했던 거리의 노점상들과 하루에 16시간을 함께 지냈고 그리고 다수 인류학자들이 '자신들의 사람들'과 빈궁한 주거와 식생활을 공유한 것을 자랑스러워했던 것처럼)─이기에 동일한 사회범주(흑인, 게이, 음악가 혹은 관련된 사회범주가 무엇이든 간에)에 속할 것이다. (다른 이들은 하지 않는 방식으로) 이러한 일을 하는 연구자와 예술가들은 11월에 뉴욕 거리에 밤새 앉아 있는 것이 얼마나 추운지, 또는 당신의 인종이나 성적 지향을 들먹이면서 경멸적 이름으로 당신을 지칭하는 경찰관에게 구타당하는 기분이 어떤지를 안다. 타인들의 경험을 묘사할 것을 주장하는 일부 사회과학자와 예술가들은 자신들이 묘사한 것을 직접 경험하기도 했지만, 다수가 그랬던 것은 아니다.

당신이 다른 사람의 신발을 신고 걷는 느낌이 어떤지를 잘 알고 있다고 가정해 보자. 이 경험을, 그것을 겪어보지 않은 다른 사람들에게 어떻게 온전히 전달할 것인가? 전환(translation) 과정에서 그 대부분이 소실된다면 그걸 알아서 좋은 점이 뭐란 말인가?

재현의 상이한 포맷들은 그것들이 기술하는 삶들의 전체 경험 중 얼마만큼을 경험하는지가 다르다. 어떤 포맷들은 거의 제공하지 않으며 그 이상을 제공할 의도도 없다. 예를 들어 시가지 지도를 가지고는 샌프란시스코 특정 거리에 있는 오르막길이, 그 길에 어떤 종류의 건물들이 있는지, 밤 혹은 비가 올 때는 어떤지, 가로수에서는 어떤 향내가 나는지 등과 같은 것은 말할 것도 없고, 그 길이 얼마나 가파른지와 같은 단순한 사실들도 결코 알 수 없다(빅스비 씨[Mr. Bixby]가 자신의 미시시피 강 보트 기사 도제 마크 트웨인에게 미시시피 강 보트 기사가 알아야 할 것이라며 설명해 준 것은 강을 오르락내리락 하다 보면 인쇄된 도면에서보다 훨씬 많은 정보를 얻게 된다는 점이었다).

시가지 지도는 추상화의 극단이다. 지리적 방향과 관련된 최소한의 사실만 남고 다른 것들은 제거되었다. 통계표와 차트도 마찬가지다. 제한된 수의 내용만 제한된 어휘 내에서 기술돼 있다. 이런 추상화들을 흠잡자는 것은 아니다. 이들은 많은 것들을 체계적이고 비교 가능한 방식으로 기술하는 역량으로 모든 빚을 갚는다. 물론 그 대가는 세목을 상실하는 것이다. 이는 잘 알려진 거래다.

역사적, 생물학적, 민속지적 글쓰기는 경험 그 자체에 근접할 수 있도록 시도한다. 이러한 스타일의 저자들은 일반적으로 훨씬 세부적인 경험 지식을 보유하고 있고, 그것을 알 가치가 있는 것의 진수라고 생각하며 또한 그것을 독자들과 공유하고자 한다. 이 저자들은 우리가 사람들의 일상적인 삶에서의 세목들, 즉 무엇을 입었는지 또는 얼마나 춥고 배고팠는지, 그들의 세세한 성생활들, 그리고 무엇보다도 그들이 이 모든 것들을 경험하는 동안 어떤 생각을 하고 어떤 느낌을 가

사회에 대해 말하기

졌는지를 알았으면 하고 바란다. 어떻게 이러한 지식을 전달할 것인가? 그 이야기의 사실들만으로는 안 되며, 사람들의 내면세계, 특히 감정의 세계가 전달의 관건이다.

많은 역사학 또는 인류학 글쓰기가 이와 같은 인간의 사회적 경험에서의 미묘한 측면들을 담아내고자 시도한다. 인류학 연구서에서 친족용어의 목록들, 테크놀로지에 대한 기술들, 마법 주문과 종교적 신념의 목록들이 때로는 시적이지만 통상적으로는 의도적인 문학적 색채를 띠는 장문의 산문들 — 그럼으로써 독자들의 감성적 반응을 자아내는 시도들 — 로 대체되고 있다. 역사학이나 생물학에서도 이와 마찬가지로 서신, 일기, 관찰, 면접에서의 소재에 의해 기초하고 입증된 저자의 해석의 판(板)들 사이에 '사실들'을 끼워 넣는다.

이들 저자들은 일상적인 학술적 글쓰기에 불만을 느끼고, 자신들이 알고 있는 모든 문학적 가공물을 사용하여 뻔뻔하게도 독자들을 시간, 공간, 혹은 문화 측면에서 동떨어진 세계로 인도한다. 이들은 자신이 집필하는 사람들의 내면세계들을 창작해 낸다. 이들은 카터 윌슨(Carter Wilson)의 '인류학적 소설'인 『광란의 2월(Crazy February)』([1965] 1974)과 같은 픽션을 집필한다. 이들은 리처드 프라이스와 샐리 프라이스(Richard and Sally Price)가 수리남(Surinam)[23]의 다양한 민족의 사람들

---

23 수리남(Republic of Surinam)은 남아메리카 대륙 북부 지역에 위치해 있으며, 남아메리카에서 가장 작은 국가다. 1975년 11월 25일 네덜란드로부터 독립했다. 민족 구성은 인도계 힌두스탄인(37%), 백인과 흑인의 혼혈인 크리올인(31%), 인도네시아계 자바인(15%), 아프리카계 마룬족(10%) 등으로 이루어져 있다.

의 삶을 설명하듯이(Price, 1990; Price and Price, 1995) 다양한 유형의 얼굴들로 재현되는 다양한 목소리들로 실험을 한다.

만약 당신이 독자들로 하여금 당신이 연구했던 사람들이 실제로 경험했던 것을 경험하기를 원한다면, 이러한 모든 시도는 치유 불가능한 약점을 내포한다. 이는 결과적으로 사용자들에게 집에서 안락의자에 앉아 읽으면서 알게 되는 것 이상을 주지 못한다. 사용자들은 책에 나오는 그 사람들이 겪었던 것을 경험하지 않는다. 독자는 사람들이 본 것을 볼 수가 없고, 단지 언어적 묘사에 기초해 그것을 상상할 뿐이다.

이런 사실은 저술을 보완 또는 대체하기 위해 사진과 필름을 사용하게 하는 계기가 되었다. 사진과 필름의 사용은 많은 이점이 있지만 이 책이 오랫동안 피할 수 없는 많은 문제점을 야기한다. 지금 당장은, 사진과 관련한 주요 문제는 당신으로 하여금 무엇인가처럼 보이는 것들(things look like)을 보게 만든다는 것이다. 사진은 당신이 그 자리에 있다면 스스로 보게 될 것들과 닮은 많은 시각적 세목을 제공한다. 물론 사진은 실제로는 그렇게 하지 않는데, 왜냐하면 사진가와 작가가 당신이 보는 것을 선별하여, 재현의 제작자가 하듯이, 당신이 얻게 될 논점들을 만들어 내기 때문이다. 순수주의자는 사용자와 살아있는 경험 사이의 장막(screen)에 대해 불만을 제기한다. 『발리인의 특성(*Balinese Character*)』(Bateson & Mead, 1942)같은 민속지적 연구의 결정판에서, 당신은 문장(prose)이 제공하지 않거나, 혹은 제공하더라도 경제적으로는 하지 않는 많은 것들을 배우고 또 연구할 것을 얻는다. 이 책은 100페이지의 사진들로 구성되어 있고, 한 페이지에 5개 내지 8개의

사회에 대해 말하기

사진들을 담고 있으며, 그에 대한 인류학적 해석을 포함하는데, 주의 깊은 사용자에게, 작은 예를 하나 들자면, 인성(personality)의 발달에 영향을 미칠 수 있는 성인과 아동 간의 자세와 접촉에 대한 세목들을 보여준다(베이트슨[Gregory Bateson]과 미드[Margaret Mead]가 담아내고자 생각했던 것처럼). 사진들은 종종 크건 작건 간에 특정 사건의 전개 과정에서의 연속 단계들을 보여주는데(춤, 황홀경, 아동의 울화 같은 것들), 이 모든 것은 매우 세부적이면서 매우 경제적이다. 이러한 사진들이 이야기하는 바를 다 담아낼 수 있는 문장을 상상하기란 어려운 일이다.

동영상에도 동일한 장점과 문제점이 존재한다. 필름은 정지사진의 시각적 세목들에 연속적 행위의 연속성을 더하고, 플래시포워드[24]와 플래시백[25]의 사용을 통해 직선적인 지속적 서사의 가능성과 그 직선적 서사의 단편(fragmentation)의 가능성 모두를 추가한다. 그러나 이러한 매체 중 어떤 것도 '생생한 경험'을 실제로 아주 잘 전달하지는 못한다. 가장 전위적인 학술적 표현조차도 존재 바깥의 경험을 요약하는 데 그칠 뿐이다. 어느 것도 행해질 수 없음을 말하는 것은 아니다. 학술적 표준화의 긴장에 매여 있지 않은 예술가는 우리에게 보여줄 중요한 무언가를 가지고 있다.

우리 모두는 상황 속에서 '경험을 한다.' 상황은 물리적이다. 우리 모두는 물리성(物理性, physicality)이 우리가 상황 속에서 일어나고 있는 것을 이해함에 있어서 중요하다는 사실을 알고 있지만, 사회과학적 재

---

24 flash-forwards: 미래 장면을 먼저 삽입하는 것.
25 flashback: 과거 장면을 삽입하는 것.

현은 사용자들에게 그것을 경험할 방식을 결코 제공하지 않는다. 재현 제작자들, 심지어 '생생한 경험'의 표현과 깊숙이 연관돼 있는 이들조차도 우리가 그것의 물리적 실재(reality)를 경험한다는 점을 제시하지 않는다.

그러나 우리는 사용자들에게 그러한 경험을 최소한 원칙적으로는 제시할 수 있다. 우리는 통상 관습적이지 않은 포맷으로, 민속지적 글쓰기는 말할 것 없고, 영화 및 연극도 고려한다(그리고 이 책에서는 종종 패러다임적인 것으로 고려한다). 영화는 사운드를 보다 '현실적으로' 만들어 왔지만, 영화에 냄새 같은 아주 기초적인 것들을 첨가하려는 시도는 상업적 장치 이상은 되지 못했다. 적절한 시점에 긁어서 냄새를 맡는 카드(sniff card)나 극장 환기 시스템을 통해 냄새를 분사하는 방식으로는 소용이 없었다. 동일한 난점들이 연극 공연에서도 마찬가지로 발생한다.

하지만 장소 특화적(site-specific) 연극은 다른 재현 양식들이 결여한 다수의 물리적 세목을 추가함으로써 이러한 도전에 대처한다. 장소 특화적 극장은 무엇인가? 이는 관습적인 극장이 아닌 공간에서의 연극 공연, 즉 우리가 보는 사건이 실제로 일어난 것처럼 보이는 방이나 장소(또는 경우에 따라서는 바로 그 방)에서의 공연을 말한다. 캘리포니아 주 소살리토(Sausalito)의 안테나 극단(Antenna Theater)은 이러한 공연을 오랫동안 특화시켜 왔다(다른 극장들이 유사한 공연을 하는지는 모르겠지만, 아마 일부는 그럴 것이다. 안테나 극단 공연은 내가 수년간 관람했다). 『고등학교(High School)』라는 작품은 캘리포니아 주 밀 밸리(Mill Valley)의 타밀파이스 고등학교(Tamilpais High School)에서 상연되었다(그리고 그 이후 다

사회에 대해 말하기

른 커뮤니티와 학교에서도 지역 학생 및 교사들의 협조 하에 상연된 바 있다). 관객들은 워크맨(Walkman)을 차고 테이프에서 나오는 지시에 따라 교실, 체육관, 탈의실, 강당, 욕실로 이동하면서 그 학교 학생들의 인터뷰와 학교의 일상적 활동에서 나는 소리들을 듣는다. 방은 고등학교의 체취로 채워진다. 왜 안 그렇겠는가? 여기는 고등학교인데. 벽에는 진짜 고등학교처럼 떠드는 소리가 메아리친다. 왜 안 그렇겠는가? 진짜 고등학교인데. 남학생들은 심지어 여학생 욕실에 몰래 들어가는 스릴을 만끽하기까지 한다. 마지막으로 당신은 졸업식 장소에 도착해 진짜라면 교장 선생님이 서 있었을 그 자리에서 침묵의 배우로부터 졸업장을 받는다. 안테나 극단 홈페이지를 보면 내가 방금 언급한 것을 포함하여 많은 공연 장면들을 기술하고 있다(www.antenna-theater.org/production-heading.htm).

안테나 프로덕션은 말하는 배우를 기용하지 않고, 때로는 아예 배우를 쓰지 않으며, 인터뷰와 주위의 소리를 담은 테이프에만 의존하기도 한다. 당신이 국립공원관리소의 알카트라즈[26] 투어를 경험했다면, 당신은 죄수와 교도관이 당신이 걷고 있는 그곳에 대해 이야기하는 소리가 담긴 안테나 극단 테이프를 들으면서 어떤 느낌인지를 알았을 것이다.

『광경에 관하여(소살리토에서)(On Sight [In Sausalito])』라는 안테나 프로덕션의 야외 연극은 보헤미안적인 1960년대의 부둣가 마을의 역사

---

26 Alcatraz: 샌프란시스코 만에 위치해 있던 알카트라즈 섬은 1934년 8월부터 1963년 3월까지 미국 연방 교도소가 있던 곳이다.

를 이야기하는 것으로서, 그곳에 살았던 사람들, 그러니까 아티스트 장 바르다(Jean Varda), 배우 스털링 헤이든(Sterling Hayden) 및 기타 등등의 다양한 캐릭터를 그들을 아는 사람들의 말을 통해 묘사하는데, 그 동안 관객들은 그들이 살았고 그들이 열거한 일들을 행했던 하우스보트 주변과 옛 항해로를 돌게 된다.

이러한 작품 상연은 전형적 재현 장르의 단편들의 물리적 경험을 정확히 제공하는데, 이는 아무도 관객에게 그런 경험을 전달할 실질적 방법에 대해 생각하지 않기 때문이다. 안테나 극단의 방식이 여러 가지 목적에서 볼 때 실용적 방법은 아닐 수도 있지만, 90% 정도를 제공하거나 사람들에게 그런 경험을 할 수 있는 하룻밤을 제공하는 데는 완벽한 것이다.

관객들은 종종 지금 언급되는 것을 직접 '경험한다.' 미스터리 극 『동맥(Artery)』에서 관람객들은 17개의 방으로 이루어진 단순한 세트 속을 따라 걸으면서 테이프에 녹음된 대화를 듣고 지시를 따른다. 한 지점에서 (테이프에 녹음된) 목소리가 작은 방을 가로질러 목각 총으로 당신을 겨누고 있는 목각인형을 조심하라 하고, 이어서 당신 옆의 벽에 걸린 목각 총을 조심하라 하며, 그리고 누군가 당신을 쏘려 한다고 말한다. 그 목소리는 말한다. "총을 들어. 들라고! 당장! 쟤를 쏴버려! 널 쏘기 전에!" 나는 시키는 대로 했고, 내가 나중에 조사한 다른 사람들도 마찬가지로 그렇게 했다. 다른 방에서는 테이프에 녹음된 목소리가 당신에게 선반 위의 보석함에서 (싸구려) 목걸이를 훔치라고 시키고 (나는 시키는 대로 하였고) 이어서 그것을 (훔쳐왔던 곳에 되돌려 놓는 방법으로) 안전한 곳에 두라고 시킨다. 이런 소리들은 유치한 것처럼 들리지

사회에 대해 말하기

만, 나는 물론 나와 이야기를 나눈 다른 이들도 마치 실제로 '범죄'를 저지른 것 같은 묘한 기분을 느꼈다.

『최하층의 에티켓(*Etiquette of the Underclass*)』에서는, 당신은 수술대 같은 것에 누운 채로 문을 통해 어두운 장소로 운반되면서 응급실 의사들이 당신이 교통사고로 입은 부상으로 인해 죽었다고 이야기하는 것을 듣는다. 이윽고 밝은 장소로 나오면서는 최하층 빈민 집안에서 '태어났다'고 이야기하는 것을 듣는다. 당신은 감방에서, 병실에서 시간을 보내다가 결국에는 폭행으로 사망한다. 알카트라즈 투어에 누구나 자원하지 않는 것은, 짧은 시간이지만 독방에 갇혀 있는 감정적으로 무거운 경험을 제공하기 때문이다. 문이 닫히고 당신이 칠흑 같은 어둠과 적막 속에 서 있노라면, 그 시간이 마치 며칠이나 몇 주는 된 것 같은 기분이 들 것이다. 물리적 센세이션은 매우 즉각적이고 몇 천 마디 말보다 훨씬 값어치 있는 것이다.

몇몇 학자들은 통상적인 사회과학 유형에서 신경 쓰지 않는 것들을 첨가하는 방식으로 이러한 스타일의 실험을 한 바 있다. 빅터 터너와 에디스 터너(Victor and Edith Turner, 1982)는 다수의 이러한 퍼포먼스에 대해 기술하고 있는데, 그 중 하나는 자신들을 비롯하여 버지니아 대학교 인류학과 구성원들(학생, 교수, 스태프)이 미국 중간계급의 결혼식을 치르는 것이었다(빅터와 에디스 터너는 신부의 부모 역을 맡았다). 드와이트 컹커굿(Dwight Conquergood, 1992; Siegel, 1990)은 사회의 퍼포먼스적 측면에 관해 연구했고, 거기서 얻은 지식을 자신이 연구한 퍼포먼스를 통해 체화했다(이를테면 시카고 지역 갱단 멤버들의 라틴 킹 맹세[Latin King oath] 의식 같은 것들).[27]

나는 우리가 사용자들에게 사회에 대해 말함에 있어서 이런 수준의 리얼리즘을 열망한다고 주장하지는 않는다. 그러나 이렇게 하지 않는 것은 선택이다. 우리가 생각하기에 이것이 충분히 중요하다면 할 수 있는 것이고, 이러한 가능성이 우리로 하여금 무엇을 첨가하고 무엇을 뺄 것인지에 대한 모든 선택은 사실상 이론적 또는 실제적 불가능성에 의해 우리에게 강요되는 것이 아니라 선택임을 깨닫게 하는 것이다(12장에서 극적 재현들의 가능성에 대해 좀 더 길게 탐구할 것이다).

---

27 라틴 킹스(Latin Kings)는 1940년대 시카고에서 푸에르토리코 인들에 의해 결성되어 대규모로 성장한 범죄조직이다.

7 / 실재의 미학: 우리는 왜 그것을 믿는가?

　　나는 노스웨스턴대학교에서 드와이트 컹커굿(Dwight Conquergood) 교수와 함께 '사회과학 퍼포먼스(Performing Social Science)'라는 과목을 두 번 공동강의 한 적이 있다. 우리는 대중 앞에서의 퍼포먼스(public performance)와 사회과학적 아이디어 간의 의사소통 가능성(일상화된 방식의 학술적 '토론'이 아닌)을 탐구하고자 했다. 수강생 중 20명은 드와이트의 학과(인류학과), 공연예술학과(Performance Studies), 그리고 그 인접 학과인 연극학과(Theater department)에서 왔고, 절반 정도는 사회과학 분야에서 왔는데 주로 사회학과였다. 드와이트와 나는 어떻게 사회과학을 퍼포먼스 할 것인지에 대해 아이디어도 별로 없었고, 그래서 뭔가

할 거리를 학생들의 창의성에 의존해야만 했다. 우리는 학생들에게 간단한 과제를 내 줬다. '사회과학'이라고 지칭될 수 있는 것들(그 용어를 느슨하게 해석해서)을 퍼포먼스 하라는 것이었다.

학생들의 창의성은 우리의 기대를 뛰어넘었다. 나는 학생들이 생각할 수 있는 유일한 것을 모두 했다는 느낌을 받았다(어느 누구도 유사한 것을 행하지 않았다). 한 퍼포먼스는 이 장에서의 문제를 정확하면서도 흥미로운 방식으로 제기했다.

수업시간에 학생들의 퍼포먼스에서 제시된 소재의 사실성(the truth of the material)이 가지는 중요성에 대해 장시간 토론했다. 그 소재가 정말로 일어난 일이라면 그것이 중요한가? 그 소재를 보다 '극적으로' 보이도록 세목들을 꾸미는 것은 상관없는가? 혹은 그 소재가 반박된 결과를 제시한다면 어찌되는가? 그리 놀랍지도 않게, 사회과학 쪽 학생들은 수행된 소재는 사실이어야 한다고 주장하면서 그것이 사실이 아니라면 어떻게 그것을 사회**과학**이라고 부를 수 있겠냐고 반문했다. 연극학과와 공연예술학과 학생들은 소재의 사실성은 사람들이 예술작업의 일부로 받아들인다면 문제될 것이 없다고 생각했다. 논쟁이 가열됐다. 내 사람들[28]이 보기에는 배신자 같은 소리겠지만, 나는 사실성은 중요하지 않을 수 있다고 말했다.

학생들의 퍼포먼스 중 다수에서는 이러한 질문이 제기되지 않았다. 한 학생은 『미국 사회학 리뷰(*American Sociological Review*)』에 실린 교육체계에서 교육비, 인종, 소득 간의 상관관계에 관한 논문을 간단히

---

28 사회과학 전공 학생들.

낭독했다. 그는 그것을 단순하지만 인상적으로 했다. 논문을 '느낌을 갖고' 낭독한 것이다. 논문에서 흑인과 백인 간 교육비 사이에 '무려 12%의 차이가 있다'는 대목을 두고 그는 이렇게 읽어 내려갔다. "무려! 12%의! 차이가 있다." 그런 차별적 결과와 '상관관계가 있는'(논문의 저자가 명백히 우리가 '비난해야 할 것'으로 이해해야 한다는 의미로 말한) 변수들을 고발할 때 그의 목소리는 분노에 찬 높은 톤이었다. 이런 감정적 독해는 냉정한 학술적 보고서에 숨은 이념을 드러내는 것이었다. 가장 흥미로운 것은, 이 학생의 낭독 소리가 다소 어설프게(silly) 들리기는 해도 '틀린(wrong)' 것처럼 들리지는 않는다는 점이었다. 그는 감정을 잘못 처리하지도 않았으며 저자의 의도를 잘못 표현하지도 않았다. 그는 저자의 의도를 표면으로 드러내 분명하게 보여주었다. 아무도 이 논문의 연구결과의 사실성, 혹은 그 학생이 말한 단어들에 실제로 담겨 있는 논문의 주장의 사실성에 의문을 제기하지 않았다.

그러나 몇몇 퍼포먼스는 사실성의 문제를 야기했다. 톰이라는 기발하고 장난기 넘치는 연극학과 학생은 강의실로 들어와 3×5 카드[29]를 나눠주었다. 각각의 카드에는 여성의 이름이 씌어져 있었다. 그는 모두에게 카드를 보고 무엇이든 좋으니 물어보라고 했다. "메리 존스는 누굽니까?", "내 1학년 때 선생님이십니다." "베시 스미스는 누굽니까?", "내 첫 키스 상대였습니다." "사라 가필드는 누굽니까?", "내 외숙모님입니다. 우리 어머님의 오빠와 결혼하셨죠." 그리고 잠시 후, 똑같은 대화 톤으로 말하길 "그 분과 우리 아버지는 지난 5년 동안 내

29　가로 3인치(7.6cm), 세로 5인치(12.7cm)의 카드

연관계였습니다." 누군가 곧바로 물었다. "그게 사실입니까?" 그러자 톰은 명민하게 판단하여 "그 질문에는 대답하지 않을 겁니다."라고 하면서 씩 웃었다. 강의실 분위기는 격해졌다. 그리고 묘하게도, 연극학과와 공연예술학과 학생들은 사회과학 쪽 학생들보다 훨씬 강하게 그것이 사실이며 엄청나게 중요하다고 주장했다. 이들은 톰이 자신들에게 뭔가를 말하는 듯하지만 그렇지 않다고 주장했다. 이 학생들은 불과 이틀 전까지만 해도 사실성은 중요치 않다고 했던 이들이다.

나는 이러한 모순을 지적하면서, 심지어 예술작업의 경우에도 "그것이 사실인지는 중요치 않다"는 방어막은 그것이 중요하다는 점을 입증한 것이며, 우리는 그것이 중요시되는 방식은 무엇이며 우리의 작품의 사실성이 전달되는 방식은 무엇인지를 이해하는데 주력할 필요가 있음을 역설했다.

사용자들은 자신이 말했던 것의 사실성에 신경을 쓰는데, 심지어는 예술 장르에서의 메시지에 대해서도 그러하고, 과학의 경우라면 확실히 그러하다. 제작자들은 자신의 작품에서 사실인 것처럼 제시된 것을 사용자들이 받아들이도록 여러 근거들을 조합해 낸다. 그러나 이 모든 용어들은 모호하다.

사실성: 질문과 대답

그것은 사실인가? 철학적 함정으로 가득 찬 이 질문은 그것을 질문과 대답의 문제로 간단히 말하면 훨씬 잘 규명된다. 나는 논의를 보

　　　　　　　　　사회에 대해 말하기

다 쉽게 하기 위해 다큐멘터리 사진을 예로 사용할 것이고, 그리고 다음 전제들로부터 시작할 것이다.

1. 모든 사진은 하나 또는 그 이상의 질문들에 대한 대답으로 해석될 수 있다.
2. 우리는 그 사진이 우리의 질문들에 대해 제공하는 대답이 사실인지에 신경을 쓴다.
3. 우리가 하나의 사진에 대해 묻고 대답을 얻는 모든 질문에는 하나 이상의 방식이 있다.
4. 상이한 질문들은 묻는(또는 대답하는) 방식에 있어서 맞거나 틀린 것이 아니다. 그것들은 단지 상이할 뿐이다.

사진을 질문에 대한 대답으로 해석할 수 있다는 말은 우리가 항상 그런다기보다는 종종 그런다는 뜻이고, 원칙적으로는 그렇게 할 수 있다는 뜻이며, 사진에 대해 생각할 수 있는 유용한 방법이라는 뜻이다. 우리는 간단한 기술적(descriptive) 질문을 던져볼 수 있다. 요세미티[30]는 어떤 모습인가? 공화당 대선 후보는 어떤 모습인가? 우리 가족과 친구들이 1957년에는 어떤 모습이었나? 또는 역사적, 문화적 질문도 가능하다. 1905년 사진 속의 사람들의 모습은? 사진 속 요루바 족[31]

---

30 Yosemite : 미국의 캘리포니아 주에 위치한 협곡이며 국립공원이다.
31 Yoruba : 기니 지방의 흑인 부족.

의 모습은? 게티즈버그[32] 전장의 모습은? 때로는 과학적 질문을 할 수도 있다. 이것은 폐결핵의 모습인가? 원자핵에 이런 방식으로 충격을 가하면 어떤 일이 일어날까? 또는 심리학적 질문도 가능하다. 공화당 대선 후보의 진짜 성격은? 때에 따라서는 추상적 질문을 할 수도 있다. 처녀성의 본질은? 멕시코 농부들의 삶은? 도시에서의 경험은?

같은 사진을 놓고 다양한 사람들이 다양한 질문들을 할 수 있고, 그 질문들은 사진작가가 항상 염두에 두고 있는 것은 아니다. 어떤 질문들은 같은 식의 질문을 하는 많은 이들의 관심을 끈다. 뉴스 사진은 현재 사건이 가지는 사회일반의 질문들에 대답한다. 과학 사진은 그보다는 좁은 범위의 전문가 공동체가 가지는 공통 관심사로부터 제기된 질문에 대답한다. 그 구성원들은 동일한 질문을 던지고 증거로 제시된 사진 속에서 동일한 대답을 찾는다.

다른 질문들은 매우 작은 집단의 사람들만 관심을 가지는데, 왜냐하면 그 질문들은 대부분의 사람들과는 관련이 없는 개인적인 관계와 사건 경험들을 묻기 때문이다. 에펠탑 앞에서 찍은 내 사진은 나와 내 지인들에게만 관심을 끌 뿐이다. 그러나 일단 개인적 관심만 끈 사진일지라도 세월이 지나면 많은 청중의 관심을 끄는 질문에 대답할 수도 있다. 유명인사가 어린 시절 찍은 스냅사진이나 후에 일반의 관심을 끄는 사건이 벌어진 장소의 사진이 그렇다.

우리는 사회에 대해 말하는 사진은 우리의 질문에 신뢰할 만한 대답을 제공한다는 점에 주목한다. 다양한 사람들이 같은 사진을 놓

---

32 Gettysburg : 미국 펜실베이니아 주 남부의 도시로서 남북전쟁 최후의 결전지.

고 다양한 질문을 던진다(11장에서는 다큐멘터리 사진, 보도사진, 영상사회학 [visual sociology]의 관점에서 이것이 어떻게 이루어지는지를 살펴볼 것이다). 따라서 "그것이 사실인가?"라는 질문에 대한 일반적인 대답은 존재하지 않는다. 우리는 단지 특정 질문에 대한 대답이 대략 믿을 만하다고만 말할 수 있을 뿐이다.

우리는 사진을 사회현상에 대해 뭔가를 이야기하는 것으로 해석함에 있어서, 상이한 대답이 나올 수 있는 어떤 질문에 대한 어떤 대답을 상정한다. 이는 사실성의 문제를 야기한다. 사회에 대한 질문에는 관심과 감정이 개입돼 있기 때문에, 사람들은 그 대답들에 동의하지 않을 수 있고, 가끔은 사진이 편견을 담고 있고, 사람들을 오도하며, 주관적이고 혹은 공정치 않은 표본을 보여주기 때문에 믿을 수 없다는 의견을 내놓는다.

이런 모호성으로부터 많은 문제점이 발생한다. X가 사실이라고 말하는 일련의 사진이 있을 때, 우리는 그것을 부정하지는 않지만 Y 또한 사실이라고 생각하기도 한다. 그 사진들이 X가, 그리고 오로지 X만이 사실이라고 말하는 것인가? 아니면 X가 사실이기는 하지만 Y 또한 사실이라는 가능성을 열어놓고 있는 것인가? 확실히 많은 사람들이 로버트 프랭크(Robert Frank)의 책 『미국인들(Americans)』(1969년 작, 1950년대 미국 전역에서 촬영한 84장의 사진 시퀀스)은 미국인들의 삶이 황폐하고 비열하며 교양 없고 물질주의적임을, 그리고 그것이 전부임을 보여준다고 생각한다. 그러한 '미국적 생활방식'에 대한 옹호자는 되지 않을지라도, 다른 관점을 제시하는 다른 사진가의 작품을 인용하는 것 역시 가능하다. 프랭크의 책이 미국인의 삶의 **모든** 것을 말해 주는가? 다양한 상상력을 포용할 만큼 방대한 이 책의 분량은 그러한 해석을 촉진한다. 이 책이 **모든** 것을 말해 준다고 한다면, 당신은 이 진술이 틀렸다고 말할 수 있다. 왜냐하면 다른 종류의 증거 또한 존재하기 때문이다(포토에세이는 일종의 **특화된 일반화**(specified generalization)로 비쳐질 수 있다. 내 2002년도 저작에서 존 버거[John Berger]와 장 모르[Jean Mohr]의 『제7의 사나이 (*A Seventh Man*)』[1975/1982]에 대한 논의 참조).

회의론과 '꽤 충분함'의 기준

우리가 들은 것을 정말로 믿는다고 가정해 보자. 몇몇 회의론자들은 이를 받아들이지 않고 사회에 대한 모든 지식의 불확실성에 주목하면서, 그러한 지식의 전달을 의도하는 모든 진술은 절망적이게도 아무 것도 믿을 수 없는 어긋난 결과를 낳는 방식으로 선정되고 해석된 '사실들'에 의존하고 있다는 점을 상기시킬 것이다. 그렇다고 한다면 아무 것도 이야기할 수 없게 되고 나머지 이야기는 접어야 한다.

그런 방식이 아무 의미도 없다고 하는 사람들은 사회적 실재에 대한 어떤 재현도 믿지 않는다고 말하는 것이다. 예를 들어, 대체로 맞지만 일부 오류도 있는 수신인 목록을 제공하는 전화번호부를 그들은 믿는가? 회의론자들은 원래의 정보를 입력하는 사무직원들이 실수로 범한 피치 못할 오류들, 정보 수집 시점과 인쇄 시점, 그리고 당신이 목록을 열람한 시점 사이에 일어난 변동사항으로 인해 발생한 오류들, 또는 일부 사람들이 목록에 오르는 것 자체를 거부하거나 실명이 목록에 오르는 것을 거부하는 바람에 발생한 오류들을 지적할 것이다. 그러나 이러한 회의론자들 또한 아마도, 우리가 그러하듯이, 더 나은 대안이 없기 때문에 전화번호부에 실린 번호를 사용한다. 자료가 부정확할 수는 있지만, 누군가에게 전화를 건다는 목적을 위해서는 '꽤 충분하다(plenty good enough).'

거리명과 번호를 사용해 이곳에서 저곳으로 어떻게 가야 할지를 알려주는 시가지 지도 또한 마찬가지다. 부정확하고 빠진 것도 있지만, 대부분의 사람들의 목적에는 충분하다. 택시기사가 주소를 찾으려고 실내등을 켜고 거리 안내도를 볼 때, 그 주소지는 아마도 그곳에 있고 그곳에 이르는 길은 대체로 정확하다. 시애틀에서 샌프란시스코까지 운전을 해서 그곳의 특정 주소로 가려 한다면, 몇 개의 주 지도와 시 지도가 길을 안내해 줄 것이다. 지도가 시내 어디에 언덕이 있는지를 알려 주지는 않지만(비록 다양한 산악지형과 거기를 통과하는 고속도로의 고도를 표시하고 있다 해도), 내가 가고자 하는 곳에 데려다 주기는 한다. '꽤 충분한' 지식이란 내가 그것으로 무언가를 하려고 할 때 충분한 지식이다.

미국 센서스는 어떠한가? 이는 더 복잡한데, 왜냐하면 많은 사람들이 다양한 목적을 위해 센서스를 사용하고 또 그것이 어떤 사람들과 어떤 목적에는 충분하지만 다른 사람들과 목적에는 충분하지 않기 때문이다. 1960년 센서스는 약 20%나 되는 많은 흑인 젊은이들을 과소집계했기 때문에 충분하지 않았다. 이러한 잘못된 집계는 헌법이 요구하는 미국 하원의원 수의 할당과 유권자의 할당에 충분하지 않았다. 범죄율 계산에도 충분하지 않았는데, 왜냐하면 분수인 범죄율 계산에서 과소 집계된 분모를 사용함으로써 범죄율이 부풀려지기 때문이다. 이를테면 젊은 흑인 남성과 같이 특정 인구범주에 속하는 사람들은 모두 집계하지 않은 반면 그 범주에 속하는 범죄자들은 모두 집계했을 때, 그 결과로 나타나는 비율은 정확하게 집계한 수의 사람들을 분모로 사용한 것보다 크게 나타날 수밖에 없다. 이러한 과소집계는 잘못된 자료로 사회과학적 사고와 연구를 엉망진창으로 만들뿐 아니라 정치적 결과까지 초래했다.

이렇게 결함이 있는 발견들도 일단은, 최소한 그러한 판단을 효율적으로 사용할 수 있는 위치에 있는 사람들에게는 충분할 수 있다. 그러나 오늘날 자기 나름의 평가를 하는 신세대 사람들에게는 충분하지 않다. 그것이 '아주 충분하기' 때문에 하원 의석 수에 영향을 미치는 숫자를 '꽤 충분하기 때문에' 수용하는 것에는 정치적 요소가 깔려 있다.

그렇다고 과학이 '순전히 정치적'이라거나 모든 인식론적 질문은 정치적 수단에 의해 설정된다고 말하려는 것은 아니다. 내가 말하고자 하는 바는 센서스 같은 매우 과학적인 것조차 그것이 수행되는 방식 중 일부는 '과학적' 근거에 의해서라기보다 어떤 것을 어떤 목적, 결함, 그리고 그 모두에 충분한 것으로 취급하는 이해당사자 간의 합의에 기초한다는 점이다. 사용자들이 결과에 대한 기술을 받아들이는 것은 그것이 논란의 여지가 없는 인식론적 기초를 가져서가 아니라 그들이 원하는 어떤 것을 하는데 그보다 더 나은 것이 없기 때문이다.

그래서 우리 모두는 이러한 재현들의 일부를 항상 혹은 많은 경우에 믿으며, 그리고 우리 중 일부는 우리가 말했던 것의 일부를 믿는다. 모든 것을 매번 믿지 않는 사람은 없다. 이런 모든 문제점에도 불구하고, 사용자들은 재현을 '본질적으로 옳은 것(essentially correct)'으로 취급한다. 이는 내과의사가 실험결과에 대해 이야기하는 방식으로, 그 발견들에는 많은 오류가 있지만 그것들이 사용되는 데에는 '꽤 충분하다'는 점을 완벽하게 알고 있다는 것이다.

그러나 사용자 공동체들은 다양한 질문을 제기하고 다양한 목적을 위해 그 대답들을 사용하는데, 누군가에게 충분한 것이 다른 이에게는 충분하지 않을 수 있다. 내 지도가 지적 간에 있는 곳에 대해서까지 정확할 필요는 없는 것이, 나는 단지 내 친구의 집을 찾아가기 위해 그 지도를 사용하기 때문이다. 만약 내가 지도를 재산권 분쟁 조정 목적으로 사용한다면, 다른 방식으로 표현된 다른 종류의 지리학적 지식을 필요로 할 것이다. 두 가지 용도와 두 가지 질문—대답의 짝은 누가 가장 정확한지(accurate) 또는 '최고(best)'인지를 놓고 서로 경합하는 관계가 아니다. 그것들은 상이한 환경에서 사는 상이한 동물들이다.

인식론적 판단이 그렇듯이, '꽤 충분함'도 철학적 정당화를 요하지 않는다. 이는 다른 종류의 정당화에 기초한 사회적 합의다. 그렇다고 이것이 모든 지식을 전적으로 상대화시키는 것은 아니다. 일단 사용자들이 합의하면, 합의된 증거규칙에 따라 믿을만한 결론에 도달할 수 있고 또 도달한다.

믿음을 위한 사회적 합의

어떤 정당화가 '사회적 합의(social agreement)'를 '꽤 충분한' 사회적 지식을 창출하는 방식으로 만드는가? 하나는, 모두가 이러한 합의를 받아들이고, 특정 분야의 작업 대부분이 명백한 부작용 없이 이에 기초하는 것이다. 과학적 결과에 의심을 품는 사람에 대한 라투르(Latour, 1987: 21-77)의 우화는 이러한 메커니즘을 설명해 준다. 이 사람은 과학 실험실이 실험실 내의 다른 모든 사람들이 받아들이는 것을 위한 증거를 요구한다고 결론짓고, 문헌은 물론 널리 받아들여진 도구와 테크닉을 통해 잘 검증된 것을 '믿기를' 거부하는데, 그의 의혹은 아무도 진지하게 받아들이지 않는 바람에 바보 같은 것이 되어 버리고 결국 그는 굴욕적으로 물러나 버리고 만다. 이 우화는 라투르의 방법에 대한 규칙으로 이어진다. 즉 과학적 결과에 대해서는 과학자가 한 만큼만 믿고, 과학자가 한 것 이상은 믿지 마라.

이는 인식론적 판단이 아니라, 다른 사람 모두가 믿는 것을 의심하기 시작한다면 괴짜 취급을 받고 모든 대화에서 소외될 것이라는 실제적 판단이다. 하지만 다른 사람들도 의심의 여지가 있는 것으로 받아들일 수 있는 것에 대해서는 의심을 할 수 있다.

더 나아가, 사회적 합의는 학문적 과정(또는 모종의 집합적 행위)의 진행을 가능케 하는데, 이는 작은 일이 아니다. 토마스 쿤(Thomas Kuhn, 1970: 3장)은 과학의 진보와 관련된 에피소드들을 연관시켜 다음의 논점을 만들었다. 즉 어떤 과학이든 그것이 확립되는 유일한 방식은 그 분야의 구성원들 모두가 동일한 방식으로 접근하여 하나 혹은 그 이상의 문제에 집중하는 것이다. 접근법의 전제들은 잘못된 것일 수 있지만, 모두가 이에 동의할 때는 이러한 과정이 진척되는 반면, 모두가 각자 상이하게 규정한 문제들을 놓고 작업할 때는 진척되지 못한다. 패러다임에서의 합의는 연구자들로 하여금 그들이 하려고 하는 것이 무엇이든 간에 집합적으로 수행할 수 있게 만들어 준다.

보다 일반적으로, 특정 종류의 재현(영화든 통계표든 소설이든 수학 모델이든)의 제작자와 사용자들은 무엇이 자신들의 목적에 '꽤 충분할' 것인지에 대해 모종의 합의를 갖는다고 우리는 말할 수 있다. 제작자(누가 됐든 그들의 관심사가 무엇이든)의 목적에 꽤 충분한 것이 있고, 그리고 사용자(누가 됐든 그들의 관심사가 무엇이든)의 목적에 꽤 충분한 것이 있다. 완벽하지 않고, 모두가 좋아하는 것도 아니지만, 특정 상황에서는 지침으로 삼기에 충분하다.

재현의 세계에서 참여자들은 관련된 모든 사람들이 만들고, 읽고, 사용하고, 해석하고, 무시하는 방식을 알고 있는 대상에 동의한다. 이는 다음 장에서 보게 될 저널리즘에 대한 존 허시(John Hersey)의 논의에서, 저널리스트들이 자신의 기사에서 관련 사실들을 빠뜨리지만 누구나 그들이 그런다는 것을 알면서도 누구도 그것에 대해 신경 쓰지 않는다고 주장한 내용이다. 독자들은 기사를 읽는 과정에서 오류의 출처를 무시해 버린다.

이러한 합의가 존재하는 곳에서, 우리는 그 합의에 따라 행동했던 흔적들을 내포한 대상에 의해 만들어진 진술들을 믿는다. 만일 진술이, 그것이 제시되는 과정에서, 사용자와 제작자가 그 진술과 같은 것들을 만드는 방식이라고 합의했던 방식으로 만들어졌다는 사실을 보여준다면, 그 결과물은 합의된 목적을 위해 꽤 충분할 것이다. 만일 그것이 다큐멘터리 영화라면, 그 안에는 어떤 허구도 없다. 만일 통계표라면, 그것은 사용자에게 적절한 안전장치가 채택됐고 잠재적으로 잘못된 시행이 배제됐다는 사실을 보장해주는 절차를 따른다(이를테면, 막대그래프에서의 막대 크기는 그 막대가 나타내는 숫자들에 비례한다). 만일 '리얼리즘' 소설이라면, 그것은 당신이 보기에 사실적이지 않은 사실적 소재들을 포함하지 않는다.

내가 재현 활동의 특징으로 제시한 것은 그 자체로 사실일까? 재현의 세계들은 그런 방식으로 작동할까? 항상? 종종? 때때로? 답은 '항상'일 수는 없는데, 왜냐하면 사회에 대한 보고를 산출하는 모든 거래는 통상적으로 평화적인 합의 및 화목한 의견일치의 문제라고 내가 앞서 정확히 언급했던 것과 관련한 갈등으로 대개 요동치기 때문이다.

믿음가능성의 기준

당신이 들은 것을 믿든 말든, 왜 그것이 합의의 문제냐고 하든, 그래 좋다. 그러나 사람들이 특히 일상생활에서 받아들이고 사용하는 믿음가능성(believability)의 기준은 무엇인가?

우리는 종종 우리가 들은 것을 우리 자신의 삶의 경험과 비교한다. 우리 모두는 풍부한 경험을 갖고 있고, 그에 반하는 것을 들으면 마음을 바꿀 수 있는 상당한 근거가 제시되기 전까지는 믿지 않으려는 경향이 있다. 만약 우리가 들은 것이 우리 자신의 경험과 유사하다면 받아들인다. 기분전환용 약물에 중독됐던 경험이 있는 사람들은 그러한 직접 경험이 없는 사람들이 믿는 동화 같은 이야기들을 대체로 무시해 버린다. 그들은 자신의 경험을 통해 대마초 흡연이 그러한 흥분 효과를 주지 않는다는 것을 안다.

우리는 우리가 들은 것을 학문적 또는 간접 경험의 형태로 습득한 지식에 비추어 평가한다. 만약 우리가 러시아 관련 서적을 많이 읽었고 읽은 내용이 들은 바와 일치한다면 OK다. 그러면 우리는 읽은 것 또한 믿게 될 것이다.

우리는 제작자가 우리가 들었던 것을 얻어낸 방법을 상상하고 그 방법을 비판한다. 우리는 어떤 사건이나 행위에 대한 직접 경험의 지식이 없는 사람이 그것에 대해서 하는 이야기를 믿지 않는다.

제작자들이 항상 이런 정보를 제공하는 것은 아니기 때문에, 사용자들은 필요한 경우 단편들을 모아 그것을 재구성한다. 한 친구가 내게 러시아 정치에 대한 데이비드 렘닉[33]의 기사에 대해 불평을 내뱉더니 더 나아가서는 『뉴요커(New Yorker)』지 기사들에 대해서도 불평하면서 이렇게 말했다.[34] "얘들은 녹음기 갖고 취재 나가서 들은 그대로 받아 적은 다음에 한데 묶어버려. 미국 독자들 입맛에 맞게." 나는 그 말에 동의하지 않았다. 내가 확실히 느낀 것은, 이를테면 렘닉이 러시아어를 유창하게 했고(내가 왜 이렇게 생각했는지는 말할 수 없지만), 러시아 문

---

33 David Remnick: 미국의 저널리스트. 1994년도 퓰리처상 수상.
34 렘닉은 『뉴오커』지의 주요 필진 중 한 명이었다.

학과 역사에 관한 식견이 풍부해 보이는 것이 그의 기사의 믿음가능성을 높이는데 기여했다는 점이다.

우리는 또한 누군가가 '좋은 소재(good stuff)'를 얻기 위해 했었을 것에 대한 우리의 이해에 근거하여 특정 보고를 믿을 만하게 만드는 방식을 재구성한다. 우리는 어딘가를 단 며칠 동안 방문했고 그 곳의 언어를 말하지 못하는 사람이 그곳의 모든 것을 설명할 수 있을지를 의심한다. 『라이프(Life)』지의 유명 사진기자는 낙하산으로 강하해 어디로든 가서 며칠 동안 머문 뒤 비행기로 그곳을 떠났는데, 우리 중 일부가 보기에 그는 그곳의 생활을 알려줄 믿을만한 기록가가 아니었다.

우리는 우리가 보고 들은 것의 일치성에 근거해 믿음가능성을 판단한다. 안나 드비어 스미스(Anna Deveare Smith)는 브루클린과 로스앤젤레스에서의 폭동 상황을 참가자들과의 장시간의 인터뷰에 기초해 기술했는데, 이는 관객을 위한 재연(再演)이었다(Smith, 1992, 1993). 우리는 그녀가 우리에게 제공한 단편들과 많은 다양한 폭동 참가자들의 증언의 조각들을 한데 묶어 그 혼란스런 사건의 그림을 맞춰낸다. 점차로 우리는 이 사람이 이 사건은 이런 식으로 일어났다고 말한 것이 저 사람이 말한 것과는 상충되므로 조심할 필요가 있다는 점을 기억하면서 교차검토(crosscheck)를 하기에 충분한 지식을 조야하게나마 얻게 된다(12장에서 살펴보게 될 극작가 카릴 처칠은 유사한 방법을 사용해 인터뷰 단편들로부터 주요 정치적 사안에 관한 연극 형식의 리포트를 만들어 낸 바 있다).

검증 통과

이러한 모든 과정에서, 사용자들은 재현을 그들이 이미 믿고 있는 어떤 것과 비교하고 그리고 어떻게 그것이 이치에 맞는지를 살펴본다. 그 재현이 내가 이미 알고 믿고 있는 것과 일치하는가? 재현은 이미 승인된 목록에 등재된 것과 경합하면서 스스로를 증명해야 한다. 이는 라투르가 '힘의 공판(trial of strength)'이라고 했던 과정이다(Latour, 1987: 53–56, 74–79, 87–94). 이런 방식이다. 만일 재현이 내가 알고 있거나 믿고 있는 것과 일치하지 않는 결론이나 사실을 제시한다면, 이 재현은 많은 검증을 통과해야 하고 다른 보고나 자료들에서 지원군을 찾아 나에게 그것을 믿도록 만들어야 할 것이다.

많은 재현이 우리에게 이전에 받아들이지 않았던 사실들을 수용하도록 설득한다. 그럼으로써 라투르가 기술했던 수용의 장애물에도 불구하고, 새로운 과학적 사실의 수용이라는 업적이 달성될 수 있다. 그러나 제작자가 새로운 아이디어나 사실 또는 해석을 단지 공표하는 것만 가지고 이것이 달성되지는 않는다. 의심 많은 사용자들은 검증을 고집한다.

제작자들은 장애물을 극복하고 검증을 통과하는 효과를 산출하도록 재현을 구성할 것이다. 학술지 논문은 표준화된 포맷에서 통상적으로 요구되는 모든 사실들을 제공함으로써, 그리고 의심하는 이들에게 잠재적 오류 가능성이 제거되었고 또 모든 잠재적 정보의 근원들이 조사되었다는 것을 설득함으로써 이러한 작업을 한다. 조사자가 '자신의 가설의 타당성을 위협하는 요소'에 대한 방어막을 만들어야 한다는 생각은 도널드 캠벨(Donald Campbell)과 그의 동료들(Campbell and Stanley, 1963; Cook and Campbell, 1979)에 의해 형성되고 전파된 것인데, 이는 반드시 다루어져야 할 것들을 목록화하는 체계적 방식을 동원해야 한다는 말이다.

당신은 또한 널리 수용되어 반증 가능성이 제기되지 않는 자료들을 사용함으로써 장애물 극복 효과와 설득력 있는 증거를 생산할 수도 있다. 전에 언급한 한스 하케의 '구겐하임 프로젝트'는 뉴욕 구겐하임 박물관의 이사들 — 그들의 이름과 주소, 친척관계(이들은 이름이 무엇이든 대부분 구겐하임 씨다)를 포함하여 — 그리고 그들이 이사로 등재된 다른 조직체들(대규모 다국적 탄광업체들)에 관한 검증이 용이한 사실들에 의존하고 있다. 마지막으로, 우리는 칠레의 (암살됐거나 자살한) 대통령 살바도르 아옌데(Salvador Allende)가 이 기업들의 귀속 자산을 몰수하는 실책을 저질렀다는 것을 안다.

사실에 기초했는지에 관한 논쟁은 전혀 없다. 어떤 사용자든 이 패널들에서 진술된 모든 것을 잘 갖춰진 도서관에서 또는 구글을 통해 쉽게 체크할 수 있다. 그러나 사용자는 이것을 체크할 필요가 없는데, 왜냐하면 워낙 명백한 것이라 하케가 언급하지 않더라도 누군가는 언급했을 것이기 때문이다. 하케의 작업이 혐오스럽다고 생각한 사람들은(아마 많을 것이다) 어떠한 논쟁적 사안에 대해서든 기꺼이 논쟁했을 것이다. 공식적으로 이용 가능한 것에 의존하는 것은 불신과 의심을 무장해제 시킨다. 당신은 이러한 합리화에 대해 비판할 수 있지만, 그게 전부다. 하케는 전에 논의한 바 있는 책략, 즉 모든 합리화와 결론을 사용자들(미사여구 작업을 하는)에게 남겨놓음으로써, 그 결론이 정당화되었음을 설득하는 책략을 사용한다.

자연과학자들은 '사실을 발견했다(discovered the truth)'보다 뭔가를 그냥 '믿는다(believe)'는 말을 들으면 매우 화를 낸다. 그들이 보기에 이는 자신들의 증거가 어떠한 실질적인 인식론적 정당화도 없고, 원칙적으로 누구든지 그들이 하고자 하는 것은 무엇이나 믿을 수 있으며, 그리고 이러한 입장은 극단적 신비주의로의 문을 열어놓는 것이자 진정한 과학의 죽음이라는 것이다.

수학자 조지 폴리아(George Polya)는 강제적인 증명(compelling prove) — 과학자들이 사고하기 좋아하는 종류의 것은 자연적으로 입증될 때 제공된다는 것(Latour, 1987: 94-100) — 은 논리와 수학의 영역에서만 얻을 수 있는 것으로, 이는 경험적 세계에 근거하지 않고 또 그 사실성은 논증적 논리에 기초한다고 주장했다. 참인 것은 정의(definition)와 그 정의로부터의 논리적 연역에 의해 그렇게 되는 것이다(Polya, 1954: 140-141). 경험과학의 어느 분야에서든, 그리고 취약한 사회과학뿐 아니라 강력한 자연과학에서도 마찬가지로, 우리는 신뢰성 혹은 믿음가능성의 수준을 단지 측정할 뿐이며, 그것도 단지 대략적이다.

폴리아는 어떻게 과학적 결론이 증거에 따르는지를 짤막한 추리소설을 통해 보여준다. 요트가 폭발한다. 우리는 요트 소유주와 좋지 않은 관계에 있던 사위가 일주일 전에 다이너마이트를 가져다 놓았음을 발견한다. 그러면 우리는 사위가 '범행을 저질렀다'고 생각하게 된다. 그러나 그 때 우리는 사위가 그 다이너마이트를 뒷마당의 나무 그루터기들을 없애버리려고 모두 써버렸다는 사실을 발견한다. 그러면 사위가 범행을 저질렀다는 생각을 덜 하게 된다. 그리고 이야기는 계속된다. 각각의 새로운 증거는 사위의 유죄에 대한 우리의 평가를 바꿔 놓는다.

폴리아가 말하기를, 경험과학은 이와 같은 것이다. 진술이 아무리 잘 증명된 것처럼 보여도 새로운 사실이 언제든지 우리의 믿음을 재고하도록 만들 수 있다. 라투르는 잘 정립된 결론을 '블랙박스'로 지칭하는데, 이는 마치 컴퓨터 과학에서와 같이 어떤 작업에 우리가 더 이상 의문을 제기하지 않고 그 산물(우리가 세밀히 점검하지도 않고 어쩌면 전혀 이해하지도 못하는 투입물로부터 나온)을 후속 작업을 위한 신뢰할 만한 기초로 받아들여 버리는 것이다(Latour, 1987: 2, 131).

경험과학은 결정적인 지식이 아니라 신뢰성의 수준과 그것에 합의할 수 있는 절차들을 제공한다. 폴리아(Polya, 1954: 3-37)는 일련의 도표를 통해 어떻게 상이한 경험적 결과들이 상이한 수준의 신뢰성을 산출하는지를 보여준다. 이 도표들을 잘 보면, 여러분은 자신의 합리화의 실행을 자신이 스스로 코딩하고 있음을 알 수 있다. 과학자들은 여기에 화를 낼 필요가 없는 것이, 신뢰성의 수준을 분석하는 것은 과학자들이 사실성의 기준을 사용하는 것과 똑같은 이러한 절차들을 사용할 수 있음을 보여주기 때문이다. 당신이 그렇게 한다고 해서 일상세계에서의 과학적 작업이 바뀌거나 하지는 않는다. 실상은 바로 이것이, 즉 나머지 세계를 다루고 과학자가 아닌 사람들에게 과학이 궁극적으로 지지받을 가치가 있음을 설득하기 위해 '사실성'에 관해 말하는 것이 과학자들이 작업하는 방식이다.

그래서 우리는 사회과학적 아이디어, 결론, 연구결과의 재현을 위한 대안적 포맷에 관해 논의할 때 거기에 사용된 절차들에 대한 조사를 통해 그 절차들이 사람들에게 대략적으로 신뢰할 수 있는 상이한 종류의 보고결과들을 발견하도록 하는지를 살펴봐야만 한다.

미학

재현을 사회에 대한 정보와 아이디어를 전달하는 대상으로 간주할 때 '미학적(aesthetic)'이란 말이 의미하는 바는 명확치 않다. 순전히 '예술적(artistic)' 관점에서 보자면, 그것은 이른바 대상의 형식적 측면들 — 대상의 부분들 간의 관계에 의해 나타나는 조화나 균형 — 을 지징하는 것일 수 있다. 우리는 종종 **'아름답다'** 같은 모호한 단어를 사용하는데, 이 말은 눈부신 석양이나 자연경관처럼 우리에게 설명이 필요 없을 정도로 너무나 명백하게 마음에 와 닿는 것들을 의미한다. 우리의 반응을 표현할 때는 "우와!"라는 한 마디로 족하다. 다른 사람들도 우리가 의미하는 바를 알 것이다. 이런 종류의 판단은 우리의 반응과 판단기준에 대해 보다 철학적인 정당화를 요구하는 진지한 미학도들 사이에서의 검증을 결코 통과하지 못할 것이다(Becker, 1982: 131-164).

제작자들과 사용자들이 사회적 실재의 재현에 대해 적용하는 기준들(어떤 방식에서는 '미학적'으로 간주될 수 있는)에 대해 살펴보자.

우리가 이미 살펴봤듯이, 가장 엄격한 리얼리즘적 재현조차도 소재를 선별 및 축소하고, 원소재(raw material)로서의 경험을 제작자의 매체가 가진 언어로 전환하며, 전환된 항목들을 배열한 결과물이다. 이러한 작업을 수행하는데 더 나은 혹은 더 나쁜 방식이 있을까? 관련 기법(craft)이 있는가? 만약 있다면 그것은 수행되어야 하고, 수행될 수 있고 또 수행되어야만 하는가? 이는 사람들이 사회의 재현에 있어서 미학적 쟁점으로 토론하는 문제다. 미학적 가치의 공통적 기준들을 살펴보자.

기법 표준(craft standard)은 판단에 영향을 주는데, 이는 사용자, 그리고 그것을 받아들일 법한 사람들보다는 제작자들 사이에서 더 그러할 것이다. 저자가 우아한 문장을 적절하게 썼는가? 비평가들은 테오도어 드라이저(Theodore Dreiser)의 미국 도시에 관한 소설들이 그와 같은 기준에 미달한다는 이유로 평가절하했다. 사진이 초점이 맞고 적절히 인화됐는가? 1950년대 사진 비평가들은 로버트 프랭크의 『미국인들』([1951]1969)에 실린 사진들을 두고 전범위(全範圍)의 색조, 즉 완벽한 흑색부터 완벽한 백색 그리고 흑백 사이에서 나타날 수 있는 수많은 회색조를 표현하지 못했다고 불평했다(이는 요세미티 국립공원 사진작가 안셀 애덤스[Ansel Adams]를 고급 예술사진 분야에 확고히 자리 잡게 한 미적 기준이다). 학술지 논문이 '관련 문헌' 인용을 제대로 하지 않았는가?[35] 특별나게 엄격한 기법 표준을 충족시키지 못하는 바람에 우수학술지 게재

---

35 역자들 중 일부의 경험에 비추어 볼 때, 우리나라에서도 학술지 논문을 심사할 때 논문 내용이 아니라 참고문헌 란을 먼저 살펴보면서 심사자가 보기에 반드시 있어야 한다고 생각되는 문헌들이 없으면 그 논문을 '게재불가'로 판정하는 경우를 간혹 볼 수 있다.

를 거부당한 많은 연구들이 단행본의 형태로 사용자들에게 다가갈 수밖에 없다(이건 내 경험에서 우러나오는 말이다). 모든 예술적, 학술적 형태에서 유사한 사례들을 찾을 수 있다.

이런 문제점은 **베리테**(*Vérité*) 스타일의 영화 제작의 어려움을 설명하는 데서도 드러난다. 베리테는 영화제작자들로 하여금 출연자들이 촬영상태에 있음을 최대한 느끼지 않도록 만들고, 그리고 영화제작자가 없을 때의 촬영상태에서 출연자들에게 그들이 하는 대로 하도록 놔두고, 그러한 제한 속에서 일어난 것을 최대한 촬영하게 하는 것이다. 그러나 그 결과로 나온 화면들은 빛이 제대로 전달되지 않고 초점도 맞지 않았으며, 그리고 다른 방식들에서도 '전문가적 기준'에 미치지 못한다.

다큐멘터리 영화에 영화적 감각을 불어넣어야 하는 편집자들은 베리테 방식으로 촬영한 결과물이 적절히 편집된 영화의 기준, 즉 연속성의 감각 또는 연속적이며 이해 가능한 동선(動線)을 만들어 내는 데 필요한 소재를 제공하지 않는다고 불평한다. 영화제작자들이 단 한 대의 카메라만 사용했거나 어떤 점이 요구될 것인지에 대한 예상을 하지 않기 때문에, 편집자들이 '컷어웨이[36](cutaway)'할 만한 소재가 없을 수도 있다. 예를 들면 누군가 이야기하는 장면을 촬영한 연속 쇼

---

36 주요 동선과는 직접 관련이 없으나 두 쇼트 사이에 위치하는 장면 혹은 그것을 편집하는 기법. 예를 들어 자동차 경주 장면에서 자동차가 달리는 장면을 보여주고 이어서 관중들이 환호하는 장면을 붙인 후 다시 자동차가 달리는 장면을 보여준다면, 관중 장면이 컷어웨이 쇼트다.

트를 분할하면 그 중 몇몇 부분만 쓸 수밖에 없고, 그렇다 보니 그 불연속성을 커버하기 위해 한 부분에서 다른 부분으로 점프해야 될 것이다. 또 '설정(establishing)' 쇼트[37]를 구할 수 없는 편집자의 경우는 감상자의 혼란을 방지하기 위해 그 장면이 어디서 촬영된 것인지를 명기하기도 한다. 데이비드 메이즐스와 앨 메이즐스(David and Al Maysles)에 의해 제작된 성경 세일즈맨에 관한 다큐멘터리의 고전 『세일즈맨(Salesman)』을 편집한 샬럿 즈웨린(Charlotte Zwerin)은 인터뷰에서 이렇게 설명한다.

편집을 시작했을 때 설정 쇼트가 필요하다는 걸 알았고, 앨이 그걸 내게 가져다 줬죠. 제 생각에는 이 쇼트들이 보스턴의 모텔 바깥에 있는 것들을 촬영한 것 같았고, 또 어떤 것은 플로리다의 모텔 같았어요.

[질문: 저는 베리테 스타일 필름을 편집하는데 있어서 연속성의 문제에 관심이 있는데요. 당신은 『세일즈맨』에서 이러한 문제점을 많이 발견했나요?]

그럼요. 살인적이었어요. 앨은 너무 많은 생각할 거리를 갖고 왔어

---

37 새로운 장면이 시작될 때 그 배경이 되는 공간을 전체적으로 비춰주는 쇼트. 이는 관객에게 장면에 관한 정보를 제공함으로써 영화에 대한 이해를 높여 보다 쉽게 몰입하게 하기 위한 것이다.

요. 조명, 적절한 카메라 앵글, 위치이동 … 그러니까 결과적으로 그 (앨)는 그것이 어떻게 자연스럽게 편집될 수 있는지를 전혀 고려할 수가 없어요 …

[질문: 편집하기 어려웠던 시퀀스의 예를 들어 주실래요?]

가장 재미있으면서도 어려웠던 신은 찰리와 래빗이 보스턴에 사는 아일랜드 계 할머니와 그 딸에게 성경을 팔러 갔을 때입니다. 이 두 여인은 기묘한 캐릭터의 소유자이면서 재미있기도 하지만, 이 시퀀스는 몇 달 동안 저를 미치게 했어요. 찰리와 래빗이 피아노에서 커피 테이블이랑 문으로 왔다 갔다 했죠. 이들은 계속 거기를 돌아다녔고 앨은 그것에 대해 아무 것도 하지 않았어요. 그는 확실히 그들 (찰리와 래빗)에게 앉아 있거나 한 군데 머물러 있으라고 할 수가 없었고, 하지만 앨이 장면을 전환할 때마다 찰리와 래빗이 다른 집에 가 있는 것처럼 보였어요. 방 조명도 제멋대로여서 편집에 도움이 되지 않았습니다. 세일즈맨들이 어두운 방 한구석에 짙은 색 옷을 입고 있었던 반면에, 두 여인은 아주 밝은 곳에서 아주 밝은 색 옷을 입고 소파에 앉아 있었죠. 확실한 샷을 잡을 여지가 없었고, 한바탕 홍역을 치르고 난 다음에도 두 그룹이 같은 방에 있는 것이 아니라는 느낌을 지울 수가 없었습니다(Zwerin, 1971: 90).

베리테가 이런 결과물들을 내놓기 때문에, 바로 그 '불완전성'이 영화의 '진정성(authenticity)'에 대한 보증수표가 되고 또 관람자들에게 그 영화가 '사실'임을 설득하는데, 심지어 얼룩이나 떨림이 촬영조건에 기인한 것이 아닐 때도 그렇다. 질로 폰테코르보(Gillo Pontecorvo)의 1996년 작품 『알제 전투(*Battle of Algiers*)』는 전적으로 픽션 영화로서 유급 배우와 엑스트라를 동원해 인위적으로 연출한 '사건들'이지만, 다큐멘터리 작품의 불완전성을 완벽히 모방함으로써 관객들이 프랑스가 알제리에서 철수하는 계기가 된 폭동의 실제 사건 뉴스영화를 보고 있는 것이 아니라고 생각하기 힘들게 만들었다.

기법 표준에 기초한 비판은 거의 모든 사회의 재현 제작에 침투해 있다. 대부분의 재현은 특정 기법공동체(craft community)에 속한 사람들에 의해 제작된다. 이 공동체는 수용 가능한 기법의 표준들을 유지하며, 공동체 성원들은 그 표준들에 부합하지 않는 작품들을 비판한다. 재현 제작자들은 이 표준들을 받아들이고 자신의 작품들에 적용하며, 하나라도 표준에 부합하지 않은 것이 있으면 그들의 기법 공동체 동료들이 자신을 비판할 것을 알고 있다. 그리고 이들은 그러한 판단을 공유한다. 이들은 심지어 자신이 극대화하고자 하는 다른 가치, 이를테면 '다큐멘터리적 사실성'을 희생하고서라도 그러한 표준에 부합하기 위해 노력한다.[38] 단지 오락 영화가 아니라 사회에 대한 사실성

---

38 이는 껍데기(혹은 형식)가 알맹이(혹은 내용)를 지배하는 현실을 보여주는 대목이기도 하다. 학술지 논문 심사에서 심사자들은 흔히 어떤 알찬 내용을 진술했는가보다 무슨 기법(특히 고급 통계기법)을 사용했는지를 기준으로 더 후한 점수를 부여하곤 한다. 또한 기업의 신입사원 채용이나 대학의 교수 채용 심사에서도 지원자가 무엇을 공부했는지(알맹이)보다 어느 학교 출신인지(껍데기)를 더 중시하는 경향이 있다.

을 원하는 사용자들은 영화제작자들이 기법 표준들을 위해 사실성을 희생시킬 수도 있다는 점을 우려한다.

이러한 고려가 작품의 사실성이라는 가치에 어떤 영향을 미치는가? 신(scene)에 극적 효과를 부여하면서 동시에 사실성을 말하는 것은 불가능할까?

사회적 삶과 사회적 사건을 최소한 부분적으로라도 기술하는 재현들 ─ '예술'의 영역에서는 사진, 영화, 소설, 희곡 등이 포함된다 ─ 을 살펴보면, 우리는 앞서 언급한 형식적 관계들의 완전성과는 다른 종류의 기준들을 다루고 있는 우리 자신을 발견한다. 이런 경우들에서, 우리는 작품이 '실재 세계(real world)'에 대해 묘사하고 있는 것의 관계, 그 작품이 사회적 실재에 대해 말하는 것의 사실성이나 정확성에 관심을 갖는다. 우리는 그 작품을 진지하게 받아들이는데, 이는 어느 정도는 작품이 우리에게는 우리가 전에 알지 못했던 사회의 어떤 측면을 말해 준다고 주장하기 때문이다.

디킨스의 산문은 격조 높고, 플롯은 복잡하고 매혹적이며, 등장인물들은 인상적이다. 그러나 그의 후기 소설들이 영향력이 있는 가장 중요한 부분은 그 소설들이 빅토리아 시대 잉글랜드의 사회 및 경제 제도에 대한 사실성(비록 회화화됐을지라도)을 말하고 있다는 우리의 믿음에 기초한다. 상상으로 실험을 해 보자. 산더미 같은 법정 기록과 씨름하는 역사학자들은, 『황폐한 집(Bleak House)』에 나오는 '잔다이스 대 잔다이스(Jarndyce vs. Jarndyce) 소송처럼, 변호사들이 수임료와 관련된 모든 돈을 꿀꺽할 때까지 소송을 수년간 질질 끌었다는 사실을 발견한다. 우리는 소설에 대해 서로 다른 느낌을 가질 수 있다. 실제 일어났음직한 사건에 대한 리얼리즘적 설명이기보다 판타지라고 간주해서, 소설의 성과를 크게 평가하지 않을 수도 있다. 우리는 소설에서 읽은 내용을 사회적 조건에 대한 반응에 기초한 사실로 받아들이지 않을 수도 있고, 빅토리아 시대의 제도에 대한 질문에 신뢰할 만한 대답을 내놓지 못할 수도 있으며, 또한 플롯과 등장인물이 매력적임을 발견하지 못할 수도 있다. 동일한 글이지만 다른 책이 될 수 있다는 말이다.

디킨스는 일부 독자들이 영국 법원이 이런 부조리한 짓을 저질렀다고 믿기를 거부하면서 자신(디킨스)이 이야기를 꾸며냈다고 생각할 수 있다는 점을 두려워했음이 분명하다. 그는 그러한 비난에 대항하여 『황폐한 집』의 서문에서 자신의 보고의 정확성에 자부심을 갖고 (그는 결국에는 저널리스트가 됐다) 이 이야기의 실제적 사실성을 주장했다. 그는 이야기의 실제적 사실성이 이 소설의 미학적 성공을 위해 필수적이라고 분명히 생각했다.

챈서리(Chancery) 법원과 관련된 부분에 서술된 모든 내용은 실제적으로 사실이며, 사실성의 범위 내에 있다. 그리들리(Gridley) 사건은 실제 사건에서 바꾼 내용이 전혀 없고, 이 사건이 처음부터 끝까지 총체적으로 엄청나게 잘못됐음을 잘 알고 있는 이해 중립적 인사에 의해 공표된 것이다. 현시점(1853년 8월)에서 이 사건은 소송 개시 20년이 다 돼가고 30명에서 40명 사이의 변호사가 동원됐으며 소송 비용은 총 7,000파운드에 이르렀다. 이는 우호적 소송(FRIENDLY SUIT)이지만 시작 때보다 지금 훨씬 더 그 끝이 보이지 않는다. 챈

사회에 대해 말하기

서리 법원에는 아직 판결이 내려지지 않은 또 다른 유명한 소송 건
이 있는데, 지난 세기 말에 시작되어 7,000파운드의 두 배가 넘는 돈
이 소송비용으로 들어갔다. 만일 내가 잔다이스 대 잔다이스 소송
을 위해 다른 관계자들을 원했다면, 나는 이들을 그 페이지들에[39]
내려 보내 인색한 대중의 비난을 비 오듯 쏟아 붓게 만들 것이다.

애덤 혹실드(Adam Hochschild)는 유럽인과 '타자(others)'(즉 한 때 유럽
의 식민지였던 나라들의 토착민들) 간의 관계를 탐구한 고전적 작품인 조셉
콘래드(Joseph Conrad)의 『암흑의 핵심(*Heart of Darkness*)』을 탐구했다.[40]
이 작품에서 유럽 무역회사의 주재원인 커츠(Kurtz)는 그 당시 벨기에
령 콩고였고 후에 자이레가 됐으며 내가 이 책을 쓰는 시점에는 콩고
민주공화국인 지역에서 콩고 강줄기를 끼고 경작되지 않았던 지역을
개인의 영지로 만들었다. 혹실드는 작품 속에서 매우 섬뜩한 이미지
를 회상한다.

우리가 특히 기억하는 것은 말로(Marlow, 이 작품의 화자)가 증기선
위에서 쌍안경으로 커츠의 집 근처 담장 기둥 꼭대기에 있는 것(커
츠가 장식품이라고 생각하는 것)을 보고 그 장식품들이 "까맣고, 말랐
고(dried), 푹 들어간 감겨진 눈꺼풀 — 기둥 꼭대기에서 자고 있는 것

---

39 소설의 해당 부분에.

40 이 책은 영화 『지옥의 묵시록(*Apocalypse Now*)』의 원작 소설이며, 국내에도 번역
출간됐다(조셉 콘래드. 이상옥 옮김. 1998. 『암흑의 핵심』. 민음사).

처럼 보이는 머리, 바싹 마른 오그라든 입술 사이로 드러난 흰 치아"임을 알게 되는 장면이다. 이 소설을 읽어본 적이 없는 사람일지라도 참수된 머리는 기억할 것인데, 왜냐하면 프랜시스 포드 코폴라(Francis Ford Coppola)가 『암흑의 핵심』을 『지옥의 묵시록(*Apocalypse Now*)』에 옮기면서 몇몇을 포함시켰기 때문이다(Hochschild, 1997: 40-41).

이는 혹실드를 곤혹스럽게 만드는데, 왜냐하면 이 책이 지금은 아프리카의 실재(콘래드가 직접경험의 지식을 가졌던)에 관한 거의 모든 것으로 것으로 읽혀지기 때문이다. 그래서 혹실드는 공들여 다음과 같이 기록하였다.

작가들과 학자들은 소설을 프로이트와 융과 니체, 빅토리아 시대의 순수와 원죄(原罪), 가부장제와 그노시스주의,[41] 포스트모더니즘과 포스트식민주의와 포스트구조주의의 측면에서 바라본다. 그러나 수백 편의 연구논문과 박사논문들이 넘쳐나게 쏟아질 때(예를 들면 "『암흑의 핵심』에서의 눈과 시선: 징후학적 독해"와 같은 제목으로 가지고), 이 소설이 실재 장소와 시대에 기초했다는 점은 쉬이 잊혀버린다. 또한 거의 모든 콘래드의 전기작가들과 마찬가지로, 실제 인물들도 간과되기 쉽다. 이들 중 몇몇은 소설의 주인공, 즉 20세기의 가장 악명 높은 소설 속의 악역 인물들 중 한 명인 커츠의 모델이다.

---

41 Gnosticism: 초기 기독교 시대의 신비주의적 이단.

학자들이 커츠의 피에 굶주린 모습에 대해 언급할 때, 그들은 콘래드가 그런 모습을 지어냈거나 그 지역 원주민의 관습에서 차용했다고 가정하는 경향이 종종 있다 … 노먼 셰리(Norman Sherry)가 말하기를, "커츠의 집 근처 기둥 꼭대기의 쪼그라든 머리에 대해 말하자면, 이는 호디스터(Hodister, 당시 상아[象牙] 무역에 종사했던 벨기에 인으로 실존 인물이며, 경쟁관계에 있던 상인에 의해 학살, 참수당했다)와 그의 수하들의 운명을 잔혹하게 옮겨놓은 것이다."

우리는 당시 강가 유역의 지역 전사들도 정말로 희생자들의 참수된 머리를 전시했다는 것을 다른 목격자들을 통해 안다. 그러나 콘래드가 동일한 짓을 행한 커츠를 상상하기 위해 그런 '잔혹한 전환(macabre transference)'을 해야만 했을까? 셰리와 다른 사람들은 비평가들이 환영적(幻影的, phantasmagoric)인 것으로 간주하기를 좋아하는 커츠의 모습을 공유하는 몇몇 원형(prototype)들을 무시해 버렸다 (Hochschild, 1997: 40-41).

혹실드는 이런 것을 단지 학자들이 무언가를 탐구하는 방식이라고만 받아들이지 않는다. 그는 그것에 은폐된 정치적 동기가 내재되어 있다고 본다.

유럽인과 미국인들은 아프리카 정복을 히틀러와 스탈린이 자행한 대량학살의 축도(genecidial scale)로 간주하기를 주저했다. 이런 이유로 우리는 속 편하게 커츠의 머리 수집을 '잔혹한 전환'으로 간주하고' 이런 잔인함의 원천이 콘래드의 상상력에서 나온 것으로 치부해 버렸다. 우리는 '암흑의 핵심'을 특정 역사적 지점에서 열정적으로 끌어내 보편적 우화로 전환시켰다. 무엇보다도 가장 잔혹한 전환은 이 소설을 아프리카 밖으로 끌어내야 한다는 우리의 지속적 주장이다(그는 스페인과 베트남의 영화 버전을 거론한다). 어떤 영화감독이 솔제니친(Aleksandr Solzhenitsyn)의 『이반 데니소비치의 하루(*One Day in the Life of Ivan Denisovich*)』를 영화화하는데 무대가 소련이 아니라든지, 엘리 비젤(Ellie Wiesel)의 『밤(*Night*)』을 영화화하는데 무대가 아우슈비츠가 아니라고 해서 우리가 그것을 이상하게 회피적이라고 여길 이유는 없지 않은가?(Hochschild, 1997: 46)

여기에 관련되는 것은 무엇인가? 혹실드는 (콘래드의) 소설을 중부 유럽인 등장인물이 자행하는 매우 잔인한 행동에 대한 사실성에 대해 말하는 기술적인(descriptive) 것으로 보고자 한다. 그는 자신의 주장을 입증하기 위한 증거를 만들어 내고 왜 다른 이들이 책에 나오는 이런 잔인한 등장인물을 무시해 버리는지를 설명한다. 그는 일상적으로 미학적 동기에 의한 고안물로 간주되었던 것을 작가가 보았던 어떤 것에 대한 간결한 사실적 보고로 전환시켰다. 그리고 비록 그가 이런 점을 언급하지 않았지만, 당신은 이를 그점을 알고 있는 독자의 미학적 경험의 요소로 간주할 수 있다. 이는 우리 같은 사람들이 기회 있을 때, 그리고 신경을 써야 할 다른 사람들의 의견에 아무도 주목하지 않을 때 실제로 행동한 방식이 바로 이것이라고 이야기함으로써 여러분에게 충격을 준다.

혹스차일드의 불만은 일반적인 요점을 제시한다. 우리가 통상적으로 이해하는 것보다 훨씬 많은 예술작품들이 어떤 사회적 사실의 문자적 기술, 특정 시간 및 장소에서의 특정 사회적 조직에 대한 검증 가능한 기술로 받아들여질 수 있고, 그 제작자들이 작품을 통해 의미하는 바 또한 그러하다는 것이다.

더 나아가 보자. 사회적 사실의 예술적 재현에 전제된 사실성은 작품을 예술로서 평가하는데 있어서 본질적 요소이다. 즉 당신이 예술과 사실 모두가 아닌 하나만을 취하려면 양자가 교차하여 작동하지 않아야 한다. 많은 작품에서 당신은 둘 다 취하거나 아무 것도 취하지 않을 수밖에 없다. 사실성이 없는 예술은 없다. 사회적 실재를 주장하는 작품의 사실성은 그 작품의 미학적 효과에 기여한다. 그것이 바로 학생들이 톰에게 화를 낸 이유다. 만일 그의 외숙모와 아버지에 관한 이야기가 사실이었다면, 우리를 격앙시키고 화나게 했을 것이다. 만일 사실이 아니었다면, 그것은 단지 그저 실없는 농담이었다. 사실성이 없으면, 예술도 없다.

8
재현의 도덕

사회를 재현하는 것은 참여자들, 제작자들, 사용자들에게 도덕적 문제를 제기한다. 이는 여러 다양한 형태를 띤다. 도덕적 과오로서의 허위표상, 통상적 테크닉이 우리의 도덕적 판단을 형성하는 방식, 행위의 결과들에 대해 찬사와 비난이 부여되는 것과 관련된 문제, 그리고 영웅과 악당으로서의 사회적 행위에 참여하는 인물로서 영웅과 악당의 캐스팅과 관련된 문제 등이 그것이다.

'허위재현'

　나의 전통[42]에 속하는 사회학자들은 일상적으로 골칫거리(trouble) — 즉 사람들이 일이 진행되어야만 하는 방식으로 진행되지 않는다고 불평하는 상황들 — 를 찾음으로써 사회조직을 이해하려 한다. 사람들이 위반(violation)에 대해 불평하는 것을 듣노라면 사회적 관계를 지배하는 규칙과 이해를 쉽게 발견할 수 있다. 재현 활동의 여러 분야에서는 자기 분야의 재현의 산물의 제작과 사용을 놓고 이따금 심각한 도덕적 논쟁이 벌어지곤 한다. 다섯 살짜리 아이들의 게임에서나 나올 법한 "그건 불공평해", "얘가 속였어"라는 외침은 그렇게 고상한 문제는 아니지만 상당히 진지하게 다루어지는 문제이기도 하다. 이러한 갈등들에 대한 분석을 시작함으로써 **허위재현**(*misrepresentation*)의 문제로 들어가 보자.

　파푸아뉴기니 대학교 인류학과 학생들은, "파푸아뉴기니: 인류학의 시험대(Papua New Guinea: Anthropology on Trial)"라는 노바 프로그램[43](*Nova* program)(*Nova*, 1983)에서, 마가렛 미드(Margaret Mead)의 『뉴기니에서의 성장(*Growing Up in New Guinea*)』은 정보제공자들이 학생들의

42　여기서 '나의 전통'은 저자인 베커가 주로 기초하는 상징적 상호작용론의 전통을 지칭한다. 그는 행위자들 간의 상호작용 과정의 측면에 주목하면서 『아웃사이더들(*Outsiders*)』(1973)에서 일탈자 및 범죄자에 대한 낙인(labeling)의 문제를, 그리고 『예술세계(*Art World*)』(1982)에서 '예술세계'라는 사회적 공간에 참여한 사람들 간의 분업과 상호작용의 문제를 다룬다.

43　'노바 프로젝트'라는 이름으로도 알려진 대안학교 프로그램.

선조들에 대한 명예훼손적인 이야기들을 반복하고 있기 때문에 '불공정하다(unfair)'는 불만을 제기했다(정보제공자들은 학생들의 선조들에게 전통적으로 경멸감을 갖고 있었기 때문이다). 학생들의 불만은 미드가 자신이 들은 이야기를 부정확하게 보고했다는 것이 아니었다. 그들도 정보제공자들이 그런 이야기를 했다는 것에 동의했다. 또한 미드가 그 이야기들을 사실로 제시했다면서 불평한 것도 아니었다. 미드는 그것을 사실로 제시한 적이 없다. 아니, 그러니까 학생들이 불평을 했던 이유는 자신들의 조상들(미드가 연구하지 않았던 사람들)도 다른 이들의 안 좋은 점에 대해 이야기했었는데, 미드가 그것에 대해서는 동등한 분량을 할애하지 않았다는 점이었다.

이런 불만은 자기 이해관계(self-interest)에서 비롯되는 유형이라 할 수 있다. "넌 나를(또는 내 친구를) 못나 보이게 했어!" 어빙 고프만(Erving Goffman)이 연구해 저술했던 책 『수용소(Asylums)』에 나오는 첫 번째 정신병원 내과 보조의는 그 책에서 기술되었던 모든 '나쁜 것'에 대해 자신은 '좋은 것'과 균형을 맞출 수 있었다며 불평했다(고프만이 그에게 바친 각주에 나오는 이야기다). 고프만이 보고했던 환자를 희생자로 만들기(victimization of patients)에 대해, 그는 아마도 새로 도색한 카페테리아 이야기를 할 것이다(Goffman, 1961: 234). 이와 유사하게, 미주리 주 캔자스시티 시민들과 정치인들은 1960년 미국 센서스가 도시 인구 수를 수천 명 가량 축소 보고하는 바람에 주 법률(이 법률은 그 몇 해 전에 세인트루이스 시의 재정난 해결을 위해 제정됐던 것이다)에 따라 시에 교부되는 배당금 50만 달러 이상을 받지 못하게 됐다는 점을 불평했다. 프레드릭 와이즈먼(Frederick Wiseman)의 촬영 팀에 속했던 이들은 거의 모두가 그런 결말로 끝날 줄은 몰랐다며 불평했다.

노먼 메일러(Norman Mailer), 트루먼 카포테(Truman Capote), 톰 울프 (Tom Wolfe) 등이 작성한 다소간 픽션화된 보도기사들은 보다 일반적 인 불평을 촉발했다. 저명한 저널리스트 존 허시(John Hersey, 1980)는 이 들 기자들이 그 보도기사들을 만들어 냈을 뿐만 아니라 보다 높은 수 준의 사실성(higher truth)의 이름 하에서 그것들을 만들 수 있는 권리 를 주창하기까지 했다는 사실을 지적했다. 허시는 작가가 픽션으로 명 명된 글 속에서 세목과 사건을 창작할 수 있고, 픽션은 "이것은 창작 된 것이다(THIS WAS MADE UP)!"라는 면허를 갖지만 저널리즘은 그럴 수 없다고 역설했다. 저널리즘에서 "기자는 결코 지어내서는 안 된다. 저널리즘의 면허는 아무 것도 지어내지 않았다(NONE OF THIS WAS MADE UP)인 것이다. 우리가 이 말을 받아들일 수 있다면, 저널리즘의 윤리는 모든 저널리스트가 반드시 관찰된 데이터에서 누락함으로써 (subtracting observed data) 발생한 왜곡과 지어낸 데이터를 덧붙임으로써 (adding invented data) 발생하는 왜곡 간의 차이를 안다는 단순한 사실에 기초해야 한다."

흥미롭게도 허시는 이에 덧붙여 누락에 의한 왜곡도 수용 가능하 다고 하는데, 이는 "독자가 저널리즘에서 (관찰된 데이터의) 누락을 기정 사실로 간주하고 본능적으로 어긋난 것(bias)을 찾아 헤매기 때문이다. 독자는 뭔가 덧붙여졌다고 의심하는 순간, 무엇이 진실이고 무엇이 아 닌지를 알아낼 방법이 없다는 생각에 두려워한다. 더욱 두려운 것은 거짓말이 사실이 된다는 생각이다"(Hersey, 1980). 그러나 많은 비평가 들은 인쇄 및 방송 저널리즘이 사람들이 이슈에 적절하게 접근하는데 필요한 바로 그것들을 정확하게 누락시켜 버린다는 점에 대해 불평했다(예를 들어, 몰로치와 레스터[Molotch and Lester, 1974], 터크맨[Tuchman, 1978], 기틀린[Gitlin, 1980]). 많은 독자들이, 만약 그렇게 해야만 했다는 것을 알았다면, 허시가 누락에 주목했던 방식처럼 덧붙여진 것들을 '본능적으로 찾아 헤맬 것'을 상상하기란 어렵지 않다. 울프의 독자 중 다수가, 신문 독자 및 텔레비전 시청자들과 마찬가지로, 아마도 바로 그렇게 했을 것이다.

허시는, 우리가 그의 판단을 받아들이든 말든 어쨌든 간에, 사회적 실재의 재현을 두고 일어나는 갈등들에 대한 사회학적 핵심을 밝혔다. 어떤 매체나 장르의 보고도, 아무리 엄격한 규칙을 따르더라도, 모든 문제를 해결할 수 없고, 모든 질문에 답할 수 없으며, 모든 잠재적 문제를 피해갈 수도 없다. 이미 봤듯이, 어떠한 종류의 보고든 그것을 만들어내는 사람들은 '꽤 충분한 것'이 무엇인지에, 충분한 조건의 달성을 위해 따라야 할 절차는 무엇인지에, 그리고 이러한 절차를 따라 제작된 보고는 일상적 목적의 달성을 위한 충분한 권위를 갖고 있다는 점에 동의한다. 이런 점은 전문가와 그 절차를 사용하는 사람들의 결과물이 수용가능하고 믿을 수 있고 또한 다른 사람들의 목적을 위한 일상적 사용에 적용 가능한 중량감을 갖고 있음을 보장해 주며, 그럼으로써 전문가적 이해관계를 보호해 줌은 물론 그러한 절차를 사용하는 사람들의 작업도 진행되도록 해준다. 합의된 표준들(agreed-on standards)은 기대되는 것이 무엇인지를 정의하고 있기 때문에, 사용자들은 그 표준들에 따라 만든 재현의 결점들을 무시할 수 있고, 아울러 최소한 자신들이 무엇을 다루고 있는지를 알 수 있다. 허시의 분석

사회에 대해 말하기

은 이러한 상태의 일처리가 정상적이고 표준적이며 적절한 것임을 인정한다. 이는 내가 일찍이 재현을 제작하는 모든 방식이 '완벽하다'고 말했을 때 염두에 두었던 것으로, 사용자들이 그 결과물을 그 상황에서 그들이 얻을 수 있는 최상의 것으로 받아들일 수 있고 그리고 그 결과물의 한계들을 다루는 방식을 배울 수 있다는 것으로 충분하다는 것이다. 비평가들의 주장에 따르면, 허위재현이 일어나는 것은 누군가가 표준적 절차를 따르지 않고 사용자들로 하여금 그것이 정당하지 못한 계약임에도 불구하고 유효한 것으로 생각하도록 오도할 때이다.

다큐멘터리 영화 제작자들 사이의 다툼은 종종 방법상의 차이의 문제를 두고 벌어지는데, 기존의 표준적 방법의 관점에서 볼 때 영화가 사실이라고 확증할 수 있는지에 관해 혼동을 초래할 가능성이 보이는 방법의 경우가 그러하다. 미셸 시트론(Michelle Citron)은 "실화에 기초한(factual)" 영화인 『딸의 의식(*Daughter Rite*)』(Citron, 1979)에 '허구적(fictional)' 장면을 삽입하여 엄청난 비난을 받았다. 일부 보수적인 영화제작자들은 관객을 오도했다는—관객이 보고 있는 것이 실제로 일어난 일이 아님에도 실제로 일어난 것처럼 생각하도록 '술책을 썼다(tricked)'는—불만을 표했다. 시트론은 나름 설득력있게, 자신의 영화가 좀 더 포괄적인(generic) '사실성'을 보여주었다고 주장했다.

또한 사용자들과 비평가들이 '허위재현'을 주장할 때는, 수용 가능한 표준적 절차의 일상적 사용에 있어서 무언가를 누락함으로써 그들의 이해관계를 침해할 때 — 만일 그것이 포함되었다면, 사실에 대한 해석은 물론 더 중요하게는 그 재현에 기초해 만들어진 도덕적 판단까지도 변화될 수 있을 때 — 이다. 이는 종종 특정 역사적 변환이 새로운 목소리를 청중들에게 전파하고자 할 때 일어난다. 마가렛 미드가 연구했던 사람들[44]은 인류학적 보고서들을 읽지 않았고 그래서 그에 대해 비판할 수가 없었다. 그러나 파푸아뉴기니 대학교에서 공부하는 그 후손들은 그렇게 할 수 있고 또 그렇게 했다.

어느 경우든 허위재현의 문제는 사회조직의 문제, 즉 한 때 모든 사람에게 충분했던 거래(bargain)가 부적절한 것으로 재정의될 때 명백해진다. 장르와 미디어를 가로지르는 많은 '도덕적' 문제는 그와 유사하게 재현의 윤리와 재현의 권위의 문제를 내포한 조직적 산물로 분석 가능하다.

'은밀함': 제작자들과 사용자들의 도덕공동체

프레드릭 와이즈먼의 영화 『티티컷 폴리즈(*Titicutt Follies*)』(1967)는 어떤 영향과 판단도 배제한 방식으로 매사추세츠 주 브릿지워터 형사 정신질환자 병원(Bridgewater Hospital for the Criminally Insane)의 일상생활을 묘사한다. 이 복잡한 작품을 정확히 기술하는 것은 무리이므로, 여기서는 짧막하게만 살펴보겠다. 이 영화는 대체로 컷 없는 상당히 긴 롱테이크[45]로 병원에서 직원과 환자들에게 반복적으로 일어나는 삶의

---

44 앞서 언급한 파푸아뉴기니 대학교 학생들의 선조들.
45 테이크(take)는 카메라를 한 번 작동시켜 하나의 쇼트를 촬영하는 것을 말한다.

모습들을 보여준다. 이를테면, 의사들이 환자들에 대해 토의하고 처방을 결정하는 회의들, 의식불명의 환자들에게 코에 넣은 튜브를 통해 강제로 밥을 먹이는 병원 직원들, 쉬지 않고 몇 분씩 횡설수설 외치고 다니는 환자들, 직원과 환자들이 마련한 성탄절 공연, 분명히 허락하지 않을 의사에게 자기가 왜 병원에서 나가야 하는지를 설명하는 블라디미르라는 환자 등이다. 이런 장소가 어떻게 사람을 미치게 만드는지를 보여주는 것은 쉽지만, 또한 대부분의 사람들에게 그 병원 안에 있는 많은 이들이 아마 병원에 도착했을 때에 이미 상당히 미쳐 있었음을 보여주는 것도 쉽다. 하지만 이 영화는 대부분의 사람에게 그 병원이 마땅히 폐쇄돼야 할 끔찍한 장소이고 또 의사들은 잔인하고 감정이 없는 사람들이라는 결론을 내리도록 이끈다. 그 시기의 대부분 다큐멘터리들과 달리, 『티티컷 폴리즈』에는 관객들에게 생각할 거리를 던져주는 자막도 해설 나레이션도 없다. 그럼에도 불구하고, 하케의 '구겐하임 프로젝트'에서처럼, 이 영화에서의 선정과 편집은 분별력 있는 관객이라면 이 병원이 끔찍한 장소라고 결론을 내리도록 이끈다.

'말하기(Telling)' 세미나에서 한 여학생은 내가 와이즈먼의 영화를 다큐멘터리의 명작으로 소개한데 대해 이 작품이 '은밀하다(insidious)'면서 반박했는데, 말인즉슨 온갖 종류의 영화적 장치('술책[trick]')를 사용해서 관객들로 하여금 자신이 본 것이 '사실'이라고 믿게 만든다는 것이었다(내가 그 학생에게 무슨 의미로 말했는지 설명해 달라고 요청했을 때 이렇

롱테이크는 하나의 쇼트를 길게 촬영하는 것으로서, 일반적인 상업영화의 쇼트가 10초 내외인데 비해, 롱테이크는 1-2분 이상의 쇼트가 편집 없이 진행된다.

게 대답했다). 조명, 귀에 거슬리는 소리, 끊임없는 소음, 빈번히 나오는 남성의 나신(裸身)(누구에 의해서도 언급되지 않은), 매우 긴 롱테이크 등은 관람객들에게 이러한 소재들이 짧은 순간들을 교묘하게 편집한 단순한 콜라주(collage)[46] 보다 크고 뭔가 다른 실재를 숨길 수 있을법한─가 아니라고 생각하도록 이끈다는 것이다. 그 학생이 왜 이 영화가 '은밀한지'에 대해 명료하게 말하지는 못했지만, 그 때도 그렇고 지금도 그렇고 나는 이 말이 아주 멋진 단어라고 생각한다.

왜 그런가? '은밀하다'는 말은 어떤 효과(effect)가 당신(즉 관객)이 충분히 인지하지 못했고 그래서 비판할 수 없었던 수단들에 의해 성취되었다는 뜻을 내포한다. 영화에서 (화면에 나타나지 않는) 해설자의 나레이션이 뭔가를 이야기할 때, 우리는 그 목소리가 우리에게 명료한 문장으로 말하고 있음을 알고, 그리고 우리들 중 대부분은 아닐지라도 많은 사람들이 이 권위적인 목소리를 경계해야 한다는 점을 알고 있다. 그러나 우리는 카메라가 누군가를 밑에서 잡을 때 더 커 보이고 경외심이 들거나 무서워 보인다는 것, 그리고 반대로 위에서 잡으면 더 작고 권위 없고 아이 같아 보인다는 사실을 같은 맥락 방식으로는 이해하지 못할 것이다. 우리가 그런 것을 안다면 주의를 기울이고, 우리에게 강요된 아이디어를 받아들이지 않을 수 있는 근거들을 찾을 것이며, 그 술책을 인식하고 신중해진다. 그런 것을 알지 못한다면, 즉 그것이 은밀할 때는, 우리는 경계도 하지 않고 적절한 지적 예방조치도 취하지 않을 것이며, 그리고 그런 술책을 감지할 수 있는 안테나를 세우

---

[46] 별로 관련이 없는 장면이나 이미지들의 연결로 이루어진 작품.

222   사회에 대해 말하기

고 있었다면 우리가 용납하지 않았을 진술이나 아이디어를 받아들이는 '바보'가 되거나 '함정'에 빠질 것이다.

어떤 술책에 넘어가느냐 하는 것은 사람에 따라 다르다. 이런 은밀한 힘은 아마추어나 일반 대중에 비해 전문가들에게는 영향을 덜 미칠 수 있다. 우리는 직업적인 영화제작자들이라면 무슨 일이 일어나고 있는지 그리고 속아 넘어가지 않으려면 무엇을 조심해야 하는지를 안다고 자연스럽게 추측할 수 있다. 일부 재현 술책들은 너무 잘 알려져 있는 관계로 더 이상 '술책'이 아닌데, 이는 아마 허시가 이야기 속에 모든 것을 다 담아내지 않는 통상적인 저널리즘 관행('모든 사람'이 신문이 그렇게 한다는 것을 알고 있기 때문에 허시가 괜찮다고 생각했던 것)과 결코 일어나지 않았던 가공의 대화(inventing dialogue) — 일반 독자들이 찾아내는데 익숙하지 못한 — 를 구별하는데 있어 염두에 두었던 것이다.

이러한 구별은 중요하다. 부정확성이나 부분 누락 또는 여타의 '비합법적' 관행들은 아마 제작자들이 그런 관행들을 일상적으로 사용한다는 것을 아는 사용자들에게는 통하지 않을 것이다. 이러한 것들이 사용자들에게 경고하는 바는, 그런 예측 가능한 일상 활동들이 가져오는 왜곡들을 제거하고 또 그런 일상적 '오류들'이나 '왜곡들'을 포함한 방식으로 생산된 소재들에 기초하여 만들어진 결론들에 의혹을 품으라는 것이다. 그러나 일상적 왜곡이나 누락에 대해 모르는 사람들은 아마, 만일 자신들을 그런 길로 인도했던 그 일상적 술책들을 알기만 했더라면, 결코 받아들이지 않았을 결론과 아이디어를 받아들일 수 있다.

이러한 순진한 사용자들도 만일 그 술책들이 행해졌던 방식을 알았다면, 그러한 '타당하지 않은(invalid)' 방법들이 아주 엄격한 검증을 견뎌낼 수 있는 '진짜 증거(real evidence)'를 생산하지 못한다는 사실을 알았을 것이다. 그리고 나면 그들은 그 결론들이 '부적절하게 정당화 (justified improperly)'됐었기 때문에 '옳지 않음(no good)'을 알게 될 것이다. 내가 인용부호를 단 모든 단어들은, 내가 앞 문단들에서 언급했던 깨어 있는(informed) 독자들이라면 그런 견해를 취했을 것이란 점을 지적하기 위한 것이지, 내가 이 모든 기준들과 나 자신을 합리화하는 모든 것을 받아들인다는 점을 지적하기 위한 것은 아니다.

이는 일반화의 문제를 제기한다. 사회에 대해 말하는 모든 수단에는, 제작자와 사용자 간의 도덕적 약속(moral pact)에 의해 그 방식을 정당화하는 일부 집단들이 있고, 이 집단들은 사용자들에게 어떤 것이 타당한 것으로 확증되어 공식적으로 수용 가능한 것으로 인정받았으며 또 어떤 것은 교활하며 수용 불가능한 것으로 밝혀졌음을 설득할 수 있는 방식들을 구체화한다. 그 약속의 당사자들은 교활한 수단을 사용하는 사람을 제작자와 사용자들의 도덕적 합의를 위반했다는 점에서 사기꾼으로 간주할 것이다. 도덕적 약속의 당사자인 사용자들은 그 합의에 의해 설정된 한계 내에서 인지하게 될 것이고, 따라서 쉽사리 속아 넘어가지 않을 것이다. 이들은 제작자들이 합의를 준수하고 합의된 바 없는 설득수단은 사용하지 않으리라 기대할 것이다('은밀한' 이란 사실이 아닐 수 있는 것을 함축하며, 사용자들이 만일 알았더라면 거의 혹은 전혀 인지하지 못하는 수단들에 의해 설득당하기를 거부했을 것이란 뜻도 내포한다).

이러한 약속이 자신이 문서에 서명하는 방식 혹은 심지어 컴퓨터 소프트웨어를 살 때의 협약방식(디스크가 담긴 봉투를 열면, 당신은 모든 계약조건에 동의한다는 식의)을 통해 동의되어 왔다고 상상할 필요는 없다. 우리는 단지 사람들이 그 약속을 일상적인 사회적 활동에 합의되고 수용될 만큼의 방식으로 받아들이는데 동의한다 — 이러한 모든 암묵적인 이해들을 인식할 때조차 그 활동에 계속 참여함으로써 — 는 사실로 생각하기만 하면 된다(다음의 표준적인 일상생활방법연구[Ethnomethodology][47]의 표준적 경고를 마음에 새겨라. 참여자들은 종종 뭐든지 간에 자신들이 동의했다고 말했을 때 염두에 두어야 했거나 또는 두어야만 하는 것을 매번 계산한 후에 합의를 존중한다).

그 약속의 당사자가 아닌 다른 사용자들은 아마 경계해야 할 것이 무엇인지를 모를 수 있고 그래서 부도덕한 자들에게 쉽게 속아 넘어갈 것이다. 그러나 우리가 이러한 사용자들에게 말하고자 하는 바는, 사용자들은 자신들이 잘 모르는 소재들을 사용할 일이 없다는 것, 만일 사용자들이 이해하지 못하고 적절하게 평가할 수 없는 것으로 인해 계속 속아 넘어가고자 고집한다면 이는 제작자의 잘못만은 아니라는 것이다.[48]

우리가 이런 잠재적 논쟁에 굳이 끼어들 필요는 없다. 나라면 그런 이슈에 끼어들지 않고 그 대신 누가 무엇에 관해 누구에게 동의하지

---

47 Ethnomethodology는 국내에서 민속방법론(民俗方法論), 일상생활방법론(日常生活方法論), 민생방법론(民生方法論), 민간방법론(民間方法論) 등으로 번역된 바 있는데, 이 책에서는 '사람들이 일상생활에서 다른 사람들과의 상호작용 상황에서 사용하는 방법들에 대한 탐구'라는 점에 초점을 맞춰 '일상생활방법연구'라는 번역어를 사용하고자 한다.

48 사용자들에게도 잘못이 있다는 것이다.

않는지를 그저 지켜보기만 할 것이다. 우리가 할 수 있는 말은 그것을 판결을 내야 할 송사로 보기보다는 사회학적 현상으로 간주하고 연구하라는 것이다.

사회에 대해 말하는 모든 유형에 있어서, 우리는 제작자와 사용자들의 도덕공동체를 찾아야 한다(필연성이 아니라 가능성 차원에서). 그 공동체의 성원들은 사회에 대한 아이디어와 결론들을 의사소통하고 그리고 다른 사람들에게 의사소통된 것의 타당성을 설득하는 표준적인 방법들(설령 이 방법들이 과실과 결점들로 조롱을 받을지라도)을 알고 또 받아들인다. 사용자들은 제작자들이 행하는 것에 관한 모든 것을 안다. 어떠한 '은밀한' 설득 방법도 쓰이지 않는다. 제작자들은 사용자들을 바보로 만드는 비밀스런 일을 하지 않는다. 비밀은 없다(9장에서 살펴볼 고도로 전문화되고 비전적[祕傳的]인 수학적 모형들이 이와 같은 것이다. 이런 모형들을 규칙적으로 소비하는 유일한 사람들은 그 모형을 만들 수 있거나 실제로 만들고 있을 사람들이다).

우리는 이러한 재현 공동체에 대해 표준적인 사회학적 질문(standard sociological questions)들을 던질 수 있다. 어떻게 그들은 구성원들을 충원하고 그리고 그 구성원들을 자신들이 비즈니스를 행하는 방식으로 사회화시키는가? 제작자들이 사용하는 설득수단들에 관한 모든 것을 알고 있는 참여자는 누구인가? 그는 그것을 어디서 배웠는가? 어떤 사용자들이 은밀한 수단에 대해 잘 모르고 또 속을 가능성이 높은가? 박식한 사용자와 그렇지 않은 사용자를 구별하는 장치는 무엇인가? 그런 것을 잘 모르는 이들은 배울 기회가 있었음에도 배우지 않은 것인가(내가 상상할 수 있는 한, 이 책을 읽는 많은 사람들은 10주 코스 무료 수학모형 강좌가 있는데 들을 거냐고 하면 손사래를 칠 것 같다)?

재현 공동체 세계의 많은 곳에서, 소수의 제작자들이 대규모의 집단의 그리 박식하지 않은 사용자들이 감상하는 재현들을 생산한다. 극장이나 작은 스크린을 통해 영화를 보는 사람들 대부분은 한 편의 영화가 어떻게 만들어지는지 잘 모를 것이다. 물론 영화가 어떻게 만들어지는지를 모른다는 것이 영화를 비판적으로 감상하는 법을 모른다는 말과 같은 뜻은 아니다. 반면에, 신문과 대중잡지에 실린 통계표와 차트는 그 술책에 익숙하지 않은 사람들을 속여 넘길 수 있다. 그들은 통계가 거짓말을 한다는 것은 알 수 있지만, 어떤 종류의 거짓말들이 행해지고 또 어떻게 그것들을 발견해내는지 — 이는 오직 전문가들만 아는 것이다 — 는 모를 것이다. 『통계라는 이름의 거짓말(*Damned Lies and Statistics*)』(Best, 2001) 같은 책들은 보다 직설적으로 이에 대해 이야기한다.[49]

이 세계에서 식견이 부족한 참여자들은 모두 얼간이인가? 많은 사람들은 '은밀한' 커뮤니케이션 수단이 자신들을 속여 왔다는 것에 크게 신경 쓰지 않았을 것이다. 당신이 영화 관객들에게 『티티컷 폴리즈』의 제작자들이 장면을 자르고 조절하여 보는 이들의 감정과 결론을 조작해서 사실일 법하다고 또는 사실이 아닐 법하다고 믿게 만들었다고 이야기했다고 가정하자. 그러면 관객 대다수는 아마 자신은 그것에 대해 별로 신경 쓰지 않았고, 그런 영향과 무관하게 자신이 보고

---

49 이 책은 국내에도 번역 출간됐다(조엘 베스트. 노혜숙 옮김. 2003. 『통계라는 이름의 거짓말』. 무우수).

들은 것, 즉 자신의 감각을 증거로 믿었다고 말할 것이다. 이를테면, 어떤 영향도 의사가 블라디미르의 논리를 심각하게 받아들이지 않은 것에 대한 우리의 판단을 변화시키지 않았고, 몽타주, 카메라 앵글, 조명, 혹은 음향 녹음의 예술적 사용에 대한 어떤 지침도 이 병원에서 환자들이 받은 처방이 궁극적으로 자신들을 죽일 처방과 같은 것이란 그들의 결론을 뒤집지 못했으며, 시퀀스와 편집 결정에 대한 인식이 영화에 나온 감금 조치와 직원들의 환자들 학대와 같은 비인간성을 지워버릴 수 없다고 말이다(물론 이렇게 말하지 않을 수도 있다).

그래서 '은밀하다'는 말은 사실이 아닐 수도 있음을 함축한다. 만일 사용자들이 알았다면 거부했을 것을 그들이 인지하지 못한 수단들에 의해 설득당하고 있다는 것이다. 이는 제작자─사용자 관계에 개입된 또 다른 수준의 도덕적 합의를 지적한다. 나는 여기서 그 가능성에 대해 살펴볼 것이다(연구결과 보고를 하겠다는 것은 아니다).

일부 사용자들은 당연히 작품의 '큰' 결론들에 주로 관심을 가질 것이다. 큰 결론에는 직접적인 증거로 보이는 것이 많이 있고, 직접적인 증거에서 은밀한 수단은 단지 '부차적인(incidental)' 것 — 이를테면 다큐멘터리 영화에서 분위기 조성용 배경음악처럼 — 일 뿐이다. 이들 사용자들은 그 모든 부차적인 소재들이 단지 메시지를 파악하는데 도움을 줄 뿐이라고 말할 것이다. 그들은 그것에 속지 않으며, 책의 독자가 가독성 높은 서체를 선호하듯이 그것을 선호한다는 것이다. 독자들은 그래프 장치를 선호할 수 있는데, 그래프는 표가 '마땅히 보여줘야 하는 것'(통계 전문가들은 표를 사용하면서 이렇게 생각하는데 그건 오산이다)보다 그 일부분만을 강조하여 독자가 최소한으로 신경을 쓰게 해 줌

사회에 대해 말하기

으로써 독자에게 무엇이 중요한지를 파악하는데 도움을 주기 때문이다. 비평가들은 그러한 방식에 대해 독자들이 어떻게 진짜로 속아 넘어가는지를 보여주는 것뿐이라고 말했을 테지만.[50]

누군가 진지한 질문들에 대해 판단할 수 있을 만큼 충분한 지식을 갖고 있지 않다고 결정을 내리는 사람은 누구인가? 우리는 일상적으로 특정 연령 이하의 아이들은 그러한 지식을 갖고 있지 않다고 가정한다. 그런데 왜 우리가 그런 가정을 할 자격이 있는지에 대해서는 그다지 깊이 생각하지 않는다. 그와 유사하게, 우리가 당면 문제에 대해 우리보다 아는 것이 적은 성인들보다 더 잘 안다고 가정할 수 있을까?

누가 지식이 부족한 사용자들을 보호할 수 있고 또 보호해야만 하는지에 대한 질문은 재현의 제작과 사용을 둘러싸고 있는 사회조직의 다양성과 이러한 활동들을 둘러싸고 있는 도덕에 대한 학습을 생각하게 만든다. 그 다양성이 무엇인지를 배우는 한 가지 방식은 상이한 방법들과 상이한 사회화의 조직들을 재현들의 제작과 사용에 관련시켜 질문하는 것이다

우리는 성장과정으로서 일부 재현에 대해 배운다(이를테면 영화감상

---

50 그래프가 특정 부분만을 강조함으로써 독자를 현혹할 수 있다는 경고는 허프 (Darrell Huff)의 *How to Lie with Statistics*(번역서: 더렐 허프. 김정흠 옮김. 1994. 『재미있는 통계 이야기』. 청아출판사)의 5장과 6장, 그리고 크래머(Walter Kramer)의 *So lugt man mit Statistik*(번역서: 발터 크래머. 염정용 옮김. 2009. 『벌거벗은 통계: 숫자의 난세를 이기는 지혜로운 통찰』. 이순)의 2장과 3장에서 볼 수 있다.

방식이나 독서 방식). 다른 것들은 특별한 훈련을 요한다(복잡한 통계표 또는 전문지도 읽는 법). 많은 재현들은 다양한 형태를 띠는데, 어떤 것은 잘 사회화된 사회구성원이 일상적으로 쉽게 읽을 수 있고, 또 어떤 것은 전문가와 특별히 훈련받은 사람만 읽을 수 있다. 난점(難點)은 재현의 고유한 속성에 있는 것이 아니라, 사람들이 그렇게 하도록 훈련받아 왔던 것에 의존한다는 점이다. 만일 공동체의 모든 성원이 복잡한 기상도 읽는 법을 당연한 일로서 배운다면(선원 공동체 또는 공군기지에서는 이럴 수 있다), 이는 일상적 사회화인 것이다(비록 다른 곳에서는 오직 고도로 훈련받은 사람만 그것을 할 수 있다 하더라도). 이는 또한 역사적으로도 변한다. 과거 세대에는 비전적(秘傳的)이었던 것이 오늘날에는 교육과정의 일부로 점차 변화하고 있다. 역으로, 한때는 매우 일상적이었던 일이 오늘날에는 몇 사람만이 그런 기술을 가진다(가게에서 구입한 의복 패턴을 가지고 옷을 만들어 입었던 기술).

허시는 알 필요가 있는 모든 것을 말해주지는 않는 저널리즘의 관행에 사용자가 속아 넘어가는 것을 걱정할 필요는 없다고 주장했는데, 왜냐하면 독자들이 그런 유형의 술책에 대항하여 자신을 보호하는 법을 알고 있기 때문이다. 허시가 생각하기에, 독자들은 주의 깊게 읽고 저널리스트가 누락했을 법한 소재들이 무엇일지를 생각하며 그런 소재가 어떤 내용을 담고 있을지를 평가하고 그리고 그것이 지금 논의되는 이슈에 대한 판단을 바꿀 수 있는 정도의 것인지를 결정하는 방식으로 자기보호를 수행한다.

이는 일반 독자에게는 엄청난 과업이고, 따라서 이는 우리를 분업의 문제로 되돌린다. 사람들은 실제로 그런 활동을 하는가? 평균적 수준의 신문이나 잡지 독자들은 아마 그렇게 주의 깊지 않고 혹은 자신이 읽는 것에 대해 회의적이지도 않을 것이다(이는 연구자를 복지부동으로 만든다). 이들은 아마 맥길이 인터뷰한 학생들 — 표들이 말하는 바가 본문에서 표들이 저자의 주장을 말하고 지지한다는 사실을 진술한다는 것임을 편집자들이 확신했기 때문에 굳이 과학적 논문에 있는 표들을 반드시 읽어야만 한다고 생각하지 않았던 — 과 더 유사할 것이다.

찬사와 비난: 누가, 그리고 무엇이 좋고 나쁜가?

사회과학자와 역사분석가들은 거의 항상, 명시적이거나 다소간 암묵적으로, 자신이 저술하는 주제에 대해 강한 도덕적 판단을 내린다. 역사학자들은 남북전쟁이 불가피했는지의 여부에 관해서만 논의하는 것이 아니다. 그들은 남북전쟁이 불가피한 것이 아니었으며 따라서 이 전쟁의 발발에 책임이 있는 자들은 유죄라고 단언하고 싶어 하기도 한다. 만일 그들이 다르게 행동했더라면 전쟁은 일어나지 않았을 것이고, 그러면 그 많은 목숨이 살아남았을 것이다. 또는 이들은 당시 역학구도와 정황상 전쟁이 불가피했다면 그들은 무죄라고 주장하고 싶어 하기도 한다.

20세기 후반에는 사회학자와 인류학자, 또한 다른 분야 학자들이 미국 내 흑인 빈곤층이 스스로 그런 곤경을 얼마간 자초한 것이냐를 놓고 논쟁을 벌였다(마치 유럽 내 유태인들이 나치 수용소에서의 죽음에 스스로 공범이 된 측면이 있지 않느냐는 논쟁처럼 말이다). 학자들과 다른 사람들은 '빈곤문화(the culture of poverty)', 혹은 다른 형태인 '흑인문화'에 대해 논쟁했다. 빈민(또는 흑인, 또는 흑인빈민)들은 착취, 억압 및 탄압의 체제에 의해 자신들을 희생자들로 만드는 이해와 관행의 시스템에 어느 정도 자발적으로 참여하는 것인가? 혹은 거기에 끼어들지 않았으면 그들의 상황은 개선되었을까?

사회과학자들이 특정한 사실적 발견들과 특정한 기술적 문제들에 대해 논의하는 것 같아 보이기는 하지만, 당신은 거의 항상 그런 논의의 이면에 어떤 것이 단지 그러해야만 하는 것이거나 또는 그러해야만 하는 것은 아님을 보여주려는 욕망이 담겨 있음을 발견한다. 비록 '되어야만(should)'이 일반적으로 논의되지 않은 또는 지지되지 않은 상태로 남아있을지라도 말이다. '사회과학 퍼포먼스' 수업에서 그 학생이 인종과 교육비에 관한 논문을 '감정을 갖고' 읽었을 때, 그는 명백히 반감을 드러냈다.

중립적인 것의 수사학적 가치

우리가 사회에 대해 알고 있는 바를 말하는 방식 대부분은 중립적으로 보이고자 노력하고, 또한 야단스럽게 큰소리치는 것처럼 보이는 것을 피하기 위해 이미 확증된 것만 확신하는 방식을 사용하고자 노력하는 것이다. 이러한 방식들은 사실을 제시하고 사용자들에게 결론에 이르게 한다.

일부 제작자들은 자신의 도덕적 믿음을 고수한다. 이들은 통계표를 만들고 자신들에게 진지한 도덕적 판단(예를 들면 인종차별에 대한)을 내리게 했던 문제와 밀접한 관계가 있는 소재들을 제시하고, 그런 다음 독자들을 자신들의 결론으로 인도한다. 이는 흔히 권위자들(authorities)이 추천하는 표준적인 과학적 입장이다(예를 들면, 오그번[Ogburn, 1947]).

이런 일을 하는 제작자들 전부 또는 대부분은 자신의 도덕적 입장을 공유하는 사용자들에 의존한다. 대부분의 미국 사회과학자들(특히 사회학자들, 아마 다른 분야에서는 좀 덜할 텐데)은 미국인들이 표현하는 바대로 다소간 정치적 자유주의자들이고, 미국 외의 다른 세계 사람들이 이해하는 바대로 다소간 좌파적이다. 그 결과(또는 그들이 그렇게 생각하기 때문에), 그들은 특정 전제들(premises)을 당연시한다. 만일 내가 흑인과 백인 간의 소득격차를 설명한다면, 나는 그것이 나쁜 것이라고 말하지 않는다. 내가 쓴 글을 읽는 거의 모든 사람이 그것은 나쁜 것이라는 점에 동의할 것이다. 도덕적 결론은 통계 결과로부터 자동적으로 도출된다(그럼에도 불구하고 논리적으로 결론을 도출하지는 않는다).

이런 가장된(disguised) 판단은 다른 방식의 사회에 대한 말하기에서도 나타난다. 이는 표면적으로 중립적 입장을 가정하는 사회과학자만의 문제는 아니다. 하케의 '구겐하임 프로젝트'와 그의 다른 많은 작품들도 동일한 전략 — 사용자들에게 자신이 기대했던 도덕적 결론을 스스로 작동시켜 이끌어 내게끔 다소간 잘 알려진 사실들을 배열하여 제시했던 — 을 사용하고 있다. 와이즈먼의 영화들은 당신이 영화 속의 그 장소에 가 봤다면 목격했음직한 것들을 단순히 표면적으로 제시한다.

21세기 서구사회에서(그리고 다른 많은 곳에서도 마찬가지로) 과학적인
것은 중립적인 것(being neutral)을 의미한다. 당신이 어떤 공적 목표를
추구할 때 당신의 캠페인에 채택할 수 있는 가장 강력한 동지는 과학
인데, 이는 모든 이가 과학은 중립적이므로 우리가 참이라 생각하는
것이 아닌 불편부당하고 객관적인 연구 결과의 영향을 받는 것이라
생각하기 때문이다. 당신의 종교적 신념에 동의하지 않고 당신의 도덕
적 명령(moral imperative)에 의혹을 제기하는 상대방은 있는 그대로의
것을 이야기하는(모두가 그렇다고 생각하는) 과학과의 논쟁에서 힘겨워한
다. 이는 모든 비평들과 사회구성론적(social constructionist) 논쟁들에도
불구하고 상당 정도 사실이다.[51] 나는 이러한 논의들 대부분을 받아들
이지만, 여전히 종교적 계시에 근거한 주장이나 내가 받아들이지 않는
도덕적 명령(또는 심지어 내가 받아들이는 도덕적 명령)에서 연역된 주장보다

---

51 이는 비판적 실재론(critical realism)과 사회구성론(social constructionism) 간
   의 대비를 보여준다. 다소 거칠어 보일 수도 있지만 압축적으로 말하자면, 비판
   적 실재론은 과학은 중립적이며 바로 그 과학적 탐구에 의한 증거에 의해 입증
   된 것이 참이라는 입장인 반면, 사회구성론은 사회적 실재는 사람들 간의 사회
   적 상호작용 과정을 통해 만들어진다는(구성된다는) 입장을 취하며 각 행위자가
   자신의 도덕적 판단에 따라 참이라 생각하는 것은 무엇인지를 중시한다. 그러나
   과학적 지식이나 증거를 무조건 받아들이기만 하는 것이나 연구대상에 대한 전
   문지식을 결여한 채 도덕적 판단과 사회적 구성의 문제에만 주목하는 것 모두 논
   란의 소지가 있을 수 있으므로 비판적 실재론과 사회적 구성주의 중 어느 한 쪽
   만이 옳다고 단언할 수는 없다. 이 책의 본문에 있는 질병을 일으키는 세균 및
   바이러스와 폐암과 흡연의 관계를 언급한 문단은 그러한 점을 보여주는 예라 할
   수 있다.

는 중립적인 과학적 논의를 신뢰한다.

내가 발견하고 분석한 것을 중립적이고 객관적으로 제시함으로써 나는 내 도덕적 판단을 효율적으로 의사소통할 수 있다. 사용자들이 내 도덕적 전제를 공유하는 한, 단순한 논리가 그들을 나의 도덕적 결론으로 인도할 것이다.

당신은 이런 우회적 방식을 통해 상당한 수사적(rhetoric) 이점을 얻는다. 당신은 당신의 도덕적 판단을 공평무사한 과학의 발견으로 제시할 수 있다. 그러나 도덕적 판단은, 비록 숨겨져 있을지라도, 분석적 문제(analytic trouble)를 야기할 수 있다. 이는 언어의 문제다. 과학자들은 서로를 꽤 많이 닮은 것들을 끌어 모은 중립적인 용어들을 사용함으로써 그 조건들(일반화로 인도한)에 대한 입증 가능한(verifiable) 일반화를 발견할 수 있다. 그들은 자신의 용어를 정확히 하고자 하며 도덕적 판단이 포함되지 않도록 노력한다. 의학자들은 통상적으로 세균과 바이러스를 도덕적 비난을 받아야 할 것으로 취급하지 않는다. 그들은 이 유기체들이 작동하는 방식, 그리고 그것들의 재생산 주기가 의존하는 것을 알아냄으로써 그것들을 효과적으로 처리하고자 한다. 물론 의학자들은 세균과 바이러스가 우리에게 '나쁜' 것이고 박멸하여 없앨 필요가 있다고 생각한다. 그러나 세균과 바이러스를 비난하고 그들에게 오명(汚名)을 씌우는데 시간을 허비하지는 않는다.

왜 그렇게 하지 않는가? 모두가 결핵, 매독, 홍역이 나쁜 것이라는데 동의하기 때문이다. 질병과 그것을 일으키는 세균을 옹호할 이는 없다(비록 조지 버나드 쇼의 1932년 작 희곡『선하기에는 너무 진실한(*Too True to Be Good*)』에서 세균을 중요하고 공감을 일으키는 캐릭터로 등장시킨 사례가 있기는 하지만). 결과적으로, 과학자들은 세균과 바이러스를 기술적(technical) 언어로 기술(description)할 수 있으며, 아무도 과학자들에게 도덕적 무책임성이란 혐의를 씌우지 않는다. 그러나 과학자들이 폐암의 원인과 담배 제조회사들이 흡연의 결과로 발생하는 암에 책임이 있느냐를 토론한다면, 중립적 언어는 도덕적 결과를 내포하게 된다(덧붙여 '좋은' 콜레스테롤과 '나쁜' 콜레스테롤에 관한 토론을 떠올려 보라).

제작자들이 사회적 삶에 대해 저술할 때 사용하는 언어는 항상 도덕적 판단을 표현하는 게임(도덕적 판단들을 피하거나 가장된 방식에서 그것들을 만드는)과 관련된다. 사회분석에서 욕하기(name-calling)를 피해야 하는 중대한 이유가 있는데, 나는 13장에서 이 문제를 어빙 고프만의 조심스런 중립적 용어 사용을 통해 살펴볼 것이다. 일부 재현은 판단과 매우 무관하고 평범한 해석되지 않은 사실에 대한 매우 중립적인 낭독에 가깝다. 제임스 애지(James Agee)는 『이제 명사(名士)들을 찬양합시다(*Let Us Now Praise Famous Men*)』([1941] 1988)에서 이런 작업을 수행했고, 소설가 조르주 페렉(Georges Perec)도 이런 맥락의 실험을 했는데, 이는 15장에서 살펴볼 것이다.

원인과 비난

사회과학자들은 일상적으로 자신이 연구하는 현상의 원인을 찾는다. 이는 우리가 하는 것을 기술하는 가장 통상적인 방식이다. 도덕적 판단은 종종 비난의 형태를 띤다. 사회과학자들은 일상적으로 무언가를 초래한 어떤 것에 대해 알리는 방식으로 비난을 한다. 만약 우리가 어떤 것이 뭔가를 초래했음을 안다면, 우리가 용납하지 않는 사회적 결과를 변화시키기 위해 무엇이 바뀌어야 하는지를 아는 것이다. 만약 우리가 미국의 흑인들이 처한 상황에 불만이 있고 그런 상황을 변화시키고자 한다면, 그리고 만약 우리가 무엇이 그런 상황을 초래하는지 안다면, 우리는 우리가 원하는 결과를 얻기 위해 무엇을 바꿔야 하는지를 아는 것이다. 만약 우리가 X를 원인으로 밝힐 수 있다면, 우리는 X에 관해 무언가를 함으로써 우리가 원치 않는 결과를 더 이상 낳지 않도록 해야 함을 아는 것이다. 당신이 뭔가 나쁜 것을 초래한 원인을 설명할 때, 당신은 당신이 분석한 부적합한 결과의 원인을 비난하는 것이다.

이런 심한 표현을 정당화하는 것은 사회현상이 어떻게 일어나는지에 관한 대안적 사고방식이다. 이러한 거친 표현의 정당화는 어떻게 사회현상이 일어나는지에 대한 대안적 사고방식에 기인한다(이 복잡한 질문에 대한 더 자세한 논의는 라긴[Ragin, 1987, 2000], 그리고 베커[Becker, 1998, 특히 63−66쪽과 183−194쪽] 참조). 원인 탐색은 잘못된 것인데, 이는 무엇이 어떻게 일어나는지에 대한 부가적(additional) 모형을 가정하기 때문이다.[52] 이는 분석가로 하여금 불완전하고 의심스런 방식으로 비난하

---

52 이에 대한 보다 구체적인 설명은 베커의 『학계의 술책(*Trick of the Trade*)』을 참조하라(하워드 베커. 이성용 옮김. 2005. 『학계의 술책: 연구자의 기초생각 다지기』. 함께읽는책: 120-126쪽, 322-337쪽). 베커는 부가적 모형의 대안으로 곱셈 모형을 제안한다.

도록 만들기 때문에 유해하다.

미국 내 흑인의 통탄할 상황이 다수의 요인들, 즉 완고한 인종적 편견, 제도적 인종차별, 흑인 거주 도시에서의 산업체 이탈, 흑인이 주로 거주하는 지역에서의 마약 중독 및 거래의 성행 등등에 의해 발생한다고 가정해 보자. 우리는 그 목록에 많은 다른 것들을 합당하고 정확하게 더할 수 있지만, 그 목록의 완결성은 내가 제시하고자 하는 논점에 영향을 미치지 않는다.

통상적인 인과분석에서는 각각의 원인이 우리가 관심을 두는 것에 영향을 미친다. 통상적인 해석적 언어에서는 원인(독립)변수가 결과(종속)변수에 측정할 수 있는 정도로 영향을 미친다. 따라서 인종 편견은 10%(숫자는 내가 만들어 붙인 것이다), 도심지에서 산업시설의 이탈은 30%, 그리고 기타 등등, 결국에는 우리가 설명하고자 하는 이 상황에서의 모든 변이를 이런 변수들의 조합으로 설명한다. 독립변수 중 어떠한 것도 만일 충분히 강력하기만 하다면 그 자체로 원치 않는 결과를 초래할 수 있겠지만, 항상 그러한 독립변수는 없다. 그리고 어떠한 독립변수들의 조합도 만일 집합적으로 충분히 강력하기만 하다면 그러한 술책을 수행할 수 있다. 인과적 변수들은 대체 가능하다. 달리 말하면, 당신은 원인의 영향력을 증가시킬 수 있고, 어떠한 결과든 전체를 올바른 숫자(right number)로 귀결시키는 것은 효과(effect)를 산출할 것이다.

곱셈 분석(multiplicative analysis)이라는 대안은 그 결과물을 산출하는 변수들의 '결합(conjuncture)'을 찾는다. 어떤 조합의 변수들이 우리가 관심을 갖는 효과의 발생을 위해 제시돼야만 하는가? 이 접근법은 이 변수들 각각이 중요하다는 점을 말한다. 이 변수들 중 어느 하나라도 빠진다면, 그 결과는 일어나지 않거나 혹은 우리가 설명하고자 하는 방식으로 일어나지 않을 것이다(불편한 다른 어떤 것이 일어날 수 있지만). 바로 이것이 곱셈 분석이라 불리는 이유다. 학교에서 배운 산수를 생각해 보라. 수를 곱할 때, 아무리 큰 숫자라 하더라도 0과 곱하면 그 결과는 0이다. 그와 유사하게, 최종 결과물에 필수적인 조건들 중 어느 하나라도 빠지면 최종 결과는 얻을 수 없게 된다. 미국 도시의 흑인들이 처한 상황과 관련해, 마리오 스몰(Mario Small)의 2004년도 보스턴 지역 공동체 연구는 이 점을 명확하게 보여준다.

좋은 사람들과 나쁜 사람들

이 문제는 비학술적 유형의 사회에 대한 말하기에서도 발생한다. 이야기 작가들은 대부분 항상, 명시적이든 암묵적이든, 누군가의 편을 든다. 이야기에는 영웅과 악당이 있고, 작가는 통상적으로 노골적인 명칭을 붙이거나 쉽게 파악되는 단서를 제공함으로써 누가 누군지 알도록 한다. 성인용 이야기에서는 다소 세밀한 구별을 기대한다. 악당들이 항상 검은 모자를 쓰고 길게 늘어진 콧수염을 기른 것은 아니지만, 이야기의 끝에 가면 누구에게 박수를 쳐야 할지를 안다.

사회학적 연구를 하는 사람들, 혹은 심지어 오락용이나 이윤을 위해(즉 뭔가 실용적인 목적으로) 사회학을 읽는 사람 대부분은 사회학을 '사회과학'의 하나로 생각하며, '과학'이라는 용어는 종종(항상은 아니지만)

진지하게 받아들여진다. 앞 장에서 언급한 대로, 사용자들은 자신이 읽는 것이 단지 누군가의 의견(바라는 마음과 경건한 희망으로 이루어진) 표현만이 아니라, '진짜 세계(real world)' 어딘가에서 '실제로 일어나는(actually happening)' 것에 모종의 방식으로 의존하고 있음을 상상한다. 사용자들은 자신이 읽고 있는 보고에서 말하는 바가 체계적으로 수집되고 분석된 소재들, 즉 작가의 천재성이나 직관을 뛰어넘어 어떤 것에 의해 정당화된 '결과물'에 의존하고 있다고 생각하기를 선호한다.

사용자들은 이 모든 것을 알고자 하기 때문에, 그들이 '진짜로(really)' 알기를 원하는 것은 이 엉망인 상태와 관련해 누가 비난받아야 하는지, 이런 부정의(injustice)에 대한 책임이 누구에게 있는지, 그것이 누구의 잘못인지이다. 사용자들은 어떤 사회적 상황에 있는 행위자들(조직 내의 참여자들, 정치적 논쟁에서의 상대방들, 분쟁 당사자들)을 좋은 사람(Good Guys)과 나쁜 사람(Bad Guys), 즉 옳은 일을 하는 사람과 나쁜 짓을 하는 사람으로 분류하고 싶어 한다. 이는 단순한 인과개념에 기초한다. 즉 나쁜 결과물은 나쁘게 행동하는 나쁜 사람에 의해 야기된다는 것이다.

그러나 당신은 과학적 연구의 결과물부터 그와 같은 도덕적 판단을 어떤 직접적인 방식으로 끄집어낼 수는 없다. 당신은 **이러한**(these) 행위들이 이러한 결과들을 가진다는 사실을 이따금 보여줄 수는 있다(쉬운 일은 아니지만 할 수 있다고 가정한다). 그러나 당신은 어떤 사람이 좋은 사람이고 좋은 행동을 해 왔으며, 어떤 사람이 나쁜 사람이고 나쁜 행동을 해 왔다는 판단을 경험적 조사 결과물로부터 직접적으로 도출할 수는 없다. 당신은 철학적 논쟁에 기초하여, 어떤 종류의 행동이나 결과는 나쁘다고 결정할 것이고, 그런 다음 그 사람들이 그런 행위를 했고 그리고 그들의 행위가 그런 결과를 낳았다는 것을 '과학적으로' 또는 경험적으로 보여줄 것이다.

많은 사람들이 이러한 문제를 발견한다. 그들은 자신들이 용납하지 않는 것은 과학적으로(scientifically) 나쁘다는 것을 보여줌으로써 자신들의 도덕적 입장을 강화하고자 한다. 일탈에 관한 '낙인이론(label-ing theory)'의 발전에 참여한 사람으로서 내 자신의 경험(Becker, 1973)이 한 예가 될 수 있다. 낙인이론은 '일탈'을 고소인, 피고소인, 그리고 다양한 공식 및 비공식 조직이 얽혀 있는 여러 단계의 복잡한 상호작용들의 결과물로 분석한다. 이러한 접근방식은 일반적으로 고발과 유죄입증 과정이 과학적 절차가 아닌 사회적 과정임을 보여줌으로써 통상적인 찬사와 비난의 부여, 즉 행위자들을 좋은 사람과 나쁜 사람으로 나누는 것에 의문을 제기한다. 이런 상대주의에 소름끼쳐 하는 비평가들은 종종 이런 질문을 던진다. "그럼 살인자는? 그는 진짜 일탈자가 아니란 말인가?" 그들은 많은 행위가 이 접근방식의 핵심적 통찰인 정의의 다양성(definitional variation)을 보여줄 수 있는 반면, 어떤 행위는 너무도 흉악해서 이성적 인간이라면 그런 행위를 저지른 사람이나 사람들 또는 조직을 변호하는 방식으로는 결코 정의하지 않을 것이라고 함의한다. 이것은 기소 단계에서 정당방위, 국가안보, 혹은 법질서 수호와는 대조적으로, 어떤 것이 살인인지 여부가 정확히 어떻게 정의하느냐의 문제(definitional matter)임을 지적하는데 도움이 되지 않았다. 어쨌든 이런 비평은 좌우 진영 모두에서 제기되었는데, 우파는 '전통적 가치'를 수호하면서 살인과 근친상간을 그에 반하는 사례로 제시하는 반면, 좌파는 '제국주의'와 '식민주의' 같은 범죄를 자신의 입장을 수호할 목적으로 제시한다(Becker, 1973: 173-212쪽 참조).

성패가 걸린 것은 바로 이 지점이다. 사회문제에 관심을 가진 사람들 대부분은 공동체에 적용된 기준에 비추어 자신들이 일탈자와 같지 않다는 것을 밝히는 이상의 어떤 것을 말하고자 한다. 이들은 이러한 나쁨에 대한 공동체의 기준이 공동체의 기준일 뿐만 아니라 과학이 **과학적으로**(scientifically) 나쁘다는 것을 보여주는 기준임을 말하고자 한다. 비평가들은 **일탈**(deviant)이라는 용어를 '어떤 상황에서 참여자들이 나쁘다고 지칭한 어떤 것'이라는 단순한 기술적(technical) 정의로 한정시키고 싶어 하지 않는다. 이들은 이 용어에 '나쁘고, 과학이 나쁜 것이라고 증명한 것'이라는 의미가 포함되기를 바란다.

"살인자는 어떤가?"라는 질문은 나로 하여금 잘 사회화된 합리적인 사회구성원이라면 누구에게나 명백한 것을 부정하고 싶게 만드는 도전이었다. 우리 모두가 나쁜 것이라고 알고 있는 것, 이를테면 살인이나 근친상간 같은 것은 정말로 나쁜 것이다. 내가 그들에게 동의한다고 말했고 살인은 나쁜 것이라 생각했으며 그렇게 말할 의사가 있었을 때, 그들은 행복하지 않았다. 그것이 나쁜 것이라는 나의 동의에 그들은 만족하지 않았다. 그래서 나는 다음과 같이 물었다. 살인이 나쁜 것이고 죄악이라고 말하는 것만으로 충분치 않은 이유는 무엇인가? 그것이 또한 '일탈적'이기도 하다고 말해서 얻는 것이 무엇인가? 얻는 것이 무엇인지는 명백하다. 과학의 권위다. '악(evil)'에 대한 판단은 단지 신학적 논쟁에 의해서만 정당화될 수 있고, '나쁜 것'에 대한 판단은 단지 윤리적 논쟁에 의해서만 정당화될 수 있기 때문이다. 그리고 심지어 자신의 믿음이 확고한 사람들조차도 자신이 그와 같은 논쟁으로 믿지 않는 사람을 설득할 수는 없다는 점을 안다. 이들은 믿지 않는 사람들에게도 먹혀들 수 있는 논쟁을 원한다. 이러한 논쟁이 과학이며, 잘 사회화된 현대사회의 구성원이라면 과학을 믿는다.

이 사례는 아마도 사회과학 보고의 사용자들이 좋음과 나쁨, 선과 악, 좋은 사람과 나쁜 사람을 구분하는 방식을 원하고 있음을 보여주는데 충분할 것이다. 그리고 사회과학 보고를 제작하는 사람들은 대부분 그러한 구분을 제공할 의지가 있으며 그러기를 열망한다. 제작자들은 사회과학 보고의 표면 또는 이면에서 심지어 '객관성(objectivity)'과 '과학적 중립성(scientific neutrality)'을 표방할 때조차도 도덕적 찬사와 비난을 부여하고 있음을 보여주는데, 이는 격한 감정으로 과학적 보고를 읽은 학생이 취한 태도가 아니다. 역사학자들도 이러한 것을 공공연히 행하고 있고, 또 당연히 그런 태도를 취하지 않는 자들을 비난할 것이다. 이들은 내가 언급한 대로 전쟁을 비난한다. 만약 링컨이 이런 또는 저런 것을 했으면 남부인들이 그렇게까지 격노해서 연방을 탈퇴하려 하지는 않았을 것이다. 이들은 역사적 행위자들의 도덕적 특성을 평가한다. 만약 토머스 제퍼슨이 정말로 그의 노예인 샐리 헤밍스(Sally Hemings)가 낳은 아이들의 아버지였다면, 그리고 그가 노예를 소유했다는 것을 명백한 사실로 놓고 본다면, 그가 국부(國父)로 추앙받을 자격이 있는가?

많은 사회과학자들은 앞 단락들에서 언급했던 자기 자신들이나 자신들의 작업을 인지하지 못할 것이다. 미국 사회학계에 통계학을 도입하고 미국 정부에 사회학을 도입한 윌리엄 오그번(William Fielding

Ogburn)은 사회학이 과학이기 때문에 사회학자는 마땅히 중립적이어야 하고 그것이 자신의 저작에 충만해야 한다고 생각했다. 그는 감정적 단어를 명확한 의미를 갖는 정확한 단어로 대체하는 객관적이고 비감정적인 문장을 쓰고자 했다(Ogburn, 1947).

사회과학자들 대부분은 일상적으로 오그번의 충고를 따른다. 그것이 뭔지 알든 모르든 간에 말이다. 그들의 저술은 통상 인과성에서 변수로의 귀속으로 위장된 악당이나 영웅들을 여전히 담고 있다. 미덕과 악덕에 대한 명명이 숨겨지지 않고 드러나 있는 장르의 아주 좋은 예를 하나 들어 보자. 스탠리 리버슨(Stanley Lieberson)은 『파이 조각(*A Piece of the Pie*)』(1980)이라는 책을 이 문제에 답하기 위해 썼다. 어떻게 해서 미국의 흑인들은 다른 민족 집단들이 달성한 개인적 그리고 공동체적 수준의 사회이동을 달성하지 못했는가? 유태인, 이탈리아인, 아일랜드인, 폴란드인들은 그것을 해냈는데 흑인은 왜 그러지 못했는가? 차별 때문인가, 아니면 타고난 능력의 차이의 반영인가? 흑인의 사회이동과 사회적 성공의 결여는 누구의 잘못인가? 백인들이 흑인들에게 공정한 기회를 주지 않은 것은 아닌가? 이런 사실적 질문들은 충분히 주의 깊은 용어들의 정의와 가용한 모든 출처들에서의 정보에 대한 비판적 탐구를 통해 확실히 사실적으로 답변 가능하다. 그러나 이는 동시에 도덕적 질문이기도 한데, 왜냐하면 미국인들에게 비난에 대해 생각할 여지를 주기 때문이다. 만약 그것이 차별이라면 백인의 잘못이고 차별이 아니라면 흑인의 잘못이며, 만약 '그들의 잘못'이라면, 우리가 그것에 대해 무언가를 할 수 있겠지만 어쨌든 우리의 잘못은 아니다.

리버슨의 이 탁월한 저작을 읽지 않은 사람들이 초조해하지 않도록 하기 위해 이야기하자면, 상상적으로 발견된 대량의 데이터에 대한 창의적이고 철저한 분석 후 도달한 답은 흑인의 낮은 사회이동 점수의 책임은 당연히 차별에 있으며, 이는 의심의 여지가 없다는 것이다. 비록 리버슨의 문장이 오그번이 바랐던 것처럼 과학적으로 고상하기는 하지만, 그의 논의에 담긴 도덕적 적대감은 너무도 명백하다. 어쨌든, 고상한 문장은 중요한 수사적 결과를 초래한다. 이는 이 문제에 대한 의견을 확실히 정하지 못한 독자로 하여금 이러한 결과를 산출한 저자에게 다른 속셈이 없다고 믿게 만든다. 제시된 데이터가 이 문제가 차별이 아님을 보여준다면 그는 이를 독자들에게 솔직하게 말해서 더 잘 믿게 만들 것이다. 다른 결론을 지지할 어떤 것이 없으니 말이다.

크리스토퍼 젠크스(Christopher Jencks)는 늘 이런 방식으로 글을 쓰는데, 일반적으로 자유주의적인 미국 학자들이 가장 격노하는 명제들을 진지하게 취하고 그것들을 엄격한 조사(examination)를 통해 다룬다. 젠크스의 문장은 인간미가 없고 그의 분석은 공명정대하기 때문에, 그가 가용한 증거들을 세심하고 체계적으로 평가한 후에 미국 흑인의 지능점수가 낮다는 아서 잰센(Arthur Jansen)의 생각은 어이없는 것이라고 결론을 내렸을 때(Jencks, 1980), 당신은 만일 젠크스가 잰센과 그의 생각이 얼마나 비난 받을 만한지에 대한 통상적인 신심(信心)으로 시작했다면 믿지 않았을 방식으로 그를 믿는 것이다.

대부분의 사회과학 보고는 자신의 판단을 그보다 훨씬 깊이 묻어둔다. 아마도 그것들이 판단을 일상화시켜서 도덕적 판단을 단지 문제의 선택으로 표현하고 있다고 하는 편이 나을 것이다. 당신이 뭔가 불공정한 일이 벌어지고 있다고 생각하지 않는다면 대규모 조직의 순위에 있어서 상이한 인종 분포를 왜 연구하겠는가? 그러나 일단 당신이 문제를 선택했으면 도덕적 언사는 더 이상 하지 않거나 해도 너무 많이 해서는 안 될 것이다. 독자들이 자동적으로 그것을 제공할 것이다.

과학적 재현의 사용자들 대부분은 도덕성을 언급하지 않는 것에 동의한다. 예술 장르 작품 사용자들은 도덕적 비난이 명시적으로 표현되어야 한다는 사실을 너무 자주 요구하는 것처럼 보인다. 나는 12장에서 그런 판단을 자극적으로 거부하는 흥미로운 사례인 월러스 숀(Wallace Shawn)의 희곡 『댄 숙모와 레몬(*Aunt Dan and Lemon*)』에 대해 논의할 것이다.

사회에 대해 말하기

2부

사례

9

우화, 이념형, 수학적 모형: 우리가 믿지 않는 유용한 분석들

우리는 일상적으로 사회에 대한 보고가 사실적으로 올바르기를, 우리가 이전에 몰랐던 무언가의 진실을 말해주기를 원한다. 재현의 진실은, 과학적 형식뿐만 아니라 예술적 형식에서도, 일반적으로 사용자에게 매우 중요하다. 그러나 이런 일반화에는 세 가지 중요한 예외가 있는데, 그것들은 우리가 참이라고 기대도 하지 않고 원하지도 않는 세 가지 종류의 사회에 대한 분석들이다. 우리는 누군가가 그 유형의 분석들을 단지 만들었다는 사실, 그것들은 세심하게 수집된 증거에 근거하지 않는다는 사실을 안다. 우리는 이것에 대해 걱정하지 않는데, 왜냐하면 만일 그 분석들이 '실제 세계'에서의 대응물(counterpart)을 가지고 있다면 그 분석들의 가치에 더해질 것이 없기 때문이다. 그리고 자신의 숙모와 아버지에 대한 톰의 이야기에 직면한 퍼포먼스 수업과는 달리, 만일 누군가가 "그것은 참이 아니야"라고 말한다면 우리는 신경을 쓰지 않는다. 사용자에게 미치는 이 분석들이 사용자에게 미치는 효과는 사실성에 달려있지 않다.

우화(parables)—우리가 관찰할 수 있는 근저에 위치한 일종의 플라톤적(Platonic) 이상이라고 여기는 이야기(나는 "도덕적 태도나 종교적 원칙을 묘사하는 이야기"라는 사전적 정의를 확장하고 있다)—는 사실성이 접근할 수 없는(최소한 쉽게는 접근할 수 없는) 목적에 부합한다. 마찬가지로, 막스 베버(Max Weber)가 훌륭하게 정제하여 사용한 이론적 도구인 **이념형**(ideal type)은 우리 주위에 있는 사회 세계 혹은 역사적 연구를 통해 얻을 수 있는 사회 세계에서 찾을 수 있는 어떤 것을 서술하지 않는다. **수학적 모형**(mathematical model)은 수리적 이념형, 즉 베버의 모형보다 현실을 훨씬 추상화한 것을 창출한다. 어느 누구도 이러한 수리적 고안물이 서술하는 작동방식을 가지 사회조직과 같은 것을 현실 세계 어디에서도 찾을 것이라고 기대하지 않는다.

사용자들은 이 세 가지 '비현실적' 재현의 효용이 현실 세계에 대한 충실성이 아닌 다른 어떤 것에 있음을 이해한다. 이 세 가지 재현은 현실 세계의 특정 상황에서 역사적으로 우연적인 세목들(그 자체로 너무 세부적일지라도)에 의해 모호해진 집합적 행위 유형의 내적 작동을 명료하게 밝힌다. 분석가들은 역사적 사례에서 그런 세목들을 제거함으로써 이상화된 서술(idealized description)을 구성하고, 그럼으로써 경험적 사례들이 감추는 이상화된('완벽한') 조직적 메커니즘을 밝혀낸다.

사회에 대해 말하기

이러한 재현들은, 만일 작동 중인 힘(그와 관련이 없는 외적 세목들에 의해 방해받지 않는)이 현상의 본질적 특성을 밝혀낼 수 있다면, 그리고 그것이 현상이 작동하는 방식이라면, 현상이 어떻게 작동하는지를 보여준다. 이러한 재현들이 비현실적이라고 해서 가치나 유용성이 없는 것은 아니다. 오히려 반대로, 사회과학자를 비롯해 다른 사람들 모두 이러한 종류의 중요한 도구를 사용한다.

데이비드 앤틴의 우화

데이비드 앤틴(David Antin)은 한 가지 직업 명칭으로 쉽사리 부를 수 없다. 내가 광범위하게 의존한 앤틴의 작업에 관한 문헌(Hartman, 1991)에서, 찰스 하트만(Charles O. Hartman)은 앤틴에 대해 "언어학자, 비평가, 엔지니어, 시인, 번역가, 관리자, 교사" 등 간략히 기술할 수 있는 몇 가지 타당한 가능성을 열거하고, 또한 앤틴은 "교양 있는 현대인이라면 획득 가능한 언어학적, 과학적, 사회학적, 그리고 심미적 사고 등 놀랄 만큼 광범위한 사고를 가지고 있다"고 언급한다. 나는 매우 제국주의적이어서, 흥미로운 일을 하는 똑똑한 사람들을 항상 '사회학자'라고 칭하고 싶어한다. 그래서 나는 (하트만이 앤틴에 관한 목록에 사회학을 포함하는 것에 동의하면서) 앤틴을 자신의 사회과학적 연구를 수행하고 보고하는 사람으로 다룰 것이다. 그는 자신의 작업을 '예술사회학'(Antin, 1976: 157-208)이라고 지칭했기 때문에, 이런 모호한 영광을 기꺼이 받아들일 것이다.

앤틴의 작업은 참석한 청중들 앞에서 다소간 즉흥적으로 전달하는 임시변통 형태의 '이야깃거리들(talk pieces)'의 형태를 취하고, 그런 다음 특이한 포맷으로 녹음하고 기록으로 옮겨 출간하는 것인데, 하트만은 이를 다음과 같이 경제적으로 기술하고 있다.

1. 대문자 없음
2. 구두점 없음 (인용부호를 제외하고는)
3. 비정상적인 좌우여백
4. 구절(pauses) 간격은 7cm 차이가 날 정도로 눈에 띔
5. 자의적인 줄 길이
6. 『조율(Tuning)』[Antin, 1984]에 첨가된) 단락 나누기 형태. 줄의 일부가 떨어져 나가거나 (이전의 줄이 너무 길면) 3/4의 공간이 빈 공간으로 채워짐(Hartman, 1991: 86).

그는 매우 다양한 화제에 대해서 말하고 있는바, 그는 '사실의 창조', '조율', '도박', '부동산', '부가적 업무', '아방가르드적인 것', '가격' 등 매우 다양한 주제에 대해 이야기한다(이것들은 그의 작품 제목이다).

그리 현실적이지 않은 이야기인 앤틴의 작품 "국가의 통화(the currency of the country)"(Antin, 1984: 5-47)는 사회·정치·경제 조직에 대한 통찰력 있고도 유용한 분석을 담고 있다. 그는 자신의 대학에서의 경험을 기술하면서 시작한다. 그는 대학에서 제1세계, 제2세계, 제3세계에 관한 다른 교수들의 말을 이해하는데 어려움을 겪었고, 그리고 자신이 왜 제3세계의 테크놀로지와 예술에 관한 모임에 참석하도록 요청

받았는지에 대해 의아해 했다 (제3세계의 어느 누가 테크놀로지와 예술에 대해 진정으로 관심이 있는가, 아니 조금이라도 관심이 있는가?). 그는 철강노동자의 수입이 얼마인지로 자신을 놀라게 했던 한 친구와의 대화로 이동하면서, 커피 한 잔의 값이 얼마나 올랐는지를 생각하고, 그리고 어떻게 상품(예를 들어, 커피)과 서비스(예를 들어, 택시 이용)가 우리가 익숙해 있는 일종의 표준 가격을 갖게 되었는지에 대해 그리고 커피 가격이 급격히 변했을 때 — 예컨대 한 잔에 50센트가 아니라 2.5달러에서 시작할 때 — 우리가 얼마나 놀랄 것인지에 대해 곰곰이 생각해보기 시작했다. 그는 어느 '노동자'의 임금은 얼마나 많은지, 커피 한 잔의 값이 비싼지, 그리고 주택의 값이 얼마나 높은지에 대한 그의 막연한 생각은, 모든 부분들이 연결돼 있고 돈의 액수로 묘사되는, 모호하고 말로는 잘 표현되지 않는 일반적인 가치 도식(scheme of value) 속에서 서로 관련돼 있음을 깨달았다. 그러고 나서 그는 이야기를 시작한다.

그 이야기에서, 한 친구는 익명의(이야기가 전개되어도 존재할 것 같지 않은) 유럽 국가로부터 장학금을 받았다. 그 국가의 통화체계는 2진법(대부분의 서구 국가의 통화가 10진법인데 비해)에 기초하고 있으며, 더 이상 통용되지 않는 가장 소액의 주화는 유넘(unum)으로 불린다. 그는 다른 주화들에도 디플럼(diplum, 2유넘)부터 브레그마(bregma, 1,280유넘)에 이르기까지 모두 이름을 붙였다(그의 언어학 지식이 그럴듯한 명칭을 만들어 내는데 도움이 됐다). 여러 이유로 인해 많은 주화들이 더 이상 통용되지 않으며, 국민들은 사르드(sard, 8유넘), 네로르(neror, 32유넘), 슬레크트(slekt, 64유넘), 아르크트(arkt, 128유넘), 그리고 브레그마만 사용한다.

두 개의 오염된 산업국가 사이에 있는 계곡에 위치한 이 조그만 국가에서는, 공기가 숨쉬기에 매우 부적합해서 정화된 공기가 대중교통 수단은 물론 가정집이나 기타 사적·공적 건물로 배달되어야 한다. 시민들은, 마치 미국 사람들이 사적 용도로 물을 구매하듯이, 가정용이나 기타 용도로 돈을 지불하고 공기를 구매해야 한다. 신선한 공기 1드로즈(droz, 1분 당 3리터)는 1슬레크트 밖에 하지 않지만, 슬레크트가 누적되다 보면 사람들은 집에서 거주를 가능케 하기 위해 소득의 상당 부분을 지출하게 되는 셈이다. 평균 소득을 버는 사람들은 단지 1개의 방만 숨 쉴 수 있는 공기로 채울 수 있다. 앤틴은 집 혹은 집의 일부분에 공기를 채우기 위해 얼마나 많은 브레그마를 지불해야 하는지를 계산하며, 고위급 도시계획가가 자기 봉급의 얼마만큼을 공기 채우기에 쓰는지에 대해 이야기한다. 그는 사람들이 어떻게 고용주가 비용을 지불하는 공기를 마시면서 일과시간을 보낼 수 있는 직업을 찾는지 이야기한다. 이는 집에서 환기를 중단할 수 있음을 의미한다. 그리고 어떻게 같은 이유로 아이를 탁아소에 보내는지에 대해서도 이야기한다.

봉급과 집을 환기시키는데 필요한 공기 가격의 관계 때문에, 사람들은 보금자리를 공유함으로써 절약할 수 있는 방법을 찾아야만 한다. "이런 터무니없는 가격을 지불하면서 점유자에게 적절한 물리적 공간을 제공하고 사생활을 침해하지 않을 수 있는 가장 경제적인 방법은 3-4명이 한 방에서 사는 것이라는 결론이 났다. 당신은 그러한 방법이 사회적 삶에 미칠 영향을 상상할 수 있을 것이다"(Antin, 1984: 30).

다른 것도 마찬가지이다. (환기가 되는) 부스에서의 전화는 1슬레크트가 든다. 이는 전화 부스에서 3분간 소비하는 공기의 양으로 집에서 생활할 때 드는 비용이다. 텔레비전 시청 비용(1/3 슬레크트)은 여러 명이 같은 방에서 시청하면서 흡입하는 공기의 양과 관련되어 있다. 그러나 그렇게 되면 너무 비싸기 때문에, 광고주가 찾는 시청자들을 끌어들일 수 없는 방송국은 특수한 **비주슬레크트**(vizuslekt)라는 '육각형' 슬레크트를 지원하고 나누어 준다. 이것은 TV 시청 이외의 용도로는 사용할 수 없는 돈이다(그래서 여러 사람이 한 방에서 시청할 수 있으며, 따라서 시청자의 수를 증가시킬 수 있다).

사생활은 너무 비용이 많이 들기 때문에(둘이서만 있고자 하면 특별 공기 공급을 해야 하니까), 성행위를 하려는 젊은이들은 특수한 조치가 필요하다. 그들은 공기 한 통을 사서 시골로 내려갈 수 있다(공기가 비싸기 때문에 일을 빨리 끝내야 한다). 혹은 층화된 청정공기 시스템을 활용하여 특수한 공기공급장치가 있는 폐쇄된(따라서 사적인) 공공버스를 탈 수 있다. 그러나 이 버스는 이보다 공기가 훨씬 나쁜 개방된 일반 공공버스를 타는 것보다 비용이 훨씬 많이 든다.

앤틴은 삶의 이러한 경제적 사실이 어떻게 언어에 스며드는지 보여준다. 그는 이런 논점들을 보여주기 위해 허구의 중부유럽 언어를 창출해냈다. 사람들이 일상 대화에서 무슨 말을 하는지를 그의 친구가 이해하는 데는 얼마간 시간이 걸린다. 처음에는 금전적 용어들에 대한 은유적 내용과, 그것이 다른 것과 어떤 관련이 있는지를 이해하지 못하기 때문이다. 어떤 것을 전혀 가치 없는 것으로 묘사하고자 하는 사람은 "na vodjie tviijnii na vizuslektduvar(육각형 슬레이트의 가치조차 없다)"라고 말할 것이다. 그 말의 힘은 육각형 **슬레크트**는 텔레비전 시청 말고는 어떤 가치도 없다는 데서 나온다. 마찬가지로, 사랑을 나누기 위해 시골로 가는 젊은이들은 "산으로 공기를 가져오는 사람들"이라고 불리고, 모든 사람들은 그렇게 말하면 키득거린다. 왜냐하면 앤틴의 친구는 그 의미를 알아차리는데 시간이 걸리지만 그들은 그것이 무엇인지 금방 알기 때문이다.

버스의 개인용 칸에서 하룻밤을 보내면 이 나라의 화폐로는 9브레그마가 소요된다. 그러나 노동자들이 한 달에 400에서 500브레그마를 벌고, 학생은 100에서 200브레그마의 용돈 밖에 받지 못하며, 심지어 도시계획가도 한 달에 950브레그마 밖에 벌지 못한다. 따라서 한 커플이 일주일에 이틀 밤을 함께 보내면(72브레그마), 학생은 한 달 용돈의 75%, 노동자는 한 달 수입의 15–20%를 써버리게 된다.[53]

일반적 표현들을 보면 그런 경제적 사실이 구체적으로 나타난다. 어떤 사람을 '매우 부유하다'고 묘사한다면, 당신은 "tij vlazcescu mberie bregmadziu na dumobru ezadjie('자신의 집에서 사랑을 나눌 수 있을 정도로 부유한 사람', 즉 부부가 쓸 방과 다른 사람이 쓸 방 등 적어도 2개의 방을 숨 쉴 수 있는 공기로 채울 수 있을 정도로 부유한 사람)"라고 말할 것이다. 그러므로 이 사회에서 medrabregmadizian이라는 동사가, 그 은유적 의미는 "음탕하게 논다"이지만 앤틴에 따르면 문자 그대로의 의미가 "사

---

53 원저에는 한 커플이 하룻밤을 보내는 비용이 '8브레그마'라고 되어 있는데, 그렇다면 일주일에 이틀, 즉 한 달에 8일이면 '72브레그마'가 아니라 '64브레그마'라고 해야 한다. 따라서 본 역서에서는 원문의 '8브레그마'를 오기(誤記)로 판단하여 '9브레그마'라고 표기했다. 저자가 한 달에 9일로 가정해서 72브레그마라고 했을 수도 있겠지만, 그럴 가능성은 높지 않아 보인다.

랑을 나누며 하룻밤을 보내는 것"(Antin, 1984: 35)임은 놀랄 일이 아니다. 앤틴은 이 세계에서 엄청나게 많은 돈(bregmas)을 의미하는 어휘형태(화폐단위인 브레그마를 원형으로 한다)를 언어학적으로 철저하게 분석한다.

[megrabregmadzian]은
명백히 bregma라는 어간에 동사화하는 부정사 어미가 붙어 구성된 부정사 bregmadzian에 기초한 복합동사이고, medra는 부사적 접두사로서 '보다 더'라는 뜻을 가진 med-a와 '모든 가능성을 포괄하는'이라는 뜻을 표현하는 삽입사(插入辭)인 강조어 r로 구성되어 있으며, 따라서 medra는 '엄청나게 많은' 또는 '많은', 또는 단순히 '매우 많은'이라는 의미를 갖는데, 왜냐하면 격리된 방에서 밤새 사랑을 나누기 위해서

일반적인 관용구들에서 드러나듯이, 이 사회에서 돈의 의미는 공기, 사생활, 섹스, 그리고 다른 많은 것들과 관련된 모든 종류의 다른 의미들을 포함(포괄, 흡수)한다.

당신이 더 이상 초조해하지 않기 위해 말하건대, 이 이야기는 비극으로 끝난다. 미국 학생이 자신은 조각가로 자처하지만 우리 같으면 그렇게 생각하지 않을 젊은 여성을 만난다(그녀는 고체로 구성된 물질적 대상을 만들지 않는다). 그녀가 조각가로 자처하는 것은 육체적으로 힘든 노동을 하는 조각가들이 정부가 보조해 주는 공기를 얻을 수 있고, 또한 그녀 스스로 노동자 계급과의 연대감을 표현하기를 원하기 때문이

다. 그러나 실제로 그녀는 매우 가냘프며, 육체노동자보다는 정신노동자처럼 보인다. 정신노동자와 육체노동자는 서로 적대관계에 있다. 젊은 여성이 미국인에게 "버스에 타자"고 수줍게 제안한 첫날밤, 정신노동자 당원들이 탑승자들을 억류해 정치적으로 세뇌할 목적으로 버스를 탈취했다. 경찰이 이를 진압하기 위해 출동했고, 진압 과정에서 그녀를 정신노동자로 오인하여 사살했다(또는 우리가 그렇게 생각하고 끝냈다. 비록 명확한 것은 아닐지라도).

그 미국인은 고향으로 돌아가서, 당연히 CIA의 심문을 받는다. 그가 이런 얘기를 했을 때 CIA 요원들은 혐오감을 느낀다. 그들은 그 국가의 정치적 갈등이 그가 묘사한 것과 같다고 믿지 않고, 그에게 우정에 돈을 낭비했다고 말한다.

당신은 처음에는 이 이야기가 사실이라 생각할 것이다. 나도 그랬다. 앤틴이 그의 '이야깃거리'(즉석에서 한 말이기 때문에 그렇게 부른다)에서 언급한 일부 이야기는 사실이거나 마치 사실인 것처럼 들린다("가격"에서는 한 노인이 자기 집에서 그의 어머니와 동거인의 결별에 관해 구구절절 이야기한다. 동거인은 새 집주인이 연인의 방에서 그녀와 함께 밤을 보내는 것을 허락하지 않자 아예 떠나버린다. 그 집은 그가 이사 간 곳보다 훨씬 좋지만, 새 집은 '적정한 가격이다'). 그 나라의 지리와 공기오염에 대해 앤틴이 열거하는 엄청난 양의 세목, 그리고 그가 가공한 중부 유럽 언어의 일상어법에 대한 공들인 언어학적 분석은 끝내는 이 이야기가 '사실'이 아니라 우화(사전에 따르면 '도덕적 또는 종교적[또는 이 경우 사회학적] 교훈을 전달하는 짧은 이야기')라고 믿게 만든다.

사실이 아니라고 해서 이 이야기가 갖는 사회분석으로서의 가치가 달라지지는 않는다(나에게는 그렇지 않았고, 당신에게도 그렇지 않을 것이라 생각한다). 이 이야기는 통상적 믿음, 언어, 계급구조, 환경조건, 대인관계, 그리고 다른 많은 이론적으로 중요한 것들 간의 얽히고설킨 연관성들을 명료하고 믿을만한 방식으로 전개한다. 사실이든 아니든, 이러한 연관성들은 당신이 이것들이 어떻게 어떤 상황에서든 사실이거나 또는 사실일 수 있는지 알 수 있는 것이다. 이 경우에는 제시된 특정 세목들에서가 아니라, 이 이야기를 아는 것이 당신이 그러한 연관성을 발견하는데 도움이 되는 방식에서 그렇다는 것이다. 또는 만약 사실이 아니더라도, 이 연관성들은 납득할 만한 논리로 전개돼 있기 때문에, 당신은 그것들을 유사한 주제에 관한 당신 스스로의 연구를 위한 지침으로 사용하고자 할 것이다.

비록 앤틴이 이런 연관성들에 대해 상당한 이론적 관심을 가지긴 했지만, 이론으로 만든 것은 그리 많지 않다. 사용자는 그 이야기와 앤틴의 유식한(wise—guy), 가상의 순수한(mocking—innocent) 언급들로부터 이론을 추출해야 한다. 앤틴은 많은 부분을 사용자가 하도록 남겨 놓는다. 그는 가능한 사회적 사실들에 대한 범주, 개념, 변이를 제공한다. 이 사회적 사실들의 모든 부분들로부터 당신은 유사한 사회적 배열들(arrangements)을 구성할 수 있다. 이야기들이 사실이 아니라 해도 우리는 신경 쓸 필요가 없는데, 왜냐하면 그 이야기들은 무엇이 일어나고 있는지를 이해하려는 우리 자신들의 시도에서, 그 밖의 어딘가에 적용할 수 있는 사회에 대한 무언가를 가르쳐 주기 때문이다. 그 이야기들은 앤틴이 창출해낸 나라(공기에 굶주린 시민들이 있는)에 있다면 어떤 일들이 벌어질 것인지를 우리에게 말해준다.

이념형

사회과학자들은 베버(Weber, 1949: 89-95)가 고안해 낸 이념형에 대해 알고 있다. 베버는 시장과 이와 관련된 교환경제에 대한 경제학자의 아이디어를 예로 들었다.

이 개념적 패턴은 역사적 삶의 특정 관계와 사건들을 조합하여 내적으로 일관된 체계로 간주할 수 있는 복합체를 구성한다. 특정 요소들에 대한 분석적 강조를 통해 도달하는 유토피아와 같은 것이다. 이 구성체와 경험적 데이터의 관계는 추상적 구성체가 언급하는 시장에 의해 조건 지워진 관계(market-conditioned relationship)가 실재에서 발견되거나 어느 정도 존재할 것이라 생각되는 곳에서 우리가 이러한 관계의 특징적 측면들을 이념형과 관련하여 실용적으로 명료하고 이해 가능하도록 제시할 수 있다는 사실로만 이루어진다. 이러한 절차는 해설적 목적은 물론 발견적(heuristic) 목적에도 필수 불가결할 수 있다. 이념형적으로 전형적인 개념은 연구에 있어서 우리의 전가(轉嫁) 기술(skill in imputation)을 발전시키는데 도움이 될 것이다. 이것은 '가설'이 아니지만 가설 구성의 지침을 제공한다. 이것은 실재에 대한 기술(description)은 아니지만 그러한 기술에 대한 명료한 표현수단을 제공하는 것을 목표로 한다… 이것은 유토피아다. 역사연구는 각 개별 사례에서 이런 이상적 구성체가 실재에 얼마나 근접하는지 혹은 실재로부터 얼마나 벗어나 있는지를 결정하는 과업에 직면한다.

사회에 대해 말하기

우리는 복잡한 현실에서 추상화로 이념형을 만든다. 베버는 '수공업(handicraft)'에 대한 아이디어를 예로 들고 있다. "우리는 '수공업'에 대한 '아이디어'를, 다양한 시대와 다양한 국가의 산업체들에서 실제로는 불명확하고 혼동된 상태로 발견되는 어떤 특징들의 본질적 경향을 강조하여 일관된 이상적 구성체로 배열함으로써 하나의 유토피아(여기서 '유토피아'는 이상화된 형태를 의미한다)로 만들 수 있다… 더욱이 경제적, 그리고 심지어 지적 활동의 모든 분야가 전형적인 이념형적 '수공업' 체계를 특징짓는 동일한 원리의 적용과도 같은 공리에 의해 지배되는 사회를 묘사할 수 있다."

베버는 이 절차를 자주 사용했다. 그는 여러 종류의 권위—카리스마적 권위, 전통적 권위, 법적·합리적 권위—를 이념형적 용어로 기술했다. 세계종교에 관한 연구에서 그가 그러했듯이, 우리는 이런 유형들의 리더십에 대한 순수 사례를 발견하기를 기대하지 않는다. 이 유형들은 사람들이 리더가 특별한 재능을 가졌다고 생각하기 때문에, 리더를 따르는 것이 사람들이 늘 해오던 방식이었기 때문에, 혹은 리더가 규칙에 의해 따라야만 하는 유일한 사람이기 때문에 리더를 진정으로 따른다면 어떻게 될 것인지를 말해준다. 그러나 사람들이 순전히 그 중 하나에 따라 행동하는 사회나 조직은 존재할 것이다. 기대해서도 안 된다. 존재할 것이라 기대해서도 안 된다. 베버가 묘사하는 관료제는 만일 조직이 그가 간주했던 순수 유형의 특성들 모두를 실제로 지녔다면 어떠할 것인지에 관한 것이다. 이 특성들은 규칙에 의해 지배되는 행정활동, 위계적으로 조직화된 전일제(full-time) 전문가들이 수행하는 직무(이 직무는 그들의 경력[career]을 구성한다), 행정수단을 소유하지 않고 이윤이나 수수료가 아니라 봉급을 통해 수입을 올리는 노동자 등이다. 그러나 그는 이 모든 특징을 갖춘 조직을 실제 세계에서 찾을 수 있으리라 기대하지는 않았다(Gerth and Mills, 1946: 96-104).

연구자들은 역사적으로 부수적이며 우연적인 것, 드러내고자 하는 아이디어의 본질에 필수적이지 않은 것은 모두 제거하고, 연구하고 있는 사례에서 중요한 것을 얻어내는 방식으로 이념형을 사용한다. 그 결과 이념형은 연구자들에게 개념과 실제적 아이디어들을 제공하는데, 이것들은 경험적 자료들을 다루는데 있어 유용한 관찰 가능한 것들과 논리적으로 일치하고 일관되면서 충분한 관계를 가진다. 내가 연구하고 있는 시(市) 정부는 이상적 관료제의 모든 특징을 갖춘 것은 아니지만, 그 특성들은 내가 다음에 무엇을 관찰해야 하며, 더 많은 발견을 위해 어떤 유형의 조사를 해야 하는지 등등에 관한 실마리를 제공하는 데는 충분하다. 이는 일종의 사고 실험(thought experiment)이며, 여기서 당신은 만일 이념형에서 적시된 어떤 경향들이 방해받지 않고 작동한다면 어떻게 될지를 스스로에게 질문을 한다. 이런 실험을 통해, 우리는 그런 경향들이 부분적으로만 작동할 때 실제로 일어나는 일을 통해 이러한 가능성의 흔적을 볼 수 있는데, 이는 조직 내의 다른 어떤 것들이 그러한 경향들의 발현을 억제하기 때문이다.

이념형은 결코 '참'이 아니다. 사실성의 문제는 적절한 질문이 아니다. 우리가 바라는 바대로 되면, 요소들 간의 상호연관성을 보게 되며, 순수 사례에서 각각이 서로에게 영향을 미치는 방식을 보게 하기 때문에, 덜 순수한 실제 세계의 조건 하에서의 작동 방식을 발견할 수 있다. 베버는 "거기에는 단 하나의 판단기준이 작동한다. 즉 상호의존

관계에 있는 구체적인 문화현상들, 그 현상들의 인과적 조건 및 중요성을 보여주는데 성공할 수 있느냐다"라고 말했다. 이는 앤틴의 이야기와 비슷하다. 일어날 법한 일은 만약 그것이 일어날 수 있는 방식이 작동했다면 일어날 것이고, 이는 당신이 특정 상황에서 일어난 일을 이해하도록 만든다는 것이다. 그것은 참은 아니지만 '유용하며' 매우 다른 판단기준이다. 유용한 유형은 우리가 연구하는 실제 사례에서 나타나는 일들에 주의를 기울이도록 한다. 이는 베버가 권위의 유형학을 통해 종교집단에서 집합적 행위를 조직화하는 상이한 방식들을 발견하는데 도움을 받았던 것과 같다.

이념형을 그 방식대로라면 어떠할 것인지를 묘사하는 것이라고 한다면, 이는 그러한 재현의 제작자가 다음에 일어날 일을 생각해 볼 수 있는 일련의 조건과 과정을 구체화한다는 것을 의미한다. 가장 순수한 이념형의 사례—즉 수학적 모형—에서, 당신은 이러한 것을 초기 상태(beginning state)와 전환 규칙(transition rule)으로 지칭할 것이고, 그 다음에 일어날 일을 체계의 연속적 상태(succeeding state of a system)로 규정할 것이다.

수학적 모형

앤틴의 이야기는 사회에서 요소들 간의 상호연관성(interconnections)을 예시한다. 베버는 조직의 이념형을 언어로 생성했다. 이들은 모두 사회적 실재를 덜 현실적이면서 더 이해 가능하도록 만들어 준다.

이런 이상화 작업의 가장 순수한 형태는 수학적 모형이다. 이것은 그 모형에 포함된 요소들에 수치적 혹은 추상적인 수학적 가치를 부여한다. 모형들은 요소들의 모집단, 각 요소가 있을 수 있는 상태의 유형들, 그리고 그 요소에 대한 작동을 구체화한다. 사회학에서 중요한 모형들의 하위집합 구성원들은 가능한 상태들 사이에서 요소들의 초기 분포를 열거하고, 요소들이 전체 체계의 연속적인 상태들 사이에 어떻게 변할 수 있으며 상태들 사이에서 결과적으로 요소들이 어떻게 분포되는지를 말해주는 전환 규칙을 기술한다. 수학적 모형은 이념형에 비해 덜 상세하지만, 상대적으로 보다 명확한 결과를 산출한다.

케메니(John G. Kemeny), 스넬(J. Laurie Snell), 그리고 톰슨(Gerald L. Thompson)은 단순하면서도 생산적인 모형을 다음과 같이 개관하고 있다. "일부 원시사회에는 결혼이 허락되는 때에 관한 엄격한 규범이 있다. 이는 근친끼리 결혼하는 것을 방지하기 위해 고안된 것이다"(Kemeny, Snell and Thompson, 1974: 451). 이 규범은 누가 결혼 유형(씨족이라고 생각하자)에 속하는지, 어떤 구성원과의 결혼이 허용되는지, 그런 결합에서 태어난 아이들이 어떤 유형에 속하는지 등을 구체화한다. "이러한 규범은 순열 행렬(permutation matrix)의 용어로 된 정밀한 수학적 공식으로 제시될 수 있다(같은 쪽).

그들은 순열 행렬(행과 열을 가진 표로 생각하자)을 "각 행(row)과 각 열(column)에 정확하게 하나의 1을 가지고 나머지 칸(entities)들에는 0을 가진 (표와 같은) 정사각형 행렬"로 정의한다(Kemeny, Snell and Thompson, 1974: 453). 만약 그 씨족들의 이름을 가진 행과 열로 그 사회가 나뉘도록 표제를 붙인다면, 1과 0은 허용된 혹은 금지된 결혼을 나타낸다. 그

사회에 대해 말하기

런 행렬의 수학은 당신에게 그것들에 대한 덧셈, 곱셈, 그리고 다른 연산들을 수행하는 방식을 말해주고, 그 계산결과는 당신에게 다음 세대의 구성을 말해준다.

물론 그와 같이 엄격하고 복잡한 결혼 규범이 있는 사회는 그리 많지 않고, 그런 사회도 그런 규범을 단지 '다소간' 준수할 뿐이기 때문에, 실제 사회를 연구할 때 그 모형은 제한적이다. 그러나 그것은 모형으로서 많은 유용성을 가지고 있는데, 그것은 그 모형을 통해 어떤 종류의 체계가 가능한지를 알게 되며, 규범이 언제 어떻게 위반되는지를 비롯해 친족 연구자들에게 흥미로운 다른 많은 것들을 밝혀주는 방식을 제공하기 때문이다.

화이트(Harrison White)는 호주 원주민들의 복잡한 친족 체계와 버마의 인도차이나 국경에 살고 있는 집단의 체계를 연구하여 모형화할 수 있는 가능성을 보여주었다(White, 1963: 특히 94-105. 그의 논의는 케메니, 스넬, 톰슨의 논의와 중첩된다). 그는 다음과 같이 결론을 내렸다. "(앞에서 언급된 종류의 규범과 같은) 명확한 규범적 결혼은 제한적 사례, 즉 이념형이다. 우리는 어떤 부족이 선택적 결혼체계와 상반되는 규범적 결혼체계를 가지고 있는지 여부를 질문하는 것이 아니라, 오히려 그 부족이 고립된 단위로서 혹은 부족들의 상호연결망의 일부로서 규범적 결혼체계의 이념형의 한 측면 또는 몇몇 측면의 혼합체를 어느 정도 준수하는지를 질문해야 한다. 준수의 정도를 의미 있고 정밀하게 규정하는 일반적인 분석틀을 개발해야 하는 어려운 과제가 남아 있다 … 나는 단지 이념형을 도출하는데 성공했을 따름이다"(White, 1963: 148-149).

예를 들어, 수학적 모형은 교향곡 레퍼토리 분석 같은 종류의 것을 구성할 수 있다. 내가 스스로 고안한 사례인 윌리엄 맥피(William McPhee, 1963: 26-73)가 '문화 내에서 항목의 생존'으로 규정한 사회현상의 일반적 분류에 대한 분석을 보자.

미국에서 1년 동안 연주된 모든 심포니 오케스트라들을 수집하여, 예를 들어 작곡가의 국적(꼭 그럴 필요는 없다. 작곡 연도가 될 수도 있고, 작곡가의 출생일이 될 수도 있으며, 곡의 길이도 될 수 있고, 심지어는 장단조도 될 수 있다)에 따라 분류해 보자. 우리는 x%의 곡은 독일 작곡가의 작품이고 y%의 곡은 프랑스 작곡가의 작품이라는 것 등을 발견하게 된다(불확실하고 성가신 경우, 예를 들어 이중국적을 가진 작곡가의 사례도 있다. 이런 문제는 얼마간 임의적인 정의를 통해 해결해야 할 것이다. 놀랍게도 그것이 그 모형의 유용성에 영향을 끼치지는 않는다). 모든 오케스트라가 1년 동안 연주하는 레퍼토리가 해마다 2% 포인트씩 바뀐다고 가정해 보자. 해마다 전 해에 연주됐던 작품 중 2%는 빠지고 2%가 추가된다. 더욱이 추가된 레퍼토리가 현재의 레퍼토리 구성과 특정 방식으로 인종 구성의 측면에서 다르다고 가정해 보자. 현행 레퍼토리의 30%가 독일 작곡가의 작품이고 10%가 프랑스 작곡가의 작품인 반면, 올해 추가된 작품은 25%가 독일 작곡가의 작품이고 15%는 프랑스 작곡가의 작품이다. 그리고 레퍼토리가 해마다 바뀌며 새로운 비율이 10년간 지속된다고 가정해 보자. 그러면 작곡가의 국적 비율은 어떻게 될까?

이것이 시시한 예로 보인다면, 이러한 문제가 미국 공군 대령 중 현재 여성의 비율이 x %이고 대체율이 매년 z %라고 가정할 경우 여성 대령이 일정 비율이 되는데 얼마나 오랜 시간이 걸리는지의 문제와 동일한 것이라고 생각해 보라. 국적이 다른 작곡가의 비율이 해마다 변하는 방식과 관련해 어떤 것을 발견했든지 간에, 그것은 일반적으로 여러 상이한 유형에서 고정된 수의 요소들이 일정 간격을 두고 이미 알려진 비율로 대체되는 상황에서는 참일 것이다.

권위에 대한 베버의 이념형과 마찬가지로, 그건 오케스트라의 레퍼토리 변화 과정이 아니지 않느냐고 불평하는 적절치 않다. 그것은 분석이 우리에게 말해주는 바가 아니다. 분석은 만약 그것이 변화의 방식이라면 어떤 것이 참인지를 알려줄 따름이다.

마찬가지로, 우리는 권위의 이념형이나 특정 유형의 가족체계의 이념형에 대해 알고자 할 것이다. 비록 모형이 제시한 바대로 작동하지 않는다 하더라도, 어떤 것이 어떻게 작동하는지에 대한 동학(動學)을 이해하기 위한 하나의 방법으로 말이다. 따라서 이념형은 실제로 베버가 기술한 관료제라면 그 조직이 어떻게 보일 것인지를 이해하는 데 유용하며, 아마도 예를 들어, 시카고 시 정부가 어떤 것이든 간에 그런 유형의 관료제는 아니라고 말하기 위해서도 유용할 것이다.

수학적 이념형은 익히 알려져 있고 많은 정리들이 증명되었으며 많은 해법이 고안된 수학적 형식의 사례이기 때문에(마르코프 연쇄[Markov chain],[54] 계차 방정식[difference equation],[55] 혹은 방향 그래프[directed graphy][56]

---

54 일련의 사상(事象, event)의 시퀀스를 결정하기 위해 사용되는 통계적 모형으로,

를 예로 들 수 있다), 이와 관련하여 증명된 것은 모두 사회 분석을 위한 특정한 개체의 사용에 자동적으로 적용된다. 만약 내가 가설적인 친족체계의 작동을 마르코프 과정("미래의 확률이 가장 최근의 값에 의해 결정되는 무작위적 과정"[Weisstein, 연도 불명])으로 제시한다면, 내가 적절한 연결을 만들어 내기만 하면(예를 들어 씨족 구성원의 변이를 확인하고 씨족 간 혼인을 지배하는 규칙들과 그것이 발생하는 비율을 특정하기만 하면) 마르코프 연쇄에 관해 알려진 모든 것은 논리적으로(따라서 자동적으로) 내가 기술한 체계에 관해 참이다. 만약 내가 조직 내의 사람들 간의 연결들을 네트워크로 기술한다면, 방향 그래프에 관해 증명된 모든 것은, 내가 더 이상 경험적 연구를 하지 않고도 내가 얻을 수 있는, 내가 연구한 조직에 관한 결과물이 된다. 수학의 논리는 그런 결과물의 정확성을 보장한다. 물론 이는 경험적인 것은 아니다. 다시 말하건대, 그런 친족체계는 어디에도 없다거나 내가 기술하는 몇몇 특정 실존하는 친족체계들이 그런 식으로 작동하지 않는다거나 하는 것은 문제가 되지 않는다. 모형은 그것이 그런 방식으로 일어났을 때 무슨 일이 일어날 것인지를 설정한다. 그리고 이는 알아두면 유용하다.

토머스 셸링(Thomas Schelling, 1978)은 수학적 사고가 사회과학자들에게 준 또 다른 선물을 설명하기 위해 이러한 속성을 사용했다. 우

어떤 주어진 사상이 발생하는 확률은 그 직전에 발생한 사상과만 관련된다고 가정한다.

55 미분방정식과 유사한 이론으로 전개되며, 정차방정식 또는 차분방정식으로도 불린다.

56 정점 간의 연결선이 방향을 갖는 그래프.

리가 관심을 가지는 많은 것들은 그 자체로 참이다. 이는 수학자들이 '항등식(恒等式, identity)'이라고 부르는 것으로서, 방정식의 한 쪽 항과 다른 쪽 항에 동일한 값이 부여된 것이다. 셸링은 몇 가지 간단명료한 예를 제시한다. 시장에서 판매량은 구매량과 **반드시**(*must*) 동일해야 한다. 누군가가 어떤 것을 사지 않는다면 그것을 팔 수 없고, 누군가가 어떤 것을 팔지 않는다면 그것을 살 수 없다. 이는 명백하지만, 많은 사례들을 보면 꼭 그렇지는 않다. 좀 길게 인용해 보겠다.

우리는 종종 여러 위치에 있는 두 인구집단의 비율(ratio)에 관심을 갖는다. 12개의 기숙사가 있고 전체의 4분의 3이 남학생인 대학교 인구집단이 그 한 예이다. 많은 조합이 가능하겠지만 모든 것은 하나의 수치상 제약(numerical constraint)의 영향을 받는다. 예를 들어 모든 기숙사에 공통적으로 적용될 수 있는 유일한 비율은 3대 1이다. 그러면 남학생과 여학생들을 나누는 유일한 방식은 남학생의 절반만큼의 여학생들을 기숙사에 입소시키는 것이다. 6개 동은 남녀의 비가 반반이고 나머지 6개 동은 전원 남학생이 될 것이다. 만약 2개 동에 전원 여학생이 입소하면 나머지 10개 동에서의 남녀의 비는 9대 1이 된다. 2개 동에 전원 여학생이 입소하면 2개 동만 남녀학생의 비가 반반이다. 그 밖의 경우도 있을 것이다. 이 원칙은 신입생, 흑인 학생, 기혼 학생 또는 기타 집단에 참이라 주장된다. 이 대학 재학생 중 흑인 비율이 12분의 1이라면, 이들은 모두 한 동에 입소할 수도 있고 반씩 나눠 2개 동에 입소할 수도 있으며 1대 3 비율로 4개 동에 입소할 수도 있다. 평균적으로 백인 학생이 열두 명 중

한 명꼴로 흑인 학생이 분포하는 것 이상으로 배치될 수는 없다.

소규모 집단의 경우는 사람들을 나눌 수 없다는 것이 중요한 문제가 된다. 4인실의 경우 어느 누구도 자신이 속한 인구집단의 25%보다 적을 수 없다. 흑인 학생 비율이 12분의 1이라면 백인 학생 중 11분의 3만이 흑인 학생 룸메이트를 맞이하게 된다. 만약 모든 흑인 학생이 한 명 이상의 흑인 룸메이트를 선호하고 백인 학생도 마찬가지로 한 명 이상의 백인 룸메이트를 선호한다면 가능한 배정비율은 흑인 2명과 백인 2명이고, 그러면 기숙사 방의 12분의 10은 백인 학생들로만 채워질 것이다. 같은 이야기가 병실 배정과 내무반 배정에 적용될 수 있고, 극단적인 사례로서 경찰 순찰차에 2명을 배정하는데 배정 비율은 반반이고 어느 누구도 자신과 동일한 인종과 동승할 수 없는 경우에도 적용될 수 있다(Schelling, 1978: 58−59).

이 결론들에서 주장할 수 있는 것은 아무것도 없다. 데이터를 모을 필요도 없고, 결론들은 단순한 산술에서 나오니까. 하지만 이것이 결론들을 명료하게 만들지는 못한다. "놀라운 것은 대학 위원회가 기숙사에 남녀 학생 또는 흑인과 백인 학생, 또는 신입생과 2학년생을 어떻게 배치하느냐에 대한 제안에 그 많은 시간을 소모한다는 점이다. 어떤 배분을 하던 간에, 모든 기숙사 동의 인원수가 거기에 있는 학생들의 수를 더해야 한다는 단순한 산술은 제쳐두고 말이다"(Schelling, 1978: 59).

참이 아니다. 그렇다면?

매우 이상하게도(당신이 적절한 추상적 방식으로 그것에 대한 생각을 시작하기 전까지는 이상해 보일 것이다), 앤틴의 이야기와 그와 유사한 분석들은 수학적 모형과 많은 점을 공유하는 우화로 진술된다. 마치 베버 식의 이념형처럼 말이다.

어떻게 그러한가? 앤틴의 이야기는 허구다. 그가 묘사한 나라는 존재하지 않는다. 그가 말한 이야기는 결코 일어나지 않는다. 그러나 베버의 유형이 기술하는 관료제도 존재하지 않고 내 가상의 수학적 모형이 기술한 대로 해마다 전략을 정확히 따르는 교향악단 프로그램도 존재하지 않는다. 모형과 유형은 이야기만큼이나 허구이다. 이 세 가지는 모두 서로를 닮았다. 분석적이라는 점에서도 그렇고 실제 상황을 해부해 주요 성분들을 찾아낸다는 점에서도 그러하며, 그럼으로써 어떻게 이 성분들이 서로에게 영향을 미치고 의존하는지에 대한 모형을 구축한다는 점에서도 그러하다.

그러나 이야기, 유형, 그리고 모형은 또한 실질적으로 다르며 그 차이는 교훈적이다. 수학적 모형들은 그것이 분석하는 관계를 정확하면서 동시에 추상적으로(이 두 가지가 꼭 같이 갈 필요는 없지만) 진술한다. 이 모형들은 은유적으로 작동하여, 구체적 사회현상들을 추상적인 수학적 객체와 연결하며(마치 사람들이 자신들의 위치와 별들을 추상적인 기하학적 삼각형과 연결하여 거리를 계산하듯이), 추상적 객체의 속성들로부터 이 모형들이 탐구하는 구체적인 화제의 속성들을 추론한다. 따라서 케메니, 스넬, 톰슨은 사회의 결혼규칙들을 결과의 산출로 기술한다. 그것은 아동들에게 집단 구성원의 자격을 부여하고 집단들 사이에서 어떤 결혼은 허용하고 다른 것은 금지하는 친족체계의 작동을 구체화하는 7개 공리들의 순열 행렬로 모형화한 것이다. 이들의 분석은 흥미롭게도 가능한 체계의 수는, 만일 사람들이 그 체계가 말하는 방식대로 실제로 행위를 한다면, 극히 제한적임을 보여준다.

이런 모형에서 분석된 관계들은 필연적으로 '참'이 된다. 만약 체계의 구체화가 부합한다면, 결과는 마치 정삼각형의 두 변의 곱의 합이 빗변의 곱의 값과 필히 동일한 것과 같이 자동적으로 따라 나온다. 이는 기하학의 단순하면서도 필연적인 논리다. 그러나 모형이 세계의 어느 것도 그와 같다는 주장을 만들지 못한다. 모형이 단지 말하는 바는, 만약 어떤 것이 그와 같다면, 그것이 일어날 법하다는 것이다.

어떤 인간 활동도 이러한 수학적 모형과 딱 들어맞는 법이 없다는 점에서, 모형이라는 매체(媒體)는 실망스럽기 그지없다. 우리는 그 모형들이 참임을 원치는 않더라도, 우리가 관심을 갖고 있는 실제 사회현상과 '유사하기를' 바라기 때문이다. 그리고 우리는 추상적 모형이 어떻게 구축되는지를 보여줄 수 있는 반면, 모형이 정확하고 분명하며 명쾌할수록 그것이 우리가 원하는 바를 말해줄 가능성은 줄어든다. 하지만 이는 부분적으로는 우리가 유사성을 찾아내는 능력의 문제다. 나는 이에 대한 희망을 포기하지 않는데, 이는 부분적으로 '비현실적' 재현의 성공적인 두 가지 변종 때문이다.

이 비평의 주제는 아니지만, 이념형은 실제와 많이 유사해 보인다. 만약 당신이 정부청사로 들어가 보면, 베버가 말했듯이 거기에는 분명히 파일들이 있을 것이다. 이 파일들은 컴퓨터 하드드라이브에 있을

사회에 대해 말하기

수도 있지만, 베버가 말한 기능들을 수행하는 파일들이다. 그리고 청사 직원들은 통상적으로 베버가 말한 관료제적 충원 체계의 경력과 직무상의 우연성이 갖는 특징 다수를 포함한 고용 시스템에 대해 기술할 수 있다.

이념형의 요소들 간의 관계는 꼭 참인 것은 아니지만, 인간 논리에서 모종의 연계를 갖는다. 이러한 속성들이 어떻게 그런 방식으로 엮일 수 있는지를, 파일의 보유가 어떻게 행위에 대한 예측가능성을 제공할 수 있는지를 파악하고 이해할 수 있다. 물론 이런 관계들이 논리상 필연적으로 참인 것은 아니지만, 실제 사회세계의 어떤 것에 대한 주장을 담고 있음은 분명하다(비록 정확히 부합하는 것은 아닐지라도). 실제의 어느 관료제와 같지는 않지만, 우리가 관료제로서 생각할 수 있는 것과 같은 것이다. 그래서 모형은 그것이 주장하고자 하는 것을 위한 것이 아니라는 귀결이 나온다. 이러한 모형을 평가함에 있어서, 우리는 '그것과 같은' 상황과 조직에서의 우리 자신의 경험에 비추어 보아, 제시된 것이 타당한지 아닌지를 파악할 수 있다.

앤틴의 이야기는, 비록 그가 모든 것을 지어냈을지라도, 매우 특수한 것이다. 그는 우리가 얼마나 많은 일이 경제적 가치를 갖는지를 깨닫는지, 그리고 그러한 깨달음이 어떻게 언어로 구현되는지를 우리에게 보여주고자 한다. 그는 우리로 하여금 어떻게 환경적 상황이 삶의 모든 측면으로 파급되는지를 이해시키고자 한다. 이를테면, 어떻게 오염된 대기가 사생활 침해로, 그리고 이어서 사랑을 나누기 위한 사람들의 공공설비 이용으로 이어지는지를 이해시키고자 하고, 얼마나 일했느냐에 따른 공기 분배 시스템(확실히 공정하고 합리적인 시스템)이 화가와 작가와 달리 조각가를 '노동자'로 만들어 버리는 방식, 그리고 그 결과 친구를 죽일 수도 있는 유형의 정치적 갈등으로 이어질 수 있는 방식을 이해시키고자 한다. 앤틴의 이야기의 세목들은 등장인물이 허구임을 알고 있음에도 강한 흥미를 불러일으킨다. 그가 분석하는 언어학적 대상들은 테크니컬한 언어학적 분석의 세세한 것들과 맞아 떨어지면서 충분히 참인 것처럼 들린다. 비록 그것이 유사성을 찾기 위해 당신이 확실히 알고 있는 언어를 세세히 분석해야 하는 상황으로 어떻게 이어지는지를 파악하기 위해서라도 말이다.

앤틴의 이야기는 실제와 같아야 할 필요는 없고(베버의 이념형이 그렇듯), 그가 주의를 기울이는 규칙성은 추상적 형태에서 진술되지 않으며, 오히려 특정한 환경적 및 정치적 상황과 언어의 특징들로 진술된다. 우리는 뭐든 그것과 같아야 한다고 생각할 필요는 없다. 그러나 우리는 아마도 그렇게 하고 있다.

참은 아니지만 분석 가치가 있는 이러한 것들 각각은 일부 사용자들을 만족시킨다. 수학적 모형은 이 모형을 만들어 낼 수 있는 기술적 지식과 이해를 가진 비교적 적은 수의 사회학자와 인류학자들에 의해 만들어지고 사용된다. 비록 나처럼 장난기 어린 사람들 중에도 수용적 청중이 있기는 하지만 말이다. 이념형은 표준적인 사회학적 장치의 일부가 됐고, 사회학은 물론 그 밖의 영역에서도 많은 연구자들에 의해 사용되고 있다. 내 생각에, 비록 비교적 소수의 사람들만이 자신의 목적에 부합하는 새로운 것을 만드는 것 같기는 하지만(베버가 자신의 목적을 위해 고안했듯이) 말이다. 우화는 아직 많은 사회학적 추종자들을 확보하지는 못했다. 비록 우리가 소수에 불과하지만(아마도 앤틴이 그

사회에 대해 말하기

의 '이야깃거리'의 일부를 상연하는 것을 볼 기회를 가졌던 이들), 나는 내가 유일한 사람이라고 생각하지는 않는다. 나는 그것이 사회과학자들이 고려할 만한 추론의 한 형태이며 유용성을 발견할 만한 사고를 하도록 이끌 것이라 생각한다. 그리고 우리에게 사실성은 중요하지만 유일하지 않음을 상기시킨다.

10 차트: 그림 그리기로 생각하기

데이터 그림

기술사가(技術史家) 유진 퍼거슨(Eugene S. Ferguson)은 "마음의 눈: 테크놀로지에서 비언어적 사고(The Mind's Eye: Nonverbal Thought in Technology)"(Ferguson, 1977)라는 제목의 주목할 만한 논문에서 사고(思考)의 시각적 요소를 강조하였는데, 이 논문은 기술자들과 과학자들이 아이디어와 가능성을 전달하기 위해, 단어와 숫자보다 그림과 도표를 어떻게 이용하였는지를 보여주었다. 발명가들과 엔지니어들은 기계가 작동하는 방식을 그림으로 상상했고 그 결과물을 그림으로 그려 서로에

사회에 대해 말하기

게 보여주었다. 기계의 분해 조립도는 숙련된 독자들에게 부품들의 관계를 이해하는데 필요한 모든 것과, 원하는 결과를 제작하기 위해 기계의 각 요소들을 어떻게 맞추는지, 그리고 스스로 어떻게 만들 수 있는지를 보여줄 수 있다.

우리의 기술적 세계(technological world)에서 설계자들이 가진 대부분의 창조적 사고는 비언어적이며, 단어로 쉽게 환원되지 않는다. 그것의 언어는 생각에 담겨 있는 객체나 그림, 혹은 시각적 이미지이다. 시계와 인쇄기, 그리고 설상차(snowmobile)는 이러한 종류의 사고들에서 나왔다. 기술자들은 비언어적 지식을 직접 객체로 전환하거나(장인이 미국식 도끼를 만들었던 때처럼) 또는 그들이 생각한 것을 다른 이가 제작할 수 있도록 그림그리기로 전환하면서 인공물들의 형태와 질을 선택해 왔다. 비문학적이고 비과학적인 기술의 지적 요소는 대체로 주목받지 못했는데, 왜냐하면 그 기원이 과학이 아니라 예술에 속해 있었기 때문이다.

19세기와 20세기에 기술에서 과학적 지식의 요소가 크게 증가함에 따라, 시스템을 작동하게 하는 요인들을 결정하는 형식과 배열, 재질에 대한 '중요한(big)' 결정들에서 비언어적 지식이 수행했던 중요한 역할이 상실되는 경향이 나타났다(Ferguson, 1977: 835).

사회학자들의 작업 대상은 기계가 아니기 때문에, 그들이 연구하는 것 중 어떤 것도 기어의 맞물림이나 차축의 회전과 같이 쉽게 도표화되지 않는다. 사회학자들은 대개 커다란 개념적 개체들을 기술하기 위해 그림을 사용하는데, 그것은 마이클 린치(Michael Lynch)가 퉁명스럽지만 정확하게 칭했던 "무(無)의 그림들", 즉 "이론적 논의들에서 제시된 스케치, 도표, 표 배열"이다(Lynch, 1991). 린치는 해롤드 가핑켈(Harold Garfinkel)의 암시적 설명 모델을 기술하기 위해 랄프 터너(Ralph Turner)가 구축한 "개괄적 해석(schematic rendering)"을 예시로 드는데, 여기서 "언어 사용 능력(Capacity for language use)"과 "심의 능력(Deliberative capacities)" 같은 문구들은 "지표성의 역량(Capacity for indexicality)" 및 "지식 재고(Stocks of knowledge)" 같은 문구들로 연결된다(일반적으로 쌍촉화살표들[↔]로). 일부 화살표 경로는 "제스처 활동의 맥락적 해석(contextual interpretation of gestures activities)" 같은 문구들로 명명된다. 린치는 이러저러한 이론적 그림들을 "인과적 또는 유사 인과적 벡터들에 의해 연결된 명목적 요인들의 규칙적 집합체(orderly assemblages of nominal factors linked by causal or quasi-causal vectors)"(Lynch, 1991: 3)로 기술한다.

양방향으로 작동하는 인과성을 가리키는 쌍촉화살표들에 의해 연결된 단어들을 포함하는 기하학적 형태의 그림들은 사회학적 글쓰기에서 널리 사용된다. 그 형태 안에서 단어들은 거의 항상 추상적 개념들, 이를테면 '사회', '문화', '인성'을 표현한다. 이러한 그림들은 린치가 "합리성의 인상(impression of rationality)"이나 "수사적 수학(rhetorical mathematics)"이라 칭한 것 — 그것들은 어떤 것도 아닌 것에 대한 것이라고 말하는 그럴싸한 방식 — 을 생성한다. 그는 이와 같은 그림들을 모종의 공유된 실재와 보다 명확하게 관련된 그림들과 대비한다.

나는 그처럼 공허한 '이론적 그림들'과 연구가들이 연구하는 경험

사회에 대해 말하기

적 현실과 더 명확히 관련된 그림들을 구별하기 위해 린치의 분석을 언급하였는데, 앞서 논의된 것처럼, 후자의 목적은 세목들의 요약이라는 중요한 작업을 수행하는 것이다. 세목에 몰두하는 것이 사회학적 발견으로 이어지는 것은 아니다. 어떤 곳으로도 인도하지 못하는 불투명한 세목은 독자들을 지루하게 만들 뿐이다. 일상생활의 세목을 간과하면 추상적 개념들로 가게 되지만, 추상적 개념들을 사회적 실재와 관련시킨 설명은 어느 누구에게도 확신을 주지 못한다. 퍼거슨이 이야기했던 기술자들이 사용한 방법들처럼, 우리는 사용자들에게 많은 가용 데이터들을 쉽고 이해가능한 방식으로 제시할 수 있는 방법들이 필요하다. 우리가 연구하고 있는 사회학적 기계들의 작동을 기술자들의 모터 도면처럼 즉시 파악할 수 있는 것으로 만드는 것, 그것이 바로 사회학자들이 추구해야 할 바다.

이 장은 독자들에게 유용할 수 있는 가능성들을 보여 주겠다는 소박한 목적을 갖는다. 이런 소박한 가능성은 신비한 기술을 요하지 않는다. 사용자들에게 조금만 더 수고하도록 요구하지만, 향상된 지식과 이해로 보상한다.

사회학에서의 일부 고전적 작품들은 복잡한 소재들을 제시하기 위해 그림과 도표를 창의적으로 사용했는데, 만일 그 소재들이 문장으로 제시되었다면 더 많은 단어를 사용했을 것이고 이해하기도 훨씬 어려웠을 것이다. 이와 같은 '데이터 그림들'—린치의 '이론적 그림들'과 대비되는—은 한눈에 그 의미를 파악하기 힘들다(투키는 좋은 통계 그래픽은 한눈에 알아볼 수 있는 방식을 취한다고 말한 바 있다). 그림은 주요 포인트를 한눈에 보여주지만, 그림의 의미를 온전히 파악하기 위해서는 더 많은 노력이 요구된다.

이것은 재현의 일반적 문제를 다시 제기한다. 많은 사용자들이 그런 여분의 수고를 원치 않는다. 내가 도움이 된다고 판단한 종류의 그림들과 관련된 문제는 혁신과 표준화 간의 균형을 잡는 것이다. 만약 우리의 데이터를 보여주기 위해 표준 포맷을 사용한다면, 우리는 표준 포맷이 적절하게 설명하지 못하는 지식을 설명하는데 유용한 많은 구체적인 정보들을 잃게 된다. 그 포맷을 잘 알고 있는 사용자들은, 읽고 있는 논문에서 표들을 결코 자세히 보지 않았던 맥길의 인터뷰 대상 학생들처럼, 우리가 그들에게 제공하는 증거를 그렇게 면밀히 살펴보지 않을 것이다.

그러나 우리가 무언가를 말할 때마다 항상 새로운 포맷을 만들어낸다면, 연결 작업에 공을 들이지 않는 사용자들을 소외시킬 위험이 있다. 그들은 하케의 '구겐하임 프로젝트'에서 이름과 직위의 목록 속에 묻혀있는 관계들을 스스로 찾아내기를 원치 않는다. 한 사회학자가 나에게 하케의 프로젝트에 대한 불만을 토로했다. "거기엔 어떤 결론도 없어요. 말하고 싶은 게 있으면 그 사람더러 하라고 하세요. 내 시간 낭비하게 하지 말고!" 비록 관련된 작업이 최소한이라 해도, 많은 이들은 그것을 마치 탈코트 파슨스의 문장을 해독하려 애쓰는 것과 같다고 여기고 시도조차 하지 않을 것이다. 그들은 하비 몰로치(Harvey Molotch)가 말한 원가계산을 해본 후, 그러한 작업이 보상을 줄 것이라는 믿음을 버리고 그것이 요하는 '여분의' 노력에 분노를 표할 것이다.

다시 말해, 만일 그림이 한 가지 작업만 하도록 만들어져 있다면 낯설게 될 것이고, 사용자는 그것을 이해하는데 요구되는 여분의 작업을 망설일 것이다. 그러나 만일 그림이 표준적 포맷으로 돼 있다면, 특수한 사례의 유별난 세목을 위한 공간은 당연히 거의 없을 것이다. 이는 모든 사례가 완벽하게 독특하다는—마치 사회학자들이 어디엔가 규칙성이 존재한다고 믿듯이— 것이 아니라, 각 사례의 특징들을 지엽적 언어로 표현해야 한다(말할 수 있다)는 것이다. 지엽적인 유별남을 표준적 언어로 전환시키면 뉘앙스뿐 아니라 진짜 알맹이도 잃게 된다.

나는 위계적인 사회적 배열들과 관련된 사실 및 과정을 보여주는 소재들에 초점을 맞춰 몇몇 고전적인 데이터 그림을 고찰함으로써, 그 그림의 창안자들이 무엇을 했고 어떤 결과가 나왔는지를 살펴볼 것이다. 나는 이 그림들이 이 책의 다른 장(章)보다 특히 이 장에서 사용되기를 기다리는 자료라는 편견을 갖고 있는데, 슬슬 생각이 바뀌려는 중이다.

계급, 카스트 그리고 네트워크

사회학적 고전 『남부 오지(*Deep South*)[57]』(Davis, Gardner, and Gardner,

---

[57] 남부 오지(Deep South)는 미국 최남부 지방인 조지아(Georgia), 앨라배마(Alabama), 미시시피(Mississippi), 루이지애나(Louisiana), 사우스캐롤라이나(South Carolina) 주 등을 지칭하는 말이다. 이 지역은 1880년대부터 1960년대에 이르기까지 민주당이 각종 선거에서 우세를 점해 오면서 '견고한 남부(Solid South)'라는 명칭으로도 불렸으나, 그러면서도 흑인에 대한 극심한 차별이 횡행했던 곳이기도 하다.

1941)는 1930년대 초 미시시피주의 작은 도시인 나체즈(Natchez)에서 벌어지는 인종집단 간의, 그리고 집단 내의 사회적 불평등에 관해 보고한다. 흑인인 앨리슨 데이비스와 엘리자베스 데이비스(Allison and Elizabeth Davis), 그리고 백인인 버얼리 가드너와 메리 가드너(Burleigh and Mary Gardner)는 그곳에서 2년 동안 살면서 자신들의 계급과 카스트의 사회생활에 전적으로 참여했고, 계급/카스트 체계를 사회경제적 관점에서 철저하게 연구했다. 그것은 주목할 만한 연구였으며, 네트워크 분석 전문가들이 자신들의 관심사에서 초기의 선도적인 작업으로 발굴하면서 다시금 '관심'을 끌었다(Freeman, 2003).

흥미로운 도표와 차트들이 가족과 사회생활에서 나타나는 백인 카스트의 계급 체계를 다루고 있다(Davis, Gardner and Gardner, 1941: 59-207). 이 연구와 인류학자 윌리엄 로이드 워너(William Lloyd Warner)와 연관된 다른 연구들은 전체 사회체계를 유지시키는 사회적 불평등과 생산 수단의 소유에 대해 충분한 주의를 기울이지 않았다는 비판을 받았다. 이러한 비판은 『남부 오지』의 제2부(259-538쪽)에는 적용되지 않는데, 이는 해당 부분이 그 사회의 경제적 기반인 면화 생산 체계와 그 체계의 경제적, 정치적 결과들을 공들여 탐구하고 있기 때문이다.

이 책은 저자들이 그 용어에 특별한 의미를 부여한 계급을 주제로 삼고 있다. "여기서 사용되는 것처럼 '사회계급'은 그 구성원들이 서로에게 친밀히 다가갈 수 있는 가장 큰 집단으로 여겨진다. 계급은 가족과 사회적 파벌(social cliques)들로 구성된다. 이 가족과 파벌들 간에 일어나는 서로 간의 상호관계들(interrelations) ─ 방문, 무도회, 다과회 그리고 대규모의 비공식적인 일들과 같은 비공식적 활동들 ─ 은 사회 계급의 구조를 구성한다. 개인은 그러한 사회 계급의 구성원이며, 그 사회계급에서 대부분 친밀한 종류의 참여가 일어난다"(Davis, Gardner, and Gardner, 1941: 59).

저자들은 자신들이 어떻게 사회계급에 대해 알게 됐는지를 설명한다.

> 백인과 흑인 연구자들 모두 계급 행동의 복잡함을 접하게 되면서 그와 동시에 상대 카스트 사람들에게 어떻게 행동해야 하는지를 배우게 됐다. 각자의 계급 내에서 비교적 높은 사회적 지위의 사람들에 의해 '받아들여진' 참여관찰자들은 파티 초대를 받아들이는 문제든, 가족 방문을 결정하거나 교회 참석을 계획하는 문제든 간에, '누구'와 '어디서'라는 중요한 문제에 대한 조언을 받았다. 특정 사람들은 동등한 인간으로서가 아니라 종속된 인간으로 취급받았다. 연구 목적이 아니었다면 지위를 상실하지 않고 '좋은 시간'을 보내거나 심지어 예배드리는 것처럼 '보일 여력이 없는' 장소들이 존재했다(Davis, Gardner and Gardner, 1941: 59).

그들은 사람들이 정형화된 용어 ─ "'저명한 가문', '유서 깊은 가문', '상류층', '사회적 군중', '평민', '멋있고 존경할 만한 사람들', '착하지만 별 볼일 없는 사람들', '가난한 백인', '교양 없는 백인 노동자'(Davis, Gardner and Gardner, 1941: 59)─로 서로를 어떻게 묘사하는지를 설명하는데, 그들의 분석에 의하면 그 용어들의 체계적 특성은 위계적인 세 개의 사회 계급이며 각 계급은 '상위'와 '하위' 부문으로 나뉜다.

"백인들은 자신들의 카스트 집단 내의 이러한 세분화를 자주 언급할 뿐만 아니라, 사회적 위계의 관점 — 일부는 '상위'에 있고, 일부는 '하위'에 있다. 또는 일부는 자신들과 '동등'하거나 자신들보다 '높거나' '낮다' — 에서 사고하는 방식대로 행동했다. '그는 사회적으로 우리와 동등하지 않아', '그녀는 우리 부류가 아니야', '그들은 보잘 것 없는 사람들이야', '그 사람들은 지위가 높아', '그들은 가난한 백인일 뿐이야!' 와 같은 표현들이 자주 사용된다 … 사람들은 그 사회에서 타인에 대한 그들의 '위치'와 사회적 지위의 개념에 순응하여 행동하는 경향이 있다"(Davis, Gardner and Gardner, 1941: 60−61). 이 책은 이러한 불평등한 사회적 참여 시스템에 대한 결론과 증거를 제시하기 위해 서로 다른 26개의 차트를 수록하고 있다. 나는 이 중 몇 개만을 언급하고, 거기에 제시된 풍부한 다양성을 읽어내도록 권할 것이다.

저자들은 지역사회의 모든 사람들이 이러한 사회적 구분을 거의 인지하고 있지만, 사람들이 인지하는 계급 체계와 부문은 그 안에 있는 그들 자신의 위치에 달려 있다는 점을 즉시 기록했다. 그들은 "사회 계급에 대한 사회적 관점"이라는 제목의 그림에서, 계급적 관점에서 이러한 차이에 대한 분석을 제시했다(그림 9 참조; Davis, Gardner, and Gardner, 1941, 65).

신속한 조사는 즉각적 결론을 만들어 낸다. 각 집단은 그 체계에 대해 다소 다른 관점을 갖고 있지만, 그들의 다양한 관점이 상충하지는 않는다. 더 많은 검토를 통해 두 가지 점을 더 확인한 결과, 보다 흥미로운 결론이 나온다.

모든 계급집단의 구성원들이 자신들보다 높고 낮은 계급 또는 둘 다를 인식하지만, 사회적 거리가 멀면 멀수록 미세한 구별의 명확성은 떨어진다(Davis, Gardner and Gardner, 1941: 71).

그리고

개인은 자신의 바로 위와 아래에 있는 집단의 존재를 가장 명확히 인식하지만, 일반적으로 자신과 인접한 집단 간에 실제로 유지되는 사회적 거리에 대해서는 잘 알지 못한다. 따라서 상위−하위 계급을 제외한 모든 경우에 있어서 개인은 자신의 계급과 인접 계급 간의 최소한의 사회적 거리만을 파악한다. 이것은 점선으로 표시된다…
또한 일반적으로 개인들은 자신보다 낮은 계급집단보다는 높은 계급집단을 마음에 그린다. 개인들은 자신과 자신 위에 있는 사람들 간의 차별을 최소화하려는 경향이 있다(Davis, Gardner and Gardner, 1941: 71−72).

그림은 이 모든 것을 나타내고 있으며, 세심하게 살펴보면 더 많은 것을 찾아낼 수 있다. 이는 복잡한 결론을 그것을 지지하는 세목을 가지고 제시하는 경제적인 방식이다. 그러나 당신은 그림을 조심스럽게 살펴봐야 한다. 저자들은 많은 작업을 스스로 함의를 파악하고 입증하기를 원하는 사용자들의 몫으로 남겨 놓는다.
일련의 도표들은 "백인 사회에서의 사회적 파벌들"에 대한 분석을 보여준다(Davis, Gardner and Gardner, 1941: 137−170). 예비적 도표들(그림 3

과 4, 148쪽과 149쪽, 후자는 이 책에 그림 10.2로 재수록되었다)을 보면 수평 축에 사교 행사, 수직 축에 여성들의 이름이 나온다. ×는 행사에 대한

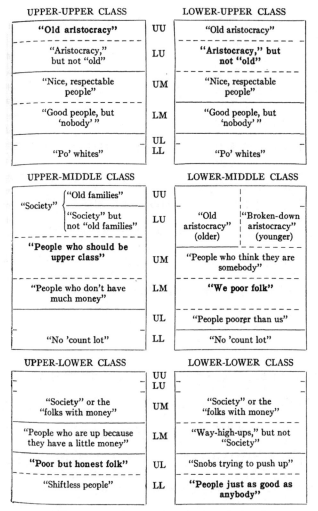

[그림 10.1] 앨리슨 데이비스, 버얼리 B. 가드너, 메리 R. 가드너(Allison Davis, Burleigh B. Gardner, and Mary R. Gardner), 『남부 오지(*Deep South*)』(1941), 65쪽: 사회계급에 대한 사회적 관점

사회에 대해 말하기

여성의 참여를 나타낸다. 약간의 작업으로 우리는 누가 누구와 함께 얼마나 자주 참여하는지를 알 수 있다. 텔마 존슨 양(Miss Thelma Johnson)과 소피 해리스 여사(Mrs. Sophie Harris)는 총 9개의 행사에 참여했고 캐트린 밀스 양(Miss Kathleen Mills)은 3개를 제외하고 모두 참여하였으며 다른 세 명의 숙녀들은 그보다 적게 참여했는데, 이로부터 우리는 존슨 양과 해리스 여사가 그 집단의 핵심이라는 것을 알 수 있다. 저자들은 더 많은 작업을 수행하여 사용자들에게 그림 5를 제시하는데(150쪽, 이 책에 그림 10.3으로 재수록되었다), 여기서는 앞선 그림에서의 소재들을 사용하여 각 파벌에서의 회원자격(membership) 등급과 두 집단이 언제 그리고 어떻게 중첩되는지를 보여준다. 이 그림은 파벌의 핵심적, 일차적, 이차적 구성원 간의 구분을 제시하고, 사용자들은 이러한 아이디어가 요약하는 참여의 세목을 스스로 파악할 수 있다.

저자들은 "유색인 사회의 사회적 파벌들"을 보여주기 위해 다른 종류의 차트를 사용한다(Davis, Gardner and Gardner, 1941: 208−227). 그림 12(212쪽, 이 책에는 그림 10.4로 재수록되었다)는 "유색인 파벌들의 사회적 계층화"를 보여주며, 다음과 같이 설명된다(나는 저자들이 사용한 유색 [colored]이라는 용어에 대한 비판이 시대착오적이라는 것을 굳이 설명할 필요가 없기를 바라는데, 이는 그 용어가 1930년대와 1940년대 초반에는 점잖은 말하기 방식이었기 때문이다).

가장 활동적인 파벌들의 서열화가 제시되었다. 더 큰 사회계급 체계의 서열화된 파벌들을 관련시키는 두 번째 단계는 계급 라인들을 통해 제시된다. 사회적 공간은 오직 두 차원 − (1) 사회적 지위의 범

Names of Participants of Group II	(1) 6/27	(2) 3/2	(3) 4/12	(4) 9/26	(5) 2/25	(6) 5/19	(7) 3/15	(8) 9/16	(9) 4/8
1a. Miss Thelma Johnson	X	X	X	X	X	X	X	X	X
2a. Mrs. Sophia Harris	X	X	X	X	X	X	X	X	X
3a. Mrs. Kathleen Mills	X	X	X	X	X	X	.	.	.
4a. Mrs. Ruth Turner	X	X	X	.	.	.	X	X	.
5a. Mrs. Alice Jones	X	X	.	.	.	X	.	.	.
6a. Mrs. Julia Smith	.	X	X	.	.	.	.	.	.

[그림 10.2] 데이비스, 가드너, 가드너, 「남부 오지」(1941), 149쪽: 구도시 여성들의 집단 상호참여 빈도, 1936년—집단 II.

Type of Membership	Members	1	2	3	4	5	6	7	8	9	10	11	12	13	14
Clique I: Core	1	C	C	C	C	C	C	-	C	C					
	2	C	C	C	-	C	C	C	C	-					
	3	-	C	C	C	C	C	C	C	C					
	4	C	-	C	C	C	C	C	C	-					
Primary	5			P	P	P	-	P	-	-					
	6			P	-	P	P	-	P	-					
	7					P	P	P	P	-					
Secondary	8					-	S	-	S	S					
Clique II: Secondary	9						S	-	S	S	S				
	10							S	S	S	-	-	S		
Primary	11							-	P	P	P	-	P		
	12							-	P	P	P	-	P	P	P
	13							C	C	C	C	-	C	C	C
Core	14						C	C	-	C	C	C	C	C	
	15						C	C	-	C	C	C	C	C	
Secondary	16								S	S	S	-	S		
	17									S	-	S			
	18									S	-	S			

[그림 10.3] 데이비스, 가드너, 가드너, 「남부 오지」(1941), 150쪽: 두 중첩되는 파벌 간의 구성원 유형 및 관계.

위를 나타내는 높이, (2) 연령 범위를 나타내는 폭 — 으로 제시된다.

세 번째 차원인 깊이는 지위와 연령처럼 계급의 상대적 크기가 고려되지 않기 때문에 제시되지 않았다.

대부분의 파벌들이 좁고 작은 타원이나 원으로 나타내어진다는 사실은 파벌들의 두 가지 일반적 특성 즉, 이러한 비공식적 집단들의 연령 범위와 지위 범위가 좁다는 것을 의미한다(Davis, Gardner, and Gardner, 1941: 211-12).

두 도표 모두 사회이동과 같은 흥미로운 문제를 보다 심도있게 분석하기 위한 원재료를 제공한다. 어떻게 파벌 회원자격이 계급체계 내에서의 상승이동에 도움이 되는가(Davis, Gardner and Gardner, 1941: 137-201)? 도표들로부터 무언가를 얻고자 하는 독자는 선들을 따라가면서, 그들이 언급하는 사회적 참여가 무엇인지 보기 위해 표시하면서, 그리고 그러한 증거들에 비추어 사회계급과 사회생활에서의 사회계급 표명에 관한 아이디어를 평가하면서 면밀히 그것들을 연구해야 한다.

사회에 대해 말하기 세미나에서 학생들은 이 장에 나오는 그림과 차트들이 "독해하기 어렵다"고 불평했다. 그 말은 사실이기는 했다. 이들은 매우 정교하게는 아니더라도 친숙하지 않은 시각적 언어(이는 특정 연구를 위해 고안된 것이기 때문에 모든 독자들에게 낯설다)와 해석 기술을 배워야 했으며, 조그만 그림들의 미로를 따라 새로운 용어들과 그것들의 시각적 대응물이 갖는 의미를 추적해야 했다. 하지만 그들은 '그렇게 해야만 하는' 이유를 알지 못했으며, 그러한 요구가 자신들과 재현의 제작자들 간의 암묵적 계약을 위반한 것이라 여겼다(이는 이러한 종류의 비판의 도덕적 어조를 보여주는 예다). 나는 다른 종류의 도덕성을 환기시키면서, 이는 어리석은 짓이며 학생 여러분이 할 일은 집중하는 것뿐이라고 말했다. 우리가 이야기를 주고받음에 따라 바로 그것이 문제라는 점이 명백해졌다. 맥길이 인터뷰했던 학생들처럼, 그들은 필요 이상의

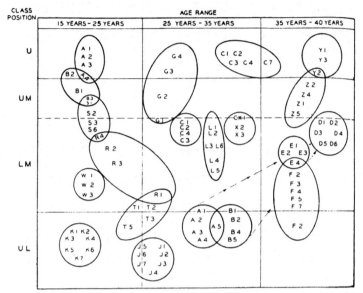

[그림 10.4] 데이비스, 가드너, 가드너, 「남부 오지」(1941), 212쪽. 유색인 집단 파벌의 사회
계층.

―즉 '불필요한'― 수고를 하지 않고 답을 얻기를 원했다. 말인즉슨, 만
약 결론이 학술지 심사체계 같은 외부적 과정에 의해 보증된다면, 그
소재에 문제가 없음을 발견하기 위해 그와 같은 작업을 반복해서 할
필요는 없다는 것이다.

계급, 민족집단 그리고 직업

산업화 과정에 대한 에버레트 휴즈(Everett C. Hughes)의 선구적 연
구인 『프랑스령 캐나다의 변천(French Canada in Transition)』은 사회현상

사회에 대해 말하기

에 대한 여러 뛰어난 그래픽 재현들을 보여 준다. 도표 Ⅶ "이익 집단들의 인종 구성"(Hughes, 1943: 134)은 투키의 검증과 매우 유사하다. 그가 연구했던 퀘벡의 작은 도시 '칸톤빌(Cantonville)'에 있는 5개의 상이한 이익집단 내의 프랑스인과 영국인의 비율을 간단한 이원막대 차트(two-part bar chart)의 형태로 제시한다(이 책에는 그림 10.5로 재수록되었다).

캐나다 내에서, 퀘벡 주 내에서, 그리고 도시 그 자체 내에서 노동의 민족적 분업에 관한 이 책의 분석 맥락에서, 이 차트는 정보를 효율적으로 전달한다. '공동체의 가장 강력한 경제적 세력은 거의 전부 영국인이고, 그보다 덜 강력한 사업결사체는 주로 프랑스인이다. 이는 경제 영역에서 영국인의 지배라는 이 책의 분석을 뒷받침한다. 그래프 상의 막대들은 관습적 방식과 달리 배치되어 있는데, 그렇지 않다면 사용자들에게 그렇게 쉽사리 문제를 제기하지 못할 것이다.

도표X(Hughes, 1943: 164, 이 책에는 그림 10.6으로 재수록되었다), "지배층 남성들 간의 친족과 기타 연고"는 프랑스인 공동체의 사회적 및 사업 조직에서 친족의 역할을 보여주는 근거를 제시한다.

휴즈는 그 밖의 다른 세 가지 프랑스인 부유층을 구분한 후("2개의 구[old] 가문", "'평온한 삶'을 주도하는 6개의 사업가와 전문직 집단", 그리고 "공인된 훌륭한 사회적 지위의 체육인 파벌"), 출세주의자들(arrivistes)에 초점을 맞춘다.

출세주의자들은 미로처럼 복잡한 친족구조와 민족 간 결혼을 거쳐 하위 서열로 떨어지고 주변 농촌지역으로 밀려난 사람들이다.
친족, 민족 간 결혼, 파트너십, 친우관계의 망(網)은, 7명의 변호사 중

	English	French
Canadian Manufacturers' Association..........		
Chamber of commerce.....	17	64
Retail merchants' association...............		
Proprietors' league........		
National Catholic labor unions..............		

The chart does not compare the size of membership of one organization with another, but only the English with the French membership within each organization. The proprietors' league and the labor unions both have some hundreds of members. We are reasonably sure that there are no English members whatsoever in the retail merchants' association and the labor unions. Perhaps as many as four or five people of the old nonindustrial English families belong to the proprietors' league. The French members of the Canadian Manufacturers' Association include the managers of the smaller industries and a few leading men of commercial interests who had a hand in bringing industry to the town.

[그림 10.5] 에버렛 C. 휴즈(Everett C. Hughes), 『프랑스령 캐나다의 변천(French Canada in Transition)』(1943), 134쪽: 이해집단의 인종구성.

4명과, 2명의 의사, 여러 저명한 사업가들, 지명도가 떨어지는 일부 사람들을 포함하고 있다. 이들 모두는 지배 교구의 사제와 여러 유대 관계를 맺고 있다. 이들 중 6명은 현재 공직에 있고, 다른 사람들도 과거에 공직에 있었으며, 영국인에 대한 태도에 있어 극단적 민족주의에서부터 중도적이고 타협적인 것까지 다양하지만 정치적으로 보수주의자들이다. 이들 중 몇몇은 골프 클럽에 속해있고 산업과 사업, 정치 문제와 연관된 영국인들과 중요한 외교적 관계를 맺고 있지만, 이들 집단의 어떤 가족도 영국 가족들과 사회적 접촉을 하지 않는다(Hughes, 1943: 163).

휴즈는 퀘벡 주의 산업화 시기의 민족 간 혼혈에 대한 탐구를 가

292 사회에 대해 말하기

장 중요한 결과물로 꼽았지만, 더 이상의 설명을 하지 않은 상태에서 도표에 대한 탐구를 독자의 몫으로 남겨두었다. 성실한 독자가 그로부터 얻을 수 있는 것은 무엇인가?

가장 단순하게 말해서, 우리는 많은 화살표들이 이 소집단의 구성원들을 연결하고 있음을 알 수 있고, 이는 그 구성원들이 다수의 사회적 유대를 가진 친밀한 집단임을 보여주며 그로부터 우리는 그러한 연결이 생성시키는 의무와 책임을 추론할 수 있다. 또는 이런 소규모 인종 엘리트 간의 집합적 활동을 위해 각각의 연결망(connection)에 주목하고 그 연결망의 잠재력을 평가하면서 더 자세하게 독해할 수 있다. 예를 들면 다음과 같다.

라벨(Labelle)과 H. 발레(H. Vallée)는 중요한 사업에 함께 종사하고 있으며, 자신의 아들들을 그 사업에 고용하고 있다. 부목사인 랭보(Raimbault)와 H. 발레는 동서(同壻)지간이고, H. 발레는 J. 발레(J. Vallée)와 형제지간이며, 따라서 두 명 모두 전문가이자 정치가인 로랑(Laurent)과 동서지간이다. J. 발레는 두 번 결혼했으며, 상인이자 재력가인 트랑블레(Tremblay)와 동서지간이다, 이 결혼을 통해 트랑블레는 부목사인 랭보와 동서지간이다. 랭보는 서로 사촌 간인 다른 두 명의 랭보와 사촌 간이다. 트랑블레의 아들의 삼촌은 프랑코어(Francoeur)의 사촌으로 사업 파트너 관계에 있다. 프랑코어는 또한 저명한 교수이자 정치가인 셀리에(Sellier)의 아들 셀리에 주니어(Sellier Jr.)와 동서지간이다. 말할 수 있는 것이 더 많지만, 이 페이지에 걸쳐 친족과 파트너십의 모든 상호 연관에 대한 명확하면서도 이해 가능한 그림을 제공하지는 못한다. 상호 커뮤니케이션과 충성심이 이 사람들의 경제적, 사회적,

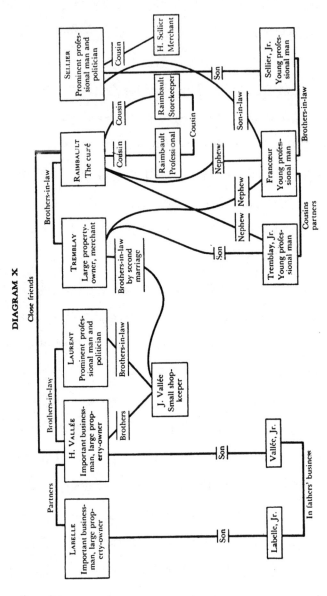

DIAGRAM X

[그림 10.6] 휴즈, 『프랑스령 캐나다의 변천』(1943), 164쪽: 지도자 집단 간의 친족 및 기타 연결 관계.

그리고 정치적 활동에 상당한 영향력을 행사할 것이라는 점은 어렵지 않게 추측할 수 있다.

당신은 어떻게 영국인이 이 세계에 끼어들 기회를 갖지 못하는 지를 볼 수 있는데, 이는 영국인들이 모종의 친족적 연결이나 그 연결이 동반하는 다른 관계들을 가질 가능성이 거의 없기 때문이다. 그리고 만약 프랑스인과 영국인이 어울릴 기회를 가지더라도, 어떻게 프랑스인이 영국인과 민족 간 결혼을 할 기회가 없는지, 또 프랑스인이 설령 그럴 기회가 있더라도 어떻게 가족적/민족적 충성심으로 민족 간 결혼을 자제할 것인지를 볼 수 있다. 또한 우리는 어떻게 이러한 망의 연결들이 민족집단 내의 집합적 행위의 가능성을 크게 확장시키는 반면 민족 경계를 넘어서는 행위의 가능성을 감소시키는지를 볼 수 있다(그리고 우리는 그 망이 그러한 행위를 방해하는 갈등의 가능성을 산출할 수 있음 또한 인식해야 한다).

세미나에 참석한 학생들이 이 도표들에 대해 불평할 때, 그들은 내게는 장점처럼 보이는 것에 특히 주목했다. 도표들은 특정 용도에 맞게 재단된다는 것이다. 각 도표는 책이 요구하는 특정 용도로부터 그 형태를 갖추게 된다. 만약 휴즈가 한 집단의 사람들 내의 밀접한 관계를 보여주고자 한다면, 그의 도표는 그 문제를 깔끔하면서도 효율적으로 해결한다. 그러나 그 유대들이 다르게 분포되거나 서로 다른 성격을 띠는 집단들에서는 휴즈의 도표를 써먹을 수 없을 것이다. 비록 몇몇 사람이 그 도표의 독해 방식을 배웠다는 점에서 호의적으로 받아들인다 할지라도 말이다.

사회적 과정에 대한 그림 그리기

1930년대 보스턴의 이탈리아 빈민들에 대한 윌리엄 푸트 화이트 (William Foote Whyte)의 고전적 연구인 『길모퉁이 사회(*Street Corner Society*)』([1943]1981)는 그가 이웃에 살면서 주민들의 활동에 적극적으로 참여했던 4년 동안의 참여관찰에 근거한다. 화이트는 그 모든 데이터가 기념비적이라고 요약하면서 현장 작업을 수행했던 방식에 대해 자세히 설명했지만, 그 자신의 분석방식에 대해서는 그리 많이 이야기하지 않았다. 그는 자신의 대단히 세부적인 노트에 기록하는 것처럼 사람들 간의 상호 작용들을 집계했고, 그리고 정치가나 협잡꾼, 지역 클럽의 구성원이나 관리자처럼 제도적으로 힘을 가진 사람들 간의 상호 작용들도 기록했다. 그는 이러한 주제들의 일부를 정보를 빠르게 읽을 수 있도록 압축한 도표로 요약했다. 당신은 그 그림들로부터 중요한 결과를 읽어낼 수 있다(저자로부터 약간의 설명을 제공받으면서).

도표들은 특히 단계적으로 일어나는 사건들, 즉 과정에 대한 화이트의 논의에 특히 유용하다. 간단한 예는 대학생들 — 보다 야심적이고 사회적으로 유동적이며, 이웃과의 유대가 약한 — 과 길거리의 불량배들 — 보다 인습적이고 대학에 가지 않았으며, 대부분 직업이 없고 의리가 더 있는 — 간의 사회적 거리에 대한 논의이다. 화이트는 그의 경험상, 두 집단의 구성원들이 그 지위가 모호한 중개자를 통하는 것 이외에는 결코 상호작용을 하지 않는다고 말했다(화이트 자신이 그러한 지위의 명확한 예가 되는데, 두 그룹에 참여하지만 실제로 어느 쪽의 구성원도 아니다). 그 다음 그는 이 주장을 지지하는 것을 적은 노트로 예를 보여준다. 주변에 있는 3개의 사회적 층위 — 대학생들, 길거리 불량배들, 두 그룹에 참여할 수 있는 중개자들 — 을 배열한 후, 그는 어떻게 세 집단이 상호작용하는지 나타내는 길모퉁이 대화를 구두(口頭)로 보여 준다.

1937년 가을 어느 날 저녁에 나는 칙 모렐리(Chick Morelli)와 필 프린시피오(Phil Principio)[대학생들], 프레드 매키(Fred Mackey)와 루 다나로(Lou Danaro)[중개자들]와 함께 이야기를 나누면서 노튼 거리에 서 있었고, 그 때 프랭크 보넬리(Frank Bonelli)와 너치(Nutsy)[길거리 불량배들]가 나타나 우리 옆에 자리를 차지했다. 나는 두 그룹 사이에 서서 칙과 필, 프레드, 루와 이야기하고 프랭크와 너치에게 몸을 돌렸다. 일상적 대화는 없었다. 그런 후 루와 프레드는 앞으로 나간 다음 몸을 돌려 다른 사람들을 마주보며 내 앞에서 정면으로 섰다. 이 시점에 대화의 방향이 바뀌었는데, 예를 들면 너치는 프레드에게 무언가를 말했고, 프레드는 칙과 필과 대화를 지속했다. 칙은 루에게 무언가를 말했고, 루는 프랭크와 너치와 대화를 지속했다. 그 당시 칙이나 필은 프랭크나 너치와 직접적으로 의사소통을 하지 않았다. 잠시 후, 루는 그의 차에 타도록 초대했다. 칙과 필, 프레드는 이 것을 받아들였다. 너치는 차로 걸어가 창문을 통해 루와 잠시 동안 이야기를 나누었다. 그 다음 그는 프랭크와 나에게로 왔고, 우리는 함께 걸어갔다(Whyte, 1943: 94-95).

그는 이것을 세 단계의 상호 작용으로 도표화했는데, 이는 텍스트에 기술된 것을 간결하게 요약한 것이다(95쪽, 이 책에는 그림 10.7로 재수록되었다). 우리는 동시에 모든 것을 볼 수 있으며, 작은 사건의 세 단계들을 쉽게 비교할 수 있다. 그러나 우리는 먼저 구두 설명을 읽어야만 그것을 이해할 수 있다. 우리는 그들이 무엇을 하는지를 이해하기(see) 위해 그들이 무엇을 하는지를 알아야 한다. 상징들은 이 연구에서 특별한 의미를 가지고 있다.

이것은 두 개의 다른 도표, '곤경에 맞닥뜨렸을 때의 해결책(Making and Fixing a Pinch)', '공원 펜스 얻어내기(Obtaining the Park Fence)' (250−251쪽, 이 책에는 그림 10.8과 10.9로 재수록되었다)에는 덜 적용되는데, 많은 독자들은 특별한 설명 없이도 이해할 수 있다.

화이트는 정치가들이 도시 정치기구의 여타 부분들에 갖는 제한된 영향력을 어떻게 행사할지를 선택해야 한다고 설명한다. '곤경에 맞닥뜨렸을 때의 해결책'의 경우를 보자. "한 남자가 지방검사보에 의해 기소되었다. 그는 그 지역 정치가에게 하소연했다. 만약 그가 위계의 상당한 수준에서 연줄을 갖고 있다면, 정치가는 지방검사에게 직접 연락을 하고 그 지방검사는 검사보에게 사건을 종결시키라고 말할 것이다. 그 외에는 지방검사에게까지 그 사건이 이야기되지 않고 판결이 내려지는 경우가 많다. 그의 부하들은 그런 종류의 정치적 압력에 영향을 받기 쉽다(Whyte, 1943: 247)." 그림이 보여주는 것처럼 이것은 상대적으로 간단하다. 체포된 거리의 불량배(1)는 불량배 리더(2)에게 연락하고 리더는 정치가(3)에게 연락하며 정치가는 지방검사(4)에게 연락하고 지방검사는 체포한 경찰(5)에게 연락을 함으로써 사건은 종결된다.

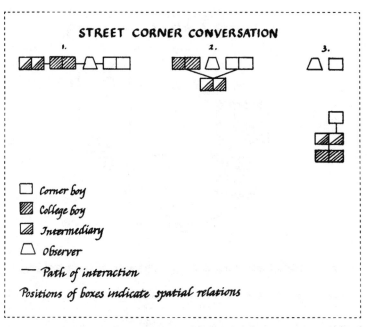

샘 프랑코(Sam Franco)가 길거리 불량배 소프트볼 리그를 조직했을 때 그 지역 공원에서는 경기를 할 수 없었는데, 이는 전에 벌어진 경기들 당시에 부근 건물들의 창문이 깨졌기 때문이다. 리그를 운영하려면 공을 막아 창문이 깨지는 것을 방지하기 위한 철조망이 필요했다. 어떻게 이것을 얻을 수 있을까? 책에서는 다양한 가능한 경로를 상세히 설명하면서 최종적 결론을 이끌어내는데 무려 3페이지를 사용한다. 샘은 길거리 불량배들의 리더이자 화이트의 친한 친구인 독 (Doc)을 통해 만난 적이 있는, 인근 사회복지관에서 근무하는 사회복지사 켄달 씨(Mr. Kendall)에게 접근했다. 켄달은 먼저 지역 정치가인 베누티

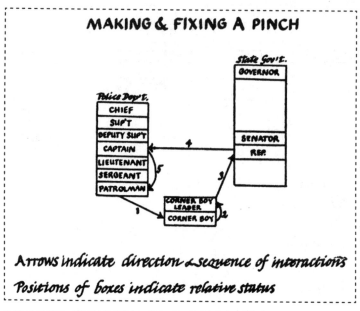

[그림 10.8] 화이트, 「길모퉁이 사회」(1943), 250쪽: 곤경에 맞닥뜨렸을 때의 해결책.

(Venuti)에게 접근했지만 그 연줄은 철조망을 얻기에 충분한 것이 아니어서, 다음으로 시의회 의원 안젤로 피아무라(Angelo Fiamura)에게 갔다. "안젤로 피아무라는 사회 복지사가 잘 짜여진 조직의 일환이며, 이 경우에는 샘 프랑코와 16명의 불량배 리더들, 그리고 그들의 추종자들까지 포함한다는 것을 깨닫고 켄달을 후원하는데 관심을 가지게 됐다. 이후 그와 앤디 코틸로(Andy Cotillo)가 주도하게 되었다. 코틸로는 시장으로 일한 적이 있으며, 피아무라는 코틸로의 연줄을 이용했다. 두 사람은 입법부 최고위층에 압력을 행사했고, 샘 프랑코에 의해 시작된 일련의 행위는 성공적인 결과를 가져왔다"(Whyte, 1943: 250). 이 모든 것이 실패한 시도들과 더불어 그림으로 요약된다.

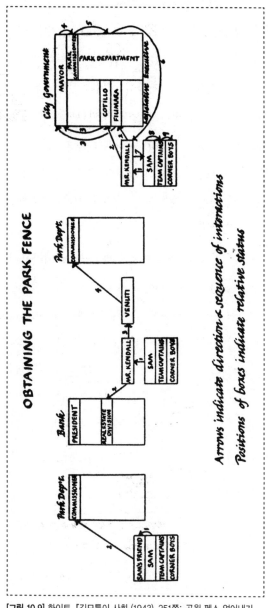

[그림 10.9] 화이트, 『길모퉁이 사회』(1943), 251쪽: 공원 펜스 얻어내기.

누군가는 내게 '단어로 표현된 사람들(word people)'과 '그림으로 표현된 사람들(picture people)'은 다른 종류라고 말했지만, 나는 그렇게 믿지 않는다. 내가 여기서 논의했던 사람들은 그들에게 적합한 단어들과 그림들을 만들어냈다. 그 조합이 이해를 증진시킨다고 나는 확신한다. 그러나 이것은 일반적이지 않다. 투키의 통계적 혁신(예를 들어, 상자-수염 도해)처럼, 그것들은 사용자들에게 좀 더 많은 노력을 요구한다. 데이터는 사용자들이 재빨리 확인할 수 있는 간단한 정형화된 형태로 나타나지 않는다. 사용자들은 의미를 얻기 위해 어떤 노력을 해야 한다.

앞서 나는 이 장에서 슬슬 마음이 바뀌는 중이라고 말했다. 나는 이와 같은 장치를 사용하는 사람들이 더 많아지는 것을 보고 싶으며, 그들의 사고를 표준적 패키지에 집어넣기보다 그들이 말하고자 하는 것을 정확하게 말할 수 있는 포맷을 창조하고 싶다. 그것은 너무 과한 희망은 아닐 것이다.

사회에 대해 말하기

11

영상사회학,
다큐멘터리 사진,
보도사진

사회의 재현은 사회조직 내에서 만들어지고 이용되므로 우리는 이를 그러한 맥락 안에 놓고 볼 때 가장 잘 이해하게 된다. 이 장에서는 이러한 개념이 드러나는 사진술의 특정 사례를 보여주고 있으며, 같은 대상, 즉 이 경우는 같은 사진이 서로 다른 조직적 맥락에서 의미가 어떻게 다른지를 보여주고, 그러한 맥락들의 특성을 구체적으로 살펴보고자 한다.

사진의 3가지 유형

사회과학적 목적을 위해—때로는 영상사회학(visual sociology)이라 불리는 것을 하기 위해—사진자료를 이용하고자 하는 사람들은 종종 혼란에 빠진다. 영상사회학자들이 제작하는 사진들은 다큐멘터리 사진이나 보도사진을 한다고 주장하는 사람들의 사진과 너무나 비슷하여 그들도 자신이 뭔가 독특한 것을 하는지에 대해 의구심을 갖는다. 그들은 이것이 마치 올바른 정의(definition)를 하는 것에 관한 문제인 것처럼, 각 장르를 결정짓는 특징인 본질적인 차이점들을 살펴봄으로써 이러한 혼동을 제거하고자 노력한다.

이 장르들의 표제는 심오한 사상이나 분석으로 발견할 수 있는 의미를 가진 플라톤적 본질을 나타내는 것이라기보다는 사람들이 의미를 파악하는데 유용하다고 생각하는 것이다. 우리는 사람들이 다큐멘터리 사진이나 보도사진을 표지로 이용하여 무엇을 하는지는 알 수 있지만 그 용어가 **실제로** 무엇을 의미하는지는 알 수 없다. 이러한 의미는 조직 내 관여된 모든 사람들의 연합행위(joint action)를 벗어나 그들을 이용한 조직 내에서 발생하기 때문에 시간에 따라, 그리고 장소에 따라 다양하다. 그림이 화가, 수집가, 비평가, 큐레이터의 세계에서 의미를 갖는 것처럼, 사진 또한 사진을 이해하고 사용하며 그에 따른 의미를 부여하는 사람들로부터 의미를 얻는다(Becker, 1982).

그렇다면 영상사회학, 다큐멘터리 사진 그리고 보도사진이 무엇을 의미하게 되었든, 혹은 무엇을 의미하든, 사진 작업의 일상적 세계의 사회적 구성은 순수하고 단순하다. 그것은 우리가 살고 있는 사회에 대해 우리가 알고 있거나 우리가 발견했다고 생각하는 것을 보고하는 다른 모든 방식과 유사하며, 이 모든 방식에 대해서는 이 책에서 논의한 바 있다. 우리는 의미에 이름을 붙이고 의미를 부여하는 이러한 활동에 대해 적어도 두 종류의 질문을 제기할 수 있다.

조직적(organizational): 이러한 유형의 사진술에 이름을 붙이는 것처럼 활동의 부류에 이름을 붙이는 사람들은 단순히 간단한 어구를 만들어 본인이나 다른 사람들의 편의를 도모하고자 하는 것만은 아니다. 그들은 대부분의 경우 자신들의 목적을 성취하고자 하는 의도를 가진다. 활동 반경을 설정하고, 자신이 어느 조직에 속하는지 밝히며, 누가 담당자이고 누가 무엇에 책임이 있으며, 누가 무엇을 할 권한이 있는지를 확정한다.

따라서 우리는 사진에 대해 이야기하는 이런 상이한 방식들 중 누가 이러한 용어를 사용하는지 묻고자 한다. 그들은 그렇게 묘사한 작업을 통해 무엇을 말하고자 하는가? 그로써 그 작업을 특정 작업조직 내에 위치시키기 위해 어떻게 하는가? 반대로 어떤 유형의 작업이나 사람을 배제하는가? 간단히 말해, 그들은 그러한 방식에 관해 이야기함으로써 무엇을 성취하고자 하는가?

역사적(historical): 이 용어들은 어디서 생겨난 것인가? 이 용어들은 과거에 무엇을 위해 사용되었는가? 어떻게 과거의 사용이 현재의 맥락을 만들어내고, 역사적 맥락이 오늘날 말하고 행하는 것을 어떻게 제약하는가? '다큐멘터리 사진'은 20세기의 전환점에 일어난 활동의 한 종류였고 당시 사회개혁의 큰 변동이 미국을 휩쓸고 있었으므로, 사진가들에게는 악을 폭로하는 영상을 기대하는 청중과 그러한 영상을 만들어내도록 자금을 지원하는 후원자들이 있었다. '영상사회학'은 위와 거의 같은 종류의 사진들로 구성되었지만 『미국 사회학 저널』에서 출판되었다. 현재는 두 용어 모두 그 당시와 같은 의미를 지니지는 않는다. 중요한 사회개혁 조직들의 특성이 변화했고 현재 이들이 사진을 사용하는 것은 다른 주요한 테크닉을 보조하는 선에서이며, 사회학은 좀 더 '과학적'이 되면서 단어와 숫자 이외의 기록에는 별로 개방적이지 않게 됐다. 보도사진의 의미는 새로운 이야기를 간결하게 보여주는 것에서 조직화된 반(半)독자적 정보 전달 방식으로서의 사진 개념으로 바뀌었다(Hagaman, 1996: 3–12).

그리하여 세 개의 용어는 가지각색의 역사와 현재의 사용법을 갖는다. 그리고 각각은 독특한 사회적 맥락에 연결되어 있고 그 맥락에서 의미를 갖는다.

'보도사진'이란 보도 기자들이 하는 일로, 일간 신문과 주간 잡지 발간 작업의 한 부분으로서의 사진을 만들어내는 것이다(『룩(Look)』과 같이 큰 삽화가 들어간 뉴스 잡지가 1970년대 초에 사라진 이후, 현재는 대부분이 일간지다). 보도사진은 통상적으로 어떠해야 한다고 기대되는가? 편견이 없어야 한다. 사실적이어야 한다. 완벽해야 한다. 이목을 끌고, 이야기를 전하며, 용감해야 한다. 역사적 인물에 기초해서 보자면, 우리가 갖고 있는 보도사진 작가의 이미지를 구성하는 인물 중 한 명은 위지(Weegee)인데, 그는 뉴욕의 타블로이드 지 작업을 위해 차에서 잠을 자고 트렁크에 넣어 둔 타자기로 기사를 쓰며, 시가를 물고

렉커차와 화재를 쫓아다니고 범죄자들의 사진을 찍었다. 그는 자신의 일에 대해 "살인자와 화재는 내 두 가지 베스트셀러이며, 내 빵과 버터다"라고 말했다(Weegee, 1945: 11). 두 번째는 로버트 카파(Robert Capa)로, 그는 뉴스 잡지를 위해 죽음과 파괴의 모습을 가까이서 찍고자 전쟁의 한가운데로 뛰어들었다(그의 표어는 "당신의 사진이 충분치 못한 것은 당신이 충분히 가까이 다가가지 않았기 때문"이다—Capa, 1968에서 인용). 전형적 이미지의 마지막 예는 비행사 복장을 하고 한 손엔 카메라를, 다른 한 손엔 헬멧을 든 채 옆에는 비행기 엔진과 프로펠러를 두고 비행기 앞에 선 마가렛 버크-화이트(Margaret Bourke-White)로, 그녀는 세계를 비행하면서 『라이프(Life)』지 스타일의 고전적 사진 에세이들을 만들었다(Callahan, 1972: 24). 전형적 이미지의 현대적 형태는 헐리우드 영화에서 볼 수 있다. 닉 놀테(Nick Nolte)는 적의 포화를 뚫고 나아가는 것처럼 탱크 덮개에 서서 목숨을 걸고 전쟁 사진을 촬영한다.

현실은 이보다 덜 영웅적이다. 보도사진은 저널리즘 사업의 본질상 무엇이든 될 수 있다. 『라이프』와 『룩』의 시대는 쇠퇴하고 라디오, 텔레비전, 마침내 인터넷과의 경쟁에 직면하여 일간지의 사업 특성이 변화함에 따라 사진기자들 역시 변하게 됐다. 보도사진은 더 이상 위지나 독일의 최초 사진 잡지 시절의 것이 아니다(K. Becker, 1985). 오늘날 사진기자들은 지식이 있고 대학교육을 받은 사람들이다. 그들은 집필 능력이 있으므로 더 이상 기자들이 말하는 이야기를 그리는 단순한 삽화가들이 아니다. 그들은 스토리텔링 이미지의 컨셉에 기초한다(Hagaman, 1996). 그럼에도 불구하고 현대의 보도사진은 앞선 형태들과 마찬가지로 이용 가능한 공간, 편견, 사각지대, 편집진이 우월한 위치를 이용해 미리 구상한 스토리 라인의 제약을 받는다(Ericson, Baranek and Chan, 1987). 가장 중요한 것은, 독자들이 일간지나 뉴스 잡지에 게재된 사진에서 애매하거나 복잡한 부분은 해석하려 하지 않는다는 점이다. 따라서 이러한 사진들은 즉각적으로 읽을 수 있고 해석될 수 있어야 한다(Hagaman, 1993: 8-12).

보도사진은 편집진이 사진의 배열을 정하는 방식에 의해서도 제약을 받는다. 스포츠 분야에 특화된 스포츠 사진기자를 제외한 사진기자들은, 일반 기자들과 달리 자신들이 지속적으로 보도하고 심도 있는 분석과 이해를 발전시킬 수 있을 정도로 잘 알고 있는 도시생활의 영역을 결코 '앞지르지' 않는다. 이들이 촬영한 사진은 사건이나 사회현상에 대한 자신의 이해를 필연적으로 반영하기 때문에, 그러한 직무 특성상 발생한 무지는 그 결과로 산출된 사진이 거의 필히 피상적 이해에 기초할 수밖에 없다. 몇몇 사진기자에 관한 영웅담을 보면, W. 유진 스미스(W. Eugene Smith), 앙리 카르티에 브레송(Henri Cartier Bresson)을 이러한 장애물을 극복함에 있어서 충분히 용감하거나 독자적인 인물로 묘사한다. 그러나 이 영웅담은 자신의 작품이 그러한 제약을 여전히 반영하는 사진기자들을 격려할 뿐이다.

다큐멘터리 사진은 역사적으로 탐사와 사회개혁 둘 다에 관련돼 있다. 몇몇 초기 다큐멘터리 사진가들은 말 그대로 자연경관의 특징에 대한 다큐멘터리 작업을 했는데, 이를테면 티모시 오셜리반(Timothy O'Sullivan)이 1867-1869년 미국 위도 40도 지질탐사(U.S. Geographical Exploration of the Fortieth Parallel)와 조지 M. 휠러(George M. Wheeler) 중위가 지휘한 미국 남서부 조사에 동행하면서 이제는 유명해진 캐년

데 첼리(Canyon de Chelle) 사진을 촬영한 것을 들 수 있다(Horan, 1966, 151-224, 237-312). 다른 이들은 런던의 거리생활을 담은 존 톰슨(John Thompson)의 사진(Newhall, 1964: 139), 파리의 사람과 풍광에 관한 유진 앗제(Eugène Atget)의 방대한 조사(짜르코프스키와 함부르크[Szarkowski and Hambourg, 1983]의 4권짜리 컬렉션 참조), 또는 독일의 사회형태에 관한 아우구스트 잔더(August Sander)의 기념비적 연구(Sander, Sander and Keller, 1986)에서와 같이 생소한 생활방식들을 기록하기도 했다. 뒤의 두 프로젝트는 매우 광범위해서, 심층적 의미에서 보면 비현실적인, 다시 말해 즉시 실용적으로 사용할 수 없는 것이었다.

또 다른 이들, 즉 루이스 하인(Lewis Hine)(Gutman, 1967)은 대규모의 사회조사를 수행했고, 제이콥 리스(Jacob Riis, 1901, 1971)는 부정부패를 폭로하는 신문을 발행했다. 이들의 사진은 악을 들춰내고 변화를 촉진하려는 목적으로 사용됐다. 그들의 사진은 아마도 보도기자들이 촬영한 것과 같았으나, 신문 기사를 작성하는데 얽매이지 않았기 때문에 표현의 여지가 더 많았다. 하인의 사진의 고전적인 예는 "레오(Leo), 키 122cm, 8세, 얼레로 일당 15센트를 번다"라는, 기계 옆에 서 있는 소년의 모습을 촬영한 것인데, 우리는 이 사진을 보며 기계가 이 소년의 성장을 멈추게 했으리라고 능히 결론지을 수 있다.

다큐멘터리는 '어떠해야 하는가?' 개혁가적 관점에서 보면 그것은 깊게 파고들어야 하고, 로버트 E. 파크(Robert E. Park, 미니애폴리스, 덴버, 디트로이트, 시카고, 뉴욕에서 일간지 보도기자로 일한 바 있는 사회학자)가 빅 뉴스라고 부르기에 충분해야 하며, '사회에 관심을 가져야 하고' 사회 변화에 능동적인 역할을 하며, 사회적으로 책임이 있고, 작품이 배포되었을 때 사회에 미치는 영향도 신경 써야 한다. 하인과 같은 사진가들은 자신의 작품이 시민과 입법부에 즉각적인 영향을 미친다고 생각했고, 그 이후 실제로 그렇게 간주되어 왔다. 사진에 대한 국수주의적 관점에서는 아동 노동을 금지하는 법안의 통과를 하인의 작품 탓으로 돌린다.

그에 대한 대안적 관점에서 보자면, 다큐멘터리란 특별히 무언가를 해야 하는 것은 아니었다. 어떤 요구를 강제할 만한 특정인들을 위해 만들어진 것이 아니기 때문이다. 자신의 작품을 구독 형태로 판매하기를 원했던 잔더는 다큐멘터리에 대해 '현존하는 사회질서'와 '독일인의 인상학적 노출시간' 등으로 다양하게 묘사했다(Sander, Sander and Keller, 1986: 23–24). 원형적인 순수예술가에 가까운 앗제는 자신의 작품에 대해 전혀 설명하지 않았고 작품을 인화하여 구입하고자 하는 사람이라면 누구에게든 팔았다. 오늘날 우리는 이 작품을 탐구적이고 폭로적인 특성을 가지며 사회과학에 가깝다고 판단한다. 보다 의식적으로 사회과학에 수렴하는 작품을 만드는 현대 다큐멘터리 사진작가들은 마치 인류학자들처럼 자신이 촬영하는 사람들과의 관계에 신경을 쓰고, 아울러 그것을 정당화해야 한다는 점을 깨닫게 됐다.

영상사회학은 학문분야로서의 전문사회학, 그리고 미약하게나마 영상인류학(모분야(母分野, parent discipline)인 인류학과 긴밀하게 연관된)을 합친 산물에 가깝다. 두개골, 언어학적 텍스트, 고고학적 자료를 찾아내기 위해 연구원들이 먼 곳까지 가야하는 인류학적 전통에서 사진을 찍는 것은 또 하나의 현지조사 의무에 불과하다(Collier and Collier, 1986). 시각적 형상화가 사회학 초기부터 관례적인 것은 아니었기 때문

사회에 대해 말하기

에, 그것이 사회개혁과 더욱 더 연계되었을 때에도 사회학자 대부분은 그러한 책무를 수용하지 않았다. 사회학자들은 '교육용 보조자료' 외에는 시각적 자료의 용도가 거의 없다고 봤다. 사진과 영화를 연구보고에 사용하는 것은 대중의 저급한 취향을 이용하거나 정당하지 못한 '수사학적' 의미를 이용함으로써 독자들이 불확실한 결론을 수용하도록 설득하기 위해 노력하는 것으로 간주되었다('은밀하다'며 비난하는 것이 이런 경우다). 시각적 자료를 사용하는 것은 '비과학적'으로 보이는데, 이는 아마도 사회학에서 '과학'이 객관적이고 중립적인 것으로 정의되었기 때문일 것이다. 이는 초기에 부정부패를 폭로하는 작업을 독려하며 그 자체로 사진과 통합적으로 연계되었던 개혁운동 정신과는 정반대다(Stasz, 1979).

시각적 자료는 비과학적이라는 말이 이상한 것은, 자연과학에서는 일상적으로 시각적 자료를 증거로 사용하기 때문이다. 사진 증거가 없는 현대 생물학, 물리학, 천문학은 생각조차 할 수 없다. 사회과학에서는 가장 '과학적인' 측면이 적은 분야인 역사학과 인류학만이 사진을 이용한다. 가장 '과학적'인 경제학과 정치학은 사진을 이용하지 않는다. 이 분야들의 과학적 특성을 모방한 사회학도 사진을 이용하지 않는다. 그 결과, 활발히 활동하는 몇 안 되는 영상사회학자들은 다른 곳에서 사진을 배워 와서 자신의 학문적 작업에 도입한 사람들이다.

영상사회학자는 '무엇을 할 것으로 기대되는가?' 아마도 자신의 분야에 대한 관심과 존중을 이끌어 내기 위한 일을 할 것으로 기대될 것이다. 자신들의 작업이 사회학적 탐구의 한 부분이라고 다른 사회학자들을 설득하려면 무엇을 성취해야 할 것인가? 그러나 학계 동료들을 설득하는 것만으로는 안 된다. 자신이 하는 일이 '예쁜' 사진이나 '재미있는' 사진을 촬영하는 것뿐만 아니라 '진짜 사회학'을 하고 있다고 스스로 확신을 가져야 한다. 그러기 위해서는 자신의 시각적 작업이 사회학적 탐구를 심화시킨다는 것을 보여줘야 하지만, 이 분야의 임무는 제한적이다. 사회학자들은 사회학이 무엇인지에 대해 상이한 의견을 가지고 있기 때문에 영상사회학의 임무에 대해서도 다른 견해를 갖게 된다. 최소한, 하나 이상의 하위분과에서 수용 가능한 방식으로 이 분야에 제기되는 질문들에 답할 수 있도록 도와야 한다.

지금쯤 놓치고 있던 무언가가 추가될 것이다. 어떤 사진이 특히 좋은 연구방법인지에 관한 주제들도 있는가? 국제영상사회학회(International Visual Sociology Association) 및 그 구성원들에 의한 출판물들은 이에 관한 좋은 예를 제시한다(국제영상사회학회 홈페이지 참조, IVSA 2006).

내가 세 가지 활동을 구분하기는 했지만, 사람들이 작업을 수행하는 상황과 사진을 촬영하는 목적이 점차 둘 또는 그 이상의 장르를 혼합함에 따라 이 세 활동 간의 경계는 점차 모호해지고 있다.

맥락

모든 문화적 대상들과 마찬가지로 사진 또한 그 맥락에서 의미를 가진다. 박물관 벽에 걸려 별개로 존재하는 것처럼 보이는 그림이나 조각품들조차도 그 옆에 걸려 있거나 다른 곳에 놓인 작품에 관해 설명한 표제, 물리적으로 존재하거나 관람하는 사람들의 인식에 있는 다른 시각적 대상들, 그리고 작품이나 작품에서 말하고자 하는 주제에 관한 토론들로 구성된 맥락에서 의미를 얻는다. 우리가 맥락이 없다고 생각한다면, 이는 작품의 제작자가 우리 스스로 맥락을 파악하고자 하는 의지를 교묘하게 이용해 왔음을 의미한다.

예술이라는 명목 하에 만들어진 많은 현대 사진과는 반대로, 내가 논의하는 세 가지 사진 장르는 사진의 사회적 맥락을 명시적으로 제시함을 주장한다. 여기서 사진예술에 대한 정의의 유동성을 고찰하자는 것은 아니다. 하지만 내가 마지막으로 하고픈 말은 예술사진의 세계는 보도사진이나 다큐멘터리 사진처럼 자의식이 강한 것과는 다른 이유로 형성된 사진 원리와 자주 관련돼 왔다는 점을 인지하는 것으로 족하다는 거다. 극단적인 사례가 보도사진가이지만 많은 작품이 박물관 컬렉션에 소장돼 있는 위지(Weegee)다. 현대 예술사진들은 다큐멘터리 사진의 주제로 괜찮을 법한 것들을 보여주곤 한다(예를 들면, 슬럼가에 서 있는 빈곤층 아이들). 그러나 시간과 장소 이외의 맥락은 거의 제공하지 않는다. 우리 스스로가 다른 사람들을 지향하도록 하는 최소한의 사회적 데이터만 보유한 채 감상자로 하여금 사진에 포함된 복장, 자세, 행동거지, 가정용 가구 등을 단서로 사진을 최대한 해석하도록 맡겨 놓는다. 여기서 예술적 신비처럼 보이는 것은 사용자에게 기본정보를 제공하기를 거부하는 사진작가의 무시(ignorance) 뿐이다.

다큐멘터리 사진, 보도사진, 영상사회학은 적어도 사진을 이해할 수 있는 최소한의 충분한 배경을 통상적으로 제공한다. 사진작가가 사회과학을 접한 경험이 있는지에 종종 영향을 받는 다큐멘터리 전통의 몇몇 작품은 엄청난 양의 텍스트를, 가끔은 사진과 관련된 사람들의 말로 제공한다(대니 라이언[Danny Lyon]의 『오토바이 라이더들(*Bikeriders*)』 (1968) 또는 수전 마이살라스[Susan Meisalas]의 『카니발 스트리퍼들(*Carnival Strippers*)』(1976), 두 작품 모두 독자적 프로젝트임). 루이스 하인이나 도로시아 랭 (Dorothea Lange)의 스타일, 또는 시카고에서 농업안전국(Farm Security Administration)을 위해 만들어졌고 "일리노이 센트럴 철도역에서 차 수리를 하는 프랭크 윌리엄스(Frank Williams). 윌리엄스씨는 8명의 자녀를 두었고 그 중 2명은 미군 부대에 있음. 시카고. 1942년 11월"이라는 설명이 붙은 잭 델라노(Jack Delano)의 철도노동자 초상화에서처럼, 텍스트는 적당한 적절한 설명 이상은 아닐 수도 있다(Reid and Viskochil, 1989: 192). 사진에 관한 책들은 사진의 사회적, 역사적 배경에 관한 방대한 양의 소개와 평론을 종종 수록한다.

하지만 문제는 그리 단순하지 않다. 맥락을 암묵적으로 남겨둔다고 사진이 예술이 되지는 않으며, 전체 맥락이 사진을 자동적으로 다큐멘터리나 사회과학 또는 보도사진으로 만드는 것도 아니다. 좋은 다큐멘터리 작품이라고 해서 모두 그런 맥락을 제공하는 것은 아니다. 로버트 프랭크(Robert Frank)의 『미국인들(*The Americans*)』(아래에서 더 자세히 살펴보겠지만)은 대부분의 예술사진에 비해 사진에 텍스트 지원을 하지 않지만, 그렇다고 쉽사리 비난받지도 않는다. 이유가 뭘까? 사진들 자체가 연속적이고 반복적이며 주제의 변화를 주면서 스스로 맥락을 제공하고, 감상자들이 자신의 추론을 통해 그 사진들의 결론에 도달하는 필요한 것이 무엇인지 일러주기 때문이다(이미 살펴봤듯이, 워커 에반스도 유사한 장치를 사용하여 사람들이 맥락을 스스로 만들어낼 수 있도록 했다).

간단히 말해, 맥락은 사진에 의미를 부여한다. 만약 작품이 앞서 논의한 여러 방식 중 하나로 맥락을 제공하지 않는다면, 감상자들은 자신의 자원을 통해 맥락을 제공하는 작업을 하게 될 것이다.

실제적 시연(試演)

3가지 장르를 각각 예로 든 후 다른 장르로 해석되면 어떨지 알아 보는 방식으로 사진들을 살펴봄으로써 이에 대해 생각해 보자. 조직 적 맥락, 그리고 준비된 이용자들이 하게 될 관련 작업이 사진 재현의 의미에 어떤 기여를 하는지 보여줄 것이다. 각 유형의 의도에 맞지 않 게 사진을 찍어보자. 예를 들어 다큐멘터리 사진을 뉴스 사진이나 영 상사회학 작품으로 찍어보자. 사진의 용도에 맞는 조직에서 벗어난 방 식으로, 사진가들이 의도하지 않은 방법으로, 또는 전형적인 해석과는 다른 방식으로 이미지를 읽는다면 어떤 일이 일어날까?

다큐멘터리 사진을 영상사회학 또는 보도사진으로 읽기: 로버트 프랭 크의 『미국인들』(Frank, [1959]1969: 25)에 "뉴욕에서 워싱턴으로 가는 길, 클럽 객차(En route from new York to Washington, Club Car)"라는 사진 을 보면 철도 클럽 객차에 세 명의 남자가 앉아 있다. 우리 쪽으로 등 을 돌리고 있는 거구의 남자 두 명은 초점이 약간 벗어나기에 충분할 만큼 카메라와 가깝다. 그들은 트위드(tweed) 재킷을 입고 있고, 머리 가 짙고 윤기가 나며, 서로를 향해 몸을 기울인 채 프레임의 절반을 차 지한다. 둘 사이에는 검은 정장을 입은 대머리의 3번째 남자가 초점으로 나와 있으며, 그의 뒤에는 위쪽에 수많은 별 모양의 조명이 비추는 바(bar)가 있다. 아래턱이 나와 있고 이마엔 주름살이 있으며 나머지 두 사람을 쳐다보고 있지 않다. 심각해 보이며 심지어 침울해 보이기까지 하다.

프랭크는 『미국인들』의 모든 사진들과 같이 다큐멘터리를 목표로 이 사진을 만들었으며, 이는 미국사회를 묘사하기 위한 대규모 프로젝트의 일부였다. 그는 이 프로젝트를 가능케 한 구겐하임 연구비 신청서에서 자신의 목표를 설명했다.

> 내가 생각한 것은 귀화한 미국인이 이곳에서 탄생하여 다른 곳으로 퍼져나간 문명이 무엇을 의미하는지를 찾아내는 것을 관찰하고 기록하는 것이다. 덧붙여, 관찰력이 뛰어난 미국인이 해외여행을 할 때 그의 눈이 새로운 시선으로 바라볼 것이라 가정하는 것은 타당하고, 역으로 유럽인이 미국에서 그러할 것이라 가정하는 것도 타당하다. 나는 그곳에 있는, 어디든 존재하고 쉽게 발견되지만 쉽게 선택되거나 해석되지는 않는 것에 대해 말하고자 한다. 하나의 작은 목록이 마음에 떠올랐다: 한밤중의 마을, 주차장, 슈퍼마켓, 고속도로, 3대의 차를 가진 남자와 차가 아예 없는 남자, 농부와 그의 자식들, 새 집과 변형된 판잣집, 맛에 대한 설명, 장대한 꿈, 광고, 네온사인, 리더와 추종자들의 얼굴, 가스 탱크와 우체국, 그리고 뒤뜰(Tucker and Brookman, 1986: 20).

또 다른 곳에서 그는 자신의 프로젝트를 다음과 같이 설명했다.

사회에 대해 말하기

나는 이 사진들을 이용해서 미국인의 단면을 보여주고자 했다. 단순하지만 혼동이 없이 표현하고자 노력했다. 개인적인 관점이기 때문에 미국인의 삶과 사회의 다양한 측면을 간과했을지도 모른다… 나는 피사체를 개인적 관점에 따라 의도적으로 왜곡한다는 비난을 자주 받아왔다. 무엇보다, 나는 사진작가로 산다는 것이 무관심의 문제가 될 수 없다는 것을 안다. 의견은 종종 비평으로 구성된다. 하지만 비평은 애정에서 비롯될 수도 있다. 다른 사람에게는 보이지 않는 것을 파악하는 것이 중요하다. 그것은 희망의 모습일 수도 있고 슬픔의 모습일 수도 있다. 또한 사진을 만드는 것은 자신에 대한 순간적 반응이다(U.S. Camera Annual, 1958; Camera Publishing Corp., New York, 1967: 115, Tucker and Brookman, 1986: 31에서 재인용).

이러한 맥락에서 보면, "뉴욕에서 워싱턴으로 가는 길, 클럽 객차"는 미국 정치에 관한 진술로 이해될 수 있다. 거구의 위풍당당한 남성들은 프랭크의 책 다른 부분에서도 알 수 있듯이 정치권력의 요직을 차지하고 있으며, 미국의 금융 중심지인 뉴욕에서 정치 중심지인 워싱턴 사이를 오가는 열차의 클럽 객차와 같은 장소에 있다. 사진을 다큐멘터리로 만들고 온전한 의미를 부여하는 것은 사진 시퀀스 속에 있는 장소다. 어떤 것도 미국 정치에 대해 노골적으로 드러내지 않는다. 하지만 우리는 책의 어디서든 사진의 세목이 갖는 의미를 파악함으로써 정치적 진술을 이해한다. 거구의 남성은 힘 있는 사람이고(청바지에 카우보이 모자를 쓴 거구의 남자가 사람들이 붐비는 바를 지배하는 모습을 담은 "바, 뉴멕시코 주 갤럽[Bar—Gallup, New Mexico]"에서와 같이), 잘 차려입은 거구의 남성은 부자이면서 권력을 가진 사람이다(거대한 중년 남성이 비싼 모피처럼 보이는 옷을 입은 여자와 함께 동행하는 모습을 그린 "호텔 로비, 마이애미 비치[Hotel lobby—Miami Beach]"). 우리는 정치인들이 덩치가 크고 따라서 권력을 가진 남성들임을 알게 된다(이런 남자들이 단체로 정치 강연을 가득 메운 모습을 찍은 "도시의 아버지들, 뉴저지 주 호보켄[City fathers—Hoboken, New Jersey]"). 이렇게 두 강력한 중심지들을 오가는 기차 안에 잘 차려입은 덩치 큰 남성들이 보인다. 바 위의 조명에 있는 별은 미국 국기에 그려진 별들, 그리고 책의 다른 사진에 기록된 것처럼 정치적 및 일상적 배경에서 이를 사용 및 오용하는 경우를 상기시킨다. 그들은 우리가 딱히 명시되지 않은, 아마도 우리에게 전혀 득이 되지 않는 방식으로 실제로 작동하는 권력을 보고 있다고 말한다. 사진은 미국의 정치체계가 어떻게 작동하는지에 대한 프랭크의 분석에 암묵적이지만 그럼에도 분명하게 일부 역할을 한다. 분명히 표현되진 않지만 암시적으로 그러하다.

분석이 명시적으로 이루어졌다면, 그 복잡성은 영상사회학 작품으로서 충분했을 것이다. 그럴 경우 우리는 우리가 무엇을 보고 있는지에 대해 더 많이 알고 싶어 했을지 모른다. 이 사람들은 누굴까? 실제로 무엇을 하고 있을까? 하지만 더 중요한 것은 프랭크가 미국 정치의 본질에 대해 우리에게 말하고자 한 바가 무엇인지 정확히 알고 싶어 했을 것이다. 많은 논평자들(Brumfield, 1980; Cook, 1982, 1986 참조)이 했던 것처럼, 우리는 미국사회에 대한 사진의 뉘앙스를 그 사회의 본질, 사회계급과 정치구조, 연령구조, 성적 계층화, 그리고 국가나 십자가나

　　　　　　　　　　　사회에 대해 말하기

자동차 같은 주요 상징의 사용에 관한 명시적 진술로 대체하고 싶어 할 것이다. 문화적 패턴과 사회구조에 관한 명시적 진술은 사진으로 하여금 사회학자들의 관심사인 사회구조에 대한 추상적 질문들에 언급하도록 만들 것이다.

그렇다 하더라도 많은 사회학자들은 프랭크의 책을 과학적 사회학의 작업으로 받아들이지는 않을 것으로 보인다. 정확히 말하자면, 그들은 사진이란 쉽게 조작된다고 가정할 것이다. 그리고 능수능란한 이들은 실제 사진을 바꿀 필요 없이 요소들을 적절히 짜 맞춘 뒤 알맞은 때를 기다리면 된다는 점을 알 것이다. 그들은 유사한 상황들로 구성된 더 커다란 영역을 대신하여 하나의 사진을 사용하는 것에 대해 매우 우려할 것이다. 그들은 사진이 내가 그것에 부여한 의미를 가진다는 것을 확신하지 못할 것이다. 그러나 그들은 그 다음 단계, 즉 모든 유형의 사회과학 데이터가 정확히 이런 문제점을 가지며 어떤 방법도 이를 아주 잘 해결하지는 못한다는 점을 깨닫는 단계로는 나아가지 않을 것이다.

같은 사진이라도 일간지 1면에 실렸다면 우리는 이것을 뉴스 사진으로 독해할 것이다. 하지만 그 속에 담긴 사람들에게는 이름이 없으며, 뉴스에서 익명의 사람들의 사진을 인쇄하는 경우도 드물다. 사실은 그와 정반대다. 사진기자들은 사진을 찍는 사람들의 관련 정보와 이름을 본능적으로 알아낼 수 있을 때까지 훈련을 받는다(보도사진 과정을 공부중인 학생은 설명에 이름이 잘못 기재될 경우 자동으로 낙제점수를 받게 되리라는 경고를 받을 것이다). 보도사진으로서 기능하려면 프랭크의 설명과는 다른 것을 필요로 할 것이다. 예를 들자면 다음과 같다. "로드

아일랜드 상원의원 존 존스(John Jones)가 두 명의 보좌관과 함께 선거 전략에 대해 논하고 있다."하지만 그렇다 하더라도 그 사진이 일간지에 실릴 가능성은 높지 않은데, 이는 사진이 흐릿하고 초점도 맞지 않으며 두 보좌관이 우리 쪽으로 등을 돌리고 있기 때문이다. 편집자는 세 명의 얼굴이 다 보이고 덜 흐릿하면서 일상적 사건과 같이 선명하게 초점을 맞춘 사진을 찍어오라며 사진기자를 돌려보낼 것이다.

사실 다수의 전형적인 사진작가들과 비평가들이 앞에서 언급한 편집자와 같이 프랭크의 작품에 대해 불만을 터뜨렸다. 예를 들어 『대중사진(*Popular Photography*)』 편집자들은 프랭크의 책을 마음에 들어 하지 않았다. 이러한 언급은 제46권 5호(1960년 5월)에 나온다. "프랭크는 사진이라는 다루기 어려운 매체를 통해 강렬한 개인적 관점을 표현하고자 했는데, 이에 대해서는 트집을 잡을 것이 없다. 그러나 의미 없는 흐릿함, 그레인(grain),[58] 탁한 노출, 만취한 시야, 대체적으로 조잡한 결점을 가진 그의 다수의 사진들과 마찬가지로, 관점의 본질 측면에서도 악의, 신랄함, 편협한 선입견이 순수성을 너무 자주 훼손하는 모습이 나타난다. 사진작가로서 프랭크는 질적 표준이나 기법의 원칙을 무시하고 있음을 보여준다"(Arthur Glodsmith, Tucker and Brookman, 1986: 36-37에서 재인용). 또 다른 비평가는 "카메라를 자신이 찍고자 하는 방향으로 겨우 돌린 것처럼 보이고 노출, 구성, 덜 중요한 대상을 고려하지 않는 것처럼 보인다. 당신이 초점 이탈, 강렬하지만 불필요한 그레인, 한 군데로 모이는 수직축, 정상적 구성의 총체적 부재, 느슨한 스

---

58 사진 화소의 입자를 조정하여 다른 질감을 주는 기법.

냅샷 품질의 사진을 탐구할 요량이라면 로버트 프랭크는 당신에게 딱 맞는다. 그렇지 않다면, 『미국인들』은 가장 비위에 거슬리는 책 중 하나임을 알게 될 것이다"(James M. Zanutto, Tucker and Brookman, 1986: 37에서 재인용).

그러나 만약 보도사진 작가가 정치부패를 폭로하는 사진을 촬영했다면, 편집자는 이로 인해 밝혀진 사실의 중요성 때문에 그러한 '기술적' 결함에 대한 해명을 해야 할 것이다. 이럴 경우, 사진 설명은 다음과 같을 것이다. "보스턴의 정계 거물 제임스 맥길리커디(James Mc-Gillicuddy)가 미 상원 군사위원회 대표인 로드아일랜드 상원의원 존 존스(John Jones), 그리고 주요 국방계약사의 CEO인 해리 톰슨(Harry Thompson)과 담소를 나누다." 편집자는 이를 강한 논조의 사설의 바탕으로 삼을 수 있고, 이 상원의원은 부적절한 처신으로 비난 받는 많은 정치인들과 마찬가지로 자신이 그 자리에 있었다는 것을 부인함과 아울러 두 사람은 사진에서 말하는 이와 다른 사람들이라고 주장하고 싶을 것이다.

사실 프랭크의 사진 중 적어도 하나는(1956년 시카고에서 열린 민주당 전당대회에서 촬영한 것) 적절한 맥락에서 일간지 또는 잡지에 '뉴스'로 실린 바 있다. 특성상 사진 설명('컨벤션 홀—시카고')에는 어느 누구도 거론하지 않는다. 여기서 우리는 붐비는 전당대회장을 볼 수 있다. 여기서도 두 남성은 우리를 등지고 있다. 각자의 옆에 선 두 사람은 우리를 향하고 있다. 한 사람은 짙은 안경을 끼고 있으며 부드럽고 침착해 보인다. 다른 한 사람은 아래턱이 나와 있고 근심이 있는 듯 시선을 아래로 하고 있다. 당시 두 정치인들의 얼굴은 알아볼 수 있는 정도였고 그들의 이름은 '뉴스로서의 가치'를 부여했을 것이다. '근심 있어 보이는 신사'는 사회학자로서(시카고대학교에서 그의 강의를 들은 적이 있기 때문에 내가 알아볼 수 있었다) 정치에 입문하고자 학계를 떠났다. 일리노이 주 쿡 카운티의 보안관과 일리노이 주 국무 장관을 연달아 역임한 저명한 범죄학자 조셉 로먼(Joseph Lohman)은 주지사가 되고자 민주당 경선에 나섰으나 실패하고 이후 정계를 떠나 캘리포니아대학교 버클리 캠퍼스 범죄학과 학과장이 되었다. 이 사진이 촬영됐을 당시에는 일리노이 주 정계에서 활동 중이었고, 애들레이 스티븐슨(Adlai Stevenson)의 말을 빌면 '좋은 정치인'의 유형으로 보였다. 내가 보기에, 그는 사진 속에서 구시대적 당 중진 중 한 명인 카마인 드사피오(Carmine DeSapio)에게 이야기를 건네고 있다. 전당대회의 맥락에서, 그들의 대화 사진은 있을 것 같지 않아 보이지만 그래서 흥미로운 정치적 동맹을 보여준다는 점에서 '뉴스'가 됐던 것이다.

사회학적 사진을 보도사진과 다큐멘터리 사진으로 읽기: 더글러스 하퍼(Douglas Harper)는 사회학적 탐구로서 떠돌이 노동자에 관한 연구를 수행했다. 원래 박사논문에는 자신이 촬영한 사진들을 어떠한 설명도 없이 '제2권'으로 분류했다. 하지만 논문을 발전시킨 책 『좋은 친구(Good Company)』(1981)는 사회학 교과서에 실리는 사진 같은 삽화의 형태가 아니라, 사회학적 탐구에 필수적이며 따라서 독자의 사회학적 이해에 필수적인 요소로서 다수의 사진을 수록하고 있다. 그 기원과 용법에 있어서 사회학적인 아이디어를 포함하고 표현하고 있다는 점에서, 다른 사진들처럼 즉각적으로 명료하게 독해되지는 않을 수 있

　　　　　　　　　　　　　사회에 대해 말하기

다. 하퍼가 현지조사를 하다가 만난 떠돌이 노동자인 칼(Carl)이 면도를 하는 사진을 보자("정글: 위내치[Wenatchee]," 페이지 매겨지지 않음). 하퍼는 이 사진이, 맥락적으로 볼 때, 이 남성들은 통상적으로 자신을 돌보지 않으며 관습적인 단정함의 기준을 공유하고 있지 않다는 통념(그의 작품 시리즈 중 면도가 필요한 부랑자를 촬영한 '보스턴 하층민 거리[Boston skid row]'가 도움이 될 것이다)을 반박하는 증거임을 지적한다. 그가 말하듯이, 이틀 동안 수염이 자란 남자들을 보면 이는 그들이 이틀 전에 면도를 했음을 의미한다는 것을 인식할 수 있어야 한다.

하퍼의 사진들을 영상사회학으로 만드는 것은 그 내용이 아니라 맥락이다. 그의 사진들은 비관례적 텍스트이긴 하지만 그 의미를 우리에게 설명해 주는 사회학적 텍스트에 둘러싸여 있다. 첫 번째 텍스트 부분에서는 어떻게 칼이 하퍼에게 떠돌이 노동자들의 문화를 가르쳐 주었는지를 이야기한다. 두 번째 부분에서는 그 문화, 일꾼이 속한 사회조직의 특징적 형태들, 그에 대한 적응이 발생하고 지속되는 조건들을 분석적인 사회학적 언어로 기술한다. 두 가지 텍스트, 즉 하퍼가 어떻게 거리에서 살아가는 법을 배우는지에 대한 서사와 명시적인 사회학적 분석 모두 사진에 추가적 내용, 사회학적 의미, 증거가 되는 가치를 부여한다.

같은 사진들을 보도사진으로 읽어보도록 하자. 이 사진들을 '노숙'을 주제로 한 신문의 연속기사에 사용된 삽화라고 생각해 보자. 그러한 맥락에서 본다면, 이 사진들은 보도사진이 전형적으로 그러하듯이 일간지 독자들이 부여하는 고정관념들로부터 의미를 획득하게 될

[그림 11.1] 더글러스 하퍼(Douglas Harper), 『좋은 친구(*Good Company*)』(1981), 페이지 표시 없음: 정글, 위내치(Wematchee). (더글러스 하퍼의 허가를 받아 제공)

것이다. 아마 우리는 남자가 면도를 하고 있다는 것조차도 보지 못할 것인데, 이는 첫째로 길거리 생활을 몇 달 씩 하려는 혹은 할 수 있는 사진기자들이 있을 것 같지 않다는 점 때문이고(하퍼는 그렇게 했다), 더 중요한 것은 하퍼에게 사진의 의미를 부여해 준 배경지식 때문이다. W. 유진 스미스처럼 저명한 보도사진 작가로서 경력의 정점에 있는 이조차도 포토에세이를 위해 한 장소에서 3주씩 머물 수 있는지의 문제를 두고 『라이프』지와 반복적으로 실랑이를 한다.

　게다가, 아마도 편집자는 기자가 가져온 사진을 보고 "이건 내가 보기엔 '노숙'이 아닌데"라고 말할 것이다. 왜 그럴까? 이는 편집자들이 어떤 탐사가 됐든 그에 앞서 자신의 스토리 라인이 어떻게 될 것인지를 알고 있거나 안다고 생각하기 때문이다. 노숙 '문제'에 대해 어떤 이야기를 하든지 이는 독자들이 알고 생각하는 것과 일치해야 한다.

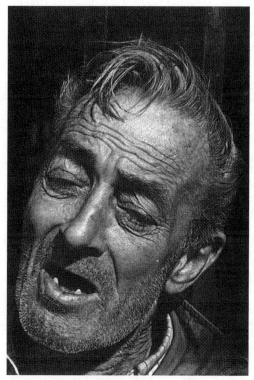

[그림 11.2] 하퍼, 『좋은 친구』(1981). 페이지 표시 없음: 보스턴 빈민가. (더글러스 하퍼의 허가를 받아 제공)

가독성을 고려한다면 적절한 사진이란 독자가 그에 대해 가진 지식에 좌우된다. 편집자, 따라서 사진기자에게 '노숙'이란 무엇인지는 이미 결정돼 있다. 그에 대해 자신들이 몰랐던 것을 파헤치려 하지는 않는다. 그들의 문제는 기술적인(technical) 것, 즉 이미 선정된 이야기를 가장 잘 말해주는 사진을 어떻게 얻어낼 것이냐 하는 것이다(Hagaman, 1993, 1996 참조).

하퍼의 사진을 다큐멘터리로 읽을 수 있을까? 물론이다. 무엇을 바꾸어야 하는지 보여주는 루이스 하인의 전형적인 문구나, 무엇을 감상해야 하는지에 대한 그의 유명한 말에서와 같이 말이다. 텍스트와 사진을 적절히 설정하면, 열성적인 전문가 집단이 이 나라를 방황하며 돌아다니는 사람들의 삶을 바로 잡기 위한 노력의 일부로 볼 수 있을지 모른다. 아니면 하퍼 자신의 의도에 더 가깝게, 데이비드 마짜 (David Matza, 1969)가 시카고 사회학파의 작업이 통상적인 시민들이 통상적으로 비난하는 일탈의 유형을 찬양하는 것이라고 묘사한 것처럼, 이 사람들의 자립심과 생활방식을 축하하려 할 수도 있다. 이러한 축하하는 식의 독해 방식은 당신이 연구하는 사람들을 존중하도록 하는 통상적인 인류학적 권고를 상당히 공유한 것이다.

보도 사진을 영상사회학과 다큐멘터리 사진으로 읽기: 이 사진을 생각해보자(내가 여기서 묘사하는 사진을 찾을 수는 없었지만, 내 주장을 훼손하지 않는 충분히 비슷한 다른 사진들은 찾을 수 있었다. 내가 기억하는 '완벽한' 사진을 묘사하는 자유를 누린 셈이다). 워싱턴 DC의 백악관처럼 보이는 정원 잔디밭에 헬리콥터가 보인다. 건물부터 헬리콥터까지 카펫이 깔려 있다. 고개를 숙이고 등이 굽은 한 남성이 카펫을 따라 헬리콥터 쪽으로 걸어오고 있으며, 양쪽에는 사람들이 흐느끼며 서 있다. 1974년에 신문을 읽지 않은 사람은 이것이 무엇을 의미하는지 모를 테지만, 당시 세계 어디서든 신문을 읽은 사람이라면 금방 그 의미를 알아차렸을 사진이다. 이는 리처드 닉슨(Richard Nixon)이 미 대통령직을 사임하고 백악관을 떠나는 장면이다. '그가 무엇을 알았고 언제 알게 됐는지'에 관한 내용들이 계속 폭로되면서 부정을 저지르지 않았다는 호언장담이 거짓임이 드러남에 따라 미국 대통령직을 사임하고 백악관을 떠나는 장면이다. 이는 당시 대표적인 뉴스 사진이었다.

발행 직후 그것은 모든 뉴스 사진들과 같은 운명을 경험하였다. 오래지 않아 더 이상 뉴스가 아니라 '단지 역사적인' 가치만 갖게 된 것이다. 뉴스 사진의 가치는 그것의 맥락, 그리고 사건의 현재성, 즉 '지금'에 달려 있다. 사실 닉슨의 사진이 주는 감정적, 정서적 효과는 모든 신문 독자들로 하여금 신문이 그 맥락을 제공한다는 점, 그리고 사진을 보는 순간 자신이 보는 것이 무엇인지 정확히 알 것을 요했다. 그 사진은 신문과 텔레비전에서 수개월간 따라다닌, 자신의 거짓말과 편집증으로 인해 몰락하다가 마침내 정치적 공세와 신문 잡지의 공격이 합세해 좌절한, 강력한 정치지도자의 점차적인 그리고 불가피해 보이는 몰락을 요약하고 있다.

몇 해가 지나면 사진은 더 이상 그런 함의를 갖지 않는다. 이는 사건의 기록이고, 그 당시 신문이나 잡지를 읽지 않은 사람들은 이를 통해 사건에 대해 읽고 들을 것이다. 하지만 그 때까지 의혹이 풀리지 않고 종결되지 않는다면, 이는 뉴스 이상의 무언가가 된다. 과연 무엇이 될까?

적절한 맥락에서는 지속적인 관심사에 대한 뉴스 사진은 제1차 세계대전과 제2차 세계대전 사이에 베르사유 평화협상 같은 사건을 촬영한 에리히 살로몬(Erich Salomon)의 사진처럼 다큐멘터리가 된다 (Salmon, 1967). 구스타브 스트레세만(Gustav Streseman)과 아리스티드 브리앙(Aristide Briand) 같은 당대의 위대한 지도자들을 포함해 살로몬이 촬영한 사진들은 더 이상 뉴스가 되지 않는다. 그러나 더 이상 우리에게 뉴스가 아닌 닉슨의 사진을 살로몬의 사진과 합쳐 정치과정의 측면에 관한 일반화된 기록을 만들어 낼 수도 있을 것이다. 좀 더 역사적마인드를 가진 사람이라면 워터게이트 사건을 더 폭넓게 검토하여 닉슨의 사진을 끼워넣을 수 있을 것이다.

닉슨의 사진이 사회학적 분석의 일부가 될 수 있을까? 어떤 분석가는 다른 많은 분석가들이 그래 왔듯이 인쇄매체가 일반적인 정치스캔들 사건을 다루는 방식이나 불명예스러운 지도자의 정치적 내리막길을 나타내기 위해 사진이라는 재현 장치를 사용하는 방식에 관심을 가질 수 있다(Molotch and Lester, 1974). 이 문제에 대한 훌륭한 사회학적 분석은 닉슨의 다양한 이력의 단계별 사진들을 비교할 것을 요한다. 닉슨은 상대적으로 단기간 내에 그의 경력과 평판이 크게 변화하였고 사진 재현 또한 이에 따라 다양할 것으로 예상되기 때문에 이러한 분석의 훌륭한 주제가 될 수 있다.

다른 정치행동 분석가들은 사회의 공공의례들이나, 정치적 민주주의 내에 군주제와 같은 체제를 만들기 위한 장엄해 보이는 도구나 사건의 이용에 대해 관심을 가질 수 있다. 이러한 연구에서 닉슨 대통령의 사진들은 비슷한 의례들의 사진과, 같은 결과를 목적으로 한 그 외의 도구들을 보여주는 텍스트로 둘러싸여 있을 것이다.

요약

재현은 분석가들이 심화된 파생적 의미를 해석할 수 있는 고정된 의미를 갖지 않는다. 재현은 사회적 맥락에 속해 있으며, 최종적 사용자가 생각하는 것에 따라 사실 혹은 허구, 기록 혹은 상상으로 구성된다. 여기서 소개한 실험은 같은 사진이 상이한 사람들에 의해 상이한 배경 하에서 사용된다면 상당히 다른 의미를 지닐 수 있음을 보여준다.

12

희곡과
다양한 목소리:
조지 버나드 쇼,
카릴 처칠,
월러스 숀

우리가 연구하는 사회적 상황의 재현에 일부 또는 전체 참여자의 목소리와 관점을 포함하기를 원하는가? 많은 사회학자들은 사회생활에 대해 일관되고 믿을만한 설명을 하기 위해 행위자가 대상과 타인 그리고 그들 자신과 타인의 활동에 주는 의미를 다루어야 한다고 생각한다. 의미에 대해 말하는 것은 목소리에 대해 말하는 것인데, 왜냐하면 의미는 상호작용에서 발생하고 상호작용은 거의 대부분이 대화, 즉 서로 대화하는 실제 사람들의 목소리로 이루어지기 때문이다.

모든 사람이 이에 동의하는 것은 아니다. 회의론자는 우리는 어떤 목소리도 전혀 들을 필요가 없다고 말할 수도 있다. 사람들이 무엇을

사회에 대해 말하기

말하는지가 중요한 것이 아니라 사람들이 무엇을 하는지, 무엇을 해왔는지가 중요하다. 통제를 넘어서는 사회적 힘(social forces)의 꼭두각시인 사람들은 자신의 행위의 이유를 알지 못한다. 숨은 힘들이 그들을 조종하는 것이다. 우리는 그 유명한 행위(agency)와 구조(structure)의 딜레마에 봉착했다. 사람들은 그들의 의지대로 행위할 수 있는가 아니면 그렇지 않은가? 만약 행위할 수 없다면 의미는 중요하지 않다. 그들이 생각하는 것이 무엇이든 그리고 타인과 다른 사물에 두는 의미가 무엇이든, 그들은 선택권이 없으며 더 큰 힘이 시키는 대로 해야 한다.

그러나 이런 방식으로 이야기하는 분석가들은 예외 없이 그들이 말하는 사람들의 목소리를 슬그머니 다시 가지고 들어오면서 모든 종류의 의미와 해석을 자신들이 설명하고자 제시하는 사람들의 행위의 탓으로 돌린다. 그들의 전지적(全知的)인 분석적 목소리는 자신들이 분석한다고 주장하는 행동의 모든 행위자들을 나타낸다. 브루노 라투르는 이를 '대변인' 효과('spokesman' effect)라고 표현했다. 당신이 이해하고 싶은 행동을 하는 사람들이 무슨 생각을 하는지에 대해 누군가가 말해주는 것(Latour, 1987: 70-74). 전지적 해설가 — 다큐멘터리 영화에 나오는 음성의 목소리, 조사결과를 '해석하는' 사회과학자의 목소리 — 는 무엇을 의미하는지, 설문지 질문에 대답한 사람들은 어떤 생각을 하는지를 우리에게 말해준다. 이러한 권위적인 목소리는 표준적인 고전적 보도기사에서, 분석가가 결과를 '논의하는' 섹션에서 나타난다.

권위적인 목소리는 화자(話者)와 청자(聽者)가 다음을 수용한다는 가정으로부터 권위와 설득력을 얻는다. 목소리 뒤에는 과학적으로(또는 다른 방법으로) 증명된 지식이 있다는 것이다. 제임스 클리포드(James Clifford)는 어떻게 인류학이, 우선 '그 장소에 있는 사람들(men on the spot)'(선교사, 상인, 탐험가들)이 기록한 것을 학문적으로 조합함으로써 만들어지고, 과학적인 방법으로 자료(그들 손에서 "증거"가 되는)를 수집하고 그것을 도출한 과학적 가설을 증명하는데 사용하는 훈련된 과학자들에 의해 만들어지는 과학이 되는지를 설명하였다(Clifford, 1988). 인류학자들은 이렇게 ── 이러한 설명에 따라 ── 하면서 과학적 중립을 유지한다. 하지만 그들은 직접적인 지식을 드러내기 위해 이것을 주장과 조합한다. 연구자의 목소리에 의해 발표된 결과에 있어 우리의 믿음을 위한 최종적인 근거는 일반화되고 체계적인 과학의 중립성과 현장에 있으면서 그 모든 것을 직접 보고 기록함으로써만 얻을 수 있는 지식의 조합에 있다(물론 '그곳[there]'이 서베이나 인구학적 조사의 경우에 컴퓨터로 설문조사 결과를 돌리는 사무실로 밝혀질 때, '그곳에 있으면서'는 상당히 희석되거나 매우 은유적인 표현이 되기도 한다).

클리포드는 브로니슬라프 말리노프스키(Bronislaw Malinowski)와 다른 저자들의 인류학적 글쓰기에 나타난 특정 표현에서 두 가지 주장을 발견했다. '객관적인' 글쓰기를 일반화하는 구절과 개인의 경험("북쪽에서 항해해 오는 우리 일행이…")에 대한 감동적인 설명 간의 순환은 첫 번째로 과학을 입증하고 두 번째로 개인적 참여를 입증하고 있다. 고전적인 인류학 보고서들은 연구된 사람들과 그들의 삶에 있어 인류학자들의 참여에 대한 이야기를 동시에 제공하여 연구를 가능하고 믿을 수 있게 만들었다.

미하일 바흐친(Mikhail Bakhtin)은 권위적인 작가의 목소리에 덧붙여 포함되어야 하는 필수요소에 관해 주장했다(그는 서사극 형식[epic form]과 안정적인 위계적 사회를 동일시하였다). 그는 다의성과 대화적 글쓰기에 대한 아이디어를 제안하였다(그리고 내가 알고 있는 바로는 용어도 고안하였다). 그는 소설과 관련된 중요한 사항을 말하기 위해 이러한 생각을 발전시켰지만—그는 디킨스가 그 자신의 책에서 다양한 유형의 사람들의 목소리를 허용하고 있다는 점을 높이 평가하고자 했다—이 아이디어는 어느 영역도 침범하지 않으면서 새로운 영역에 적용 가능하다.

『대화적 상상력(The Dialogic Imagination)』(1981)을 보면, 바흐친이 이 아이디어를 어떻게 설명하는지가 나온다. "말, 담론, 언어나 문화는 같은 것에 대해 상대화되거나, 특권을 빼앗기거나, 상충되는 정의를 인식하게 될 때 '대화화(dialogization)'를 경험하게 된다. 대화화되지 않은 언어는 권위적이거나 독재적이다"(Bakhtin, 1981: 427). 말하는 사람이 누구냐에 따라, 그리고 화자의 사회적 상황과 위치에 따라 의미가 달라지는 세계에서는, 그러한 세계에 대한 우리의 이해를 증진시켜 준다고 주장하는 문학작품이 명확하고 권위적인 목소리로 말할 수가 없는데, 이는 전적으로 사실성을 갖는 하나의 목소리를 끌어낼 방법이 없기 때문이다. 정확함을 원하는 문학작품은 서로 다른 목소리들을 포함해야 하며 이 목소리들은 다른 의미를 지닌 단어들을 말할 것이다. 다르게 사물을 보는 사람들 간의 대화를 포함하게 될 것이다. 그래서 대화의 형태를 취하고 '대화적'이 될 것이다.

단순한 아이디어다. 어떻게 우리는 이것을 사회를 재현하는 문제에 적용할 것인가? 사회는 다양한 집단으로 구성되어 있고 각 집단은 사물, 사람, 사건에 대해 그 자신의 의미를 부여한다(극단적인 경우, 집단이 단 한 사람으로 구성돼 있어서 그가 부여하는 사물의 의미에 동의하는 사람이 없을 수도 있다. 우리는 일반적으로 이런 사람을 보고 미쳤다고 한다). 집단 구성원들은 비슷하게 사물을 정의하면서 공통된 정의를 바탕으로 함께 행위할 수 있다. 비슷한 의미를 공유하고 있지 않다면 집합적 행위에서의 시도는 무너져 버린다. 나는 여기서 어떠한 신비주의적인 것도 염두에 두지 않는다. 만약 집을 짓고자 한다면, 우리 모두가 같은 방법으로 이해하는 용어를 가진다면 훨씬 더 나을 것이다. 치과 의사가 간호사에게 '홀렌벡(Hollenbeck)'을 달라고 했을 때, 의사와 간호사 모두 같은 도구를 생각하고 있어야 내 치아에게도 좋은 일이다.

사회의 어떤 한 부문의 활동을 적절하게 재현하고자 한다면 그에 직접적으로 관여된 사람들에만 초점을 둘 수는 없다. 아무리 작더라도 모든 활동은 함께 행위하는 사람들로 구성되고, 우리는 원칙적으로 그 활동에 참여한 다양한 사람들을 재현하고자 한다. 따라서 우리는 다른 집단과 조직에 대한 관계를 살펴보아야 한다. 병원을 이해하고 싶다면 간호사나 의사만 관찰하고 대화를 해서는 안 된다. 그들이 무엇을 그리고 왜 하는지를 이해하기 위해선 운영자들, 환자들, 기술자들, 보조 간호사들, 관리인들, 요리사들, 공급자들, 보험회사들, 세탁실에서 일하는 사람들, 그리고 특히 매일 아침 병원 문이 열리는 원인이 되는 환자들을 포함해 모든 개개인과 조직들을 관찰하고 이야기를 해봐야 한다. 모든 것을 보고 들은 후에야, 우리는 각 집단이 우리의 재현에서 '말하고' 있으며, 그렇게 말한 것의 의미는 표현되고 설명되며 퍼즐을 맞추는 조각이 됨을 확인할 것이다. 그렇지 않다면 우리는 설명하고자 하는 바를 부정확하게 설명하게 될 것이다. 솔직히 말해서 사회학이 하는 일은 이해를 하고 이해한 바를 전달하는 것이지만, 우리는 우리가 갖고 있는 데이터에 발생하는 변화를 이해하지 못할 것이며, 보고서는 결과를 잘못 파악하고 우리의 예측은 저 멀리 빗나가 버려서, 결국에는 일어나는 일들에 대해서마다 끊임없이 놀라게 될 것이다.

만약 우리가 연구하는 사람들이 통일된 또는 일치된 의견을 가진다면, 한 대변인이 집단 내 모두를 위해 말할 수 있어서 우리는 그들이 실제로 모두 같은 것을 생각하고 믿으며 같은 방법으로 행위한다고 말하거나 가정할 수 있다면, 그러면 일이 단순해질 것이다. 모든 사람의 목소리를 신경 쓸 필요는 없다. 한 사람만 목소리를 낼 테니까. 그러나 이것이 바로 바흐친이 불평한 부분이다. 어떤 사회현상이든 잘 들어보면 서로 다른 목소리들의 바벨탑으로 우리를 인도한다. 재현을 정확하게 하고 싶다면 이 목소리 모두를 듣고 보고해야 한다.

도덕적으로 옳은 일이라는 이유만으로 자신의 말을 들려줄 여지가 없는 사람들이 '목소리를 내게 하자'는 감상적 변호를 하고자 하는 것이 아니다. 귀담아 듣지 않은 목소리들에 우리 도움과 상관없이 주로 말을 하지 않는 또 다른 사람들이 접근할 수 없다거나 알고 있어도 말을 하지 않는 '진실'(아마도 '바로 그 진실')이 있다고 말하려는 것도 아니다. 이는 좀 더 냉철한 논쟁이다. 모든 사람의 이야기를 듣기 전에는 정확한 설명을 할 수가 없다. 각 개인과 집단은 무언가에 대해 다른 이들보다 더 잘 알고 있으며 그것이 바로 그들이 생각하고 해온 것, 앞으로 하게 될 것을 의미한다. 그들은 우리에게 그에 대한 진실을 말해주지 않을지 모르지만 이는 일반적인 문제이다. 그들이 무슨 생각을 하는지 알고 있는 사람이라면 행동으로 옮긴다(그렇다. 나는 '허위의식 [false consciousness]'이라는 관념이 실재를 상당히 잘못 재현한다고 생각한다). 조직에 관한 우리의 설명에 모든 유형의 사람들이 아는 바를 통합하지 않으면 분석에 중요한 사항들을 빼먹기 마련이며 결국 많은 것이 틀리게 된다.

이러한 주장을 인정하는 것은 사회적 삶을 설명하고자 하는 사람들에게 몇 가지 어려운 문제를 야기한다. 모든 목소리를 재현할 필요가 있을까? 가장 단순한 상황이라 하더라도 너무 많은 목소리가 있기 마련이다. 매우 간단한 활동에도 엄청난 수의 사람들이 관여하고 있음을 보여주기란 어렵지 않은데, 이는 내가 『예술세계(Art Worlds)』(Becker, 1982)에서 한 일 중 하나이기도 하다. 그들은 모두 같은 방에 있어 본적도 없고 일대일로 만나본 적도 없으며 서로가 존재하는지도 모를 수 있지만, 그들이 자신의 역할을 수행하지 않았다면 현재 가진 바를 실현시키지 못했을 것이라는 사실을 확인하는 데는 복잡한 분석이 필요 없다. 예를 들어, 『예술세계』에서 나는 만약 주차장을 관리하는 사람들이 없다면 오페라도 지금과 달라질 것이라고 주장했는데, 이는 사람들이 오페라를 보러 오기가 얼마나 용이한지, 따라서 누가, 얼마나 많은 사람이 오페라를 보러 오는지, 또 수익의 원천과 수익금, 한 작품에 얼마를 투자할 수 있는지, 누구를 고용하고 무엇을 구매할 수 있는지에 영향을 미칠 것이기 때문이다.

그러나 우리는 통상적으로 오페라에 관한 글을 쓸 때 주차장 요원들의 목소리를 반영할 필요는 없다고 생각한다. 필리페 우르팔리노

사회에 대해 말하기

(Philippe Urfalino)는 4명의 목소리를 인용해 파리 오페라 극장의 역사에서의 주요한 발전을 재현했는데, 이들은 바로 오페라가 열리는 새 건물의 개발과 건물이 따라야 하는 정책에 영향력이 가장 큰 사람들이었다(Urfalino, 1990). 좋은 논의가 되기에는 사람 수가 충분치 않으므로 더 많은 목소리가 있어야 한다는 주장이 나올 수 있다. 우르팔리노는 이 문제를 인식하여 그 4명은 줄거리 상 중요한 인물들로 알려진 사람들이 아니라는 말을 덧붙였으나, 그러면서도 이들은 성공적으로 프로젝트를 이끈 주요 기술적, 정치적 결정과 운영에 중요한 역할을 한 사람들이라고 주장했다(Urfalino, 1990: 7-17). 이 4명을 포함하는 것은 올바른 방향으로 가는 주요한 단계임을 쉽게 확인할 수 있다. 모든 목소리를 포함해야 한다는 주장은 불완전한 것에 대한 불평이 아니라 더 많은 목소리는 항상 이익이 된다는 주장을 하기 위해서다(우리는 이를 1996년에 라투르가 새롭고 혁신적인 파리 지하철 시스템 건설 프로젝트의 실패를 설명한 것과 비교해 볼 수 있다. 이 연구는 프로젝트가 어떻게 실패하게 되었는지를 설명함에 있어서 매우 많은 사람과 조직을 고려했는데, 이는 여기 관련된 그 많은 행위자들 모두가 새 지하철이 건설되는 것을 원치 않았기 때문이다).

완전하고 납득이 가는 이야기를 들려주고 싶다면, 모든 목소리는 아니지만 몇 명 이상의 목소리는 필요하며, 전지적(全知的) 저자나 연구자의 목소리 이상의 것이 필요한 것도 확실하다. 하지만 몇 명의 목소리를 포함해야 하는지, 어떻게 선정하는지 결정하는 알고리즘은 없다. 이 문제에 대한 오래된 관습적 해결책들이 몇 가지 있긴 하다. 예를 들어, 조직을 운영하는 사람들에게 그 조직에 참여하는 다른 모든 사람들의 목소리를 대변하도록 만들 수 있다. 위계 구성의 원리에서는 어떤 위계 또는 조직에서든 최상위 계층이 그 아래 계층에 있는 사람들보다 더 많이 알고, 더 잘 이해하며, 보다 권위적으로 말할 수 있다고한다(신뢰성의 위계[hierarchy of credibility]에 관한 논의는 베커[Becker, 1967] 참조). 이를 믿을 필요는 없지만 사회를 분석하는 사람들은 때때로 이러한 위험에 굴복하고 위계에 참여하며 그 위계를 받아들인다. 단지 조직 내의 잘 사회화된 참여자이기 때문에 그렇게 할 때, 이들은 지식의분배에 관한 이러한 이론을 받아들이는 것이다. 그렇다면, 최상위에있는 권위자의 말만 들으면 이들의 할 일은 끝난다.

의학을 공부하는 몇몇 사회학자들은 어찌됐건 사회학자들보다는의사들이 질병과 건강에 대해 더 많이 알고 있다고 생각하기 때문에그들의 지식에 대해 의심해선 안 된다고 한다. 의사가 진단하는 사람들의 목소리나 제3자적 관찰자들의 의견은 들을 필요가 없다는 것이다. 토마스 쉐프(Thomas Scheff, 1974, 1975)와 월터 고브(Walter Gove, 1970, 1975)를 예로 들자면, 그들은 정신과 의사들이 정신적으로 이상이 있다고 진단한 사람들은 이상이 없다고 분류한 사람들과 유의미한 차이를 보이는지에 대해 논쟁을 펼쳤다. 고브는 의사들이 다른 사람들보다정신질환에 대해 더 잘 알고 있으므로 의사가 미쳤다고 진단한 사람들은 실제로 미친 것이라고 주장했다. 쉐프는 미쳤다는 꼬리표를 달기위해 실제로 미칠 필요는 없다고 주장했다. 또 다른 이들은 법률 전문직을 연구하였고 변호사들, 특히 업계를 대변하는 사람들이 결국 가장 잘 알고 있다고 주장했다. 이는 과학이 하는 일을 연구하는 사회과학자들에게 곤란한 문제인 것이, 과학자들은 어렵게 얻은 지식을 사회학자나 그 밖의 '상대주의자(relativist)'들이 사회적 우연성에 의한 것으로 취급하는 것에 분노하기 때문이다(해킹[Hacking, 1999]의 논의 참조).

이는 연구 보고서에 얼마나 많은 목소리를 넣어야 하는지에 대한 딜레마를 쉽게 해결하는 방법이다. 관련 전문가, 기업 CEO, 법 집행관과 같은 권위자에게 물어보면 필요한 정보를 말해줄 것이다.

물론, 산업노동자들이 무슨 생각을 하고 무슨 일을 하는지를 상사에게 물어서 연구할 수 있다고 생각하는 사람은 더 이상 없다. 따라서 직원들을 인터뷰하거나 직원들에게 직접 질문지를 보낸다. 하지만 이는 교묘한 신뢰성의 위계 유형을 받아들이는 것이다. 그들은 상사가 답해야 한다고 생각하는 질문을 하고, 상사가 조사해야 한다고 생각하는 문제들을 조사하며, 상사가 통합해야 한다고 생각하는 변수들을 통합하고, 상사가 필요 없다고 생각하는 것은 생략한다. 따라서 교육 사회학자들은 끊임없이 학교 운영자들이나 학교조직 또는 교사들도 제외한 채 학생들 속에서 교육 '실패'의 원인을 탐색한다.

오래 전 몇몇 사회과학자들은 이 과정에 관여한 다른 사람들이 어떻게 생각하고 행동했는지 알아보고 그들의 관심과 질문들이 우리의 연구계획과 활동에 정보를 제공하도록 하기로 결정했다. 이른바 일탈 행동에 관한 연구는 연구자들이 일탈자로 낙인찍힌 사람은 물론 낙인을 찍은 사람들에 관한 의미, 아이디어, 이론을 경청하고 통합하기 시작하면서 꽃피게 됐다. 이는 조직 내 종속적 위치에 있는 사람 또는 그 밖의 다른 구성원의 '관점을 채택하기'하는 표제로 어느 정도 제도화됐다.

다른 사람들의 목소리를 모두 통합하기로 결정했다고 가정하자. 어떻게 해야 할까? 사회과학자들이 이에 관해 논쟁을 벌여 왔지만(Clifford and Marcus, 1986; Clifford, 1988) 사회에 대해 다른 방법으로 말하는 실천가들이 우리보다 먼저 있었고 그 문제에 대해 더 많은 관심을 가져왔다. 바흐친(Bakhtin, 1981)은 흥미로운 소설을 만들기 위해 모든 종류의 목소리를 통합하는 방법, 사회 모든 곳에서 인물을 만들어내는 방법, 그리고 그들이 계속해서 이야기하도록 내버려두는 소설에 초점을 맞추었다. 디킨스는 전체 사회를 삶에 들여왔다. 관료, 소매치기, 변호사, 학교 교장 등등 뭐든 들여왔다. 바흐친의 주요 용어 — **대화, 대화적, 이종어**(heteroglossia, 異種語) — 들은 거의 자동으로 많은 사람들의 목소리를 위한 공간을 비워두는 소설의 특징을 지칭한다.

조지 버나드 쇼: 논쟁의 양면

앞서 살펴봤듯이, 어떤 매체에서든 사회분석은 전형적으로 착한 사람과 나쁜 사람을 확인시켜준다. 그 플롯은 많은 경우 악은 벌을 받고 선은 보답을 받는다는 것이다. 반어적 버전에서는 악은 벌을 받지 않고 선은 보답을 받지 못하지만, 식견 있는 독자들은(그렇지 않은 독자들도 마찬가지로) 대개 이런 결말에 대해 비난한다. 가장 효과적인 조직 분석 중 다수는(정신병원 및 다른 기관들에 대한 어빙 고프만[Erving Goffman]의 연구는 다음 장에서 탐구할 것이다) 이러한 판단을 쉽게 내리지 않는다. 착한 사람들뿐만 아니라 악당의 상황과 사고도 자세히 설명하여 왜 그러한 일을 했는지 명확하게 설명하고자 하며, 이는 단순한 도덕적 근거로 그들을 비난하기 어렵게 만든다.

극작가들은 무대에 여러 인물을 놓고 구별할 수 있는 다른 목소리들로 말하도록 만들어 이러한 문제를 해결한다(사무엘 베케트[Samuel Beckett]의 『크랩의 마지막 테이프(*Krapp's Last Tape*)』와 『행복한 나날들(*Happy Days*)』[Beckett, 1960, 1961] 같은 1인극에서도, 유일한 등장인물이 다른 사람들에게 이야기를 하고 우리는 대화의 말 없는 절반을 통해 그 다른 사람들이 누구인지를 알게 된다). 연극적 형태를 이용함으로써 작가는 모든 사람이 스스로 이해하도록 내버려 두어야 한다. 그렇지 않고서는 극적 갈등도 존재하지 않으며 청중을 지루하게 만들 것이다. 장소가 기억이 잘 안 나는데(여기에 인용 표시를 하지 못한 이유다), 어디선가 데이비드 마멧(David Mamet)이 모든 등장인물은 무언가를 원하면서 무대로 올라오고 그들이 무대에서 하는 행동은 자신이 원하는 것을 얻고자 하는 노력을 반영한다고 말했다. 만약 청중이 등장인물들이 원하는 것을 인지하지 못한다면 장면은 의미를 전달할 수 없을 것이다. 조지 버나드 쇼는 극적 유형을 이용하여 심각한 사회적 및 사회학적 문제에 대한 생동감 있는 지적 토론을 만들어 냈다. 『바바라 소령(*Major Barbara*)』에서 군수물품 제조자인 언더샤프트 씨(Mr. Undershaft)는 구세군 소령인 딸 바바라와 전쟁의 도덕성에 대해 논한다. 주인공들이 서로 상반된 관점을 구현하고 대변하는 것이다.

쇼는 매춘과 이를 둘러싼 도덕적 논쟁에 관한 탐구를 담은 『워렌 부인의 직업(*Mrs. Warrens' Profession*)』에서 이 방법을 능숙하게 사용했다. 케임브리지 대학교 수학과를 갓 졸업한 비비 워렌(Vivie Warren)과 외국에 살면서 비비를 부양하는 돈이 어떻게 생기는지 설명해주지 않았던 그녀의 엄마에 대한 연극에서 쇼는 다음을 논하고자 하였다.

『워렌 부인의 직업』은 1894년에 집필되었으며, 매춘이 여성의 타락과 남성의 방탕함에 의한 것이 아니라 박봉에 시달리고, 과소평가 당하며, 장시간 노동을 하는 여성들 중에서도 가장 가난한 이들이 육신과 영혼을 지탱하기 위해 매우 수치스럽게도 매춘에 의지할 수밖에 없다는 사실에 주의를 환기시키고자 하는 것이었다. 매력적이지만 재산은 없는 여성들이 정숙한 체를 떨거나 부패한 혼인관계를 맺지 않으면(즉 돈에 팔려가지 않으면) 돈이 생길 구석이 없다. 우리가 보다 큰 사회적 척도에서 이른바 덕이라는 것을 얻는다면, 이는 그 것을 얻기 위해 많은 것을 지불하기 때문이다. 스스로 훌륭한 사람이 될 수 있고 돈이 아닌 사랑을 위해 결혼할 수 있다면, 직업적 매춘부가 될 여성은 없을 것이다.

나는 또한 매춘이 조직의 힘을 빌지 않고 혼자 사는 여성의 숙소에서 벌어지는 개인적 사업이 아니라 다른 사업들과 마찬가지로 자본가의 이윤을 위한 거대한 국제적 조직으로 조직화되고 착취하는 사업이라는 점, 그리고 대도시 부동산(교회 소유 부동산까지 포함하여)의 입장에서 볼 때 매춘이 이루어지는 건물의 임대료로 인해 높은 수익성을 자랑한다는 점을 폭로하고자 하는 열망도 있었다(Shaw, [1925]1946: 181).

그는 자신의 의견을 강력하게 주장하는 엄마와 딸이 서로 논쟁을 펼치도록 내버려둠으로써 그의 요점을 전달한다. 이 논쟁이 힘을 얻게 되는 것은 부분적으로는 모녀 관계의 드라마로부터 워렌 부인의 직업에 숨겨진 비밀이 마침내 드러난다는 점에서다. 두 주인공이 상반된 논쟁을 최대한 펼치도록 함으로써, 이 분석은, 따라서 청중은, 논쟁의 한 쪽 면만 경솔하게 받아들이지 않을 것을 보장한다.

우리가 재빨리 알아챌 수 있듯이, 워렌 부인의 직업은 유럽 주요 도시들에 있는 매춘굴을 소유하고 운영하는 것이다. 어머니를 만난 적이 거의 없는 비비는 이에 대해 아는 바가 전혀 없지만 자연스레 궁금해 한다. 졸업식을 계기로 엄마가 방문하게 되자 비비는 더 많은 정보를 알고자 노력하였고, 대놓고 말한 적은 없지만 곧 어머니가 매춘굴을 소유하고 관리한다는 것과 거기서 많은 돈을 벌어 비비의 교육비는 물론 그 많은 사치품 값을 지불함을 알아낸다. 워렌 부인은 그 분야에서 자신보다 앞서 그 바닥에 뛰어들어 일을 잘 해냈던 언니 리즈가 어떻게 이 사업에 발을 들이도록 자신을 설득시켰는지 말해줌으로써 매춘을 찬성하는 주장을 한다. 그녀의 언니는 현재 은퇴하여 윈체스터 상류사회에 사는 여성이다. 워렌 부인은 같은 직업에 종사하지 않은 배다른 자매들의 운명이 훨씬 좋지 않았음을 알고 있다. "착한 사람들이었지. 그런데 착해서 얻은게 뭔지 아니? 내가 말해줄게. 하나는 하루 12시간씩 납 공장에서 일주일에 9실링씩 받고 일하다가 결국 납중독으로 죽었어. 손만 마비될 줄 알았는데 결국 죽어버렸어. 또 한 명은 뎁트포드 군량보급소에서 일하는 관급 노동자랑 결혼해서 우리한테는 모범사례였는데, 그 남자는 매주 18실링으로 빠듯하게 방세를 내고 세 아이를 먹여 살렸어. 술독에 빠지기 전까지는 말이다. 이게 존경할 만한 가치가 있는 삶이니? 그러니?"(Shaw, [1925]1946 : 247)

그녀는 어릴 때 사라진 언니를 우연히 만나게 된 바에서 일자리를 얻는다.

내가 예쁘게 자란 걸 보고 바를 가로질러 와서는 "여기서 뭐하니,
이 바보야. 다른 사람 좋으라고 네 건강이랑 외모를 허비하다니!"라
고 말했어. 리즈는 돈을 모아서 브뤼셀에 집을 사려고 했었고, 그래
서 하나보단 둘이 더 많은 돈을 모을 수 있다고 생각했다 … 브뤼셀
에 있는 집은 정말 고급이었지. 여자가 살기엔 제인 이모가 중독된
공장보다야 훨씬 나은 곳이고. 내가 데리고 있는 아가씨들 중에 금
주(禁酒) 식당 설거지방이나 워털루의 술집, 아니면 집에서처럼 대접
받은 경우는 하나도 없어. 너라면 그런데 머물러 있다가 나이 40도
되기 전에 팍삭 늙은 일꾼이 되고 말거니?(Shaw, [1925]1946: 248)

비비는 이러한 주장을 인상 깊게 듣고 난 후, 이런 종류의 일은 품
위를 떨어뜨리는 것이라는 관습적인 도덕적 사례를 든다. 이와 유사한
논쟁은 상세히 설명되진 않지만 비비가 하는 말의 몇몇 부분에 드러남
을 알 수 있다. 그녀는 어머니의 뛰어난 사업 통찰력과 고된 일을 할
수 있는 재능으로 좋은 성과를 거둘 수 있으면서 생계를 유지하는 더
나은 방법이 있다고 생각하였지만 워렌 부인은 그럴 생각이 없었다.
이것이야말로 그녀와 리즈가 출중한 외모를 자산으로 이용할 수 있는
유일한 직업이었다. 그녀는 제멋대로인 고객들을 다룰 때 힘든 시간도
있다는 면에서는 비비의 의견에 동의했지만, 그러면서도 "힘든 일도
태연하게 받아들여야 한단다. 병원 간호사들처럼 말이다"라고 말한다.
비비가 수사적 답변을 기대하고 엄마에게 직업이 부끄럽지 않느냐

사회에 대해 말하기

고 물었을 때, 워렌 부인은 "글쎄, 애야, 부끄러워하는 건 좋은 태도란 다. 세상이 여자에게 기대하는 것이지"라고 말한다. 그녀는 덧붙이기 를, "사람들이 여자가 사는 세상이 이렇다고 만들어 놓았으면 그렇지 않은 것처럼 굴어봐야 소용없단다. 아니, 정말 조금도 부끄러웠던 적 이 없어. 난 모든 것을 훌륭하게 처리해 왔고 험한 말을 들은 적도 없 고 내가 관리하는 아가씨들이 잘 대접받는 것에 자랑스러워할 권리가 있다고 생각해. 그 애들 중 몇몇은 정말 잘 풀렸지. 대사랑 결혼한 애 도 있으니까"(Shaw, [1925]1946: 251).

비비는 곧 마음이 끌리는 일이 생기게 되는데, 이는 쇼가 여성을 사고파는 또 다른 유형으로 언급한 것이다. 어머니의 매춘 사업 파트 너인 나이 든 남성 조지 크로프츠 경(Sir George Crofts)은 자신이 비비 의 어머니가 사업을 시작하도록 자본을 대주었다는 사실을 비비가 알 지 못하는데도 불구하고 자신과 결혼해 주기를 청하고는 엄청난 돈을 그녀에게 약속한다. 그녀가 거절하자 그는 분풀이로 사업에서 그가 어 떤 역할을 했는지를 폭로한다. 또 어머니가 사업을 그만두었다고 말한 것은 편의상 거짓말한 것뿐이라고 말한다. 마침내 비비는 매춘 사업 으로 인해 여태까지 자신의 인생이 편했음을 이해하게 된다. 크로프 츠는 그녀를 포함해 전형적으로 나쁜 사람이든 좋은 사람이든 사회의 모든 사람이 실질적으로 관여하고 있는 상호연계 시스템을 이해시 킨다.

성직자 교구 위원 중에 술집 주인도 있고 죄수도 있다고 해서 캔터
베리 대주교의 목을 칠 수는 없겠지. 뉴넘(Newnham)의 크호프츠

장학금을 기억하시오? 음, 하원의원인 내 동생이 설립한 거요. 내 동생은 600명의 여공이 충분한 임금을 받지 못하는 공장에서 그의 몫으로 돼 있는 22%를 받죠. 이 여공들이 의지할 가족이 없다면 어떻게 살아 나갈 것이라 생각하시오? 어머님께 여쭤보구려. 당신은, 나머지 사람들이 지각 있는 사람이라면 전부 다 자기가 가질 수 있는 돈을 주머니에 챙길 때 내가 35%를 포기하기를 바라는가요? 그런 바보는 아니겠지! 도덕적 원칙에 따라 사람을 골라서 사귈 거면 이 나라를 떠나는 편이 나을 거요. 그렇지 않으면 당신은 모든 점잖은 모임에서 스스로를 배제시키고 싶을 거요(Shaw, [1925]1946: 265).

두 여성 모두 자신의 지위에 대한 합당한 논거를 갖고 있고 논쟁 또한 그들이 가진 감정으로 인해 더 돋보이며, 이는 상황에 의해 극적으로 정당화된다. 물론 비비도 교훈을 얻게 된다. 이것이 바로 이 희곡이 말하고자 하는 바다. 그녀는 엄마에게 다음과 같이 말한다.

저는 같은 계급의 다른 돼먹지 못한 사람들에 대해서보다는 크로프츠에 대한 반감은 덜해요. 솔직히 말하면, 다른 사람들이 한다는 이유만으로 똑같이 총 쏘러 다니고 사냥하러 다니고 외식하러 다니고 옷 맞추러 다니고 빈둥거리면서 살지 않고 자기 할 일 하면서 충분한 돈을 번다는 점에서는 존경해요. 그리고 내가 리즈 이모와 같은 상황에 처했다면 이모가 했던 것처럼 똑같이 했을 거라는 것도 잘 알아요. 전 어머니보다 편견을 갖고 있다거나 엄격하다고 생각하지 않아요. 전 덜한 편이죠. 제가 덜 감상적이라는 건 확실해요. 그

사회에 대해 말하기

럴듯한 도덕은 모두 가식이라는 것도 잘 알고 있고, 제가 어머니 돈을 받아서 멋있게 쓰는데 제 남은 인생을 바친다면, 말할 것도 없이 저는 가장 어리석은 여자나 그렇게 되기를 원할 법한, 가치 없고 사악한 여자가 될 거예요. 하지만 전 쓸모없는 사람이고 싶지 않아요 (Shaw, [1925]1946: 283).

훈계하자는 것은 아니지만, 사회과학자들은 그들이 제작하는 재현에 있어서 희곡을 체계적으로 회피해 왔으며, 그로 인해 다양한 관점을 재현하는데 어려움을 겪는 대가를 치러 왔다.

카릴 처칠: 다수의 목소리가 하나의 이야기를 말하다

카릴 처칠(Caryl Churchill)의 희곡 『광란의 숲(*Mad Forest*)』(1996)은 1989년 12월 루마니아에서 일어난 사건들을 다루고 있는데, 당시 정부수반 니콜라에 차우셰스쿠(Nicolae Ceausescu)를 끌어내리려는 자발적인 대중의 반란이 일어났고 마침내 그는 부인 엘레나(Elena)와 함께 처형당하게 된다. 1990년 3월 초, 처칠과 연출가 마크 윙 데이비(Mark Wing-Davey)는 나흘간 부쿠레슈티(Bucharest)에 머물렀다. 그들은 연극 전문가들과 10명의 연극학도로 팀을 꾸려 그 달 말에 돌아왔다. 사람들과 인터뷰를 진행하고 '카라지알레 연극 및 영화회관(Caragiale Institute of Theatre and Cinema)'에서 학생들과 작업하였으며 '많은 사람과 만났다.' 그리고 나서 그들은 극을 쓰고 리허설을 진행했으며, 1990년 6

월 13일 첫 공연을 하였다.

연극의 1막과 3막은 전기기사와 전차 기관사의 딸인 학교교사 루시아와, 건축가와 교사 사이에서 태어난 아들이자 예술을 공부하는 학생인 라두의 결혼을 다루고 있는데, 중간계급 소년이 노동계급 소녀와 결혼하는 이야기이다. 줄거리와 결말은 흥미롭고도 중요하긴 하지만, 나는 제2막에 대해서만 이야기하고자 한다(Churchill, 1996: 29-43. 앞으로 나오는 모든 인용문은 이 부분에서 발췌한 것이다).

제2막에서는 11명의 배우들이 무대에 나와서(나는 버클리 레퍼토리 극장에서 제작 중에 관람했다) 의자에 나란히 앞을 보고 앉는다. 무대 감독이 "이번 섹션에 나온 인물들은 1부에서 시작한 등장인물들이 아닙니다. 모두 루마니아인들이며 루마니아 억양으로 영어를 구사합니다. 모든 인물은 주위에 아무도 없는 것처럼 행동하고 각자 무슨 일이 있어났는지를 말해줄 것입니다"라고 말한다.

그들은 평서문으로 말을 하고 말은 한 문장에서 약 150단어의 길이이며, 이 사람들은 지난 12월 21일 군중들이 광장에 모여 혁명에 탄력이 붙었을 때 무엇을 보고 들었는지 설명하고 있다. 전체 사건을 알고 있는 사람은 아무도 없다. 그들이 무엇을 했는지, 그리고 가까이에서 어떤 일이 일어났는지만 알고 있다. 하지만 각자가 아는 바를 말하면서 관중들은 전체 사건에 대한 포괄적인 이해를 하게 된다(이는 집단 인터뷰를 통해 부대원들이 각자 보고 경험한 것을 말하도록 하여 전시[戰時] 행동에 관한 정보를 수집했던 군역사가[軍歷史家] 마셜[S. L. A. Marshall]의 방법과 비슷하다[Chambers, 2003]). 특별히 중요한 목소리는 없다. 그리고 연령, 성별, 가족관계, 직업, 계급 등에 따라 달라지는 사회적 위치는 분명하게 표현하지만 누구도 정치적 견해를 표명하지는 않는다. 그들 사이에서 많은 목소리들이 무슨 일이 일어났는지에 대한 종합적이고 포괄적인 관점을 표현한다.

혁명사건에 참여한 11명은 사회학자들이 '기본적 집합행동(elementary collective behavior)'(Blumer, 1951)이라는 용어 하에 군중, 폭도, 조직되지 않은 집합적 행위의 연구와 관련해 오랫동안 관심을 가져 왔던 것에 대해 묘사한다. 배우들은 익숙한 세목들을 구성함으로써 이런 상황에서의 행동과 관련해 내가 읽은 것 중 최고의 묘사를 제공한다. 화자들은 말의 첫머리에서 자신이 그 날 무엇을 하고 있었는지를 설명한다. 연극은 뭔가 평소 같지 않은 일이 벌어지고 있다는 인식을 처음 갖게 되는 순간으로부터 시작된다.

> 여학생: 전 나탈리 모라루라고 하구요, 학생이에요. 12월 21일에는 사소한 일로 엄마랑 아침을 먹으면서 싸우는 바람에 화를 내면서 집에서 나왔어요. 평소와 다른 건 아무 것도 없었고, 이야기를 하는 노인 몇 분들이랑 사복을 입은 경찰들 몇 명이 있었는데 그 사람들은 자기들이 똑똑한 줄 알지만 짓눌린 얼굴 때문에 보는 사람마다 다 누군지 알아보더라구요.
>
> 번역사: 전 디미트루 콘스탄티네스쿠라고 하고 번역 대행사에서 번역사로 일하고 있어요. 21일에는 사무실에서 차우세스쿠 연설을 들으려고 라디오를 듣고 있었죠. 너무 뻔한 이야기였어요. 공장이나 기관에서 사람들을 불러들여서 버스에 태우고 티미소아라에 있는 홀리건이라 부르는 집단을 없애려는 승인을 받으려고 했죠. 그리고

는 갑자기 고함소리가 들리더니 라디오가 꺼졌어요. 그래서 무슨 일이 일어났구나 했죠. 저희 모두 너무 놀랐어요. 전부 몸을 떨고 있었죠.

몇몇은 처음에는 아무 것도 알아차리지 못한다.

의사: 제 이름은 일리나 치리타고 학생의사로서 학교에서 이 병원으로 오게 됐어요. 6개월간 실습을 해야 하거든요. 21일은 근무 중이었고 보통 날과 같아서 무슨 일이 일어났는지도 몰랐어요.

그러나 곧 군중이 형성되기 시작한다.

불도저 기사: 학교에서 아들래미 데려오려고 근무를 마치고 갔다가 직장이 아니라 팰리스 스퀘어로 갔습니다.
학생 1: 군인들과 일반 사람들, 두 집단이 있었는데 총을 쏘지는 않았어요. 사람들이 있는 곳에서 몇몇 노동자들이 바리케이트를 만들려고 공사자재를 들고 왔어요. 점점 더 많은 사람들이 몰려와서 저흰 밀려났어요.

어떤 사람들은 집에 가서 지금 일어나는 일을 무시하려고 하지만 또 다른 이들은 그 곳에 있고 싶어 한다.

학생 1: 술을 싣고 오는 승합차들이 있는데 제가 사람들에게 술을 마시지 말라고 했어요. 비밀경찰들이 우리가 취해서 나빠 보이게 만

들고 싶어 하거든요. 저녁에는 로세티 광장에 바리케이트를 치려고
했죠. 트럭에 불을 붙였어요.

비밀경찰: 제 구역에 바리케이트가 쳐져 있었고 차들이 불타고 있어
서 보고했습니다. 좀 있다가는 군부대가 시민들을 총으로 쐈고 그
사람들을 향해서 탱크를 몰고 갔고 그때 저는 근무 시간이 끝났을
때였죠.

그리고 이야기는 항상 지루한 보고 형식으로 계속되고 새로운 사
실에 대해 자세히 설명한다. '문제'에 대한 인식이 커지고, 군중은 더
많이 늘어나며 소문이 퍼지기 시작한다("라디오에서 육군 장군이 자살을 했
는데 그 사람이 반역자래"). 군인들이 군중에 합류하고("그리고 총에 꽃이 꽂
혀 있는 걸 봤어요"). 국가안보는 무너지며("다시 보니까 경찰이 사라졌어요"),
"얼마나 기뻤는지 영어나 루마니아어로는 표현할 말이 없네요."
　하지만 대항하는 움직임도 있다. **테러리스트**(*terroristi*)가 총을 쏘기
시작하자 사람들은 총을 가져 나오고 젊은 사람들은 운동(movement)
을 계속하면서 죽을 작정을 한다. 무방비 상태의 총기 공장에서 총을
찾아낸다. 사람들이 죽는다. 그리고,

학생 1: 25일에 (차우셰스쿠) 재판과 처형에 관한 이야기를 들었어요.
사람들이 무기를 돌려줘야 한다는 공지를 듣고 공장으로 가서 총을
둘려줬어요. 총을 갖고 있던 28명 중에 4명만 살아 있대요.

사람들이 삶의 새로운 상황을 가지고 들어온다.

비밀경찰: 25일 처형 소식을 들었을 때 그 사건이 있을 때 무엇을 하고 있었는지 증명하기 위해 밤에 아버지와 함께 당국으로 찾아왔습니다. 군에서 3일간 구류시킨 후에야 집에 가도 좋다고 했습니다. 한 가지만 말씀드리겠습니다. 22일 정오까지 저희는 법과 질서였습니다. 그러한 사고방식으로 훈련받았습니다. 질서에 반하는 것은 절대 동의하지 않을 것입니다. 모든 사람들이 제가 무슨 잘못이라도 저지른 것처럼 쳐다봅니다. 그 때 당시 법이 그랬고 이건 모두가 받아들인 방식이었습니다.

세미나 첫날 밤, 희곡 사본을 나누어주었다. 25부의 사본 중 11개는 새로운 인물의 대사에 강조표시를 했다. 따라서 자기 파트가 인물을 재연해야 할 경우 때가 되면 대사를 읽으면 된다. 학생들은 자신은 배우가 아니라며 불평했지만, 나는 상관없다고 말하면서 데이비드 마멧의 "연기하지 말고 그저 대사를 읽기만 해라"는 말을 인용했다. 배우가 아니라는 불평이 여러 번 더 들린 후에야 다들 그렇게 하는데 동의했다. 학생들이 배우가 아닌 것은 맞지만, 그건 중요하지 않았다. 그들은 자신의 파트를 읽었고, 그 극적 결과는 엄청났다. 짧은 연극이 끝났을 때 모두가 숨죽였고, 틀림없이 감동을 받았다. 당신 스스로 이 실험을 해 보고, 사회과학자들이 묘사하는데 애를 먹은 사건을 이 작은 연극 실험으로 어떻게 흥미롭게 전달하는지 보기 바란다.

사회에 대해 말하기

월러스 숀: 잃어버린 목소리

쇼는 우리에게 서로 논쟁하는 두 개의 목소리를 제공해준다. 처칠은 어느 하나를 다른 것보다 중시하지 않고 여러 목소리를 제공하여 복잡한 활동을 종합한다. 월러스 숀(Wallace Shawn)은 의도적으로 하나의 목소리만을 제공하는데, 이는 잘못된 것이다.

우리가 허구적 설명이 도덕적 관점을 채택하는 것에 너무 익숙해져 있다 보니, 그렇게 하지 않는 작가들은 청중과 비평가들을 당황하게 만든다. 극작가 월러스 숀은 여러 번 이렇게 했고 매번 적지 않은 불편함을 느끼게 만들었다. 그의 희곡『댄 숙모와 레몬(Aunt Dan and Lemon)』(Shawn, 1985)에서는 젊고 병약하며 순진한 여성(별명이 레몬이다)이 미국에서 영국으로 귀화한, 세속적이며 세련된 그녀의 숙모 다니엘에 관한 이야기를 들려주는데, 극이 진행됨에 따라 다니엘 스스로 (그녀의 말과 행동을 통해) 비난받아 마땅한 사람임을 드러내게 된다. 다니엘은 미국과 유럽의 사회, 정치 제도의 최악의 특징과 행동의 추종자이고, 헨리 키신저(Henry Kissinger)와 네빌 챔벌레인(Neville Chamberlain) 같은 사람들의 옹호자다(처음부터 그런데다가 갈수록 심해진다). 이런 폭로는 서서히 진행되며, 따라서 마지막에 가서야 댄 숙모가 철저한 나치 추종자이며 레몬이 숙모의 온갖 최악의 의견을 받아들이고 자신이 그런 생각을 할 수 있음을 자랑스러워 한다는 것을 파악할 수 있다. 댄 숙모가 키신저만 존경한 것은 아니다. 그녀는 약자가 보기에는 연민도 없고 심지어 부도덕하기까지 하더라도 자신이 필요한 것이라고 생각하면 해내고 마는 배짱을 가진 정치인들을 존경했다. 그녀는 보통 사람들이 보기에는 여러모로 부도덕해 보였으며, 좌파든 우파든 혐오할 만했다. 레몬은 숙모의 그 모든 점을 따른 것은 아니지만, 존경하기는했다.

레몬의 마지막 화법을 길게 소개하진 않겠지만(아래 발췌한 내용보다훨씬 길다), 이는 이 희곡을 읽는 사람들이 거의 틀림없이 역겹다고 할만한 인물에 대한 그녀의 솔직한 존경심을 보여준다. 그녀는 아메리카에 유럽 사회를 만들기 위해 초기 정착자들이 버려진 땅을 두고 자신들과 싸우는 인디언들을 죽여야만 했던 것처럼, 형제애의 사회를 추구했던 나치는 그것을 성취하기 위해 비독일인들을 죽이고 이종교배를막아야한 했다고 설명한다. 그리고 나서 그녀는 다음과 같이 말한다.

우린 이제 진짜 신경도 안 쓴다는 거 인정할께. 내 생각엔 사람들이
나치에 혹하게 만드는 건 마지막 인정(last admission)이야. 우리 사회
에는 사람들이 '연민'의 감정이라 부르는 것을 둘러싼 컬트 같은 게
있지. 난 엄마가 항상 "연민! 연민! 타인에 대한 연민을 가져야 돼!
다른 인종에 대한 연민을 가져야 돼!"라며 소리치던 걸 기억해. 그리
고 또 인정해야 할 건, 나치에게 참신한 측면이 있다는 걸 발견했고
그게 내가 매일 밤 그에 대한 책을 읽는 한 이유라는 거야. 나치는
"글쎄, 연민이 뭘까? 정말 몰라서 그러는데, 진짜 알고 싶어. 연민이
뭐야?"라고 말할 배짱이 있어. 그리고 그들은 어느 땐가는 서로에게
묻지. "그래 얘기해 봐. 하인츠 너는 연민을 느껴본 적이 있니?" "음,
아니. 롤프 너는 어때?" 그리고 그들은 자신들이 연민이라는 게 뭔
지 도통 모르겠다고 인정해. 난 이런 사람들 이야기를 읽을 때 편안

해져. 나도 그게 뭔지 모르겠다고 인정해야 하니까. 내 말은, 소설을 읽는 기분, 영화를 보는 기분 같아. "어머, 너무 슬퍼. 애가 아프네. 엄마가 울고 있어." 그런데 현실에선 이런 느낌을 떠올릴 수가 없어 … 내가 댄 숙모한테서 배운 한 가지가 있다면, 너 같으면 정직이라고 말할 바로 그거야. 누구나 선하고 착해야 한다고 말하긴 쉽지만, 우리는 특정한 생활방식을 즐기고 실제로 그렇게 살기도 해. 누군가를 암살하는 일을 기꺼이 맡아서 하는 사람이 있는 것도 사실이잖아. 가끔씩은 그게 우리가 사는 방식이라는 걸 인정하고, 특정한 사람들한테 작은 감사 표시를 하는 것도 나쁘진 않다고 생각해. 넌 그런 감사표시가 그들이 기대하는 것 이상이라고 확신할 수도 있겠지만, 난 그들이 항상 고마워 할 거라고 생각해(Shawn, 1985: 83−85).

숀의 작품이 특별한 것은 이런 사악하고 무지한 유형의 인물을 솔직하고 상세하게 묘사해서가 아니라, 희곡 속에 그들의 말이나 행동에 무언가 잘못된 점이 있음을 보여주는 단어, 몸짓, 말투가 전혀 없기 때문이다. 자신의 사고와 행동을 마치 공감하는 청중 앞에서 말하는 것 마냥, 공감하는 극작가가 우연히 듣고 이 사랑스러운 대화와 독백을 써내려가는 것 마냥 충실하게 표현한다. 희곡 속에 다른 사람의 관점을 표현하는 인물은 없다. 이성이나 인간성이라는 이름으로 그들에게 이의를 제기하는 이도 없다. 그 목소리가 빠진 것이다. 숀은 문제에 대해 서로 다르지만 이성적인 접근법을 가진 인물들 간의 논쟁을 다루지 않는다. 논쟁이 없는 이유는 반대편에서 이야기할 사람이 없기 때문이다. 이는 버나드 쇼의 희곡에서 유일하게 목소리를 들은, 그리고 그를 묘사할 좋은 말이 떠오르지 않는 인물이 조지 크로프츠 경인 것과 같다.

연극 관객들은(모든 종류의 허구적 재현의 관객들) 작가가 그들을 위해 악당이 누군지 밝혀줄 것을 기대한다. 이것이 바로 연극 내에서 사용자와 제작자 간의 전형적인 분업이다. 『뉴욕타임즈(*New York Times*)』에 숀의 연극에 대한 평론을 실은 프랭크 리치(Frank Rich)는 "한결같은 숀(The single—minded Mr. Shawn)은 레몬의 조리 있는 논쟁에 도전하는 캐릭터를 내세우지 않는다. 대신 관객이 반론을 생각해내도록 만들어 실제로 레몬처럼 영리한 파시스트의 그럴싸한 논쟁에 대해 반박할 수 있을지, 반박할 것인지 묻도록 만든다. 관중을 이렇게 불편하게 만드는 연극을 본 적이 언제가 마지막인지 기억나지 않으며 이를 진정으로 높이 평가한다"(Rich, 1985)고 말했다.

관객 중 누구도 『댄 숙모와 레몬』에서 악당이 누군지 생각하는데 어려움이 없었다. 젊음과 무지를 구실로 레몬에게 변명의 여지를 주려 할지 모르지만 자신을 납득시킬 수는 없을 것이다. 그녀는 바보도 아니고 바보여서도 안 된다. 연극을 봤거나 희곡을 읽은 사람들을 화나게 하는 것은 좋은 사람과 나쁜 사람을 구분하지 못하는 무능함이 아니다. 숀 스스로 자신을 대변하는 등장인물의 입을 통해서든, 또는 이야기를 댄 숙모가 도덕적으로 변하게 된다는 만족스런 결말로 이끌고 가는 식으로든 하지 않았다는 점이다(마지막에 원인불명의 병으로 댄 숙모가 죽기는 하지만, 그녀의 사악한 사고와 방식에 대한 적절한 벌로 볼 수는 없다. 착한 사람도 똑같은 식으로 죽는다). 그리고 사람들은 자신들이 보기에 숀이 동의할 것이라 생각했던 것에 대해 말하기를 거부한데 대해 격하게 반응했다. 우리는 복잡한 소설, 중요하고 까다로운 선택을 하도록 만드는 작품에는 대비가 돼 있지만, 어느 정도 명시적인 도덕적 판단을 내려야 하는 책임을 간과하는 작품에 대해서는 대비가 돼 있지 않다. 사람들은 그 다른 목소리를 듣기를 원한다.

이는 어빙 고프만이 정신병원에 대한 분석에서 대부분의 독자가 고통스럽다고 느낄 상황을 묘사함에 있어서 세심한 중립적, 과학적 언어를 사용함으로써 위반한 바로 그 기대다. 다음 장에서 살펴보도록 하자.

13

어빙 고프만,
언어,
비교 전략

이 책의 마지막 4개 장은 다른 방식을 취하고 있으며, 앞서 제시한 아이디어들을 반영하여 만들어진 사회 묘사 및 분석의 고전적 작품들을 상세하게 독해한다. 마지막 3개 장은 소설의 저자들을 다루며, 이 장은 사회학의 고전을 탐구한다.

관습적 언어의 문제점

어빙 고프만의 단연코 유명한 에세이인 "전방위 압박기관들의 특징에 관하여(On the Characteristics of Total Institutions)"(Goffman, 1961: 1-124)는 연구와 학문을 진술하는 방식과 연구의 정치적인 내용 사이의 결코 간단하지도 않고 직접적이지도 않은 문제적 관계를 예증한다. 사실 그것은 사회과학적 글쓰기와 연구를 끊임없이 괴롭히고 있는 문제, 즉 관습적 사고의 제약들을 무비판적으로 수용함으로써 발생하는 분석적 결함과 실패를 어떻게 피할 것인지에 대해 고프만이 재현을 통한 해결책을 제공하는 사례다. 이는 사회과학에서 거의 보편적인 당파성에서 가장 명백히 드러나는 문제다. 상황이 어떻게 돌아가는지 알아내고 그 이해에 대해 정확한 설명을 제공하는 것이 당면과제일 때, 연구가 어느 한 쪽을 '편들고' 좋은 사람들과 나쁜 사람들을 쉽게 그리고 너무 빨리 판정해 버리는 방식(앞에서 살펴보았듯이), 그리고 찬사와 비난을 배분하는 방식 같은 것 말이다. 소설가와 극작가들은 다양한 캐릭터들이 여러 가지 다른 관점을 나타내도록 함으로써 이러한 문제를 다루고, 반드시 그렇지는 않지만 전형적으로 사용자들에게 어느 목소리가 '옳은지' 알 수 있도록 한다. 사회과학에서 이러한 문제들을 다루는 고프만의 방식은 면밀히 탐구해 볼 가치가 있다.

사회과학자들이 무언가―공동체, 조직, 민족집단―를 연구할 때, 그들은 현장에 도착한 첫 번째 사람들은 결코 아니며, 자신들이 원하는 대로 그 특징들에 이름을 붙일 수 있는, 사람의 손길이 닿지 않은 풍경에 새로 온 사람들도 결코 아니다. 그들이 저술하는 모든 주제는 다른 많은 종류의 사람들의 경험의 일부를 구성하고, 그들 모두는 그것에 대해 이야기하는 자신만의 방식을 가지고 있으며, 사회적 삶의 영역에 관련되어 있는 사물들, 사건들 그리고 사람들에 대한 자신만의 독특한 단어들을 가지고 있다. 이 단어들은 결코 중립적이고 객관적인 기표(signifier)가 아니다. 오히려 그것들을 사용하는 사람들의 관점과 상황을 표현한다. 현지인들은 이미 거기 존재하고, 오래 동안 거기 존재했으며, 그 지역에 있는 모든 것은 이름을, 아마도 많은 이름을 가지고 있을 것이다.

만약 우리가 우리 자신이 연구하는 것에 대해 그와 관련된 사람들이 이미 사용하고 있는 단어로 이름을 붙이기로 한다면, 우리는 그 단어들이 함축하고 있는 태도 및 관점들을 그 단어들을 통해 습득하게 된다. 많은 부류의 사람들이 어떤 사회활동에든 관여돼 있기 때문에, 그들의 어휘들로부터 나온 단어들을 선택하는 것은 이미 그 상황에 있는 하나 또는 그 이상의 관점에 우리를 맡기는 것이다. 그 관점들은 항상 많은 것을 당연시한다. 사회과학자들이 문제적인 것으로 다룰 법한 것들에 대해서도 말이다.

내가 대마초 흡연 및 흡연자들에 대해 연구할 당시(Becker, 1973), 많은 또는 대부분의 다른 사람들이 '대마초 중독'을 주제로 저술하고 있었지만, 나는 그 활동을 기술함에 있어서 중독(addiction)라는 단어를 쓰는 것을 의도적으로 피했다. 나는 그 단어가 잘못된 가정을 포함하고 있다고 생각했고, 그래서 그 대신에 '대마초 사용(use)'이라는 단어를 썼다. 많은 독자들은 대마초 흡연자들이 실제로는 무해한 관행에 관여돼 있고 따라서 법적으로 고초를 겪어서는 안 된다는 것을 함축한 약간의 언어학적 변용에 대해 이해했다. 물론 그들이 틀린 것은 아니다. 나는 그렇게 생각했고 지금도 여전히 그렇게 생각하고 있지만, 그 주제에 관한 내 초기 저술에서는 그것을 말하지 않았다.

우리가 연구하는 대상들에 이름을 붙이는 데는 그에 따르는 결과들이 있다. 이해당사자들은 자신들이 다루는 것을 자신들의 이익을 증진시켜 주는 방식으로 정의하고자 노력하며, 자신들이 성취하고자 하는 것을 성취하려 노력한다. 또한 그들은 연구주제를 자신들이 '옳다'고 결정한 방식으로 정의하도록 연구자에게 영향을 미치려 노력한다. 이익단체와 그 구성원 및 직원들은 미국 내든 뉴욕 내든 또는 어느 관할구역 내든 간에, 거기에 얼마나 많은 헤로인 중독자들이 있는지에 관해 끊임없이 논쟁해 왔고, 아마도 여전히 그럴 것이다(나는 그 주제에 대해 더 이상 읽고 있지 않지만). 그것은 약물 사용자들을 어떻게 정확히 집계할 것인지 같은 기술적 문제이며, 그런 문제에 대해서는 그렇게 열띤 논쟁이 일어나지 말았어야 했다. 그러나 그렇게 됐다. 왜? 그 답은 많은 사람들 및 조직들의 예산에 영향을 미쳤다. 만약 내가 중독자들을 위한 치료 센터를 운영하고 있고 운영에 필요한 자금지원을 찾고 있다면, 나는 돈 있는 사람들이 도시 바깥 어딘가에 수많은 약물중독자들이 있다고 기부를 했으면 좋겠다. 왜? 그것은 내 조직체가 제공할 수 있는 종류의 도움을 많은 사람들이 필요로 하고 있음을 의미할 것이고, 그러면 자금 제공자들이 우리의 서비스를 필요로 하는 중독자들이 그리 많지 않다고 생각할 경우에 비해 나와 내 조직의 사람들에게 자금을 제공해 줄 가능성이 더 높을 것이기 때문이다. 나는 그 문제가 '심각하게' 보이기를 원하는데, 내 서비스의 잠재적 고객의 수가 많지 않다면 그렇게 보이지 않을 것이다.

그러나 내가 도시 경찰관이거나 연방 마약 단속반원이라면 그 똑같은 수치를 적다고 보려 할 것이다. 왜? 만약 많은 약물중독자들이 아무렇게나 돌아다닌다면, 내 조직 내 적수 또는 정치적 적수들은(관료에게는 그런 적수들이 꼭 있다) 약물 사용을 억제하려는 내 노력이 효과가 없고, 우리가 하는 일에 납세자들의 돈을 쓰는 것은 낭비이며, 업무 책임자로서 나와 내 조직은 지지 받을 자격이 없음을 보여주기 위해 그것을 이용할 수 있을 것이다.

여기서 **자격이 있다**(deserve)라는 단어가 중요한데, 이는 과학적 탐구와 그 결과에 의해 검증된 결론이 아니라 도덕적 판단에 관한 용어이기 때문이다. 그것은 당위에 대한 결론이며 무엇이 좋은 것이며, 무엇이 훌륭하고, 무엇이 비난 받아야 하는지, 이 모든 것에 대한 일련의 판단을 내포하고 있다. 사회과학자 대부분은 사실판단과 '가치판단'(무엇이 옳고 그른지에 대한 판단)을 구분하도록 훈련받아 왔으며, 특히 무엇이 그른지에 대한 자신의 생각이 존재하는 것에 대한 결론에 영향을 미치지 않도록 하라는 주의를 받아 왔다. 우리가 그 현상을 좋아하든 않든, 우리는 분석에 있어서 현상을 보고 그 존재를 인정할 준비를 해야 한다.

내가 센서스가 파악한 중독자 수 집계에 나타난 숫자의 함의에 대해 방금 제시된 분석을 내가 했다면, 헤로인 중독자 수가 그리 많지 않다면 이들을 통제할 경찰력이 많이 필요치 않겠다고 말하지 않았을 것이다. 내 독자들이 나를 위해서 그 일을 해 줄 것이고, 내가 그것을 말하지 않아도 그 결론에 도달할 것이다. 그리고 내가 문제의 그 행동을 '대마초 중독' 대신에 '대마초 사용'이라 부르면서 중독에 대한 표준적인 고정관념과는 맞지 않는 분석을 발표했을 때, 독자들은 그에 뒤따르는 옳고 그름에 대한 판단을 추론하는 작업을 할 것이다. 독자들은 대마초 사용자들이 중독성 약물을 흡입했다는 이유로 고초를 겪어서는 안 된다는 결론이 '논리적으로' 도출됐음을 인식했다(그리고 그것은 논리적으로 도출됐다. 만약 당신이 내 독자들과 내가 대부분 공유한 전제들을 공유한다면). 마리화나 이용자들이 불법약물을 흡입했기 때문에 괴롭힘을 당하지는 말아야 된다고 인식했다.

약물 관련 언어는 그 행동을 '사용' 또는 '중독'으로 부르는 것 이상이다. 대마초를 사용하는 사람들은 대마초를 지칭하는 언어를 가지고 있다. 그것은 '약물 문화'라는 말이 의미하는 것의 중요한 부분이다. 그들은 '중독됐다(intoxicated)'보다는 '취한다(getting high)'고 말한다. 그들은 대마초를 지칭하는 많은 동의어들을 갖고 있다. 예를 들면, '그래스(grass)' 같은 것이 있다. 그들은 자신이 마리화나를 구입하는 사람을 '커넥션(connection)'이라 부른다. 대마초를 포함한 세계에 속한 다른 사람들—의사, 변호사, 경찰관—도 동일한 대상과 행동을 지칭하는 다른 단어들을 가질 것인데, 아마도 '카나비스(cannabis)'나 '푸셔(pusher)[59]'가 그럴 것이다. 대마초 사용자들의 언어는 전형적으로 대마초 사용이 자발적이고 즐거우며 무해함을 암시한다. 의료계나 법조계의 언어는 전형적으로 마리화나 사용이 비자발적이고 사악하며 해로움을 암시한다.

대상과 행동에 이름이 붙여지는 방식은 거의 항상 권력관계를 반영한다. 권력을 가진 사람들은 그들이 원하는 대로 이름을 지어 부르는데, 왜냐하면 그들은 다른 사람들이 참여하는 많은 상황들을 통제

---

59 카나비스는 대마초를, 푸셔는 마약 밀매꾼을 지칭한다.

하기 때문이다. 다른 사람들은 사적으로는 자신들만의 은어를 사용하겠지만 공적으로는 자신들이 피할 수 없는 것을 받아들이면서 그에 적응해야만 한다. 나와 내 친구들이 '그래스'에 대해 어떻게 생각하든, 마리화나는 그러한 이름을 붙일 수 있고 그것이 함의한 활동과 금지 조치를 규정할 수 있는 사람들에 의해 마약류로 정의된다.

사회과학자들은 연구를 수행할 때마다 자신들이 연구하고 있는 것들을 뭐라고 부를지 결정해야만 한다. 만약 그들이 연구하고 있는 상황에 이미 관련돼 있는 이해관계가 있고 힘 있는 당사자들에 의해 결정된 용어들을 선택한다면, 그들은 그 언어 내에 구축된 모든 가정을 받아들이는 것이다. 만약 내가 그 영토를 '소유'한 사람들이 사용하는 용어를 선택한다면, 그래서 그 용어들과 연관된 관점들을 선택한다면, 나는 내 분석이 관습적인 사회적 배열과 그것이 창출하는 권력과 특권의 분배에 의해 영향 받도록 하는 것이다. 내가 앞서 언급했던 교육제도 연구는 교육과 학습은 학교라 불리는 장소에서 일어나며 학교에서 일어나지 않는 것은 무엇이 됐든 교육이 아니라는, 교육계에 종사하는 누구도 의문을 갖지 않는 생각을 연구자들이 너무 쉽게 받아들여 버리는 바람에 악화돼 버리고 만 것이다(Becker, 1998: 143−145에서의 논의 참조).

우리가 연구하는 것에 대한 관습적 정의를 받아들이는 것은 기술적(technical) 및 도덕적 결과 모두를 수반한다.

기술적 결과는 내가 일반화하려는 일련의 현상은 사회 내에서 힘 있는 사람 및 집단에 대한 도덕적 태도와 결과적으로 그들에 대해 취해진 행위만이 공통적으로 갖는 것들을 포함한다는 것이다. 그 결과,

사회에 대해 말하기

관습적 정의를 사용하는 연구자는 그러한 도덕적 태도와 관련된 것들을 제외하고는 자신이 연구하는 현상에 대해 말해줄 일반적인 것을 찾아내는데 상당한 어려움을 겪게 된다. 당신은 그러한 방식으로 생각된 결과에 대해 이야기할 수 있다. 이것이 바로 일탈에 관한 낙인이론에서 했던 것이다(Becker, 1963). 그러나 사람들이 어떻게 그런 방식을 취하는지에 대해, 기저에 깔린 원인에 대해, 또는 유사한 문제들에 대해 말할 수 있는 것은 찾아낼 수 없는데, 이는 모든 사례가 공통적으로 가진 그러한 문제와 관련된 것이 아무 것도 없기 때문이다. 당신이 일반화하려는 것과 유사한 개체를 찾아내지 못한다면 과학적 연구를 할 수 없다(Cressy, 1951).

우리가 자발적이든 아니든 그러한 단어와 생각에 내포된 옳고 그름에 대한 모든 가정을 받아들인다는 것이다. 약물의 경우, 우리는 약물중독자들은 스스로에 대한 통제력을 상실했고 따라서 본질적으로 나쁜 짓을 할 수밖에 없는 사람들이라는 생각을 받아들인다. 학교의 경우, 우리는 그들이 자신의 언어가 대변하는 수업과 학습에 대한 독점권을 갖고 있다는 점을 받아들인다.

이것이 고프만이 그가 연구했던 정신병원에 관한 책을 쓰기 시작할 때의 문제였다. 그러한 기관에 감금된 사람들에 관해 논의하는 기존의 언어는 단 한 가지 목소리와 관점만을 체화한 것이다. 다른 사람들을 감금할 권력을 가진 사람들, 즉 기관을 운영하는 전문 의료진, 사람들을 그 기관에 할당하는 법률 전문가, 통제가 안 되는 가족 구성원을 그러한 기관에 보내 버림으로써 문제를 해결한 가족, 공공의 골칫거리인 사람들은 병원에 집어넣어야 한다는 경찰관의 목소리와 관점 말이다. 고프만은 '정신질환' 및 그와 관련된 관점 같은 범주들을 당연시하는 것을 어떻게 피할 수 있었는가? 그는 그것을 피해야만 했다. 그러한 범주들과 거기에 수반된 가정들을 받아들이는 것은 그가 염두에 두고 있던 포괄적 연구를 저해할 것이었기 때문이다.

언어적 해결책

고프만이 관습적인 범주들과 그와 연관된 도덕적 판단의 문제에 대한 효과적인 해결책을 어떻게 찾았는지 밝히기 위해서, 나는 간단한 문체론적인 관찰로부터 시작할 것이다. 전방위 압박기관에 관한 그의 에세이를 읽은 독자 어느 누구도 그가 이야기하는 사회적 실재와 그것에 대해 이야기하는 방식 간의 상당한 불일치를 인식하지 못한다. 그는 상당히 공통적인 사회적 관행들을 묘사하고 분석한다. 이 관행들의 존재와 특징은 대부분의 성인에게 알려져 있는데, 이는 개인적 경험을 통해서가 아니라면 자신이 아닌 다른 사람들의 경험을 통해, 그리고 언론, 영화, 희곡, 소설 속에서의 간접적 설명을 통해 이루어진다. 그는 감금(incarceration)과 격하(degradation)라는 조직화된 사회적 관행에 대해 이야기하며 분석하는데, 이는 많은 독자들에게 혐오감을 주고 역겹게 하며, 그러한 일이 일어나고 계속되는 사회에서 산다는 것에 대한 수치심을 불러일으킨다. 그의 상세하고 포괄적인 묘사는 이러한 조직화되고 사회적으로 용인된 수치스런 일들이 계속해서 일어나고 있음을 간과할 수 없게 만들었고, 때때로 그에 대한 개혁 시도를 촉진했다(비록 고프만이 저술을 통해 정신병원 개혁 운동을 촉진시킨 유일한 인물이었지만).

내가 언급한 불일치는 우선 기관 직원들이 피수용자들에게 한 행위들을 묘사하기 위해 고프만이 사용하는 언어에 있다. 그가 묘사하는 많은 행위들의 본질이 불쾌한 것임에도 불구하고, 그는 결코 판단의 언어를 사용하지 않는다. 그는 자신의 묘사가 우리로 하여금 비난하고 싶도록 만드는 관행들을 명시적으로 비난하지 않을뿐더러, 그가 사용하는 형용사와 부사 또한 그 관행들에 대한 부정적 평가를 드러내지 않는다. 그는 또한 자기 자신들의 감정 또는 소망에 대한 존중도 없이 융통성 없고 모욕적인, 마치 곤충사회에서와 같은 방식으로 사람들을 취급하는 사회기관의 공통적 유형으로서 개미집 또는 벌집을 묘사하는 것일 수도 있다(이는 사회의 나머지 사람들과의 공모로 이루어진 것이며, 그것은 우리를 의미한다는 점을 결코 잊지 말라). 그러한 장소에서 발견할 수도 있는 것에 대한 그의 상세한 설명은 우리로 하여금 그러한 결론에 이르게 해 준다. 비록 그 스스로는 그러한 어떤 것에 대해서도 말하지 않지만 말이다. 그가 뿌리 깊은 판단을 피하기 위한 몇 가지 언어 사용 방식을 보자.

그는 전방위 압박기관의 전형적인 권위체계를 나타내기 위해 **계층**(echelon)이라는 단어를 사용한다(예를 들면, **지배**[domination] 대신에). "직원집단 내의 어떠한 구성원도 피수용자 집단의 어떠한 구성원에 대해 특정한 훈육 권리를 가지며, 그로 인해 제재의 확률이 현저히 증가한다"(Goffman, 1961: 42). 단어는 중립적이다. 이는 이러한 목적을 위해 통상적으로 쓰이는 것이 아니기 때문에, **지배** 같은 용어가 갖는 직접적인 부정적 함의를 내포하지 않는다. 그것은 권위의 카리스마적 유형, 관료제적 유형, 전통적 유형에 관한 베버의 구분이 세 가지 다른 방식을 기술하듯이 조직 내의 다양한 권위 관계 중 한 가지 방식을 나타낼 뿐이다.

'지배'의 예보다 '계층 통제(echelon control)'의 예를 찾는 것이 훨씬 쉽다. 계층 통제라는 용어가 관찰 가능한 사실에 대한 설명(누가 누구에게 명령을 내리는가)만을 요하는 반면, 지배라는 용어는 명령을 내리는 제도의 도덕적 지속가능성에 대한 판단을 포함하는데(이면[裏面]에서는 그런 일이 좀처럼 드물지만), 이는 항상 훨씬 논쟁적이다.

우리와 같은 독자들이 강한 부정적 감정들을 가질 수도 있는 문제들을 나타내기 위해서 고프만이 사용한 이러한 종류의 중립적인 언어의 몇 가지 예를 더 들어보면 다음과 같다.

'역할 박탈(role dispossession)': 새로 들어온 피수용자가 이전에 거주했었던 세계에서 가지고 살았던 정체성을 갖지 못하도록 방해받는 방식을 설명하기 위한 용어.

'틀 짜기(trimming)'와 '프로그래밍(programming)': "새로 들어온 사람이 어떻게 그 기관의 행정 절차와 일상적 운용에 스스로를 자연스럽게 맞춰 나가는지"를 묘사하기 위한 용어.

'정체성 세트(identity kit)': 일반적으로는 사람들이 자신이 누구인지 나타내기 위해 가지고 있는, 그러나 전방위 압박기관 피수용자에게는 일상적으로 소지가 금지된 개인 소지품을 지칭하는 용어.

'오염 노출(contaminative exposure)': 피수용자가 어떻게 공개적으로 창피당하고 굴욕감을 느끼는지 나타내기 위한 용어.

'루핑(looping)': 굴욕에 항거하고자 하는 피수용자의 시도가 더 큰 굴욕을 유발하게 되는 방식을 나타내기 위한 용어.

'특권 시스템(privilege system)': 일상적 권리를 주지 않음으로써, 일상적 권리를 순응을 강제하기 위해 이용될 수 있는 특권으로 전환시키는 방식을 나타내기 위한 용어.

'2차적 적응(secondary adjustment)': "직원에게 직접적으로 도전하지는 않지만 피수용자들에게 금지된 만족을 구할 수 있도록 또는 금지된 수단에 의한 만족을 얻을 수 있도록 해주는 관행들"을 나타내기 위한 용어.

'상황에 따른 퇴각(situational withdrawal)' 같은 다양한 '개인적 적응(personal adjustment), 정신과 의사들은 이를 '퇴행(regression)'으로 지칭할 수도 있다.

그는 또한 부정적 함의를 가지고 있는 단어들을 사용하지만, 중립적 방식으로 그것들을 사용함으로써 부정적 함의를 제거한다. 예를 들어, 새로 들어온 피수용자가 "굴욕당한다(mortified)"고 말하지만, 군 조직에서 장교 후보생들을 다루는 방식도 이러한 것의 예다.

고프만은 스태프에 대해 논의하면서 그들이 하는 일을 다른 여러 종류의 일을 포함한 일련의 업무의 일부로 취급한다(이는 그 스스로 주 장했던 대로 에버렛 휴즈[Everette C. Hughes]의 제자임을 보여주는 것이기도 하다). 그는 전방위 압박기관 직원의 일은 생명이 없는 물건들을 다루는 것 이 아니라 사람을 다루는 것이라고 강조하면서, 그것이 유발하는 뚜 렷한 문제들에 주목한다. "피수용자들이 그 자체로 목적으로 간주되 어야 하는 방식의 다양성은, 그리고 그 많은 수의 피수용자들은 직원 들에게 사람을 지배하는 사람들이 직면할 수밖에 없는 고전적 딜레마 중 일부를 받아들이도록 강제한다. 전방위 압박기관은 어느 정도 국 가로서의 기능을 수행하기 때문에, 그 직원들은 통치자들을 괴롭히는 시련들로 인한 고통을 어느 정도는 받는다"(Goffman, 1961: 77). 여기서 도 역시 그는 내가 논의한 바 있는 언어적 장치를 사용하여, 직원의 일 을 '인간 대상(human object)' 또는 '인간 재료(human material)'를 다루는 것이라고 '객관적으로' 말한다.

비교적 해결책

내가 말하는 불일치—고프만이 묘사하는 사회적 실재와 그가 그 것을 말하는 방식 간의—는 그가 전방위 압박기관의 이념형에 도달하 기 위해 사용하는 비교 절차에도 존재한다. 고프만의 책을 읽은 독자들은 기억하겠지만, 그는 중요하고 뚜렷한 특징을 가진 근대사회에서 성립된 다양한 조직을 비교하고 그로부터 공통적 특성들을 추상화함으로써 이러한 이념형을 산출한다. 그는 우선 '사회적 시설(social establishments)'의 일반적 분류를 "특정한 종류의 행동이 규칙적으로 계속되는 방, 객실, 빌딩, 공장 등의 장소들"로 구성되는 것이라고 정의하며, 그 구성원들을 분류하는데 있어서의 어려움을 이야기한다. 그 어떤 것도 더 '중립적'이거나 '과학적'일 수 없다. 이어서 그는 사회기성체를 거기에 참여한 개인들의 삶과의 관계에 따라 대략적으로 분류한다. 몇몇 기관은 특정 종류의 사람들을 전혀 수용하지 않을 것이다. 많은 기관들은 고객 또는 노동자의 수가 항상 변화한다. 가족 같은 다른 기관들은 인원의 변화가 그렇게 빈번하게 일어나지 않는다. 일부 기관은 참여자들이 진지하게 생각하는 활동에 주력하며, 다른 기관들은 보다 덜 진지한 활동에 주력하기도 한다.

에세이 첫 문단에 등장하는 사회조직에 대한 이런 공평무사한 분류—가족, 여가활동, 직장 모두를 하나 또는 그 이상의 차원에 따라 변화하는 동등하고 단순한 기성체로 간주하는—는 고프만이 통상적인 사회과학을 하는 것이 아님을 우리에게 일러준다. 통상적인 사회과학은 고프만과 달리 전형적으로 분석대상인 조직체들에서 공통적인 분류범주 용어와 그와 관련된 도덕적 및 사회적 가치 판단을 사용한다 (교육 연구의 사례에서처럼). 예를 들어, '일탈' 행동과 '정상적' 행동의 구분은 이러한 판단을 포함한 것이며, 이는 관습적으로 그렇게 분류되는 문제들을 다루는 법률 및 치료 조직에서 공통적으로 나타난다. 조직과 활동을 '기능적(functional)' 또는 보다 분명하게 '역기능적(dysfunctional)'으로 분류하는 것도 마찬가지다. 이는 과학적이고 공평무사하도록 전적으로 의도된 범주들이다. 사회과학 범주의 판단적 특성은 정치적, 윤리적으로 관련된 연구와 저술에서 더욱 분명한데, 여기서는 억압이나 부패 같은 용어를 연구자가 분석하는 현상을 묘사하기 위해 사용한다.

고프만은 기관 직원들이 피수용자들에 대한 자신들의 행위의 근거로 삼는 생각들에 관한 논의에서는 덜 중립적이며 오히려 반어적이다. 그는 사회과학 및 관련 분야의 이론들을, 정신의학적 이론화에 관한 그 자신의 무덤덤한 논의에서 보듯이, '과학'보다 원소재(raw material)로 취급하며, 그의 분석은 그 이론들을 사용하여 그러한 기관의 기본적 특성을 밝혀낼 것이다. "여기서 정신병원이 특히 두드러지는데, 이는 직원들이 인간 본성에 관한 지식의 전문가로 스스로를 확고히 규정하고, 이러한 지식을 바탕으로 진단하고 처방하기 때문이다. 이런 이유로, 표준적인 정신의학 교과서에는 인간 본성에 대한 매력적이리만치 명시적인 정식화를 제공하는 '정신역학(psychodynamics)'과 '정신병리학(psychopathology)'에 관한 장이 있는 것이다"(Goffman, 1961: 89). 말할 나위 없이, 그는 이러한 이론들의 목적은 전방위 압박기관의 조건 하에서 많은 수의 사람을 관리하는 목표를 달성하기 위해 사용되는 방법을 입증하는 것이라고 설명한다.

고프만은 사회적 시설을 정의하고 난 후 즉시 그 분류체계의 또 다른 원칙을 제시한다. "구성원들이 상당히 많은 공통점을 가진 것으로 보이는 집단을 구분하는 원칙… 그 원칙 중 하나를 배움으로써 우리는 다른 것들을 살펴보는데 유용한 조언을 얻게 될 것이다." 그런 다음 그는 이러한 분류의 뚜렷한 특징을 다음과 같이 제시한다.

> 모든 기관은 그 구성원들의 시간과 관심의 일부를 억류하면서 그들
> 을 위한 세계의 일부를 제공한다. 요컨대 모든 기관은 포위하려는
> 경향을 가지고 있다. 서구사회의 다른 기관들을 평가할 때, 우리는
> 특정 기관이 다른 기관보다 훨씬 더한 정도로 포위하고 있음을 알
> 수 있다. 이 기관들의 포위 또는 전방위적 특성은 외부와의 사회적
> 소통을 차단하는 장애물, 잠긴 문, 높은 벽, 가시철조망, 절벽, 물, 숲,
> 또는 습지에 의해 상징화된다. 이러한 시설을 나는 전방위 압박기관
> 이라고 부르며, 내가 탐구하고자 하는 것은 그것의 일반적 특징들이
> 다(Goffman, 1961: 4).

따라서 기관은 그에 참여하는 사람들의 시간과 관심을 많든 적든
점유한다. 몇몇 기관들은 참여자들의 시간과 생활의 상당 부분을 점
유하기 때문에, 그들은 이러한 배열에서 다른 사람들과 '불연속적(dis-
continuous)'이다. 그것은 '전방위 압박기관'이다. 고프만은 기관들을 사
람들이 그 안에 갇혀 있느냐라는 단일 기준에 따라 구분하는데, 이는
사람들이 자기 스스로를 돌볼 수 없고, 서로에게 위험이 되기 때문이
다. 그 밖에도, 모종의 중요한 과업을 더 잘 성취하기 위해서 또는 종
교적 목적이나 그와 유사한 목적 때문에 세계로부터 도피하기 위해 고
립되느냐 하는 것이 기준이 되기도 한다. 고프만의 분석은 조직 내의
사람들의 삶에 대한 그와 같은 전방위적 통제에 통상적으로 수반되는
여타의 특성을 탐구할 것이며, 그는 이 사람들을 '피수용자'라고 지칭

하는데, 정신병원(그리고 교도소)에서는 전형적으로 이 용어를 전체 계급(간호사, 성직자, 군인, 기타 감금된 것으로 여겨지지 않는 사람들)에 대해 사용한다.

고프만의 분석 방침은 그가 이야기하는 장소의 종류와 그가 그것에 대해 이야기하는 방식 사이의 불일치를 강조한다. 에세이 대부분을 통해서 그는 우리가 흔히 강한 부정적 판단을 내리는 장소들—정신병원, 수용소, 교도소 등—에 대해 논의하지만, 그는 그것들을 우리가 그런 부정적 판단을 내리지 않는 기관들—군 시설, 항해 중인 선박, 종교적 은둔처 등—과 동일한 종류의 일부로 간주한다. 이것은 그의 방법의 핵심에 도덕적 혼동이 있는 것처럼 보이게 만드는데, 이는 우리 사회, 계급, 직업의 도덕적 적임자인 우리가 '알기로는' 도덕적으로 상이한 것들을 결합하고 동등한 것으로 간주하는 분류법을 그가 우리에게 들고 나오기 때문이다. 우리 모두는 반(反)군국주의자일 수 있다. 그러나 우리들 중 군부대를 수용소라고 생각하는 사람은 아마도 별로 없을 것이다. 우리는 조직화된 종교에 대해 거의 공감하지 않을 수 있지만, 수도원이나 수녀원이 감옥이라는 데 동의하기는 쉽지 않을 것이다.

비교 방법은 우리가 살펴보았듯이 다양한 사례들이 정렬될 수 있는 공통의 차원을 확립함으로써 작동된다. 그러므로 어떤 시설이 개인의 시간을 얼마나 통제하는가의 차원이 있고, 조직들은 이러한 면에서는 각각 상당히 다르다. 예를 들어, 당신이 속해 있는 테니스 동아리와 같은 것들은 당신의 시간 중 매우 작은 부분만을 통제하지만, 반면 가정과 같은 것들은 당신의 시간을 더 많이 통제한다. 사람들의 시간이 그들이 참여하는 집단들 사이에서 어떻게 분할되느냐에 대한 일반적인 문제 또는 질문이 있으며, 전방위 압박기관은 이러한 질문에 대한 많은 가능한 해결책 중 하나를 제공해 주는 곳으로서의 위치를 차지한다. 전방위 압박기관은 더 이상 그렇게 이상한 것이 아니다. 마치 사회세계가 '평범한' 또는 '정상적'이면서 개인에게 비정상적인 몰입을 요구하지 않는 기관들과 관습들, 그리고 전면적 통제를 요하는 완전히 다른 낯선 것으로 분류되듯 말이다. 그것은 이제는 다이얼 상의 상이한 위치이며, 이 척도에서 있을 수 있는 견해들 중 하나일 뿐이다. 이는 하찮은 결과가 아니다.

고프만은 세 가지 종류의 전방위 압박기관이 어떻게 '자아에 대한 공격(assaults on the self)'에 대한 상이한 이유를 대는지를 분석한다. 종교기관은 그러한 공격이 사람들에게 좋은 것이며 그들이 자신이 열망하는 목표(예를 들어, 자아의 초월)에 도달할 수 있도록 돕는다고 말하고, 교도소와 강제수용소는 굴욕 그 자체를 위해 한다고 말하며, 또 다른 기관은 몇몇 다른 중요한 목표들(예를 들어, 군비 또는 안보)이 성취될 필요가 있다는 이유를 들어 변명한다. 그런 다음 그는 세 종류의 이유 모두 "적은 자원의 예산으로 제한된 장소에 있는 대규모의 사람들의 일상적 활동을 관리하려는 노력에 의해 생성된" 것이라고 말한다(Goffman, 1961: 46−77).

고프만은 월러스 숀이 『댄 숙모와 레몬』에서 우리에게 가져다 준 역겨운 기분을 남기는 것을 피한다. 왜냐하면 그는 굴욕감을 느끼고 모욕을 당하는 가장 낮은 계층 외에도 그 기관에 있는 다른 참여자들의 목소리 또한 포함하기 때문이다. 고프만이 여기서 하듯 늘 지적하는 것이지만, 우리는 정신과 의사들이 자신들이 말해야 하는 것은 그것이 성취하지 못하는 과학적 상태를 자처한다는 점을 배운다. 그의 비판은 과학적 유형을 취한다는 것을 주목하라. 그는 전방위 압박기관들과 그 직원들의 관념과 관행들이 어떻게 경험적 연구의 확고한 근거를 결여하며, 직원이 제아무리 고도의 합리화를 제공하더라도 어떻게 그것이 똑같은 종류의 매일매일의 조직적 압력들로부터 생겨나는지를 지적한다. 그는 자신의 비교들이 자신의 판단을 내포하도록 만든다.

분석가들이 자신들이 탐탁치 않아하는 현행 기관들을 유사한 책략을 이용해서 비난할 수도 있다는 점에 주목하라. 에드가 프리덴버그(Edgar Friedenberg)는 그것들을 더 잘 이해할 수 있는 분석적 장치로서뿐만 아니라, 좀 더 중요하게는, 그가 관찰한 학생들의 시민적 자유가 침해당하는 것에 대한 자신의 혐오를 전달하고자 했기 때문에, 미국의 고등학교를 교도소에 비유했다.

기술적 및 도덕적 결과

고정된 판단을 피하는 것이 고프만의 논의가 도덕적 혼동에 빠졌다는 증거가 되지는 않는다(즉 해롤드 가핑켈의 유명한 묘사에 등장하는, 대부분의 사회학적 이론화에서 '문화 중독자[cultural dope]'로 나오는 호문쿨루스[homunculus]는 아니라는 말이다).[60] 오히려 그 반대다. 주의 깊은 독자라면 누구라도 고프만의 에세이 속의 냉정하고 감정에 치우치지 않은 언어의 이면에 있는 열정적인 시민적 자유의 심장 고동을 느낀다. 무미건조한 '과학적' 언어와 사례들에 대한 판단을 배제한 비교 모두를 채택함으로써, 고프만은 관습적 사고 속에 녹아 있는 가정들에 대한 해법을 찾았다.

만약 당신이 통상적 언어에 스며들어 있는 관습적 범주화를, 그리고 관습적 사고방식으로 기관과 관행이 분류되는 통상적 방식을 받아들인다면, 만약 당신이 술을 많이 마시는 사람을 무심코 알코올 중독자라고 부른다면, 만약 당신이 대마초를 피우는 사람을 중독자라고 부른다면, 그렇다면 당신은 그 단어들이 정도야 어쨌든 당신에게 받아들이도록 강제하는 생각들, 단어 자체와 그와 연관된 관점에 스며들어 있는 생각들을 받아들이는 것이다. 대마초를 피우는 사람이 '중독자'라면 그 사람은 대마초를 통제 불가능할 정도로 피울 것이고 그 행동의 '노예'가 될 것이며, 대마초 값을 벌려고 범죄에 발을 담그거나 하게 될 것이다. 만약 당신이 연구대상을 정의함에 있어서 이러한 단어들을 사용한다면 과학적 일반화를 위한 경험적 규칙성을 찾아내지 못할 것이다.

---

60 호문쿨루스는 영미권에서 동화 속에 등장하는 난장이를 일컫는 말이다. 여기서 중요한 것은 '문화 중독자'인데, 이는 가핑켈이 말하는 '판단 중독자(judge-mental dope)' 유형 중의 하나로서 규범에 대한 수동적 순응을 통해 사회의 안정된 특성을 형성하는 인간이다. 즉 이 용어는 가핑켈이 파슨스의 행위이론을 비판하는 키워드다. 판단 중독자의 또 다른 유형은 심리학자들이 창조하는 인간상인 '심리학적 중독자(psychological dope)'로서, 정신의학적 표준이나 조건반사에 의한 행위의 대안을 선택함으로써 사회의 안정된 특성을 형성하는 인간이다.

전방위 압박기관을 논하기 위해 구성한 중립적 언어를 사용함으로 써, 고프만은 경험적으로 관찰 가능하고 서로가 증명 가능한 패턴으로 연관돼 있는, 잘 정의된 특성들을 공유하는 사회적 대상들을 분류한다. 그는 과학적 연구를 할 수 있다.

컨셉 예술가 한스 하케나 극작가 윌러스 숀처럼 표면적 중립성이라는 유사한 전략을 사용하는 다른 재현 제작자들은 과학적 탐구를 하는 것에 대해 신경쓰지 않는다. 그러나 고프만이 자신의 저작이 진지하게 받아들여지기를 원했던 것처럼, 이들도 자신이 말해야만 하는 것이 자신들이 묘사하는 세계에 대한 진실을 말하는 것으로 진지하게 받아들여지기를 정말로 원한다.

왜 내가 '과학적 탐구'를 그토록 줄기차게 이야기하는가? 고프만이 어느 정도 진지한 경험주의자라거나 심지어 실증주의자(그 용어의 일부 의미에서)로 평가받는 경우는 흔치 않다(이런 면에서 볼 때 나는 그가 마가렛 미드[Margaret Mead]를 닮았다고 말할 수도 있다). 그는 경험적 실재가 있다고 믿었고, 통상적인 것을 벗어나거나 경험적으로 증명될 수 없거나 과도하게 순(純)이론적인 어떤 것에도 신중했다. 나는 그러한 모든 편견을 공유하고 있음을 고백한다.

개인적인 기억이 그 일반적인 진술에 약간의 살을 붙여줄 것이다. 1960년대 언젠가, 그가 캘리포니아 버클리 대학교에서 수업을 하고 있었을 때, 고프만은 내게 마빈 스코트(Marvin Scott)라는 학생의 경마에 관한 연구발표를 들으러 자신의 세미나에 오라고 초청했다. 그의 훌륭한 연구(Scott, 1968)는 '경마 게임(그가 부르기로는)'의 사회적 조직화가 일부 트레이너들, 소유주들, 그리고 경마기수들이 자신들의 말이 이기

기보다는 지기를 원하는 것을 합당해 보이도록 만드는 방식을 다루었다. 그것은 직관에 반하는 것처럼 보일 수도 있지만, 경마의 조직화는 사람들이 표면상으로는 비합리적인 것으로 보이는 방식으로 행동할 동기들을 만들어냈다. 그러나 발표하는 중에 스코트는 내친김에 경마기수를 포함하여 도박사들은 때때로 '연승' 또는 '연패'를 한다고 말했다. 그 시점까지 감상하듯 듣고 있던 고프만은 그의 말을 도중에 끊고, 스코트의 언급은 도박사들이 그러한 행운과 불운의 연속을 겪었다고 **생각했음**을 의미한다고 말했다. 그러나 스코트는 아니라면서, 이는 관찰 가능한 '사실'이라고 말했다. 그런 명백히 불가사의한 말을 받아들일 수 없었던 고프만은, 확률 법칙에 호소하여 그러한 '연속'은 블랙잭(blackjack)이나 크랩스(craps)[61] 같은 게임에서 결국에는 자연스럽게 일어나는 일이라고 스코트를 끈질기게 설득했다(짐작컨대 그가 라스베가스에서 자신의 연구를 준비하면서 이 주제에 관해 벼락치기 공부를 한 것이 아닌가 싶다). 그러다 결국에는 자연적 현상으로서의 도박사들의 운에 대한 스코트의 '비과학적' 주장에 분노를 터뜨렸다.

고프만은 전통적인 도덕적 판단을 피하는 방식으로 사물들을 이름 짓기 위해 자신의 언어적 창의성을 이용했고 그럼으로써 과학적 연구가 가능하도록 만들었다. 정신병원의 '비안간적 관행'을 경멸조로 지적하거나 정신병원 의사 및 직원들을 어려운 일을 최선을 다해 수행하는 참된 전문가라며 옹호하는 대신, 그는 이들의 행동을 도덕적 평

---

61 블랙잭은 총 21점이 되도록 카드를 모으는 카드 게임이고, 크랩스는 주사위 두 개로 하는 도박의 일종이다.

판의 정도에 있어서 다양한 다른 조직들의 직원들과 공유하는 조직적 필요성의 맥락 속에 위치시켰다. 그 결과로 나온 일반화는 비난이나 옹호가 할 수 있는 것에 비해 이러한 현상에 대한 더욱 깊은 이해를 가능케 했다.

동시에, 전방위 압박기관에 대한 그의 일반화는 그러한 관행들에 대한 더욱 진지한 도덕적 평가를 가능케 했다. 이는 이제 판단이 행위자들이 해야만 했던 도덕적 선택이 실제로 무엇이었는지에 대한 피상적 이해 그 이상에 기초하기 때문이다. 이러한 더 깊은 이해는 필연적으로 개인보다 조직체를 비난하도록 하며, 행위자들이 존재하는 상황 하에서 자신이 해야만 했던 것을 한데 대해 비난하지 않도록 한다.

나는 그것들의 목록을 작성함으로써 전방위 압박기관을 외연적으로 정의했으며 그런 다음 그것들의 공통된 특징들을 제시하고자 노력했다… 유사성들이 매우 명백하고 끊임없이 나오므로, 우리는 제시된 특징들이 현존하는 충분한 기능적 이유가 있으며 이 특징들을 결합해 기능적 설명을 통해 파악하는 것이 가능하리라 의심할 권리를 갖는다. 우리가 이러한 작업을 끝냈을 때, 나는 우리가 특정 경찰서장, 사령관, 교도소장, 수도원장에 대한 찬양과 비난을 덜 하게 될 것이며, 전방위 압박기관 내의 사회문제 및 이슈들을 그 기관들 모두의 기저에 깔린 구조적 설계에 호소함으로써 더 많이 이해하게 되리라 생각한다(Goffman, 1961: 123-124).

사회에 대해 말하기

14
제인 오스틴: 사회 분석으로서의 소설

제인 오스틴(Jane Austen)의 『오만과 편견(*Pride and Prejudice*)』은 익히 잘 알려진 구절로 시작한다. "많은 재산을 소유한 독신남이 아내를 원한다는 것은 보편적으로 인정되는 진리이다."

그러한가? 보편적으로 인정되는? 진리? 정말로?

잉글랜드의 작은 도시 메리튼(Meryton)에서 흥미로운 뉴스가 오스틴의 광범위한 일반화를 촉발시킨다. 베넷 부인(Mrs. Bennet)이 반드시 그녀와 생각이 같지는 않은 남편에게 흥분하여 알리는 것처럼, 사람들은 네더필트 공원(Netherfield Park) 부근 부동산이 부자이면서 미혼인 젊은 빙글리 씨(Mr. Bingley)의 소유가 되었다는 것을 알게 된다.

이 뉴스가 촉발한 일반화에 동의하기 전에 우리는 확실히 약간의 정의를 필요로 한다. 그것은 쉽다. 우리 모두는 '독신 남성'이 무엇인지 알고 있다. 빙글리의 유일한 친구인 다아시 씨(Mr. Darcy)가 결혼하지 않았던 것처럼 결혼하지 않은 남자다. 법적으로 결혼했다는 것은, 적절한 시간과 장소에서 적절한 의례의 수행에 수반되는 결혼 증명서를 소유하는 것에 의해 증명되며, 국가가 이런 행사를 인정하고, 그 결과를 강제하며, 다른 사람들에게도 그 결과를 강제하게 만든다는 사실에 의해서도 증명된다. 다시 말해 '기혼'은 모든 사회적 법적 의미와 중요성을 가진다. '아내'는 이러한 관계의 당사자인 여성으로서 이 정의와 쉽게 연결된다.

1813년 당시 제인 오스틴[62]이 살았던 잉글랜드에서 이러한 것들은 흔히 있었던 일이다. 그러나 오스틴은 우리로 하여금 그리 오래 생각하도록 하지 않았는데, 그녀는 즉시 매우 다양한 유형의 결혼을 소개했고, 그 중 일부는 결혼의 정의에 비춰 생각해 볼 때 문제가 없다

---

62 제인 오스틴은 1775년 잉글랜드 햄프셔 주 스티븐턴(Steventon, Hampshire)에서 교구 목사인 아버지 조지 오스틴(George Austen)과 어머니 카산드라(Cassandra Austen)의 여덟 자녀 중 일곱째로 태어나 1817년 마흔 두 살의 나이로 사망했다. 대표작으로는 『이성과 감성(*Sense and Sensibility*)』(1811), 『오만과 편견』(1813), 『맨스필드 파크(*Mansfield Park*)』(1814), 『엠마(*Emma*)』(1816), 그리고 사후에 출판된 『노생거 사원(*Northanger Abbey*)』(1817), 『설득(*Persuasion*)』(1817) 등이 있다. 그녀는 평생 독신으로 살았으나, 작품 대부분은 연애와 구혼(求婚)을 다루고 있다. 개인적으로 1796년 남자 쪽 집안의 반대로 결혼이 무산되는 일을 겪었고, 1802년 6세 연하의 부유한 남성으로부터 프로포즈를 받고 허락했다가 하루 만에 거절한 바 있다.

고 할 수는 없는 것이었기 때문이다. 예를 들어, 어린 엘리자베스 베넷 (Elizabeth Bennet)의 부모는 확실히 공식적으로 결혼한 상태지만, 우리가 생각하기에 결혼한 부부라면 반드시 가져야 하는 속성 중 많은 것을 가지고 있지 않았다. 빙글리의 출현을 놓고 주고받는 말 속에서 명확히 밝혀지는 것처럼, 그들은 서로 이해하거나 의견이 일치하지 않는다. 베넷 씨가 빙글리에게 기혼인지 아니면 미혼인지를 물었을 때, 베넷 부인은 다음과 같이 대답한다.

"아유! 미혼이에요, 여보, 아무렴요! 1년에 4, 5천 파운드를 버는 갑부 독신남이래요. 우리 애들한테 잘 된 일이에요! (베넷 부부에게는 혼기가 찬 다섯 딸이 있다)

"그래서 뭘? 그게 애들이랑 뭔 상관이야?"

"여보, 베넷 씨," 부인이 대답했다. "당신은 어쩜 그리 둔할 수가 있수 그래! 내가 볼 땐 그 사람이 우리 애들 중 하나랑 결혼할 게 틀림없어요."

"그 사람이 그럴 목적으로 여기 온다는 거야?"

"목적이라니! 말도 안 돼, 어떻게 그런 말을! 그렇지만 우리 애들 중 하나랑 사랑에 빠질 수도 있으니까, 그 사람이 이사 오자마자 방문하셔야 돼요."

"나는 그래야 할 이유를 모르겠어. 당신이랑 애들이 가든지, 아니면 애들끼리 보내든가, 그래 그 편이 훨씬 낫겠네, 당신 미모도 애들 못지않으니 빙글리 씨가 당신을 제일 마음에 들어할 수도 있잖아." (독자들은 다양한 판[版]을 가지고 있을 것이므로, 인용 페이지를 제시하지 않

고 장[chapter] 번호를 대신 제시할 것이다. 이 대화는 제1장에 있다)

베넷 부인은 베넷 씨의 빈정거림을 듣지 못할 수 있지만 우리는 듣는다. 관습과 가족, 법적 조직이 상이했던 시대와 장소에서, 베넷 씨가 베넷 부인만큼 자신을 성가시게 만드는 누군가를 오랫동안 내버려 뒀다는 사실은 명확해 보인다. 적어도 그럴 가능성은 보인다. 화자(話者)는 그들을 다음과 같이 묘사한다. "베넷 씨는 빠른 눈치, 냉소적 유머, 내성적이면서 변덕스러운 기질이 묘하게 뒤섞인 사람이라서, 아내는 23년이나 그를 겪었음에도 남편을 이해하지 못했다. 아내의 마음은 파악하기가 덜 어려웠다. 이해력이 떨어지고, 아는 것도 별로 없고, 감정기복은 심했다. 뭔가 불만스러운 일이 있을 때는 신경증 때문이라고 스스로 생각했다. 그녀의 평생 과업은 딸들을 결혼시키는 것이었다. 낙이라고는 마실 나가서 수다 떠는 것이었다."(제1장)

우리가 상기할 것은, 우리의 결혼에 대한 정의에조차 어떤 역사적 우연성(historical contingency)이 내포되어 있다는 점이다. 베넷 씨의 시대와 장소에서 적어도 그처럼 훌륭한 사람에게 결혼은 삶을 위한 것이다. 미국이나 유럽에서는 더 이상 그렇지 않다. 결혼과 이혼에 대한 통계가 보여주는 것처럼, 최소한 어느 누구도 결혼에 의존하지 않을 수 있다. 그리고 더 복잡하게는, 미혼과 기혼 사이에 존재하는 단계들이 과거보다 더 많아졌다. 『오만과 편견』의 세계에는 약혼의 단계가 존재하는데, 그렇지 않으면 지금 우리가 일반적인 가능성으로 받아들이는 '교제'나 '동거'와 같은 중간 단계 없이 미혼에서 기혼이 된다.

미혼 남자가 '상당한 재산'을 가졌다면 어떻게 될까? 그 재산은 어

사회에 대해 말하기

느 정도일까? 오스틴은 빙글리의 재산이 "1년에 4, 5천 파운드"라거나, 적어도 베넷 부인이 듣고 남편에게 전달하는 것으로 우리에게 알려준다. 우리는 오늘날 그 양이 (그들이 말하는) 실질가치 측면에서 어느 정도인지 알 수는 없지만 어쨌든 상당한 정도인 것으로 보이며, 이 재산 때문에 그가 유복한 생활을 누리는 것은 틀림없어 보인다. 또한 이 재산은 일 년에 2천 파운드(근거가 명확히 언급되지는 않았지만, 2천 파운드로 추정할 수 있다)를 벌면서 딸들을 양육하는데 부족함을 느끼지 않는 베넷 씨보다 잘 사는 것이다. 그러나 소득을 창출하는 부동산이 '상속권을 가진' 먼 친척[63]에게 양도되기 때문에, 결국 딸들은 잠재적 재정난에 처해 있다. 사실 '2천 파운드'는 상당한 금액으로 보이며, '안락할' 뿐만 아니라 '부유하다'고 여길 수 있는 정도다. 바로 이것이 마을의 계급 차이, 즉 부유층과 빈곤층 간의 계급 차이뿐만 아니라 더 커다란 집단들 내 계급 차이에 대한 미묘하면서도 상세한 분석의 출발점이 됨으로써, 빙글리와 베넷 간의 재산 차이처럼 하찮아 보이는 것이 완전한 분석적 의미를 얻게 된다.

그리고 '아내를 원하는' 것은 무엇을 의미하는가? 이 단어들이 무엇을 말하려는 것인지 정확하지 않다. 빙글리 씨 자신은 아내를 얻으려는 강한 열망을 보이거나, 베넷 씨가 안달하는 그의 아내에게 지적했던 것처럼, 아내를 얻기 위해 그 지역에 이사했다는 어떤 암시도 주지 않았다. 아니, 그가 그렇게 생각하든 말든 베넷 부인은 그가 아내

---

63 베넷 가문은 여성에게 재산이 상속되지 않기 때문에 베넷 씨가 사망하면 베넷 가의 먼 친척인 윌리엄 콜린스(William Collins) 목사에게 재산이 상속된다.

를 필요로 하고 그가 이 지역에서 신부감을 찾는 것은 그의 의무이며 이는 이 마을에서 적어도 혼기가 찬 딸을 가진 어머니들 사이에서는 공통적인 사고라고 생각한다. 오스틴이 책의 두 번째 문장에서 설명하는 것처럼 말이다.

> 이런 남자(재력가 독신남—옮긴이)가 이웃의 일원이 됐을 때 그의 느낌이나 생각을 거의 모른다고 해도, 이러한 진리는 동네 사람들 마음속에 매우 확고히 박혀 있어서, 그를 자신의 딸들 중 한 명의 정당한 배우자로 간주하기 마련이다.

오스틴은 이 두 문장에서 19세기 초 잉글랜드의 지방 상류층이라는 특정 집단의 결혼 관습에 대해 잘 구성된 분석을 제시했다(리처드 맥키온[Richard Mckeon, 1979: 522]은 그녀의 구성을 '이야기된 정중함(narrated civility)'으로 묘사했는데, 이는 여기서 내가 생각하는 것과 가까운 개념이다). 수학적 증명의 처음에 '증명의 대상'이 등장하고 그 다음에 실제 증명이 뒤따르는 것처럼, 이것이 책의 맨 처음에 등장하기 때문에, 우리는 이 간단한 분석을 가설로 생각할 수 있다. 또한 우리는 곧이어 그러한 가설에 암묵적 또는 명시적으로 수반되는 복잡한 문제와 복선 또한 얻는다. 단지 사람들이 결혼한다고 해서 잘 어울린다거나 결과에 만족할 것이라고 생각해서는 안 된다. 많은 결혼 당사자들이 행복하기를 원하겠지만, 결혼이란 그런 것이 아니다. 실제로 결혼은 당사자들의 상황에 따라 상당히 다양한 형태를 띤다. 엘리자베스의 변덕스러운 여동생 리디아(Lydia)가 군인 위컴(Wickham)과 함께 도망갔을 때 알게 되는 것처럼, 실제적이지 않은 것으로 판명된 결혼들도 존재한다. 마지막으로, 이 책은 그 당시 시대와 공간에 있었던 부유층의 결혼에 대한 통념과 관행뿐만 아니라, 이런 상황이 사람들에게 일으켰던 동기와 야심, 그리고 이로 인해 성사된 결혼의 종류를 어느 정도 완벽하게 분석하겠다는 처음의 암묵적 약속을 이행하고 있다.

정확하게 어떤 방식에서 오스틴의 가설이 참일까? 이에 대한 한 가지 대답으로는 오스틴이 "보편적으로 인정된다"고 말한 것이 있는데, 이것은 모든 사람이 어디서든 그렇게 믿는다는 것을 의미한다. 이제 우리는 오스틴이 단순히 사실의 보고자가 아니라는 것을 깨달아야 한다. 그녀는 소설가, 그것도 훌륭한 소설가다. 훌륭한 점은 그녀 자신의 특성과 기술(skill)을 가지고 이야기를 말하는 사람, 즉 화자를 창조했다는 것이다. 여기서 우리는 화자가 모순적 관점을 능란하게 배치하는 것을 보게 되는데, 이는 시골의 결혼 관습의 사실에 대한 진술이, 마치 그녀가 그것을 전적으로 믿지는 않으며, 적어도 그처럼 확고한 형태는 아니라고 말하는 것처럼 들린다.

따라서 우리는 저자인 오스틴이 우리가 무엇을 믿길 원했는지 정확히 밝혀야 하며, 특정 인물들에 대한 엄청나게 많은 세목과 누가 무엇을 믿고 있는지에 대한 겹겹이 쌓인 모순을 제거해야 한다. 그런 다음 처음에 명확하면서도 확실하게 보였던 가설이 '실제로 의미하는' 것이 무엇인지를 판단해야 한다.

오스틴이 이 지역사회의 연애와 결혼에 관해 말하려고 했던 모든 것을 규명하지 않는다면 — 왜냐하면 그녀의 책은 단일한 가설보다 복잡한 망으로 된 상호 연관적인 관찰들을 제시하면서 이것을 입증한다 — 우리는 그녀의 소설 속의 인물들이 계급과 부의 복잡한 단계에 좌우되는 법과 관습에 따라 행동하기 때문에, 그녀가 주민들의 구애와 결혼 관습을 설명하려 했다고 말하는데 만족해야 할 것이다(아마도 다른 사회의 결혼 관습에 대한 인류학적 설명과 비교할 수도 있을 것이다). 한발 더 나아가 우리는, 이 관습들이 여성에게 자립적이고 행복한 삶을 누릴 기회를 주기 위해 결혼을 강제하며, 이는 그 지역사회에 속하는 그들의 부모와 동료들, 그리고 그 자신들에 의해 합리화된다고 말할 수 있을 것이다.

이야기가 전개되면서, 다양한 잠재적 '결혼 경력(marital careers)'이 등장한다. 독자들의 가장 큰 관심을 끄는 것은 베넷 씨의 가장 지적이며 총애하는 딸인 엘리자베스의 결혼 경력으로, 그녀는 많은 오해와 장애물을 극복한 후 빙글리 씨의 친구 다아시(Darcy)와 결국 결혼하게 된다. 그러나 그녀의 궁극적인 운명과 그것을 어떻게 맞이하게 됐는지를 알아가는 도중에, 우리는 많은 종류의 불행한 결혼들을 접하게 된다. 무엇보다도 엘리자베스의 부모 상호간의 오랜 기간에 걸친 타협이 있다. 서로를 정말 행복하게 만들지 못하지만, 그들은 오랫동안 최선을 다할 것이라는 점을 인정한다. 오스틴은 이러한 온당치 못한 결혼에 대해 충실한 설명을 제공한다(제42장).

엘리자베스의 선택이 자신의 가족에게서 나온 것이라면, 그녀는 부부의 행복이나 가정의 안락함에 대한 즐거운 상(像)을 갖지 못했을 것이다. 그녀의 아버지는 젊고 아름다우며 그 젊음과 아름다움이 일반적으로 발산하는 유머에 반해 한 여인과 결혼했는데, 사실 이

　　　　　　　사회에 대해 말하기

여인은 이해력도 부족하고 편협한 마음의 소유자였는지라, 결국 결혼 초에 일찌감치 애정이 식어버렸다. 존경, 존중, 신뢰는 영영 사라졌고, 가정의 행복에 대한 그의 생각도 모두 무너져 버렸다. 그러나 베넷 씨는 자신의 경솔함이 초래한 실망을 달래려고 어리석은 짓이나 나쁜 짓으로 인해 불행해진 사람들이 위안을 얻고자 찾는 그런 쾌락들에 빠져드는 성격의 소유자가 아니었다. 그는 전원(田園)과 책을 사랑했다. 그리고 이런 취미가 그의 즐거움의 주된 원천이었다. 그는 아내의 무지와 어리석음이 그의 즐거움에 기여했다는 것 말고는 아내에게 감사해야 할 일이 없었다. 이것은 남편이 아내에게 일반적으로 바라는 종류의 행복은 아니지만, 진정한 현자(賢者)라면 다른 즐거움의 원천이 없을 때 주어진 여건 속에서 무언가 이익을 끌어낼 것이다.

또한 우리는 그들의 딸인 엘리자베스 결국 이러한 결혼 상황에 대해 알았음을 안다.

그렇지만 엘리자베스는 남편으로서 아버지의 행동이 온당치 못하다는 것을 결코 모르지 않았다. 그녀는 그것에 늘 마음 아파했다. 그러나 아버지의 능력을 존경하고, 자신에 대한 애정어린 대우에 감사하면서, 그녀는 자신이 간과할 수 없는 것을 잊으려 노력했고, 부부간의 의무와 예절이 지속적으로 깨지고 있다는 생각을 지워버리려 애썼다. 아내를 자식들의 경멸에 노출시키는 것은 참기 어렵긴 했지만. 그러나 그녀는 어울리지 않는 결혼이 자식들에게 끼치는 불이익을 이렇게 강하게 느낀 적도 없고, 재능이 제대로 쓰이지 못한 데서 초래된 해악을 이렇게 절절히 느낀 적도 없었다. 재능이 잘만 쓰였다면 아내의 마음을 넓혀 주지는 못할지라도 적어도 딸들은 남부끄럽지 않게 키울 수 있었을 텐데.

이러한 결혼 상황과 그것을 받아들이는 여성의 계산에 대한 오스틴의 분석을 상세히 보여주는 또 다른 예를 살펴보자. 엘리자베스의 가장 친한 친구인 샬롯 루카스(Charlotte Lucas)가 베넷 씨의 부동산을 상속받게 되는 사촌 콜린스(Collins) 목사와 원치 않는 결혼을 할 때, 그녀는 엘리자베스의 부모와 동일한 타협을 하게 된다. "콜린스 씨는 사리분별 있는 사람이 아니었으며, 타고난 결함도 교육이나 사회를 통해 고치지 못했다. 그는 삶의 상당 부분을 문맹이자 구두쇠인 아버지의 슬하에서 살았다. 그는 대학에 다녔지만, 유용한 지식을 얻지 못한 채, 단지 출석만을 했을 뿐이다 … 그는 오만과 아첨, 거만과 비굴이 뒤섞인 성격의 소유자였다"(제15장).

샬롯은 왜 그런 사람과 결혼했을까?

요약하자면 (그녀의) 가족 모두가 이 결혼에 즈음하여 기쁨에 넘쳤다. 여동생들은 이 결혼 덕에 한 두 해 일찍 **사교계에 나갈 수 있다는** 희망을 품게 됐고, 남동생들은 샬롯이 노처녀로 늙어 죽으면 어쩌나 하는 걱정을 덜게 됐다. 샬롯 자신은 차분하게 대응했다. 목적을 달성했으므로 침착하게 생각해 볼 시간이 생겼다. 그녀는 전반적으로 만족스럽다고 생각했다. 콜린스 씨는 똑똑한 사람도 아니었고 호감 가는 사람도 아니었다. 같이 있기에는 짜증나는 이였고 그녀에 대한 애정도 상상 속에서나 존재할 법한 것이었다. 그러나 그는 그녀의 남편이 될 것이었다. 남편이나 결혼생활을 크게 중시한 것은 아니지만, 결혼은 언제나 그녀의 목표였다. 좋은 교육을 받았지만 재산은 없는 여성에게는 결혼만이 훌륭한 대안이었다. 결혼이 행복을 가져다줄 지는 불확실하지만 궁핍으로부터 보호해 줄 가장 좋은 방책임은 분명했다. 그녀는 이제 그 방책을 획득했고, 27세가 되도록 예뻐 본 적이라고는 없는 여자로서는 정말로 운이 좋았다고 느꼈다(제22장).

그래서 엘리자베스가 그녀를 방문했을 때 보았던 것처럼, 그녀는 이 남자와 살기 위해 많은 사소한 것들을 희생할 필요가 있었다.

(콜린스 씨는) 아침식사 후 저녁식사 때까지 대부분의 시간을 정원을 돌보거나 독서를 하고 편지를 쓰며 그의 서재 창밖을 내다보거나 했다. 숙녀들이 앉았던 방은 뒤쪽에(바깥을 볼 수 없는 집 뒤편에) 있었다. 엘리자베스는 샬롯이 왜 평소에 사용하는 응접실을 선호하지 않는지 의아해 했다. 그 방은 더 넓고 아늑한 곳이었다. 그러나 얼마 안 돼 샬롯이 그럴만한 충분한 이유가 있음을 알았다. 만약 그들이 똑같이 쾌적한 방에서 있었다면 콜린스 씨가 자기 방에서 더 적은 시간을 보냈을 것이 분명했기 때문이다. 그래서 그녀는 샬롯의 결정을 신뢰하게 되었다(제30장).

오스틴은 샬롯과 같은 여성들의 상황 — 아버지나 남편, 그리고 적합한 남편의 엄격한 요건을 충족시킬 수 있는 소수의 남성들에게 전적으로 경제적으로 의존하는 — 이 샬롯과 같은 합리적인 여성들에게 많은 가능성이나 선택권을 주지 않는다는 점을 명확히 했다.

결혼하지 않은 채 장교 조지 위컴(George Wickham)과 함께 달아난, 엘리자베스의 고집센 여동생 리디아의 비참한 운명에서 보는 것처럼 다른 종류의 유사결혼(quasi-marriages)이 존재한다. 실제로 리디아는 자신들의 결혼 여부는 중요하지 않으며, 언젠가는 결혼할 것이라고 말한다. 그 날은 위컴이 생각했던 것보다 더 빨리 왔다. 그는 많은 도박빚을 갚아줄 수 있는 부유한 여자와 결혼하기 위해, 리디아를 떠나 유럽 대륙으로 가고자 했다. 그러나 위컴이 리디아에 많은 애정을 갖고 있지 않다는 것이 명확하다고 오스틴이 이야기함에도 불구하고, 결국 그는 그녀와 결혼을 한다. 다아시는 그들을 쫓아가, 만약 위컴이 리디아와 결혼한다면 즉시 위컴의 모든 빚을 갚겠다고 제안하면서 빠른 결정을 재촉한다. 위컴은 이보다 더 좋은 제안이 없다는 것을 깨닫고 결혼하여 북부로 가게 되는데, 거기서 결국 리디아의 열정은 식어버리고 만다. 우리가 알고 있는 한, 그들은 그 후 불행하게 살았으며 그들을 받아들이는 친척들도 있었지만, 거부하는 친척들도 있었다.

엘리자베스의 가디너(Gardiner) 삼촌과 숙모의 예에서처럼(가디너는 베넷 부인의 남동생이다), 몇몇 다른 커플은 상당히 행복한 결혼 모델을 보여주며, 엘리자베스와 다아시가 결혼에 이른다면 무엇을 얻을 수 있을지 생각할 이유를 제공한다. "가디너 씨는 사리분별 있고 신사다우며, 천성적으로나 교육적으로나 그의 누나보다 훨씬 훌륭하다. 네더필

사회에 대해 말하기

드(Netherfield) 가문의 여성들은 자신의 가게를 가지고 상업에 종사하는 남자가 탁월한 성품을 가졌다는 사실을 믿기 어려울 것이다. 베넷 부인과 필립스 부인보다 몇 살 아래인 가디너 부인은, 쾌활하고 지적이며 우아한 여성으로서, 그녀의 조카들을 매우 좋아했다"(제25장). 책 전체를 통해, 가디너 부부는 베넷 부부의 딸들에게 훌륭한 모범이 된다. 다아시가 위컴의 문제를 해결할 때 가디너 씨가 도와주었던 것처럼, 그들은 상식과 지혜의 원천으로서, 성급한 도덕적 판단 없이, 딸들의 곤경을 차분히 들어주고 어려운 사정을 도와줄 수 있는 친구와 같은 존재였으며, 동등한 상태에서 서로에 대한 사랑과 존경이 가득한 결혼 생활의 지속적 모델이기도 하였다.

마지막으로 우리는 사람들이 이런저런 상황에 처하게 되는 과정들을 알고 있다. 서사(narrative)는 사회적 사실들을 일련의 단계로 제시하는 또 따른 방식이다(보스턴의 이탈리아인 거주지역에 정치적 호의가 베풀어지는 방식에 관한 화이트[Whyte, 1943]의 분석을 그래픽으로 보여주었던 것과 같은). 다양한 커플이 최종적으로 어떻게 되는지에 대한 이야기들을 읽으면서, 우리는 그 과정들이 얼마나 우연적인지, 많은 것들이 어떻게 잘못될 수 있는지, 많은 오해가 어떻게 혼삿길을 막을 수 있는지, 결혼을 반대하는 친척들이 어떻게 개입할 수 있는지 등을 알 수 있다. 소설 속의 인물들(엘리자베스와 다아시, 빙글리와 제인, 샬롯과 콜린스, 리디아와 위컴)이 어떻게든 결혼을 하고 결국은 모두가 중요한 것을 얻는다는 점은 놀라워 보인다. 마지막으로, 『오만과 편견』은 특정 지역적 상황에서의 연애와 결혼에 관한 민속지이자, 인류학자, 사회학자, 또는 인구학적 마인드를 가진 역사가가 충분한 시간과 상당한 조사비용을 들여 산출한

성과와도 같은 것이라 할 수 있다.

내가 방금 쓴 장문의 기술(記述)의 사실성이 진실이라고 주장되고, 이러한 기술이 부유한 남자는 아내를 원한다는 책의 첫 번째 문장 속에 샅샅이 다루어지는 정도는 아니지만 어느 정도 요약돼 있다는 점을 받아들일 수 있다고 잠정적으로 생각해 보자. 실제로 이 진리는 보편적으로 인정되는가? 글쎄, 보편적이라고는 할 수 없는 것이, 베넷 씨의 질문들이 스스로 그것을 인정하지 않고 있음을 충분히 보여주기 때문이다. 베넷 부인이 빙글리 씨가 자신의 딸들 중 한 명과 결혼하는 것이 목적이라고 설명할 때, 그는 그것이 빙글리 씨가 '여기에 머무는 이유'인지를 알고자 한다. 물론 그 이유는 확실하지 않다. 그러나 그것은 그녀가 설명하는 것이 아니다. 그의 의도적인 오해는 그가 보편적으로 인정되는 견해를 공유하지 않고 있음을 암시한다. 아마도 다른 사람들도 마찬가지일 것이다. 우리는 결혼에 대해 많은 생각을 하지 않은 빙글리 씨도 그럴 것이라고 추측할 수 있다. 우리가 곧 알게 되는 것처럼, 다아시 역시 빙글리와 마찬가지로 아내를 갈구하지 않고 있다는 것은 거의 확실하다. 이런 경우들이 오스틴의 역설적 암시, 즉 우리가 그녀의 가설을 문자 그대로 받아들여서는 안 된다는 암시를 드러낸다.

보편적으로 인정되거나 모든 사람이 진리라고 믿고 있기 때문에 가설을 받아들일 수 없다면, 또는 과학적 실험에 대한 브루노 라투르의 설명에서처럼, 의심하는 것이 어리석은 반대자 — 모든 사람들이 과학적 관행으로 삼고 믿으려는 것을 믿지 않는 반대자 — 의 입장에 서는 것이라면, 또는 우리가 그 이유를 믿을 수 없다면, 우리는 어떤 가치를 믿어야 하는가? 그 가치를 믿을 만한 다른 이유는 존재하는가?

우리는 소설에서 묘사된 것과 같은 결혼 관습을 가진 사회가 19세기 초 잉글랜드의 작은 마을에 존재했다는 사실이 사실이거나 정확한 것이라고 정말로 믿고 싶다. 이는 이념형에 기초한 분석이 아니며, 분석적 가능성을 명확히 하기 위해 일부 특징을 과장하는 우화도 아니다. 우리는 그런 종류의 진리에는 관심이 없다. 그러나 우리는 오스틴의 분석이 결혼 시스템에 관한 매우 리얼리즘적인 설명이라고 할 수 있다. 일반적으로 지성인인 과학자들은, 사회에 대한 사실적 주장을 평가할 때 여러 종류의 근거를 고려한다. 만약 어떤 주장이 과학자들에 의해 독자적으로 확인된 사실들과 일치한다면, 또는 주장자가 사실의 독립적 발견자에게서 예상되는 모든 주의와 신중함을 다했음이 인정되고, 그에 의해 그 사실들이 확인된다면, 과학자들이 그 주장을 받아들일 가능성은 커지게 된다(나는 이런 종류의 신중함을 '실재의 미학(reality aesthetics)'에 관한 논의에서 요약한 바 있다).

적어도 원칙상 사실이 아니더라도, 만약 우리가 가설을 검증할 수 있는 독자적으로 확인할 수 있는 사실들을 실제로 가지고 있다면, 소설의 독자들은 그 이유들이 무엇인지를 알거나 또는 알 수 있다. 그러나 우리는 그와 같은 사실들을 가지고 있지 않다. 이것은 역사 —"시골 결혼 기록에 대한 분석에 드러나는 것처럼, 19세기 초반 잉글랜드 시골 마을의 결혼 관습" 또는 그와 같은 어떤 것 — 가 아닐 뿐만 아니라, 전기적 인물과 그 친척들의 결혼 및 상황이 공식적 기록과 편지나 일기와 같은 비공식적 정보 그리고 신문기사의 동시대적 자료를 기반으로 하여 펼쳐지는 전기(傳記)가 아니다.

『오만과 편견』은 소설이자 허구이므로 그에 대한 검증을 할 수 없다. 이는 검증을 위한 소재가 가용하지 않을 뿐만 아니라 아예 없기 때문이다. 오스틴은 전체 — 모든 사람과 사건들, 결혼 생활과 그 결과들 — 를 가공해냈다. 그녀가 이렇게 해도 괜찮은 것은(존 허시의 우려를 상기하라), 소설가의 자격에 관한 신화가 그 모든 것이 가공의 것이라고 말하기 때문이다. 더 중요한 문제는, 그녀가 이 인물들과 스토리들이 보여주는 더 커다란 진실이나, 그 당시 그 지역의 결혼 관습에 대한 분석적 이야기를 가공해 냈는지 여부이다.

회의적인 독자라면 묘사되는 사실들은 결국 가공된 것이기 때문에 이러한 분석적 이야기를 믿을 명확한 이유가 없다고 말할 수 있다. 오스틴은 많은 근거를 가지고 스토리를 만들었는가? 나는 소설의 독자나 많은 사람들이 이것을 믿을 것이라고 여기지 않는다. 반대로, 대부분의 독자들은, 가정교사나 노처녀와 같은 끔찍한 하층계급의 삶의 고통 속에서, 또는 모멸적이거나 불행한 삶 속에서 누군가 결혼해야 하는 처지에 있는 여성들의 라이프스타일에 대해 무언가를 알게 됐다고 생각한다. 더 나아가 오스틴의 진지한 독자들은 일반적으로, 그들이 배운 것이 잘 정리된 역사적 설명보다 못하다고 생각하지 않는다. 서로 다른 종류일 뿐이지 열등한 것이 결코 아니며, 경우에 따라서는 우월할 수도 있다.

우월감은 이런 방식으로 나타난다. 결혼 진행 과정에서의 일상적인 세목들에 관해, 관계의 기복들에 관해, 그 순간에는 불가능한 것으로 보였지만 가능하게 된 과정들에 관해, 때때로 변덕스러운 감정들의 변화 및 이에 대한 관련 당사자의 해석 방식, 친구들과 친척들, 그

사회에 대해 말하기

리고 '공동체'의 일시적이거나 지속적인 영향, 일상적 상호작용의 사소하면서 민감한 세부 사항들 등에 관해 더 많은 것을 알 수 있다. 또한 사회학자들이 결혼 생활의 부수적 사항들이라 부르는 것에 대해 알게 된다.

왜 독자들은 이 모든 것을 알게 됐다고 믿는가? 어떤 텍스트가 그들에게 그러한 확신을 제공하는가?

무엇보다도, 이야기들과 거기 포함된 세목들은 신빙성을 갖는다. 그것들은 우리의 일상 경험, 사람들이 다양한 상황에서 행동하는 방식에 대한 우리의 (물론 관습적인) 사고들과 일치한다. 이야기들은 "이해가 된다." 사건들의 연쇄와 인과적 사슬은, 일어날 수 있었던 유형의 것, 일어났던 유형의 것, 일어날 가능성이 있는 사건들을 연결시키는 유형의 것처럼 보인다. 그리고 우리는 책에서 인물들의 동기, 왜 그들이 책 속에서 했던 유형의 것을 해야 했을 지를 이해한다. 이 모두는 동일한 것을 말하는 것이다. 우리는 우리의 일반적 세계관을 여기서 전개되는 이야기에 적용하고, 그것이 이해될 수 있는지, 아니면 우리가 지금까지 알지 못했거나 믿지 못했던 무언가를 받아들이도록 요구하는지를 알게 된다. 이것은 저자가 우리의 사고에 떠오르지 않았던 무언가가 실제로 어떻게 발생하는지에 대한 설명을 제공해주어야 할 뿐만 아니라, 그 설명이 우리의 경험에 부합하는 일반적 검증을 통과해야 한다는 것을 의미한다. 그것은 매우 보수적인 검증이며, 많은 소설들은 우리의 고정관념과 편견에 맞는 친근한 이야기들을 말함으로써 이 검증을 통과하게 된다.

하지만 다른 소설들은 우리가 알고 있다고 여기는 것에 대해 말하지만 그것을 조작하면서 우리가 예상하지 못했던 결과를 도출하는데, 바로 그 때가 우리가 전에 알지 못했던 무언가를 알게 됐다고 생각하는 순간이다. 그러나 이야기가 우리가 이미 믿고 있는 것과 일치한다는 점이 이야기의 사실성에 대한 그리 강력한 검증은 아니다. 그 밖에 다른 무언가가 진행된다. 오스틴 자신이 명시적으로는 수행하지 않는 많은 추론이 그것이다.

독자들은 이야기들이 도달한 결론에 이르기 위해 많은 수고를 해야 한다. 모든 세목들에 주목하고, 그것들의 의미를 구축하며, 그것들을 서로에게 그리고 다른 책들에 포함된 소재들에게 연결시키고, 비공식적으로 함께 놓음으로써 삼단논법, 결론, 그리고 도덕적 판단을 만든다. 오스틴은 입증할 수 있는 증거를 가져다 붙이면서도 깔끔하게 정리된 결론을 제공하지는 않는다. 그 대신 그녀는 이야기를 말한다. 이야기는 모든 종류의 사실적인 세목들을 포함하고 있다. 주의 깊은 독자들은 그러한 세목들을 흡수하면서, 그것들이 어떻게 연결되는가를 생각하게 된다. 엘리자베스의 입장은 무엇인가? 만약 그녀가 결혼하지 않는다면, 어떻게 될까? 우둔한 목사 콜린스와 결혼한 그녀의 친구 샬롯을 살펴보자. 샬롯이 독신인 것이 더 낫지 않을까? 독자는 분석을 수행하고, 증거를 저울질하며, 대안적 이해를 평가하면서 결론에 도달한다. 그러한 수고는 효과를 발휘하게 마련이다. 장(chapter)에서 장으로 이동하면서, 독자들은 이제 무슨 일이 일어날까, 누가 누구와 짝이 될까, 누가 이번 장애물을 극복할까 등을 추측한다. 결말이 '행복하게' 끝날지는 결코 확실하지 않다. 독자들은 오스틴이 그들에게 던져준 단서를 살피면서, 가능성을 평가하고, 이행되거나 되지 않을 수 있

사회에 대해 말하기

는 기대를 하게 된다. 주의 깊은 독자들이 그런 종류의 작업에 빠져들
때, 그들은 그들 자신의 분석 결과를 믿게 되는 것 같다. 그들 자신의
노력과 추론이 결과의 타당성을 증명한다.

세미나에서 『오만과 편견』에 대해 논의할 때, 우리는 비판적인 독
자들이 이와 같은 작업을 어떻게 수행하는가를 해명했다. 회의적인 한
참석자는 숙련된 사회과학자가 오스틴의 분석에서 밝혀낼 수 있는 방
법론적인 오류 가능성을 지적하면서, 그 책의 일반화를 위한 사실적
기반이 충분한지를 물었다. 과연 우리는 이런 저런 논점을, 여러 가지
경로를 통해 충분히 들었는가? 특히, 오스틴은 잉글랜드의 결혼 관행
을 묘사하면서 당시 젠트리(gentry) 계급의 결혼생활에 대해 지나치게
장밋빛의 낙관적 그림을 제시한 것 아닌가? 그렇게 보일 수도 있는 것
이, 엘리자베스 베넷과 다아시가 모든 역경을 딛고 장애물들을 극복하
면서 마침내 결합하여 완벽하게 행복한 미래로 나아가는 것처럼 그려
지기 때문이다. 비록 책의 상당 부분이 장밋빛 미래가 아님을 말하고
는 있지만, 결국 그것은 결혼 시스템이 여성에게 괜찮은 미래를 제공
하는 것처럼 보이게 만드는 것이 아닐까? 현대 여성 독자들은 그 당시
여성들에게 받아들여졌던 시스템에서 결점을 발견할 수 있을까?

반대로 다른 참석자는 오스틴이 더 포괄적이면서 미묘한 차이가
있는 분석에 기초할 수 있는 풍부한 비교 자료를 독자들에게 제공하
고 있다고 지적하면서, 특히 그녀가 훌륭하고 뛰어나게 기술한 상당수
의 불행한 결혼들(앞에서 언급한)을 비롯하여 엘리자베스의 부모들, 자
신의 삶을 망치고 가족의 명예에 먹칠을 하면서 비열한 인간과 사귀었
던 그녀의 여동생, 어리석은 목사와 결혼한 그녀의 친구 샬롯 등이 그

러하다고 말했다. 부와 사회적 지위의 절묘하게 계산된 차이에 대한 오스틴의 신중한 관심은 군이 언급할 필요가 없는데, 왜냐하면 이것들이 계급적 척도에 따른 많은 지점들에서 결혼의 기회와 결과에 영향을 미치기 때문이다. 요약하면 오스틴은 원래의 비평이 제시했던 것보다 훨씬 더 복잡한 분석이 가능하도록 충분한 자료를 우리에게 **제공한다**. 오스틴이 독자가 그것을 이해하는데 충분히 주의를 환기시킬 수 있도록 데이터를 제공할 뿐만 아니라 분석까지 제공한다고 말하는 것은 과장이 아니다.

『오만과 편견』 같은 복잡한 장편 소설은 워커 에반스의 사진처럼 다양한 사례에 관한 정보를 풍부하게 제시하기 때문에, 주의 깊은 독자들은 책 자체가 제시하는 것을 벗어나 다양한 가설의 원천으로 이를 이용할 수 있다. 이러한 방식은 고프만을 전방위 압박기관[64]이라는 아이디어로 이끈 일종의 비교 분석을 위한 충분한 자료를 갖는다. 이것은 그러한 책이 사회학적 분석과 사고를 위한 가능성이 풍부하다는 것을 의미하는 것이다.

이처럼 소설은 문학작품의 특성 외에도 사회분석의 특성을 가질 수 있다. 오스틴은 『오만과 편견』에서 『남부 오지』에 기술된 것과 크게 다르지 않은 상황, 즉 계급, 가족, 파벌에 의해 나뉘고 사회이동의 복잡한 드라마에 관여하는 작은 지역사회를 묘사했다. 둘 사이에는 많은 차이점이 있지만, 단지 세부적인 차이일 뿐이다(민족은 오스틴의 관심사가 아니었고, 그녀는 자신이 묘사한 활동들의 경제적, 정치적 토대에는 비중을

64　이 책의 제13장 참조.

두지 않았다). 나체즈(Natchez)에 대한 『남부 오지』의 분석은, 메리튼에 대한 오스틴의 분석과 닮아 있는데, 비록 전자가 유사한 종류의 사건들을 추가함으로써 결론을 입증하는 반면, 오스틴은 주인공들의 삶에 특별하면서도 중요한 사건들을 사용하여 유사한 결론을 내리거나 우리를 그 결론으로 이끄는 것이 다르긴 하지만 말이다. 사회적 삶에 대한 리얼리즘적 소설들은 종종, 관련 과정들에 대한 더 많은 세부 사항들을 제공하면서, 또는 당사자들의 일상적 사고에 대한 더 많은 접근을 제공하면서, 유사한 종류의 사회학적 분석에 대안을 제시하기도 한다. 이것이 바로 많은 사회학자들이 소설을, 사회학적 통찰력의 원천으로 사용하는 한 가지 이유다(코제[Coser, 1972]의 경우처럼).

그렇다. 오스틴은 결국 그녀의 가설들을 증명했다. 소설의 결말에서 우리는 독신 남성에 대한 그녀의 일반화를 촉발시킨 좋은 신랑감인 빙글리 씨가 결국 그의 친구 다아시 씨처럼 아내를 필요로 하고 있었다는 것을 알게 된다. 그들 누구도 그의 필요를 깨닫고 있지 못했음에도 불구하고 말이다. 그들은 아내를 찾아서 결혼함으로써 사실상 그들이 시골 가족의 두 딸들에 대한 정당한 반려자라는 사실을 보여 주었다. 이상이 내가 증명하려는 내용이었다.

15

사회 묘사에 있어서 조르주 페렉의 실험

프랑스 작가 조르주 페렉(Georges Perec)은 다소 표준적인 소설부터 가로세로 낱말 퍼즐에 이르기까지 다양한 문체 유형을 실험했다. 그는 아마도 자신의 방대한 '실험적' 소설 『인생: 사용자 설명서(*Life: A User's Manual*)』(원제는 *La vie: mode d'emploi*[Perec, 1987])로 영어권 국가들에 가장 잘 알려져 있을 것이다. 그 소설은 얽히고 설킨 이야기들로 구성된 방대한 파노라마이고, 가능한 다양한 어떤 순서로도 읽을 수 있으며, 따라서 초기 비(非)컴퓨터 버전의 하이퍼텍스트로 간주될 수도 있다 (Joyce, 1995). 데이빗 벨로스의 훌륭한 전기(傳記)는 페렉에 대한 모든 것을 말해준다(Bellos, 1993).

사회에 대해 말하기

페렉은 자신의 저술 중 일부는 사실상 '사회학적'이라고 말했고, 곧이어 그것을 "일상생활을 어떻게 볼 것인가"의 문제라고 말했으며 (Perec, 1985: 10), 그에 대해 저술한 사람들은 때때로 이를 진지하게 받아들였다. 그의 작품 중 몇몇은 일종의 사회 묘사, 즉 '사회에 대해 말하기'로 유용하게 읽힐 수 있다. 이는 확실히 '문학적'이지만, 제인 오스틴의 소설들에 의해 전형화된 조직적 분석과는 다르다. 나는 그러한 작품들 중 세 개를 언급할 것이다. 그를 유명하게 만들어 준 초기 소설 『사물들(Things)』(원제는 Les choses[Perec, 1965, 영역본 1990]), 회상의 책이라고 할 수 있는 『나는 기억한다(I Remember)』(원제는 Je me souviens[Perec, 1978]), 그리고 순수 묘사에 있어서 최근의 실험인 『파리의 장소에 대한 묘사 시도(Attempts at a Description of a Place in Paris)』(원제는 Tentative d'épuisemsnt d'un lieu parisien[Perec, 1975])가 그것이다. 결론부터 말하자면, 페렉은 순수한 묘사에 접근하는 글쓰기의 활용과 한계를 보여준다. 그것은 우리에게 익숙해져 있는 것보다 더 많은 세목을 포함하고 있다(Becker, 1998: 6-83 또한 참조하라). 그것은 세목들을 요약하고 '생생한 경험'을 재현하는 문제에 대한 또 다른 해결책이다. 그리고 이는 재현 작업의 일부를 사용자들에게 전가하는 또 다른 방법을 예증해 준다. 이러한 작품들은 사회적 삶의 확실히 사회적인 측면들을 기술하는 것을 목표로 하지만, 공동체 또는 결혼 관습들이 사회적일 수 있는 방식에 있어서는 조직적이지도 않고 사회과학자들에게 별로 익숙하지도 않다.

『사물들』(*Les choses*)

　『사물들』은 각각 24살과 22살인 젊은 커플 제롬(Jérôme)과 실비(Sylvie)에 대해서 이야기한다. 그들은 심리사회학자(psychosociologist)들로서 시간제 근무를 하고 있으며(결국 우리는 그들이 시장 조사원임을 의미한다는 것을 알게 된다), 자신들의 충분치 않은 수입으로 살기에는 버거운 현대적인 파리 인근에서 살고 있고, 비록 어떻게 될지 확신하지는 못하지만 더 많은 것, 더 좋은 것을 갈망한다. 그리고 그들의 친구들은 그들과 비슷하다. 일련의 스토리가 있다. 결국 그들에게 사건이 일어나고, 좋은 것은 아무것도 없다. 그러나 그 소설의 관심은 그것의 줄거리에 있는 것도 아니며 개인의 성격에 대한 심층적 탐구에 있는 것도 아니다. 그것의 주요 관심은 삶의 방식과 그러한 젊은 사람들의 사회적 성격에 대한 설명에 있으며, 그것은 제롬과 실비에게만 해당되는 것이 아니라 그들과 비슷한 세대 전체에 해당되는 것이다(그리고 물론 '그들과 비슷한'이라는 말이 의미하는 것이 중요하고 재미있고 어려운 질문이다).

　『사물들』이 생활양식에 대한 일반화한 설명이라고 말하는 것은 잘못일 수도 있다. 이 책은 상세하지 않으면 아무 것도 아니기 때문이다. 그것은 갑작스런 변수들 또는 변화들을 고려하지 않은 채 전체 사람들의 생활양식을 기술하는 구식의 민속학 연구 스타일을 통해 일반화된다. 이 책은 주인공의 옷, 그들의 집에 있는 가구, 그들의 일, 친구들과 함께 윈도우 쇼핑을 갔을 때 그들이 본 것, 집에서 또는 밖에서 그들이 먹은 것, 그들이 여가시간에 한 것, 그리고 (중요하게는) 그들의 열망과 열정과 꿈에 대해 매우 세밀하게 묘사하고 있다. 사실 이 책은 이러한 젊은 사람들의 사회적 상황을 이론적으로, 그리고 역사적으로 흥미로운 방식으로 분석하고 있다. 여기서 그 분석에 대해서 언급하지는 않을 것이며—다른 많은 사람들이 그에 대해 이미 광범위하게 저술했다(예컨대 Leenhardt and Józsa, 1999)—오히려 페렉이 우리에게 이 분석을 제공하는 방식, 그가 사용하는 문학적 장치, 사회학자들이 하는 것과의 재미있는 비교를 제공하는 장치들에 전념하겠다.

당신은 이 책을 읽으면서 페렉의 시제(時制) 선택이—미완료 시제와 조건문— 서사에 있어서 통상적인 것이 아님을 인지할 것이다(영어에서는 충분히 그러하며, 아마도 프랑스어에서는 더더욱 그럴 것이다). 잘 알려져 있다시피, 프랑스어는 과거의 행동을 묘사할 때에는 세 개의 시제만을 선택할 수 있다. '단순 과거시제'는 소설이나 역사에서 사용되지만 대화에서는 사용되지 않는다. 그것은 특정한 사람들 또는 사물들에 의해서 특정한 시간에 취해진 구체적인 행동들을 묘사한다. 이를테면 "메리는 문을 열었다. 존은 설거지를 했다. 개는 멀리서 짖었다. 비가 내렸다(Mary opened the door. John did the dishes. The dog howled. The rain came down)"는 식이다. 모든 다른 문맥들에서, 특히 더욱 형식적인 구어체 프랑스어에서 그와 동격인 것은 종종 '완료' 시제라고 부르는 복합시제이며, 프랑스어에서는 'passé composé'로도 알려져 있다. 그것은 복합시제이며, 조동사('to be' 또는 'to have') 과거분사로 구성되어 있다. 프랑스어처럼 보이도록 글자 그대로 영어의 조동사 사용과 함께 만들어질 수 있지만, 영어에서는 대략 단순과거시제와 똑같은 방식으로 번역된다. 이를테면, "메리는 문을 열었고 존은 설거지를 했다(Mary has opened the door and John has done the dishes)"는 식이다. 비록 단순과거시제보다는 화법에 약간 다른 느낌을 주기는 하지만 말이다. 과거시제의 세 번째 유형은 미완료시제인데, 그것은 일정의 시간 동안에 걸쳐서 발생했거나 또는 반복되거나 관습적이거나 또는 습관적인 행동들을 나타낸다. 영어는 융통성이 있기 때문에 이것은 좀 더 명확한 형태들과 똑같은 단어들로 만들어 질 수 있으며, 그 행동의 반복적인 또는 일상적인 속성을 나타내기 위해서 추가적인 구문이 추가되기도 한다. 이를테면, "존은 매일 밤 설거지를 했다. 개는 그가 설거지를 할 때마다 짖어댔다(John washed the dishes every night. The dog howled when he did them)"는 식이다.

프랑스 소설은 대개 명확한 과거시제 또는 passé composé로 이야기를 서술하며, 미완료 시제는, 내가 말했듯이, 일정 시간에 걸쳐서 일어나는 것들이나 또는 반복되는 것들에 사용되며, 그리고 한 행동이 또 다른 더 긴 행동이 계속되고 있는 동안에 일어날 때처럼, 특별한 문법적 상황들에 사용된다. 이를테면, "그 개는 존이 책을 읽는 동안 바깥을 향해 큰 소리로 짖었다(The dog barked at a noise outside while John read his book)"는 식이다. 개가 짖고 있는 것은 명백한 과거에 놓이며, 존이 책을 읽는 것은 미완료다.

페렉은 『사물들』의 이야기 상당부분을 미완료시제로 서술하고 있다. 그는 또한 조건시제를 종종 사용하는데, 그것은 대개는 어떤 것들이 일어날 수도 있고 또는 일어날 것이라는 것을 나타내기 위해서, 특정한 다른 조건문들이 주어질 때 때로는 (특히 소설에서) 일종의 속임수 또는 특정 실체로부터의 거리를 나타내기 위해 사용된다고 대개 이해되고 있다. 영어에서 조건문의 한 가지 흔한 사용은 습관적이거나 반

사회에 대해 말하기

복적인, 또는 적어도 공통적인 행동들을 나타내는 세련된 방식으로서 사용될 때이다. 이를테면, "장은 매일 아침 신문을 사려고 길모퉁이 신문 가판대로 갈 것이다. 마리는 날이 추우면 두터운 검은 코트를 입을 것이다. 고양이는 따뜻한 오후 햇살 속에서 기지개를 켤 것이다(*Jean would go to the corner newsstand every morning to get a paper, Marie would wear her heavy black coat in colder weather. The cat would stretch out in the sun on a warm afternoon.*)"는 식이다. 순전히 조건문들로만 쓰인 그 유명한 『사물들』의 첫 번째 장의 언어는 나에게 일종의 이와 같은 의미를 상기시킨다. 프랑스 독자에게, 그것은 아마도 묘사되고 있는 아파트가 실제이든 상상에 의한 것이든 구체적인 특정한 아파트는 아니지만 일종의 상상의, 가공의, 따라서 일반화된 장소라는 것을 암시할 것이다. 나에게는 이것이 많은 사람들이 살아갈 그런 종류의 장소였음을 암시한다. 어떤 시제를 택하든 결과는 비슷하다.

프랑스어 문법에 대한 이 작은 수업은 『사물들』에서 페렉이 사회학적으로 작업하는 것을 이해하는데 필요하다. 과거를 자세히 설명하기 위해서 미완료시제와 조건문을 사용하는 것은 대부분의 행동들과 사건들을 '통상적으로' 행해지는 것으로 바꿔놓는다. 즉 한 번이 아니라 자주 일어났던, 자주 반복되었던, 일상이 되어버린 것들, 일상생활에서 "이 일이 일어났다"는 것을 넘어서는 것들, 즉 이 책에 나오는 사람들의 생활양식의 일상적이고 어떤 의미에서는 근본적인 일부로 구성된 것들로 바꿔놓는다는 말이다. 그들은 특정한 대화가 일어나는 특정한 밤에는 윈도우 쇼핑을 가지 않았고, 그것은 특정한 결과를 낳았다. 아니다. 그들은 저녁에 종종 윈도우 쇼핑을 갔고, 그 반복되는 행동은 그들이 살 여유가 없는 것들을 갈망하도록 부채질했다. 그리고 순간적인 것이 아니라 오래 지속되는 그 갈망은 그들로 하여금 가지고 있지도 않고 갖게 될 가망도 없는 돈을 지출하도록 유발했다. 그리고 그것은 또한 예측 가능한 결과들을 내포하고 있었다. 예를 하나 들어 보자.

아마도 가장 심각한 것은 그들이 너무도 여유가 없었다는 것이다. 물질적, 객관적 여유가 아니라 평안함 또는 일종의 느긋함 말이다. 그들은 흥분하고 긴장했으며, 탐욕스러워 하고 질투하는 경향이 있었다. 잘 살고 싶고 높은 생활수준을 누리고 싶은 갈망은 그들이 친구들과 멋들어진 파이프나 낮은 탁자에 대해 장황하게 이야기하면서 그것들을 예술품이나 박물관 소장품의 반열에 올려놓는 식의 바보 같은 설교조의 말에서 잘 드러났다. 그들은 여행가방에 대해서도 열정을 보이곤 했다. 이런 가방들은 나뭇결 같은 질감의 가죽으로 만들어진 작으면서 놀랄 만큼 얇은 제품으로서 마들렌(Madeleine)가 곳곳의 상점 진열대에서 볼 수 있으며, 흡사 뉴욕이나 런던 방문의 즐거움의 진수를 대변하는 것처럼 보이는 것들이었다. 그들은 정말 완벽하다고 소문난 팔걸이의자를 보려고 파리 전역을 돌아다니곤 했다. 그리고 그들은 클래식한 의상 취향을 알게 된 후로 신상품 의류 입기를 꺼리기까지 했는데, 그들에게는 중요한 옷일수록 모양이 좋게 보이게 하려고 세 번 정도 입어서 길을 들이는 것이 중요한 일이었다. 그러나 양복점이나 모자 가게 또는 신발 가게 진열대 앞에서 뽐내는 듯하는 그들의 의식적인 몸짓은 대개는 바보 같아 보일 뿐이었다(Perec, 1990: 31).

그런 식으로 이야기가 끝까지 진행된다. 그러나 그것은 일상적으로 반복해서 일어나는 산더미 같은 일들에 묻혀 있다. 그것이 제롬과 실비의 생활양식이다. 그리고 그것은 그들의 친구들의 생활양식이기도 하다. 이러한 모든 묘사는 이 두 사람(이 책의 핵심인)이 이러한 꿈을 꾸고 이러한 아파트를 가지고 있고 이러한 장식품들을 구입하고 이러한 일들을 하는 유일한 사람들은 아니라는 것을 주장한다. 그들은 이러한 것이 생활양식인 사회층에 속해 있으며 스스로 생각하기에 무언가 더 나은 미래를 가지고 있다고 믿는 젊은이들이다. 페렉이 말하듯이, "우리 시대에 그리고 우리가 사는 곳에서, 점점 더 많은 사람들이 부유하지도 가난하지도 않다. 그들은 부유함을 꿈꾸고 부자가 될 수도 있다. 그들의 문제는 바로 여기서 시작된다"(Perec, 1990: 57).

특별한 사건이 없기 때문에—정말 없다. "존은 이것을 했고 메리는 저것을 했고 그런 다음 이것이 일어났다"는 식이다— 그 이야기는 무정형적이고, 서사라기보다는 분위기이며, 당신이 하는 여행이라기보다는 당신을 둘러싸고 있는 기운(aura)인 것처럼 느껴진다. 이런 점에서, 그것은 문화, 생활양식, 공유된 이해와 그에 따라 수행되는 일상적 활동에 대한 민속지적 묘사와 상당히 닮아있다. 이는 민속지가 우리에게 제시하는 바로 그것이다. 그리고 페렉의 민속지는 물질문화, 친족관계와 다른 사회적 관계들, 일과 기술, 믿음과 가치, 전형적인 일과 생활, 그리고 인류학자들이 문화에 대한 '완벽한' 묘사에 포함시켜야 하는 다른 모든 것을 포괄한다는 점에서 완벽하다. 실비와 제롬에 대한 설명은 결국에는 우리가 많이 알고 있는, 그리고 우리가 전형적 경력 (career)에 대한 사회학적 기술(다이앤 본[Diane Vaughan, 1986]이 말하는 커플의 '이력' 또는 내가 직업문화에 대한 포괄적 기술의 일부로 제시한 음악가 '경력' 같은 것)보다 더 신경을 써야 하는 두 사람에 대한 이야기는 아닌 것처럼 보인다. 그것은 일반화된 허구로서의 민속지 또는 민속지로서의 일반화된 허구다.

『사물들』은 또 다른 문학적/민속지적 장치를 활용한다. 여러 가지 물건들과 사람들, 특히 물건들의 자세한 목록이 그것이다. 이 책의 그 유명한 첫 번째 단락은 하나의 목록이다.

> 우선 좁고 길며 천정이 높은 복도에 깔린 회색 빛 카펫이 당신의 눈에 띌 것이다. 밝은 색상의 나무로 된 벽에 구릿빛 꺾쇠가 번쩍이는 찬장이 있을 것이다. 경마대회 우승마 선더버드(Derby winner Thunderbird), 외륜선(外輪船) 빌 드 몽트뢰(Ville-de-Montereau)호, 스티븐슨 기관차를 묘사한 판화 세 점이 걸려 있고, 이어서 검은 색의 두껍고 결이 뚜렷한 나무 걸개에 가죽 커튼이 살짝만 건드려도 떨어질 듯한 모양새로 걸려 있을 것이다. 거기서부터는 복도에 깔린 카펫 대신 빛바랜 양탄자 석 장으로 덮인 노란색에 가까운 마룻바닥이 나타날 것이다. (Perec, 1990: 21)

구성내용에 대한 명백하고 형식적인 분석을 결여한 목록은 사회학자들보다는 예술가들에 의해 더 많이 이용되는 강력한 재현장치다. 나는 이 점을 사회적 삶을 재현하는 종류로 간주될 수 있는, 그리고

사회에 대해 말하기

그러한 점이 더욱 두드러지는 페렉의 다른 두 작품들과 연계해서 고찰해 보겠다(Sontag, 1982; Goody, 1977: 74−111 참조).

『나는 기억한다』(*Je me souviens*)

『나는 기억한다』는 『사물들』과는 상당히 다르다. 전혀 소설 또는 이야기가 아니다. 그것은 단지 480개의 단락들로 구성되어 있는데, 각각은 매우 짧고 때로는 한 줄밖에 안 되기도 한다. 각각의 단락은 페렉이 1946년과 1961년 사이, 그가 10세부터 25세까지의 유년시절에 대해 기억하는 것을 나열하고 있다. 그는 단순한 선택 원칙을 사용했다고 말한다. "모든 사람에게는 아닐지라도 적어도 많은 사람들에게는 잊혔고 중요하지 않으며 평범하고 흔한 기억을 되살리려고 노력한다"(Perec, 1978: 119. 필자 번역). 더 나아가 그는 다음과 같이 말한다. "이러한 '내가 기억하는' 것들은 정확한 기억들이 아니며, 무엇보다 개인적인 기억들이 아니라 오히려 일상생활의 소소한 것들, 같은 나이의 모든 사람이 보고 경험했었고 공유했었던, 그리고 그런 다음 사라져 버린, 잊힌 그러한 것들이다. 그것들은 기억될 가치가 있는 것들은 아니다. 그것들은 역사의 일부로서 기억될 만한 것이 아니며 국가적 인물이나 산악등반가 또는 스타들에 관한 기억될 만한 사건도 아니다"(Perec, 1978: 책 표지).

몇 가지 예를 들어보자.

(4) 나는 클럽 생제르망(Club Saint-Germain)에서 레스터 영(Lester Young)을 기억한다. 그는 붉은색 실크 안감을 댄 파란색 실크 수트를 입고 있었다.

(10) 나는 내 사촌 앙리(Henri)의 친구가 시험공부를 할 때면 하루 종일 자신의 욕실 가운을 입고 있었던 것을 기억한다.

(131) 나는 콘티키(Kon-Tiki)[65] 원정을 기억한다.

(143) 나는 최초의 병에 든 코카콜라가―미군들이 전쟁 동안에 마셨던 병에 든 콜라―벤제드린(benzedrine)[66]을 포함하고 있다고 믿었었던 것을 기억한다(나는 그것이 '맥시톤(maxiton)'의 학명[學名]임을 알고 있다는 것이 자랑스러웠다).

이런 식이다. 그 480개 모두가 미완성인 채로 끝난다(Perec, 1978: 480). 이것은 단지 "나는 기억한다"를 말하고 있을 뿐이며, '추기(追記), to follow…'라는 비밀 노트가 뒤이어 나온다(그리고 그 이후 페이지에서도 여전히 또 다른 메모가 "저자의 요청으로, 독자가 이것을 읽는 동안 생각날 '내가 기억하는 것들'을 적을 수 있는 빈 페이지를 발행인이 몇 장 남겨 놓았다"라고 적혀있다). 이 책은 또한 이름들, 장소들, 그리고 영화 제목들, 책들, 그리고 본문에서 언급된 뮤지컬 작품들에 대한 완벽한 색인을 포함하고 있다.

---

65 콘더키 호는 인류학자 토르 헤이에르달(Thor Heyerdahl) 외 6명이 1947년 태평양을 건넜던 뗏목의 이름이다.
66 각성제의 일종으로서 암페타민(amphetamine)의 상표명이다.

다시 한 번 말하건대, 이 책의 재미는 생활양식에 대한 환기에 있는 것 같다.

여기에는 소설적 의미의 서사는 전혀 없다. 『나는 기억한다』에 있는 480개의 회상들의 나열은 임의적인 것이 아닐 수도 있다(그렇지 않다는 보장도 없지만), 그리고 한 페이지에서 다음 페이지로 넘어갈 때 일종의 서사적 긴장을 유발할 진행이 있을 수도 있지만 나는 어떤 것도 찾지 못했다. 유일한 등장인물은 어린 페렉이고, 자신의 삶이 나이든 페렉에 의해서 회상된다. 그러나 그 속에는 맥시톤의 학명을 알고 있다는 것에 대한 자부심을 제외하고는 개인적인 것, '감정적인 것'은 아무것도 없다. 그 책에서 드라마 혹은 서스펜스의 느낌, 또는 앞으로 어떻게 될지에 대한 궁금함을 전달해 주는 것은 아무것도 없다. 아무것도 '일어나지' 않으며, 모든 것들은 그냥 그대로 있다.

시작도 끝도 없고 이야기도 서사도 없으며 확실히 분석도 없다. 많은 조합이 독자의 몫으로 남겨진다. 당신은 이 책을 읽으면서 자신이 어떤 패턴을 찾도록 도전받고 있다고 느낀다. 페렉은 그것이 무엇인지 말해주지 않을 것이다. 그리고 그 항목들의 나열에 어떤 실마리들이 있는지도 분명치 않다.

그 대신, 이 책의 의도는 단도직입적으로 역사학적이고 민속지적인 것으로 보인다. 이 책의 독특함은 이 책을 페렉이 모본(母本)으로 삼았던 작품과 비교하면 더욱 분명하게 드러난다. 그는 서문에서 "이 텍스트의 제목, 형식, 그리고 정신은 상당한 정도로 조 브래나드(Joe Brainard)의 『나는 기억한다(I Remember)』(Brainard, 1975[1995])에 의해 영감을 받은 것"이라고 말한다. 페렉의 책의 독특한 특징 중 일부는 브래나드의 작품을 읽을 때 더욱 명확해진다.

페렉은 브래나드가 자신에게 '상당한 정도로' 영감을 주었으며 그럴만한 자격도 충분하다고 말한다. 제목은 확실히 똑같고, 짧은 회상의 단락들이라는 형식도 비슷하다. 그러나 차이점도 상당하다. 브래나드의 단락들은 서로 연결되어 있다. 학교 선생님에 대한 회상은 다른 여러 회상들이 뒤따를 가능성이 있다. '내가 기억하는 것'은 실화(實話)이며 시작, 중간, 결말이 있는 작은 일화들이다.

그리고 자격(gualification)은 그 작품의 '정신'과 관련하여 확실히 필수적이다. 브래나드의 책은 진짜 자서전적 회상이며, 이 젊은 게이 예술가의 유년 시절에 일어났던 이야기들, 즉 어릴 적의 성 경험들, 뉴욕에서의 새로운 삶, 그가 자신의 고향인 오클라호마 주 털사에서는 상상도 할 수 없었던 사회적, 성적, 예술적 세계로 가득하다. 브래나드는 이 책에서 주인공으로 등장하며, 그의 감성이 전편을 지배한다. 그의 기억들은 누구라도 볼 수 있었던 것들을 홀로 추적한 것이 아니다. 그와 대조적으로, 그 기억들은 그가 개인적으로 보고 느꼈던 것(비록 많은 다른 사람들도 비슷한 경험을 가지고 있을 수도 있지만), 다른 사람들은 놓쳤을 그가 목격한 것, 남자들과 여자들과의 성적인 실험에 대한 본인 자신의 경험, 그의 자신의 성적인 환상들과 당혹스러웠던 것들 자신의 성적 환상들과 당혹스러웠던 것들, 그리고 그가 했던 것뿐 아니라 그가 원했지만 그럴만한 용기가 없었던 것들에 관한 이야기다. 그 짧은 단락들은 단지 일어난 것들, 거기 있었던 것만을 묘사하는 것이 아니라, 일어난 것과 거기 있었던 것에 대한 반응도 묘사하고 있다. 그는 수영장에서 발기했었던 것뿐만 아니라 그것이 가라앉지 않을 때 얼마나 당황스러웠는지도 기억한다. 그는 매력적이라고 생각했었던 남자들에 대해, 자신의 자위행위 환상들에 대해서 이야기한다. 그 책은 감정 과잉적이고 과장돼 있으며 감정이 넘쳐흐른다.

예술에 대한 것은 많지만 정치에 대한 것은 거의 없다. 섹스에 관한 것은 많지만 장소에 관한 것은 많지 않다. 당신은 그 책을 다 읽고 나면 브래나드에 대해서, 그리고 그가 탐구한 예술가들과 작가들의 세계에 대해서, 그리고 그가 성장한 털사에 있는 주일학교의 세계에 대해서도, 많은 것을 알게 될 것이다. 그러나 그 시골의 일반적인 정치적 그리고 대중적 문화에 대해서 또는 그가 집필하는 동안에 그가 그것에 참여했던 것에 대해서는 많이 알 수가 없다(그리고 당신은 그 시기에 대해 잘 모른다. 영화배우 이름은 많이 나오지만 군 장성이나 정치가의 이름은 없다).

비록 몇몇 유사성들은 있지만(그와 브래나드 둘 모두, 몇 안 되는 중첩되는 부분에서 콘티키 원정을 기억하고 있다), 페렉의 책은 매우 다르다. 거기에는 성적으로 눈을 뜨는 순간의 이야기나 당황스러웠던 순간들에 대한 이야기는 없다. 거의 예외 없이, 그것은 공공장소들과 사람들 그리고 사건들을 다룬다(그리고 시험공부를 할 때마다 하루 종일 욕실 가운을 입고 지내는 남자에 대한 항목과 같은 예들도 있다. 비록 공적이지 않고 그리 사적이지도 않지만). 페렉의 반응들은 그것에 개입하지 않는다. 그 책은 대도시로 이주한 사람이 바라보는 새롭고 흥미진진한 것들에 대해서 나열하지 않는다. 그 대신 제2차 세계대전 이후 파리에 살고 있는 누구라도 볼 수 있는 평범한 일상의 것들을 나열하거나, 또는 특정 나이의 또는 계급의 어떤 남성이라도 보고, 알아차리고 그리고 아마도 자신의 평범한 삶의 배경의 일부로서 나중에 기억하는 것들을 나열한다.

그것은 일상생활에 참여하고 있는 사람들이 보았을 것들, 즉 버스와 지하철, 음식을 샀던 곳들, 극장이나 다른 오락 장소들, 젊은이라면 관심을 가질 스포츠 인물들을 나열한다. 만약 관련된 누군가가 약간은 모험을 즐기는 사람이었고 뭔가 재밌는 일을 찾고 있었다면, 페렉이 그랬듯이, 그 사람도 또한 레스터 영, 듀크 엘링턴(Duke Ellington), 시드니 베셋(Sidney Bechet) 그리고 다른 미국의 재즈 연주자들을 기억할 것이다(덜 알려진 사람들을 포함하여—나는 비록 훌륭했지만 전혀 중요한 인물이 아니었던 알토 색소폰 연주자인 얼 보스티치[Earl Bostic]의 이름을 보고 깜짝 놀랐다). 만약 그가 문학에 관심이 있었다면, 그는 미셀 뷔토르(Michel Butor)와 알랭 로브-그리예(Alain Robbe-Grillet)같은 유명한 작가들의 이름과 그들이 태어난 곳을 기억할 것이다. 만약 그가 그 정도로 지적이었다면, 색인에 나와 있는 미국인들 중에서 카릴 체스먼(Caryl Chessman, 캘리포니아에서 일어난 사형 반대 캠페인의 지금까지도 불분명한 진원인), 그리고 리 바히 오스왈드(Lee Harvey Oswald) 같은 정치적 인물과 운동조직을 기억할 것이다. 그러나 이러한 것들은 페렉에게만 특별한 기억들은 아닐 것이다. 대조적으로, 그것들은 페렉과 같은 모든 사람들이 기억할 법한 또는, 아마도 더 정확하게는, 상기될 수도 있었을 법한 것들이다.

비록 이러한 일들과 장소들과 사람들이 흥미로울지라도, 이를테면 수용소 이송 중 탈출한 젊고 지적이며 어느 정도 정치에 관여하고 있던 프랑스계 유태인 및 그와 같은 수많은 사람들의 이야기, 미국의 재즈와 록큰롤 그리고 흑인 예술가들의 활동이 또 다른 종류의 삶에 대한 약속으로서 나왔다는 이야기, 1968년 5월과 비아프라(Biafra),[67] 그리고 때때로 언급되는 다른 큰 정치적 사건들이 독자에게 흥미진진한

사회에 대해 말하기

일들이 일어나고 있음을 상기시킨다 하더라도, 그 모든 것들에도 불구하고 문체는 무미건조하고 흥미진진하지 않으며 사물들과 사람들 그리고 사건들을 나열하고 있기만 할 뿐 논평을 하거나 반응을 보이지 않고 단지 회상만 할 뿐이다. 그리고 레스터 영의 파란색 실크 수트와 붉은색 안감, 클라우디아 카르디날레(Claudia Cardinale)가 태어난 곳, 닥터 스포크(Dr. Spoke)가 한 때 미국 대통령에 출마했었다는 것과 더불어 확실히 하찮은 것들을 기억하는 것 뿐이다. 그래서 어쩌란 말인가?

그래서 사실 뭐 어떻단 말인가? 계속 덧붙여 나간다. 전체는 부분들보다 더 많다. 레스터 영 더하기 클라우디아 카르디날레가 태어난 곳 더하기 디즈니의 일곱 난장이들의 이름(누구나처럼 페렉도 모두는 아니지만 그들 중 몇몇은 기억한다) 더하기 1950년대 패션들(목에 타이를 매는 대신에 구두끈을 매는 것이 한때는 멋졌다) 더하기 크레용을 나타내는 러시아 단어의 프랑스어 번역 – 이 모든 것은 페렉과 같은 많은 사람들 자신들의 머릿속에 무엇을 가지고 있는지 그리고 그들이 무엇을 보고 읽고 듣고 이야기했는지 알 수 있도록 해 준다.

이 짧은 책에는 이상하리만치 매우 완벽한 색인이 있는데, 그것은 친절하게도 여러분에게 그 책을 차례대로 읽지 않고 건너 뛰어가며 읽도록 권장하고 페렉이 독자들에게 『인생: 사용자 설명서』를 읽도록 권

---

67 비아프라는 나이지리아 남동부의 주로서, 이 지역의 주도세력이던 이보족(族)이 나이지리아 군사정권에 반발하며 분리 독립을 선언해 1967년 5월 30일 비아프라 공화국을 건립했다. 이후 나이지리아와 전쟁에 돌입했고, 1967년 1월 15일 패전했다. 전쟁 말기 200여만 명의 아사자가 속출하면서 이른바 '비아프라의 비극'으로 불리며 세계적인 주목을 받기도 했다.

장하듯이, 그 책을 나이 들어서 읽기를 권장한다(그건 그렇고, 색인항목 중 다수는 내게는 아무런 의미도 없었다. 내가 그 사람들이 누구인지를 몰랐기 때문이다. '나는 다리오 모레노를 기억한다[I Remember Dario Moreno]'는 페렉 세대의 프랑스 사람에게, 아마도 많은 다른 프랑스 사람들에게, 아마도 몇몇 미국인 독자들에게는 많은 것을 의미할 수도 있고 그렇지 않을 수도 있다. 그러나 내가 인터넷으로 그가 1950년대와 1960년대 프랑스 영화배우였다는 것을 안아내기 전까지는 나에게 아무 의미도 없었다. 하지만 그것은 그 책에 의해 상기된 기억 은행에 상당량을 더해준다).

나는 페렉의 책과 브래나드의 책 사이의 차이점들을 다소 과장했다. 차이점도 많지만 겹치는 부분도 있다. 브래나드는 페렉이 포함하는 많은 항목을 포함한다(예를 들어, 영화배우들). 그러나 다 그런 것은 아니다. 정치 쪽은 주목할 만한 것이 없다. 마치 페렉이 브래나드가 포함한 것의 약 80%를 버린 것처럼 보인다. 내용을 공적인 것과 널리 공유된 것 정도로 줄였고, 개인적이고 감정적인 것은 모두 배제했다.

이것은 큰 차이점이다. 브래나드는 동성애자이고 수다스럽다. 그의 책은 구체적인 삶과 일련의 개인적 경험을 묘사함으로써 문화를 기술한다. 당신은 그것으로부터 삶과 경험이 일어날 수 있는 직업적 그리고 예술적 문화와 사회적 조직에 대한 무엇인가를 알아낼 수 있다. 내용이 빈약한 페렉의 책은 더욱 무정형의 그러나 비현실적이지는 않은 것, 즉 문화를 구성하는 더욱 구체적인 이해들이 작동하는 일상생활의 문화적 배경을 기술한다. 레스터 영이 붉은색 실크안감을 댄 파란색 실크 수트를 입어야 하는 것은 프랑스 또는 미국 또는 재즈 문화의 일부도 아니다. 그러나 그것은 그의 생활양식에 대한 사실이며 몇

몇 사람들은 그것을 알아차리고 그것을 발생하고 있는 그 자체로서 인지했다. 디즈니의 일곱 난쟁이가 각자의 이름을 가지고 있었던 것은 미국 또는 프랑스의 문화의 중요한 일부는 아니다. 그러나 난쟁이들은 이름을 가지고 있었고 대부분의 사람들은 이를 알고 있었다. 그리고 그 모든 것은 소위 우리가 문화적 삶이라고 부르는 것에서 역할을 수행하는 참고목록의 일부이고 세목이다. 비록 나는 그 부분이 무엇인지 잘 알지는 못한다고 생각하지만 말이다.

페렉은 그것에 대해 이렇게 말한다. "(이러한 기억들은) 몇 년 후에는 온전히 그리고 미세하게, 우연히 또는 당신이 친구들과 함께 어느 날 밤 그걸들을 기억해 내려고 노력했기 때문에 다시 돌아온다. 그것은 당신이 학교에서 배운 것이며, 챔피언, 가수 또는 크게 성공한 신출내기 스타, 모든 사람들의 입에 오르내리는 노래, 신문 기사거리가 된 노상강도 또는 재난, 베스트셀러, 스캔들, 슬로건, 일시적 유행, 표현, 천 조각 또는 그것을 입는 방법, 몸동작, 또는 훨씬 하찮고, 없어도 되는, 완전히 평범하고 진부한, 불가사의할 정도로 그 하찮음으로부터 찢겨진, 한 순간 다시 찾은, 잠시 동안 흥미진진한 것, 감지할 수 없는 조그만 노스탤지어다"(Perec, 1978: 책 표지).

사회과학자는 기억이라는 공유된 순간들이 한 세대를 함께 잡아 주는 접착제를 구성하며 아마도 그렇지 않으면 그 구성원들에게 이용 가능하지 못할 일종의 집단행동을 가능하게 만들어 준다고 말하고 싶어할 수도 있을 것이다.

『파리의 장소에 대한 묘사 시도(*Tentative d'épuisement d'un lieu parisien*)』

세 번째 작품인 『파리의 장소에 대한 묘사 시도』(Perec, 1975)는 페렉이 파리에 있는 열 두 개의 장소를 묘사할 의도였던 미완의 기획의 일부다. 이는 각 장소를 1년에 한 번씩 각기 다른 달에 방문하여, 12년째의 마지막 달에 모든 장소에 대한 묘사를 완결하도록 돼 있었다. 이 조그만 책에 있는 묘사들은 『나는 기억한다』에서와 마찬가지로 매우 평범한 것들이다. 생 쉴피스 광장(Place St. Sulpice)에서 그가 점유하고 있는 유리한 지점들에서 볼 수 있는 것들, 다양한 표지판들과 트럭들에서 보이는 글자들과 숫자들의 목록, 카페에 있는 자신의 자리에서 보이는 사람들에 대한 묘사, 지나가는 버스들에 대한 묘사, 처마의 낙수 홈통에 있는 횃대에서 주기적으로 나오는 비둘기 떼들에 대한 묘사 등이 그것이다. 예를 하나 들어보자(필자 번역).

> 비둘기들은 거대한 떼를 지어서 생 쉴피스 광장 주변을 날아다니
> 가 시청 처마 낙수홈통에 있는 횃대로 돌아온다.
> 택시 승강장에는 다섯 대의 택시들이 있다.
> 87번 버스가 지나간다. 63번 버스가 지나간다.
> 생 쉴피스 광장의 종이 울리기 시작한다(의심할 나위 없이 한 시간 동
> 안).
> 세 명의 아이들이 등교한다. 또 다른 산뜻한 황록색의 소형 승용차.
> 비둘기들이 광장으로 다시 날아든다.
> 96번 버스가 지나가다가 (생 쉴피스) 정류장에 정차한다. 즈느비에브

세루(Geneviève Serreau)가 내려서 칸네트 거리(rue des Canettes)로 간다. 나는 그녀를 카페 창문을 두드려 그녀를 부르고, 그녀가 다가와서 나에게 인사를 건넨다.

70번 버스가 지나간다. (기타 등등)

여기에서 유일한 서사는 생 쉴피스 광장에 있는 테라스에 앉아서 뭐가 보이는지 보고 있는 관찰자 페렉 자신의 이야기이며, 그가 바라보는 것, 즉 걷고 있는 사람들, 지나가는 버스들, 날아다니는 비둘기들에 대한 단편적 서사들이다.

그것은 내게 『이제 명사(名士)들을 찬양합시다(*Let Us Now Praise Famous Men*)』(Agee and Evans, [1941]1988)에서 사물들과 사건들에 대한 제임스 애지(James Agee)의 유사하게 상세한(초점이 더 분명하긴 하지만) 묘사들을 생각나게 한다. 그것은 또한 내게 존 케이지(John Cage)의 피아노 독주곡 '4분 33초'를 생각나게 한다. 이 곡에서 피아니스트는 완전한 콘서트 복장으로 차려입고 무대에 오르고, 피아노 앞에 앉고, 스톱워치를 선반에 올리고 그것을 켜서 그 시간(4분 33초)만큼 기다렸다가 일어나서 퇴장한다. 케이지의 의도는 청자들에게 어떠한 공식적인 '음악'도 연주되지 않을 때 발생하는 소리들을 인지하도록 하자는 것이었다.

페렉은 흔한 장소들, 일상적인 것들을 묘사한다… 사실 나는 이 얇은 책에서 그가 한 것을 일반화하려고 시도할수록 그가 서술한 것과 이미 묘사한 목록을 그저 반복하는 것 말고는 그것을 재현할 다른 방법이 없으며 그것은 결코 도움이 되지 않는 것을 알아채고 말문이 막히는 느낌이 들었다.

당신이 페렉의 묘사들을 읽을 때, 당신은 점점 그 감정에 압도된다 (적어도 나는 그렇다. 그리고 나는 다른 사람들도 역시 그럴 것이라고 생각한다). 비록 어째서인지는 말할 수 없지만 이것은 중요하다. 만약 우리 사회학자들이 그것에 대한 개념들과 이론들을 가지고 있지 않다면, 우리는 그것을 가져야 한다. 수많은 그러한 것들이—지나가는 버스, 우산을 펴고 있는 사람들, 날아다니는 비둘기들, 트럭 옆에 쓰여 있는 글자들—항상 우리를 둘러싸고 있다. 우리는 무엇인가가 '질서에서 벗어날 때', 비둘기가 우리의 머리 위에 똥을 쌀 때, 누군가가 우산을 펴는데 비가 오지 않을 때, 버스가 편도 차선의 잘못된 방향으로 가고 있는 것처럼 보일 때 그것을 인식하게 된다. 사회학적 상식은 우리에게 그러한 사건들이 우리가 우리의 평범한 삶을 꾸려가는 환경으로서 우리가 당연시하고 의지하는 것을 우리에게 상기시킴을 말해준다. 그러한 환경들이 충족되지 않을 때, 우리는 '무언가 잘못됐다'라는 것을 알게 된다. 그것은 내가 생각해 낼 수 있는 만큼이나 근본적인 사회적 그리고 감정적 믿음이다.

이 책의 또 다른 재미는 그러한 묘사를 지속함에 있어서 페렉이 겪는 어려움에 대한 계속적인 설명인데, 이는 공평한 체계적 설명이 아니기 때문이다. 이 페이지들에서 버스들이 많이 나타나지만, 그것들은 와서 그냥 가버린다. 때로는 어떤 버스가 지나갔고 그리고 승객들로 가득했는지 아닌지에 대한 긴 목록들이 있기도 하다. 그러나 그런 다음 그는 피곤해지고 길에서 벗어나거나, 또는 버스들을 모니터링 하는 것을 잠시 동안 그저 멈춘다. 그는 비둘기들과 그리고 무엇이 그것들을 갑자기 집단적으로 처마 밑의 낙수 통을 떠나도록 만드는지에 관심을 갖는다. 그러나 그것도 역시 그의 관심을 오래 끌지는 못한다. 사실 이 책은 어떤 의미에서는 페렉이 목표했던 목적 없는 기술은 불가능함을 일깨워주는 교훈이며, 따라서 조사자가 어떻게 그리고 왜 무엇인가에 초점을 맞춰야만 하는지를 일러주는 교훈이기도 하다.

페렉은 사회학자인가?

아니다. 비록 당신이 그러한 경우일 수는 있지만 페렉은 사회학자가 아니다. 그는 사회학에 대해 무언가를 알고 있었던 것처럼 보인다. 미국식 사회학은 1950년대와 1960년대에 프랑스를 잠식했다. 『사물들』에서 더 재미있는 것들 중의 하나는 그 당시의 그리고 지금도 여전히 수행되고 있는 사회학적인 인터뷰의 소소한 속임수들에 대한 묘사다. 예들 들어, 면접 대상자에게 면접관이 아직 만족하지 못하고 있고 더 많은 것을 알고 싶다는 것을 인식하도록 해주는 침묵 같은 것들 말이다.

그러나 그것은 일단 제쳐 두자. 페렉은 전문적인 사회학자는 아니었지만, 특정 역사적 순간의 프랑스 사회를 또는 사회의 층을 묘사하려 의도했음이 틀림없다(내가 앞서 언급했듯이, 그는 자신의 작품을 분류하는 네 가지 범주 중 하나는 '사회학적'이라고 말한다. 그는 이 장에서 고찰하는 세 개의 텍스트를 그 범주에 포함시킨다). 그리고 그는 내가 설명했던 두 가지 방식으로 그러한 작업을 했다. 그 두 가지 방식을 일반화하기 위해서, 우리는 그것들이 똑같은 전략의 다른 버전들이라고 말할 수도 있을 것이다. 그 전략이란, 공식적으로 분석된 세목의 축적에 의해서 문화와 생활양식, 그와 관련된 신념과 그것의 조직화된 활동의 특징을 기술하는 것이다. 그는 『사물들』에서 마치 일상적으로 일어나는 일들을 모아놓은 것처럼 스토리텔링을 한다. 『나는 기억한다』와 『파리의 장소에 대한 묘사 시도』에서는 집합적 삶의 공식적 측면들의 세목을 단순히 축적하고, 사적이고 개인적이며 감정적인 모든 것은 엄격히 배제한 채 단지 그 외양만 남긴다. 외양만!

이러한 작품들 안에서 사회학은 그 서사가 사회적 분석을 전달하는 스토리를 말하는 것으로부터 나오는 것은 아니다. 이 세 작품 중 어떤 것도 관습적인 소설가적 방식으로 스토리를 말하지 않는다. 필요한 진행, 서사적 전개, 개별적 캐릭터 또는 감정에 대한 심층적 분석, 또는 그 전개의 사회구조와 규범은 찾아볼 수 없다.

우리는(여기서 '우리'는 우선 사회학자들을 지칭할 뿐만 아니라, 이러한 작업을 하는 모든 비평가와 문화 분석가 또한 일컫는다) 종종 문학작품이 사회적 삶의 표현이며, 특정 인물과 사건들(그 인물들뿐 아니라 그들과 같은 사람들, 그리고 그와 같은 사건들에 대한 모종의 진실을 담고 있는)을 소설가적 세심함으로 묘사하는 것이라고 말한다. 우리는 『전쟁과 평화(*War and Peace*)』가 그 이야기와 캐릭터들의 구체적인 점들을 통해서 우리에게 하나의 사회적 현상으로서 전쟁에 대한 무언가를 이야기한다고 평가할 수 있다. 『황폐한 집(*Bleak House*)』, 그리고 그것과 관련 있는 잔다이스 대 잔다이스(Jarndyce vs. Jarndyce)의 이야기는, 단지 디킨스가 그렇게 주장해서만이 아니라, 당시 영국 법체계의 부적절성, 부패, 부정의에 관한 '사실성'을 구체화했기 때문에 그러한 평가를 받을 수 있다. 브라질의 비평가 안토니오 칸디도(Antonio Candido)는 소설의 그러한 특질들을 명확히 읽어내는 점에서 탁월하다.

둘 중 어느 것도 여기서 내가 의미하는 것은 아니다. 페렉과 관련해서, 당신은 등장인물들의 감성적인 삶에 참여하거나 또는 그들과 동일시하지도 않는다. 또한 당신은 주요 사회기관들에 대한 진지한 분석적 표현을 하지도 않는다, 이는 리얼리즘 소설의 주축이다. 페렉은 그러한 관습적 방식의 사회학적 사고와 저술을 위한 모델이 아니다.

대신 이 세 작품은 사회과학자들의 관심을 끄는 문제들에 대해서 이야기하기 위해 문학적 장치들을 사용하는 세 가지 다른 방식들을 구체화한다. 이는 사회과학자들이 사회에 대해 말하기에서 사용할 수 있는 방식들이다. 『사물들』은 관습적인 사회분석에 가장 가깝다. 당신은 그 책을 읽고 사회의 모든 계층, 특정 부류의, 특정 계급의, 특정 연령 및 혼인상태의 사람들에게 삶이 어떠했는지에 대한 강한 느낌을 받는다. 우리는 그것을 사회적 삶의 이러한 측면들에 대한 표준적인 사회과학적 말하기 방식과 비교할 수 있다(예를 들어, '전형적인 전기[傳記]로서의 소규모 지역사회'에 대한 인류학자 로버트 레드필드[Robert Redfield, 1956: 50-65]의 설명과 비교해 보자). 다른 두 작품은 사회과학자들이 잘 하지 못하는 것을 하면서, 일상적인 삶의 경험에 대한 설명을 제공한다. 생쉴피스 광장에 대한 묘사의 도입부에서 페렉은 "남아 있는 것, 대개는 글로 적지 않는 것, 주목받지 못하는 것, 중요성이 전혀 없는 것, 아무것도 일어나지 않을 때 일어나는 것, 날씨, 사람, 자동차들, 그리고 구름들"이라고 언급한다(Perec, 1975: 12; Becker, 1998: 95-98도 참조). 세 작품 모두 각각 서로 다른 방식으로 '실재'가 독자에게 전달되는 근본적인 장치로서 '원래 그대로의 묘사(raw description)'에 의존한다.

이 작품들을 민속지의 원형(protoethonography)으로 취급한다고 해서, 내가 이들이 그러한 작품이 가질 수 있는 다른 모든 미덕들의 잠재성을 내포한 문학작품이 아니라고 말하려는 것은 아니다. 그러나 잠시 동안은 그 점을 괄호 쳐 놓고 이 작품들을 페렉이 말한 대로 사회학이라고 간주해 보자(자신의 작품에 대한 저자 자신의 생각은 사람들이 때때로 말하듯 '특권을 가진' 것이 아닐 수도 있지만, 그렇다고 이것이 우리가 그러한 생각을 무시해도 된다는 말은 아니다).

"그것은 아무 것도 일어나지 않을 때 일어난다"는 말이 사회과학의 연구주제에 대한 사회과학자들의 좌표(grid) 어디에 들어맞는지는 분명하지 않다. 그러나 이 전략은 적어도 일부 사회과학자들이 성취하고자 하는 것, 즉 특정 역사적 환경 하에서 상호작용하고 의사소통하는 일단의 사람들이 공유한 지식, 이해, 그리고 관행의 본체로서 만들어 낸 것—대개 문화라고 불리는 것—에 대한 기술과 다소간 중첩된다. 게다가 그것은, 비록 그 표현이 공허하리만큼 불분명하긴 하지만, 때때로 사람들의 '생생한 경험'으로 일컬어지는 것에 대한 설명을 하는 방향으로 나아가고 있다. 그러나 만약 그것이 어떤 것을 의미한다면, 그것은 특정한 역사적 그리고 사회적 맥락에서 적어도 이런 종류의 '모든 사람들이 알고 있었고 느꼈던 것'을 나타낼 것이다. 페렉이 우리의 관심을 끄는 부분은 '중요하지 않은 것처럼 보이는', 언급할 가치도 없고 이론화할 가치도 없어 보이는 부분이다.

사회과학자들은 사회적 기술과 분석으로서 그들에게 제안되는 것에 대한 증거를 주장한다. 당연히 그들은 증명된 것들을 갖기를 원한다. 이상할 것도 없이 페렉은 '증명'의 질문 또는 문제에 대해서는 전혀 언급하지 않는다. 그러나 그와 같은 사람들에게 그 당시 파리에서의 삶이 정말로 그러했는지 질문하는 것은 확실히 독자들의 마음에 다가올 것이다. 내가 만약 생 쉴피스 광장에 있는 카페 드 라 마이리(Café de la Mairie)에 앉아 있었다면 똑같은 것들을 보았을까? 아니면 페렉은 결코 일어나지 않은 일들을 상상하는 괴짜에 불과한 것인가? 페렉은 『나는 기억한다』의 본문에 이어지는 추기(追記)에서 이 질문에 대한 해명을 펼쳐놓는다. "내가 전쟁 이후의 이러한 기억들을 상기할 때, 그것들은 나에게는 신화의 영역에 속하는 시대를 나타낸다." 그것은 어떤 기억이 '객관적으로' 틀릴 수도 있다는 것을 설명한다. 그러므로 '나는 기억한다' 101번째 항목에서, 나는 테니스의 유명한 '4총사'[68]를 정확히 기억한다. 그러나 내가 언급하는 네 명의 이름 중 단지 두 명(보로타[Borota]와 꼬셰[Cochet])만이 실제로 거기에 속한다. 부르농(Bourgnon)과 라꼬스뜨(Lacoste)는 페트라(Petra)와 데스트르모(Des-

---

68 테니스의 '4총사(The Four Musketeers)'는 1920년대 후반과 1930년대 초반에 걸쳐 세계 테니스계를 주름잡았던 네 명의 프랑스 선수들을 뒤마(Alexandre Duma)의 고전 『3총사(The Three Musketeers)』의 제목을 차용해 표현한 것으로서, 그 네 명은 장 보로타(Jean Borota), 자끄 부르농(Jacques Brugnon), 앙리 꼬셰(Henri Cochet), 르네 라꼬스뜨(René Lacoste)이다. 본문에서 페렉이 "부르농과 라꼬스뜨는 페트라와 데스트르모로 대체되었다"고 한 것은 자신의 기억이 틀렸음을 보여주는 것이다. 그러나 페렉은 이어서 페트라와 데스트르모가 후에 챔피언이 되었다고 말함으로써, 그들 또한 훌륭한 선수였고 따라서 자신이 그들을 4총사에 속하는 선수들로 잘못 기억하는 것도 무리가 아니라는 함의를 내비친다. 이를 통해 그가 "기억은 객관적으로 틀릴 수 있다"거나, "자신은 4총사의 이름을 정확히 기억한다"고 말하는 이유를 알 수 있다.

tremeau)로 대체되었고, 그들은 후에 챔피언이 되었다"(Perec, 1978: 119).

그러나 그는 독자들에게 그것이 아마도 그와 같았을 것이라고 또는 그와 매우 흡사했을 것이라고 생각할 만한 많은 명분을 제공한다. 우선, 내가 인용했던 그 메모는 문화에 대한 설명으로서 『나는 기억한다』의 정확성을 전혀 변화시키지 않는 사실의 오류를 고백한다. 문화적 사실로서 중요한 것은 테니스 스타들의 이름이 다소 식견이 있는 사람들이 알고 싶어 하는 것의 일부가 될 것이라는 점이다. 이는 E. D. 허쉬(E. D. Hirsch), 조셉 케트(Joseph Kett), 그리고 제임스 트레필(James Trefil)이 '문화적 교양(cultural literacy)'이라고 불렀던 것(Hirsch, Kett and Trefil, 1987)의 일부다. 페렉이 그 이름들을 정확히 썼는지는 그가 디즈니의 일곱 난쟁이들의 이름을 정확히 썼는지 보다 결코 더 중요하지 않다. 그러나 그 고백은 페렉이 그러한 문제들(물론 그 이름들을 정확한 이름들로 바꾸기에는 그리고 자신의 신빙성을 확립하기에는 충분하지는 않지만)에 대한 정확성에 대해서 신경을 썼다는 것을 보여준다.

그러나 이 책에서 언급된 것들 중 대부분은 한스 하케가 자신의 컨셉 예술에서 공식기록으로부터 인용한 것과 유사한 방식으로 보증된 것이며 매우 잘 알려져 있는 것들이기 때문에, 대부분의 독자는 몰랐던 것을 새로 배우거나 하지는 못할 것이다. 오히려, 그 책은 독자들에게 자신들이 이미 알고 있는 것 그리고 그들이 알고 있는 것이 어떻게 일종의 문화적 그리고 사회적 전체를 구성하는지 상기시켜 준다. 하지만 이 전체는 쉽게 특성이 묘사되지 않는다. 그것은, 적어도 분명히는 아니지만, 사회과학자들이 문화에 속한다고 생각하는 종류의 응집성을 가지고 있지 않다. 즉 우리가 사회는 '산업화'되고 있다거나

'청교도 윤리'에 의해 묘사될 수 있다, 또는 '디오니소스적'이라거나 '아폴로적'이라고 말할 수 있는 것처럼, 관찰자에게 사회학자들이 매우 좋아하는 적절한 요약 문구 중 하나를 사용해서 문화를 묘사할 수 있도록 해 줄 수 있는 각 부분 간의 유사성, 상호연관성, 친화력이 없다는 말이다.

『사물들』은 다소 다른 경우다. 이 책이 1965년에 출간되어 유명한 르노도상(Prix Renaudot)[69]을 탔을 때, 이 책을 소설로 볼 수 있는지 또는 사실상 사회학으로 볼 것인지에 대한 기나긴 비판적 논쟁이 촉발되었다(프랑스 평단의 반응에 대해서는 이 책의 불어판에 자끄 린하르트[Jacques Leenhardt]가 쓴 '후기'를 많이 참조했다). 비평가들은 가치에 대한 어떠한 사실적 성격묘사, 감정, 옹호도 없다는 점에 주목했다. 전후 프랑스 소설에서 의례히 예상되었던 것들은 하나도 없었다(그리고 이전에도 당연히 없던 것이었다). 그 대신, 물질 소비에 의해 지배되기 시작하는 사회에 대한 기술, 즉 정확히 어떤 의미에서는 **물질**이 사람들의 삶의 모습을 형성하게 된 사회, 그리고 어느 정도는 전에 없던 사회에 대한 기술이 있었다. 이러한 세목들은 그러한 종류의 요약적 기술을 가능하게 해 준 방식으로 이해된다. 그리고 이 책에 대한 열띤 비판적 논쟁의 일부는 그 기술이 진실인지 아닌지와 관련된 것이었다. 이는 이 소설이 당시

---

69 1631년 프랑스 최초의 신문을 창간한 테오프라스트 르노도(Théophraste Re-naudot)의 이름을 따서 1926년 제정된 프랑스의 문학상으로서, 공쿠르상(Prix Goncourt)과 더불어 프랑스 주요 문학상 중 하나다. 대체로 실험성 강한 작품이 많이 수상하는 것으로 알려져 있다.

프랑스에 대한 기술로 얼마나 진지하게 받아들여졌는지를 입증하는 것이다.

다른 두 작품과 마찬가지로, 많은 세목들이 있다. 그러나 문제가 되는 것은 그 세목들의 정확성이 아니라 대표성이다. 제롬과 실비는 그 세목들을 프랑스 독자들이 인지할 수 있는 방식으로 살아간다. 독자들은 이 책에 나오는 양탄자와 램프, 그리고 이들 주변의 다른 모든 소재들(물질적이든 비물질적이든)을 인지할 수 있다. 그러나 그게 전부일까? 포함될 만한 다른 것은 없었는가? 독자들과 비평가들이 그런 생활방식에 관한 함축적 판단이라고 간주하는 것의 어려움을 완화해 줄 것을 말할 수는 없었는가? 이것은 '일방적인' 것처럼 보이는 사진 작품부터(로버트 프랭크의 사진집 『미국인들』이 '편향적'이라는 반복적 비판들을 참조하라), 다른 멋진 것들이 추가되었더라면 또 다른 전체적인 그림을 제공할 수 있었다며 불평하는 사회학적 보고서에 이르기까지 모든 종류의 프로젝트에서 일어나는 재현의 문제이다.

이 모든 사항들은 우리로 하여금 모든 종류의 사회적 기술 중 보여주고 싶은 욕망과 설명하고 싶은 욕망, 이 두 가지 측면을 갖지 않은 것이 있는지 의문을 품게 만든다. 아마도 모든 종류의 사회분석이 제자리를 잡도록 하는 것은 바로 이 둘 사이의 긴장일 것이다.

16 도시학자 이탈로 칼비노

페렉의 사회학적 실험들은 전통적인 사회학과 공통점이 많다. 비록 명확한 문학작품은 아닐지라도, 그것들은 어떤 사회학자(상상의 사회학자)가 할 수도 있었던 것과 어느 정도는 닮아있다. 제인 오스틴의 소설들은, 비록 소설이 하는 방식으로 이야기하고 있지만, 우리가 인류학 논문이나 사회학 논문에서 찾을 수 있는 세목들과 일반화된 이해를 통해 생활방식을 보여주려고 명백히 의도한다. 그러나 이탈로 칼비노(Italo Calvino)는 그렇지 않다. 그의 후기 작품들은 의도와 실행에 있어서 매우 전위적이고, 사회조직 또는 상황에 대한 충실한 기술을 전혀 주장하지 않으며, 페렉이 자신의 분야에서 구사했던 배경소음(background noise)조차도 넣지 않았다. 그러나 그는, 특히 『보이지 않는 도시들(*Invisible Cities*)』(1974a)과 같은 작품에서, 우리가 관심을 가져야 하는 것을 꾀하고 있었다.

칼비노의 글쓰기는 말할나위없이 유명하다. 예상치 못한 세목의 축적, 생생하고 예상치 못한 심상, 그리고 사물들, 사람들, 그리고 그들의 속성에 대한 두운체적인 목록이 계속해서 생각지도 않은 유쾌함을 만들어 낸다. 내가 칼비노의 작품의 또 다른 측면에 대한 관심을 불러 일으키는 것은 그의 문학적 성취를 무시하려는 것이 아니다.

칼비노는 파리의 문인 단체인 '울리포(OULIPO, Ouvroir de Littéra-ture Potentielle)'에 속해 있었고, 조르주 페렉은 그 단체의 또 다른 유명한 회원이었다. 페렉은 자신의 작품 중 약 1/4은 비록 암묵적이지만 사회이론들 또는 적어도 그러한 이론들을 위한 자료를 포함하고 있는 사회현실에 대한 기술이라는 점에서 '사회학적'인 것으로 분류될 수 있으리라 생각했다. 도시들에 관한 약간의 상상력이 가미된 칼비노의 책은 훨씬 더 '이론적' 스타일의 사회학이라고 간주될 수도 있다. 그리고 우리가 그런 이상한 것을 사회학이라고 부르는 것에 대해 비난하지 않고 그것이 우리에게 말하고 있는 것을 파악한다면 유익한 점이 있다. 『보이지 않는 도시들』은 사실은 아니지만, 내가 전에 주목할 만한 가치가 있는 분석을 담고 있다고 논의한 재현 유형들이 가진 특징을 공유한다. 특히, 이 책은 그 단편들이 공기부족 국가에 관한 앤틴의 이야기보다 훨씬 짧지만, 내가 우화라고 지칭한 장르의 일부다.

표면상으로는 『보이지 않는 도시들』은 늙어가고 있는 쿠빌라이 칸(Kublai Khan)과 젊은 마르코 폴로(Marco Polo) 사이의 일련의 대화다. 칸은 자신의 제국이 매우 광대하게 성장해서 효율적으로 통치될 수 없다는 것을 안다. 그것은 '끝도 형태도 없는 파멸'이며 오직 자신의 여행에 대한 폴로의 설명들을 통해서만 그는 "장식장 격자의 도안이 매우 미묘해서 흰개미가 갉아먹는 것을 피할 수 있었다"는 것을 알 수 있다. "쿠빌라이 칸이 마르코 폴로가 원정 중에 방문했던 도시들을 묘사하는 말을 모두 믿은 것은 아니다." 그러나 그는 도시들에 대한 55개의 짧은 기술들을 주의 깊게 듣는다. 우리도 역시 마찬가지다.

폴로는 그 도시들의 지리적 상황, 건물 배치, 사회적 관습, 또는 더욱 더 미묘한 문제들에 초점을 맞춤으로써, 그리고 때로는 그 지배적 특징의 주요한 결과들을 명확히 지적하면서 각각의 도시를 묘사한다. 그래서 그는 우선 디오미라(Diomira)에 대해 묘사한다. "이 도시의 특징은, 해가 점점 짧아지고 형형색색의 램프가 음식점 문 위에서 동시에 밝혀지고 테라스에서 어느 여인이 우~!하는 소리를 내는 9월의 어느 날 저녁에 그곳에 도착하는 사람이, 전에 이와 똑같은 저녁을 경험했고 지금은 그 때가 행복했노라고 생각하는 사람들에게 질투심을 느끼게 된다는 것입니다"(Calvino, 1974a: 7).

그 언어는 감흥을 불러일으키고 심지어는 에로틱하기도 하다("어느 여인이 우~!하는 소리를 낸다"), 그리고 그 속에는 충분한 쾌락이 있다. 아마도 우리는 어떤 사회학적인 것도 추가할 필요가 없을 것이다. 그러나 그러한 55개의 묘사의 축적은 독자에게 감흥을 불러일으키는 이미지 이상의 무언가가 있다고 느끼도록 만든다. 칼비노가 도시들에 대한 무언가를 우리에게 이야기하기를 원하기 때문에 그 책의 제목은 도시들에 대한 것이다. 그는 컬럼비아 대학교 학생들을 대상으로 한 강연에서만큼이나 많은 말을 했지만, 이는 이 책의 영어판에는 포함되어 있지 않으며 찾기도 쉽지 않다(이는 이태리어판과 불어판에 서문으로 실려 있으며, 바로 이 점이 내가 인용문을 불어판에서 직역한 이유다. 칼비노 자신이 쓴 영어 원문이 어딘가에 있겠지만 말이다).

『보이지 않는 도시들』에서는 어떤 도시도 인식 불가능하다. 모든 도시들은 가공된 것이다. 나는 각각의 도시마다 여성의 이름을 붙였다. 이 책은 짧은 장들로 구성되어 있는데, 각 장은 모든 도시에 또는 도시에 대한 일반적인 관념에 적용되는 숙고를 위한 구실이다 (Calvino, 1974b: 1).

나는 이 책이 **도시**에 관한 시간을 초월하는 관념만을 불러일으킨다고 생각하지는 않는다. 오히려 여기에서 현대 도시에 관한 토론이 때로는 암묵적으로 때로는 명시적으로 전개된다. 내 친구인 몇몇 도시학자들은 이 책이 자신들의 문제의 다른 측면들을 건드렸으며, 이는 배경이 동일하기 때문에 우연히 벌어진 일은 아니라고 말했다. 그리고 '수많은 사람이 사는' 대도시는 이 책의 마지막에만 나오는 것은 아니다. 고대 도시를 상기시키는 것처럼 보이는 것조차도 당신이 오늘날의 도시를 염두에 두고 그것에 대해 생각하고 서술할 때만 의미가 통한다.

나의 마르코 폴로에게 중요한 것은 사람들로 하여금 도시에 살도록 만드는 비밀스런 이유들, 현대 도시의 위기가 없더라도 그와 연관될 수 있을 이유들을 밝히는 것이다(Calvino, 1974b: v-vi).

그는 우리에게 어떤 도시들에 대해 말하고 있는가? 대부분은 실제 도시들이 아니고 약간 변형된 버전의 파리 또는 런던 또는 뉴욕도 아니지만, 많은 경우에 있어서 비록 은유로서 간주된다면 존재할 수도 있지만 우리가 그 묘사들을 문자 그대로 받아들이지 않는다면 결코 존재할 수 없는 도시들이다. 그러나 그렇다 할지라도, 묘사된 도시들 중 몇몇은 인식 가능한 도시들을 닮은 것처럼 보인다. 에스메랄다(Esmeralda)는 거리와 운하로 구성되어 있는데, 이러한 폴로의 관찰은 우리가 기대한 것은 아닐지라도, 베니스의 반(半)현실적 버전으로 쉽게 인식된다. (과거와 현재의 실제의 도시들은 두 사람의 이후 대화에서 이름이 지어진다. 그리고 문학과 신화에 나오는 상상의 도시들도 그러하다. 따라서 샌프란시스코와 뉴 아틀란티스가 그들의 대화에서, 그리고 전설적인 지도책에 대한 칸의 탐독에서 떠오른다).

그 도시들은 어디에 위치해 있는가? 짐작컨대 폴로는 모든 알려진 세계를 여행한다. 그러나 그의 평생 동안 알려진 장소들은 그 이후 세기에 비해 매우 적다. 그 도시들은 종종 해변이나 또는 사막의 가장자리에 있다고 간주되고, 사람들과 사물들에 대한 기술로 볼 때 아마도 아메리카가 아니라 주로 유럽과 아시아의 일부인 것처럼 보인다.

칼비노는 우리에게 이름들을 주의하라고 경고한다. 그러나 그 이름들은 정취를 가지고 있다. 로맨틱하고, 어렴풋이 지중해풍이며, 옛것처럼 보인다. 그리고 거의 모두가, 영어와 로망스어에서, 느낌과 문법에 있어서 여성인 모음들로 끝난다.

마르코 폴로가 쿠빌라이 칸에게 설명하고 있기 때문에, 이는 아마도 그들의 시대인 13세기 말로 거슬러 올라간다. 도시들을 묘사하는 세목 대부분이 그 시기의 것과 일치한다. 그러나 그렇지 않은 것도 있는데, 특히 이 책의 후반부에는 당황스럽게도 쓰레기 트럭과 자동차, 그리고 공항과 크레인, 불도저, 그 밖에 다른 현대적인 장비들에 대한 이야기가 나온다.

칼비노가 도시들에 관해 우리에게 말하고 싶은 것에 대한 한 가지 단서는 이 책의 세부목차에 있다. 55개의 묘사는 각각 5개의 도시들로 구성된 11개의 그룹으로 구성되어 있으며, 흥미를 부추기는 다양한 제목들로 돼 있다. 각 제목은 '도시와 기억(Cities and memory)', '도시와 욕망(Cities and desire)', '도시와 기호(Cities and signs)', '섬세한 도시들(Thin cities)', '무역도시(Trade cities)', '도시와 시선(Cities and eyes)', '도시와 이름(Cities and names)', '도시와 죽은 자들(Cities and the Dead)', '도시와 하늘(Cities and the sky)', '지속되는 도시들(Continuous cities)', '숨은 도시들(Hidden cities)'이다. 이 제목들은 그 의미가 분명치 않은 복잡한 순차로 연결되어 있는데, 나는 이것이 작품의 각 부분의 체계적인 임의적 배열(systematically arbitrary arrangement)이라는 전형적인 울리포의 방식이 아닐까 생각한다(Calvino, 1974b: ii-iii의 논의 참조). 각각의 이름은 도시들과 우리의 관심을 끄는 놀라운 특징들에 관해 이야기될 수 있는 것들 하에서 표제가 형성된다. 어떤 특징은 일상의 물리적 사실이고, 어떤 것은 사람들이 도시에 대응하는 방식을 나타내며, 어떤 것은 사회적 삶의 평범하고 의심의 여지가 없는 특징에 대한 우리의 믿음에 도전하는 '가정(假定)'이기도 하다.

칼비노는, 그가 1993년 컬럼비아 대학교의 학생들에게 말했던 것처럼, 우리로 하여금 이러한 도시들이 어떤 의미에서는 시간을 초월

사회에 대해 말하기

한다고 생각하도록 의도한다. 이 생각은 칸과 폴로의 대화에서 때때로 명백히 나타난다. 폴로가 기술하는 모든 구체적인 세목들에 대해서, 그들은 (개신교 윤리에 대한 막스 베버의 분석이 구체적인 역사적 시간과 장소와 관련이 있는 식으로) 구체적인 역사적 시기 또는 실제 장소를 표현하지도 않고 언급하지도 않지만, "장식장 문양의 격자가 매우 미묘해서 흰개미들이 갉아먹는 것을 피할 수 있었다"라고 묘사한다.

어쨌든, 우리는 칼비노가 도시에 관해 무언가 중요한 것을 말하고 있다고 생각하게 되는데, 이는 우리가 그의 우화로부터 도시생활에 관한 일반화를 도출할 수 있기 때문이다. 각각은 도시생활의 조직화에 있어서 본질적인 것, 즉 도시 속에서 또는 도시에 대한 사람들의 반응 속에서의 차원들에 대한 우리의 관심을 끌어낸다. 이러한 특징들은 모든 도시에서 발견할 수 있을 것이다. 예를 들어, 똑같은 급수 시스템을 가지고 있지는 않을 것이지만, 그 도시 주민들에게 깨끗한 물을 공급해야 하고 더러운 물은 처리해야 한다(아르밀리아[Armilla][Calvino, 1974a: 49-50]에 대한 묘사는 도시 조직의 이러한 특징에 초점을 맞춘다). 그 도시가 그것을 하는 방식은 그 도시 생활의 다른 특징들과 어느 정도 이해가능한 방식으로 관련될 것이다.

그러한 일반화를 하는 것은 도시사회학의 통상적인 연구방식이다. 우리는 인구 크기와 구성, 지리학적 구조, '문제점들', 심지어는 '문화'와 '전통' 같은 무형의 차원에서도 도시들을 비교한다(Molotch et al., 2000). 단조로운 과학적 방식으로 그의 작품에 대해 이야기함으로써 격하하려는 의도는 아니지만, 우리는 칼비노가 어떤 새로운 변수들을 이러한 표준적 방법에 추가한다고 말할 수도 있다. 비록 사회학자들이 과거에는 하지 않았지만—또는 체계적으로 하지는 않았지만— 도시들이 효율적으로 비교될 수 있는 새로운 차원들 말이다. 그 새로운 차원들은 폴로가 칸에게 하는 이야기들에서 그리고 그에 대한 그들의 토론에서 구체화된다.

칼비노의 방법

칼비노는 황제와 사회과학의 이론적, 인식론적 문제를 탐구하는 여행자 사이의 18개의 대화에서 폴로가 칸에게 보고하는 도시들에 대한 기술의 지위에 대해 이야기함으로써 도시생활에 관한 자신의 이론을 구축하는 방법을 설명한다. 우리는 이 두 사람이 논쟁하는 것을 들으면서 각각의 가능성의 장단점은 물론 명확한 선택 불가능성에 대해서도 알게 된다. 대화체 포맷(12장 참조)은 이러한 불확정성을 조장한다. 우리는 결론을 내리는 논문을 읽고 있는 것이 아니라 선택의 대안들이 고려되고, 중시되고, 시도되고, 거부되고, 초월되고, 원점으로 돌아가는 토론을 읽고 있는 것이다. 대화는 도시를 어떻게 이해할 것인지에 대한 방법론적 문제들을 탐구하는 것이지 이를 해결하지는 않는다. 칸과 폴로가 서로 동의하는 것들과 동의하지 않는 것들은 '과학적' 목적뿐만 아니라 극적인, 그리고 성격학적인 목적을 수행한다. 그러나 이것들은 확실히 계속해서 사회과학자들을 괴롭혀 온 방법의 문제에 대한 언급이다.

칸과 폴로는 지식의 경험적 토대를 인식한다. 그들은 이것에 대해

　　　　　　　　　　사회에 대해 말하기

민감하다. 한편으로 그들은 우리의 관념이 사실을 형성한다는 것을 알고 있다. 우리는 우리의 관념이 우리에게 무엇을 보도록 준비시키는지 알게 된다. 다른 한편으로, 당신은 관념을 조작하여 사실을 통제할 수는 없다. 사실은 다루기 어려운 것이며 결코 우리가 원하는 식으로 존재하지도 않을 것이다. 그러므로 폴로가 기술하는 도시의 특징은 자신이 마음대로 만들어 낼 수 있었던 것이 아니다. 그것은 그 자체이며, 우리가 가지고 있는 어떠한 일반적 관념도 그것과 일치해야 한다. 칸이 폴로에게 "제금부터 내가 도시들을 묘사할 것이니, 너는 그런 도시가 존재하는지, 그리고 그것이 내가 생각한대로인지 말하라"(Calvino, 1974a: 43)고 말하듯이 말이다. 칸의 묘사는 경험적 검증을 받게 될 것이다.

그들은 구체적 사례와 일반적 법칙 사이의 관련성, 특정 도시에 대한 묘사(실제든 상상이든)와 도시의 조직화, 기능, 역사, 궁극적 운명에 관한 일반적 명제 사이의 관련성에 대해 토론한다. 이것 역시 사회과학 방법론의 표준적인 그리고 지속적인 문제이다.

내가 이미 지적했듯이, 그들은 폴로의 묘사가 특정 도시에 대한 묘사에서 꼭 설명돼야만 하는 도시 생활의 차원들을 포함한다는 것을 인식한다. 여기서 나는 그들의 이야기의 텍스트에서 명백한 것 그 이상으로 더 나아가 보겠다. 이러한 것들을 도시가 해결해야만 하는 '문제들'로 간주하는 것은 유용할 수도 있다. 예를 들어, 페도라(Fedora)라는 도시는 그것의 다양한 가능한 미래들을 박물관에 있는 작은 수정 구체(球體)들로 보존한다. 이것은 우리에게 모든 도시는 그것이 대처할 수 있는 수많은 가능한 미래들을 가지고 있다는 것을 상기시킨다. 어떠한 특정한 도시든 이러한 잠재적인 미래들을 다루는 자기 자신만의 방식을 가질 것이다. 그것은 자신의 미래들을 보존할 수도 있고, 억압할 수도 있고, 무시하거나 잊을 수도 있다. 모든 도시들에는 일방적으로든 또는 다른 식으로든 '우리의 미래들'이 존재한다.

각각의 특정 도시에 대한 묘사는 적어도 하나의 그런 차원을 내포하며, 폴로의 묘사 전부는 수많은 그러한 차원들을 포함하고 있다. 하나의 도시가 각각의 차원을 다루는 수많은 가능한 방법들이 있기 때문에, 잠재적인 조합의 수는 엄청나다. 그것은 조합 수학의 문제다.

이러한 분석적 가능성들은 몇 가지 측면에서 생각될 수 있다. 당신은 이러한 일반적인 차원들을 안다면 당신이 알 필요가 있는 모든 것을 알고 있다고 할 수 있다. 모든 장소는 일반법칙의 한 형태일 뿐이다. 칸은 말한다. "하지만 나는 모든 가능한 도시들을 추론할 수 있는 도시 모델을 머릿속에 세워놓았네. 그 도시에는 규범에 상응하는 모든 것이 포함되어 있지. 존재하는 모든 도시들은 규범으로부터 멀어지는 정도가 다양하니까, 나는 규범에서의 예외들만 예견하고 가장 가능한 조합들을 계산해 내기만 하면 된다네"(Calvino, 1974a: 69).

폴로는 대안을 제시한다. "예외적인 것들, 배제된 것들, 부조화된 것들, 모순적인 것들로만 구성된 모델입니다. 만약 어떤 도시가 이렇게 가장 있을 법하지 않은 것들로만 구성되어 있다면, 비정상적인 요소들의 수를 줄여나감으로써 그 도시가 실제로 존재할 가능성을 높일 수 있습니다. 그러므로 저는 제 모델로부터 예외들을 빼 나가기만 하면 됩니다. 어떤 방향으로든 진행하다 보면 저는 항상 예외적이기는 하지만 그래도 존재하는 도시들 중 하나에 도착할 것입니다. 그러나 저는 이 작업을 어떤 한계 이상으로 밀고 나갈 수는 없습니다. 실제라 할 수 있을 정도로 실제 같은 도시에 다다를 때까지만 말입니다"(Calvino, 1974a: 69).

이것은 도시를 마치 체스와 같은 것으로 이해하도록 만든다. 당신이 일단 규칙과 법칙을 알게 되면, 그것은 당신이 필요로 하는 모든 것이다. 그러나 칸은 그것이 너무 추상적이고 많은 부분을 빼먹었다며 걱정한다. 체스는 당신에게 체스판이라는 나무 조각만 남길 뿐이다. 폴로는 그 즉시 나무 조각에 대해 알 수 있는 것이 많음을 지적한다.

또는 당신이 어떤 도시를 잘 알고 있다면, 그것은 당신이 필요로 하는 모든 것이라고 할 수 있다. 왜냐하면 모든 다른 도시들에 대한 일반화가 그 속에 포함되어 있기 때문이다. 칸이 폴로에게 왜 베니스에 대해 전혀 언급하지 않는지 묻자 폴로는 말한다. "저는 어떤 도시를 묘사할 때마다 베니스에 대한 무언가를 말씀드리고 있습니다. 다른 도시들의 특징을 구분하기 위해서는 잠재해 있는 최초의 도시에서 출발해야 합니다. 제게 있어서 그 도시는 베니스입니다"(Calvino, 1974a: 86).

우리는 구체적인 도시들을 비교함으로써 도시 생활의 새로운 차원들을 발견한다. 우리가 다양한 사례들을 볼 때, 익숙한 사례는 새로운 특징들과 차원들을 눈에 보일 수 있도록 만드는 뚜렷한 차이를 나타내주는 배경이다. 반대로, 익숙하지 않고 생소한 것을 이해하려 노력하는 것은 그 때까지는 알아차리지 못했던 익숙한 측면들에 당신이 눈뜨도록 한다. 이것은 여러분이 다른 도시들을 비교하거나 또는 역사적으로 한 도시의 현재와 과거를 비교할 때 발생한다. 그러한 비교는 가상의 사례들, 즉 있을 법했으나 실제로는 존재하지 않았던 '죽은 과거의 나뭇가지'를 탐구하기 위한 근거를 제공한다.

이 대목에서, 칸과 폴로 사이의 대화에서 발견할 수 있는 분석방법의 몇몇 다른 규칙들을 간략히 살펴보자.

- "상상 가능한 수의 도시 목록에서 그 구성요소들이 연결고리, 내적 규칙, 관점, 담론 없이 조합된 것들을 제외해야 한다"(Calvino, 1974a: 44).
- "도시들은 … 자신이 정신 또는 우연의 산물이라고 믿는다. 그러나 그 두 가지로만 자신의 성벽을 지탱하기에는 불충분하다(Calvino, 1974a: 44)." 즉 둘 다 불완전한 설명이다.
- 전체의 모든 구성요소는 중요하다. 어떤 전체도 부분들 없이는 존재하지 않으며, 어떤 부분도 전체에 근거하지 않으면 아무 의미도 없다.
- 기억은 변하기 쉽고, 신뢰할 만한 것이 못 된다. 그러나 "사물의 형태는 공간상으로뿐만 아니라 시간상으로도 어느 정도 거리를 두고 보면 더 잘 식별될 수 있다"(Calvino, 1974a: 98).
- 가장 잘 기술할 수 있는 장소는 어디인가? 결론을 내리기 위해서는 어느 정도 거리를 두는 것이 좋다.
- 도시에 대한 모든 묘사의 목적은 어떻게 살 것인지, 어떤 일이 일어나는지를 알고 그것을 받아들이고 그것의 일부가 될 것인지, 또는, 더 좋은 방향으로는, 더 좋은 삶을 만드는 것은 무엇이며 그것을 어떻게 지속시킬 것인지를 알자는 것이다. 도시를

상상하는 것은 행복을 가져다 줄 완벽함을 추구하도록 해 주며, 그것이 이 작업의 주요 목표다.

칼비노의 도시론

도시에 대한 짤막한 묘사들은 폴로가 이야기하고 있는 특정한 장소를 넘어서 적용될 수 있는 아이디어를 제공한다. 예를 들어, 우리는 유트로피아(Eutropia)가 수많은 도시들로 구성되어 있으며 그것들 중 하나만 제외하고 모두 비어있다는 것을, 그리고 그곳의 거주민들은 자신들의 삶, 자신들의 배우자, 자신들의 일에 대해서 주기적으로 싫증내고, 무리를 지어 옆 도시로 이사를 가며, 그 곳에서 그들은 새로운 배우자들, 새로운 주택들, 새로운 일자리들, 자신들의 집에서 보이는 새로운 경관들, 새로운 친구들, 소일거리, 그리고 가십거리들을 가질 것임을 본다. 이러한 모든 이주에도 불구하고 비록 다른 사람들이 하지만 똑같은 일들이 수행되고 비록 새로운 사람들이 이야기하지만 똑같은 것들이 가십거리가 되고 있기 때문에 결국 변하는 것은 아무것도 없음을 본다. 이것은 사회학적인 일반화를 암시한다. 모든 도시에는 비록 그것들을 수행하는 사람들이 평범한 출생, 사망, 이주와 같은 인구학적 과정을 통해 끊임없이 교체된다 할지라도 결혼, 일, 그리고 주거형태와 같이 크게 변화하지 않는 사회적 관행의 본체가 있다. 변해봤자 그게 그거다.

폴로의 묘사 각각은 그러한 일반화를 제시한다. 도시에 대한 설명

다수가 이전의 삽화에서 구체화된 일반화에서의 변화를 확대하고 비평하고 암시한다. 예를 들어, 유트로피아의 변화하지 않는 구조와 변화하는 주민들에 대해서 읽고 난 후, 우리는 멜라니아(Melania)에 대해서 듣게 되는데, 이곳의 삶은 영속적인 대화들의 모음으로 묘사될 수 있으며, 그 자체로 그러한 관행의 본체를 특징짓는다. "허풍쟁이 군인과 식객이 문 밖으로 나오다가 젊은 부랑아와 매춘부를 만납니다. 혹은 문 앞에서 구두쇠 아버지가 호색적(好色的)인 딸에게 마지막 경고를 내리는데 뚜쟁이 마담에게 쪽지를 전달하러 가던 멍청한 하인이 여기 끼어듭니다"(Calvino, 1974a: 80). 사람들이 죽고 새로 태어나지만, 대화들은 변치 않고 계속된다. "사람들은 계속 바뀝니다. 대화 참여자들이 하나씩 죽고 그 동안 그들의 자리를 메울 사람들이 태어납니다. 어떤 사람은 한 역할을 맡고, 또 다른 사람은 다른 역할을 맡습니다. 누군가 역할을 바꾸거나, 광장을 영원히 떠나거나, 광장에 새로 들어올 때는 연쇄적인 변화가 일어나 모든 역할이 재분배됩니다(그러나 똑같은 장면들이 똑같은 등장인물들에 의해 계속된다). 그들 중 누구도 이전 장면에서와 같은 눈과 목소리를 가지고 있지는 않습니다만"(Calvino, 1974a: 80). 그것은 유트로피아에 의해 상기되는, 변함없는 관행들이 전통적인 역할들과 대본에서 구체화되는 일반화에 도시들이 어떤 특징적인 문화를 가지고 있다고 말할 수 있는 또 다른 방식을 덧붙이는 것이다.

그 이후에 나오는 도시들에 대한 칼비노의 이론적 발견에 대한 언급은 불완전하고 조잡하다. 그것들은 그 책의 모든 교훈들을 잡아내지는 못한다. 각각의 도시는 확장된 논평의 토대로서 역할을 할 수도 있을 것이다. 나는 몇 가지 생각을 언급하고 그에 대한 칼비노의 상세한 설명을 제시하겠다.

반복하면, 실제의 또는 가상의 도시는 변이의 하나 또는 그 이상의 차원에서의 특정한 위치를 나타낸다. 따라서 정직(just)과 부정(un-just)을 양극으로 하는 연속선이 있고, 그 위에 베르니스(Berenice) 같은 도시가 한 자리를 차지하고 있는 것처럼 보인다. 그러나—우리에게 또다른 사회학적 교훈은— 각각의 도시는 명확하게 구분되는 특징 이외에 그 반대도 포함하고 있다. "정직의 도시의 씨앗에는 사악한 씨앗이 숨겨져 있습니다. 정직하다는—정직하다고 자부하는 그 어떤 사람들보다도 정직하다는—확신과 자만심 말이죠. 이 씨앗은 비통함, 적개심, 분노 속에서 발효되고, 부정한 자들에 대한 복수라는 자연스런 욕망이 그들의 자리를 차지하고 그들과 똑같이 하고자 하는 열망으로 채색됩니다. 처음 것과는 다르지만 또 다른 부정한 도시가 부정하면서도 정직한 베르니스라는 이중의 칼집 속에서 자신의 공간을 만들어가고 있는 것입니다"(Calvino, 1974a: 162).

비록 하나의 특징이 지배적이거나 유일하게 존재할지라도, 연속선의 또 다른 극단 역시 그 속에 내재해 있다. 베르니스는 정직한 도시의 자리를 차지하기를 기다리는 부정한 도시를 내포한다. 그리고 그 부정한 것을 대신하기를 기다리고 있는 정직한 도시를 내포한다.

이렇게 말씀드리긴 했지만 저는 폐하의 눈이 왜곡된 이미지를 보기를 원치 않기 때문에, 비밀스러운 정직한 도시 속에서 싹트고 있는 부정한 도시의 본질적인 특징으로 폐하의 관심을 돌려야만 합니다. 그러면 아직 규율에 종속되지 않고, 부정함의 수단이 되기 전보다 훨씬 더 정직한 도시를 재조직할 수 있는, 정직함에 대한 잠재적 사랑에 눈뜰 수 있습니다. 마치 기분 좋게 창문을 열 때처럼 말입니다. 그러나 이 정직함의 새싹을 좀 더 깊이 살펴보면, 폐하는 부정함을 통해 정직함을 부여하는 경향이 퍼져 나가는 작은 지점을 발견하실 수 있을 것입니다. 그리고 바로 이것이 거대한 대도시의 씨앗일 수도 있습니다… 모든 미래의 베르니스는 이미 이 순간에 서로가 서로에게 둘러싸여 감금하고 압박하며 벗어날 수 없는 상태로 존재하고 있습니다(Calvino, 1974a: 162−163).

이것은 변증법을 암시한다. 정직은 부정함을 불러일으키고, 그런 다음 부정함은 정직을 불러일으킨다. X가 아닌 것의 필연적 존재를 내포하지 않는 X는 없다. 이는 논리적일뿐 아니라 실제적이기도 하다. 칼비노는 이를 모리아나(Moriana)에 대한 이야기에서 이 도시는 아름다운 얼굴과 추한 몰골을 함께 가지고 있다. 그 둘은 서로 분리될 수도 없고 서로를 볼 수도 없다.

도시는 규칙적으로(관광객들에게 먹을거리를 조달하는 도시가 '성수기'와 나머지 기간에 따라 6개월 주기로 변하면서), 또는 역사적으로(한 세기에 걸쳐 천천히 변하면서) 상반되는 극단을 점유할 수 있다. 그러나 그 두 극단은 비록 하나가 숨어있고 휴면 상태이거나 보이지 않더라도 항상 그곳에 있다. 칼.,노는 그 둘의 관계를 나타내기 위해 공간적 은유를 사용하기도 한다. 그 도시의 한 형태는 하늘에 있고 다른 형태는 지상에 있다. 하나는 지상에 있고 다른 하나는 지하에 있다. 그는 때때로 어떤 도시와 그것의 반영(reflection)에 대해 이야기하면서(발드라다[Valdrada]의 경우 같은), 실제와 반영 중 어느 것이 더 가치 있는지를 묻는다.

그 이야기들은 어떤 버전이 더 훌륭한지 섣불리 판단하지 말도록 경고한다. 비르셰바(Beersheba)는 천상의 도시의 미덕들을 목표로 삼고 있지만, 비르셰바 사람들이 피하고자 하는 지하도시는 그야말로 완벽한 도시이다. 비르셰바는 "배설할 때만 인색하지 않고 계산하지 않으며 탐욕스럽지 않은 도시입니다"(Calvino, 1974a: 113).

이러한 양극단은 유사인과적(quasi−causal) 관계를 가질 수 있다. 한쪽의 변화는 다른 쪽의 변화를 초래한다. 테클라(Thekla)의 주민들은 계속해서 건설 중이다. 폴로가 어떤 계획이 있어서 그러느냐고 묻자 그들은 해질녘까지 기다리라고 말한다. "해질녘에 일이 끝납니다. 건설현장에 어둠이 내리죠. 하늘엔 별이 총총합니다. 그들은 말합니다. '여기 청사진이 있습니다'"(Calvino, 1974a: 127).

이러한 계획들이 꼭 의도한 결과를 낳는 것은 아니며, 그런 경우는 계획에 대한 일반적 의문이 제기된다. 페린시아(Perinthia) 사람들 또한 자신들을 인도하기 위해 "천문학자들의 계산을 정확히 따라" 천국을 이용했다.

오늘날 페린시아의 거리와 광장에서 폐하는 절름발이, 난장이, 곱사등이, 뚱뚱한 남자들, 수염 난 여자들을 만나실 수 있습니다. 그러나 최악의 것은 눈에 띄지 않습니다. 지하실과 곡물창고에서 목놓아 울부짖는 소리가 들려옵니다. 머리가 세 개 달렸거나 다리가 여섯 개 달린 아이들이 가족에 의해 거기 숨겨져 있는 겁니다…
페린시아의 천문학자들은 어려운 선택에 직면해 있습니다. 자신들의 계산이 영 틀렸고 그들의 숫자놀음으로는 천국을 묘사할 수 없다는 점을 인정하거나, 아니면 이 괴물들의 도시가 신의 질서를 정확히 반영한 것임을 누설해야 합니다(Calvino, 1974a: 145).

인과관계의 화살은 예상치 못한 방향으로 날아갈 수도 있다. 테클라, 페린티아와 마찬가지로 안드리아(Andria) 또한 천상의 배열을 반영한다. 그러나 이는 이 도시가 천국을 모방하기 때문이 아니다. 아니, 그곳 사람들은 자신들이 도시를 바꿔나갈 때마다 별들이 그에 따라 변한다며 폴로에게 장담한다. "천문학자들은 안드리아에서 각각의 변화(새로운 동상, 강변 선착장, 터보건 썰매)가 일어난 후 망원경으로 하늘을 관찰하여 신성이 폭발했다든지, 창공의 먼 지점이 오렌지색에서 노란색으로 변했다든지, 성운이 확장한다든지, 은하수가 나선형으로 구부러졌다는 등의 보고를 합니다"(Calvino, 1974a: 151).

많은 수의 도시들이 기능에 대한 구조의 관계에 관한 아이디어를 보여준다. 당신은 도로시아(Dorothea)에서처럼 공간계획으로부터 그 도시에 대해 알 수 있는 모든 것을 추론할 수 있다. "폐하께서는 이러한 사실들을 활용하기만 하면 이 도시의 과거, 현재, 미래에 관해 알고 싶은 모든 것을 아실 수 있습니다"(Calvino, 1974a: 9). 그러나 계획은 기능을 장소와 연계할 필요는 없다. "폐하는 이 도시(조에[Zoel])의 모든 곳에서 잠을 자고, 도구를 만들고, 요리를 하고, 금을 쌓아놓고, 옷을 벗고, 통치하고, 물건을 팔고, 신탁(神託)을 청할 수 있습니다"(Calvino, 1974a: 34). 구조는 일종의 빈껍데기일 수도 있다. "머릿속에서 지워지지 않는 이 도시(조라[Zora])는 갑옷이나 벌집 같아서, 우리 모두는 그것을 이루고 있는 각각의 칸에 우리가 기억하고자 하는 것들, 즉 유명인의 이름, 미덕, 숫자, 식물과 광물의 분류, 전투 날짜, 별자리, 연설의 일부 등을 집어넣을 수 있습니다"(Calvino, 1974a: 15).

몇몇 도시들은 네트워크로 조직된다. 상상의 도시들 중 일부는 네트워크 이상의 어떤 것도 아니다. 아르밀라(Armilla)에는 수도관 말고는 남은 것이 없다(현재는 그것의 진가를 가장 많이 인정하는 존재, 즉 나이아드[naiad, 물의 요정]들이 산다). 에르실리아(Ersilia)에서는 장소와 장소 사이에 있는 끈들에 의해 관계가 표현된다. "그 끈들이 너무 많아서 그 사이를 더 이상 지나다닐 수 없게 되면 주민들은 그곳을 떠납니다. 집은 철거되고 끈과 그것을 묶어둔 기둥만 남습니다"(Calvino, 1974a: 76). 따라서 도시는 전적으로 관계의 네트워크로 이해되며, 그 종류는 매우 많다. 자이라(Zaira)는 "공간의 측정과 과거의 사건 간의 관계들로 구성됩니다. 가로등의 높이와 그 가로등에 목을 매 죽은 강탈자의 대롱거리는 다리에서 땅까지의 거리의 관계… 난간의 높이와 동틀 무렵 난간을 뛰어넘는 간부(姦夫)의 도약 높이의 관계… 도시는… 자신의 과거를 말하지 않습니다. 그러나 과거는 마치 손금처럼 길모퉁이에, 창살에, 계단 난간에, 피뢰침 안테나에, 깃대에, 긁히고 자국 나고 휘둘린 모든 단편들에 쓰여 있습니다"(Calvino, 1974a: 10−11).

칼비노는 다른 도시들의 구조를 봉쇄의 이미지로 묘사한다. 현재의 올린다(Olinda)에서는 계속 커 나갈 올린다(Olinda−yet−to−be), 즉 올린다의 역사적 미래가 도시 중앙부에 알맹이 또는 씨앗 형태로 싹트고 있다가 자라난다(마치 베르니스의 메아리 같다). 또는 페도라(Fedora)의 경우는, 만들어질 수도 있었지만 그렇게 되지 못한 도시의 축소모형들이 수정구슬 안에 담겨 박물관에 소장되어 있다. 이 모형들은 다양한 페도라 주민들의 개인적인 꿈들이다. 세계는(이로써 우리는 세계에 대한 우리의 이론을 이해할 수 있는데) "돌로 이루어진 거대한 페도라와 유리구슬 안의 작은 페도라들이 모두 제자리를 가져야 합니다. 이는 이들이 똑같이 실재해서가 아니라, 모두가 가정(assumption)일 뿐이기 때문입니다. 거대한 페도라에는 아직 존재하지는 않지만 필수적이라고 받아들여진 것이 포함되어 있고, 작은 페도라들에는 가능할 것으로 상상되었지만 얼마 안 가 더 이상 가능하지 않게 된 것이 포함되어 있습니다"(Calvino, 1974a: 32).

칼비노는 도시 발전의 일정한 경로를 추적하여 역사이론을 제공한다. 반복적 주제를 통해, 도시는 경계선이 없는 하나의 거대한 연속적 도시로 병합될 때까지 더욱 크게 성장한다. 한 유형에서는 도시는 연속적이지만 서로 다른 이름의 공항들이 도처에 산재해 있다. "트루데(Trude)에 도착했을 때 큰 글자로 쓰인 도시 이름을 보지 못했다면, 제가 떠나온 바로 그 공항에 착륙하는 중이라고 생각해도 됩니다… 사람들이 제게 말하길, '원할 때면 언제라도 비행기를 다시 탈 수 있습니다만, 당신은 하나하나가 완벽히 똑같은 또 다른 트루데에 도착하게 될 겁니다. 세계는 시작도 끝도 없는 하나의 트루데로 뒤덮여 있고, 공항 이름만 바뀔 뿐입니다'"(Calvino, 1974a: 128).

세실리아(Cecilia)에서는 도시와 시골이 합쳐져 있고, 모든 이는 그 속에서 자신이 기억하고 소중히 여기는 이런저런 것들의 흔적을 추적한다. 레오니아(Leonia)에서는 불행히도 이 도시와 주변의 다른 도시들이 너무 많은 쓰레기를 만들어내고, 도시들은 쓰레기 더미 끝에서 하

사회에 대해 말하기

나가 되며, 결국에는 새로 시작하기 위해 불도저로 밀어내야 할 지경이다(이는 칼비노가 시대에 맞지 않는 소품을 사용한 몇몇 지점 중 하나다).

마지막으로 폴로와 칼비노는 우리에게 이름이 오도(誤導)하고 있음을 경고한다. 이는 사람들이 같은 이름으로 부르는 것이 반드시 똑같은 것은 아니라는, 상당한 이론적 중요성을 갖는 보다 큰 요점을 포함한다(모든 '학교들'이 똑같은 것은 아니다). 이름은 사실 그것이 구도시와 신도시의 유사성이기만 할 때는 연속성을 보여주며 지속된다. 이름은 많은 의미를 전달하지만, 전달되는 의미가 그 장소의 실재와는 관련이 별로 또는 아예 없을 수도 있다. 폴로는 파이라(Pyrrha)에서의 경험을 바탕으로 한 성찰에서 이렇게 말한다. "제 마음은 제가 보지 못했고 앞으로도 보지 못할 수많은 도시들, 형상이나 단편 또는 상상된 형상의 희미한 모습을 담은 이름들을 계속해서 간직할 것입니다… (상상의 도시는 여전히 존재합니다) 그러나 저는 더 이상 그 이름을 부를 수도 없고, 어떻게 완전히 다른 것을 의미하는 이름을 거기에 붙일 수 있는지를 기억할 수도 없을 것입니다"(Calvino, 1974a: 92).

이름(더 나아가 개념적으로 정의된 범주)은 보는 사람의 관점에 따라서만, 특정 장소에서만 의미를 갖는다. 따라서 "이레네(Irene)는 멀리서 본 도시의 이름이고, 그곳으로 다가가면 이름이 달라집니다"(Calvino, 1974a: 125). 이는 단어에 매혹되어 그것을 실제와 혼동하는 사회과학자들에게 좋은 조언이다.

사회이론으로서의 문학

　내가 장난스럽게 바꿔친 것이 아니라 만약 칼비노가 실제로 사회이론가라면, 그는 자신의 책에서 했던 식으로 도시에 대해 이야기하지 않았을 것이다. 그는 더 많은 현대 사회이론가들은 말할 것도 없고, 막스 베버 또는 에밀 뒤르케임 또는 칼 마르크스에 대해 단 한 번도 언급하지 않는다. 그는 게오르그 짐멜, 어네스트 W. 버제스(Ernest W. Burgess), 루이스 워스(Louis Wirth)와 같이 특히 도시에 대해 저술한 인물들에 대해서도 언급하지 않는다. 그는 인구와 그 구성들, 경제적 상황 또는 거주민들의 교육적 성취에 대한 어떠한 통계수치도 포함하지 않는다. 대신 그는 자신의 대변자인 마르코 폴로를 통해서 도시들에 대한 공상적이고 시적인 기술을 제공한다. 그 기술은 실제 장소의 특징을 묘사하려는 척 하지 않는다. 그것들은 세부적인 것들, 복잡한 생각들과 감정들을 불러일으키는 이미지들, 일반적인 생각들을 은유적으로 표현하는 이미지들에 상당히 의존한다. 그 대화들은 도시에 대한 추상적인 대화보다는 그에 대한 자세한 묘사인 구체적 사실을 이해하는 것이 훨씬 쉽다는 예비적 요점을 형성한다.

　우리 사회과학자들은 도시생활에 대한 우리의 생각을 다르게 표현한다. 우리는 정확성, 체계성, 일반화를 가능케 하는 논리적 분류라는 습관적 기술 방식을 통해 생각할 거리를 얻는다는 점을 안다. 우리가 더욱 추상적인 기술을 택함으로써 잃어버리는 그 무엇을 칼비노는 얻었는가? 우리는 그로부터 우리가 지금 알고는 있지만 명확한 결과로 통합하는 방법은 모르는 도시에 대한 것을 말하는 방법을 배울 수 있

　　　　　　　　　　　　　　　사회에 대해 말하기

는가?

칼비노는 때때로 도시가 '욕망과 두려움'으로 만들어지며 그것을 통해 도시에 접근한다면 불분명했던 것이 명확해진다고 말한다. 또한 그는 묘사가 감정과 분위기를 '슬쩍 끌어들인다'고 말하면서, 일정 거리를 두고 '실제적 유형'을 보기 위해서는 감정과 분위기를 제거해야 한다고 경고한다. 이 문제를 해결하기 위해 사회과학 방법이 정교하게 고안되는 것이다. 물론 칼비노는 분위기, 감정과 의사소통하고자 최선을 다하는데, 이는 그 반대편 또한 존중받아야 하는 많은 규칙 중 하나다.

그는 주로 사소한 세목들에 대한 묘사를 통해 분위기 및 감정의 뉘앙스와 소통한다. 디오미라에 대한 묘사에 나오는 "테라스에서 어느 여인이 우~! 소리를 낸다"는 대목, 또는 데스피나(Despina)에 관한 언급과 설명에서 "아직 다 펼쳐지지도 않았는데 이미 미풍에 돛이 부풀어 올라 있는, 막 출항하려는 범선"(Calvino, 1974a: 17). 같은 식으로 말이다. 이러한 세목들은 분위기를 설정하거나 어떤 감정을 불러일으키는 것 이상을 한다. 이들은 또한 세심한 독자가 책에 등장하는 도시의 속성에 대한 이해를 구성하기 위해 이용하는 정보를 제공한다.

그 결과, 각각의 짧은 묘사는 전형적인 사회과학 분석에서 이용 가능한 것보다 훨씬 풍부한 분석 가능성을 보유한다. 분위기와 감정을 사용하는 것의 가능성은(내가 여기서 많이 다루지는 않았지만) 그러한 잠재적 풍요 중 하나다. 독자에게 있어서 각각의 세목은 도시생활의 영역에 대한 분석을 위한 시발점이 될 수 있다. 우~! 소리를 내는 여인은 어떤 독자에게는 도시생활의 에로틱한 측면을 생각하게 만들 것이다

(이 책의 다른 많은 부분이 그렇듯이). 막 출항하려는 범선은 여행 유형에 대한 탐구를 촉진할 수 있다. 도시에서 이용 가능한 교통수단 유형은 그것의 가능성과 그에 대한 우리의 견해의 필요조건이 된다. 데스피나는 "육로로 오는 사람에게는 한 쪽 얼굴을 보여주고 바다로 오는 사람에게는 다른 얼굴을 보여준다"(Calvino, 1974a: 17). 문학적 묘사는 그러한 확장이 가능한 많은 세목을 포함하고 있기 때문에(전에 논의한 워커 에반스의 사진들처럼), 칸과 폴로가 때때로 원하는 분석적 거리를 제공하는 비교를 가능하게 한다. 역설적이게도, 상세하고 세부적으로 보는 것은 거리를 두게 만든다.

이는 자신들에게 특정 도시를 이 범주에 또는 저 범주에 지정하도록 해주는, 또는 명확한 분석을 얻기 위해서 이 특징이 또는 저 특징이 지배적이다 또는 특징적이라고 말할 수 있도록 해주는 명확하게 정의된 개념들에 대한 도시사회학자들의 요구와 직접적으로 대조된다. 사회과학자들의 명백한 개념들은 명백한 결과들을 낳는다. 문학적 기술은 명료성과 일차원성을 한 이야기 속에 포함된 다양한 가능성들에 대한 다양한 분석을 할 수 있는 능력과 맞바꾼다.

이러한 방식의 분석 작업과 가장 비슷한 것은 기어츠(Geertz, 1974)가 '두터운 기술(thick description)'이라는 찬사를 보낸 풍부한 민속지들이다. 그 방식을 사용하는 사람들은 일반적으로는 자신들이 옳은 것을 하고 있지만 자신들이 어떤 종류의 옳은 것을 하고 있는지 설명하는데 어려움이 있다는 것을 알고 있다. 칼비노의 방식과 비교하는 것은 그것이 무엇인지에 대한 좀 더 구체적인 생각을 우리에게 제공한다.

칼비노는 (페렉과는 달리) 자신이 하는 것을 사회학이라고 결코 말하지 않았다(컬럼비아 대학교 학생들을 대상으로 한 강연을 보면 그 점을 부정한 것으로 보이지는 않지만). 그러나 우리는 관습적 유형의 횡포로부터 우리 자신을 해방시킬 방법에 대한 단서를 찾기 위해 그의 작품을 탐구할 수 있다. 그의 작품에는 우리가 하는 유형의 작업보다 이야깃거리도 많고 생각할 거리도 많다. 칼비노는 우리가 끌어다 쓸 수 있는 자원이다.

나는 설교하거나 정당화하는 것을 피하고자, 그리고 실수를 최소화하고자 노력했으며, 생각하건대 성공한 것 같다. 이는 내가 어떤 확신도 못 가진다는 말은 아니다. 결론을 대신하여 다음과 같이 말한다.

나는 사회에 대한 이야기를 말하는 데 있어서 최선의 방법은 없다는 점을 확신한다. 많은 장르, 방법, 포맷, 이 모두는 술책을 쓸 수 있다. 세계는 우리에게 이상적 방식 대신 우리가 선택하는 것 가운데서의 가능성을 부여한다. 사회에 대해 말하는 모든 방식은 어떤 일은 최고로 수행하지만 다른 부분에서는 그렇지 못하다. 당신은 모든 것을 최대화할 수는 없다. 성인들은 이미 그것을 알고 있지만, 우리들 중 많은 수는 이것을 잊어버리고 이야기를 말하는 방법의 문제에 있어서 매우 독선적이 된다.

사회에 대해 말하는 방식 사이에 어떠한 차이도 존재하지 않는다고 말하는 것이 아니다. 과학의 옹호자들은 이렇게 묻고 싶을 것이다. 여러분은 누구의 지도를 더 가지고 싶은가? 전문 지도 제작자의 것인가, 이웃 마을에 사는 여러분의 친구가 만든 것인가? 그런 이들에게 나는 이렇게 답할 것이다. 그때그때 다르다. 내가 무슨 목적으로 지도를 필요로 하느냐에 따라서. 내 친구의 집에 찾아가기 위해서라면 모든 지역 표식(landmark)이 그려진 친구의 지도를 택할 것이다. 도시통계를 계산할 목적이라면 전문 제도제작자의 지도를 택할 것이다. 특화된 학문적 재현들은 특화된 학문적 목적을 위해 만들어졌으며, 대부분의 사람들은 대개의 경우 그런 목적을 염두에 두고 있지 않다. 사람들이 학문을 할 때는 모든 학문적 장치를 필요로 하지만, 보다 일상적인 사용의 경우는 그렇지 않다. 따라서 나는 학문적 재현은 이를 이용하는 학자 및 다른 이들에게 상당히 유용하다는 것에 동의한다. 하지만 나는 그것이 최선이 아닐 수 있는 다른 목적 또한 있다고 주장하는 바이다. 젊은 영국인이 가진 전문적 지도가 그가 모텔에 당도하기까지 올라야 할 언덕배기에 대해서는 아무 것도 알려주지 않았다는 것을 상기해 보라. 이런 일은 비일비재하다.

더 나아가, 나는 사회의 재현을 제작하고 사용하는데 관여하는 모든 이는 최종 산물의 한 부분을 수행하고 있으며, 특히 재현의 사용자들은 중요한 역할을 수행하고 있다는 것을 확신한다. 재현의 제작자들이 무엇을 하든, 사용자들이 자신의 역할을 하지 않는다면 이야기가 말해질 수 없거나, 제작자가 의도한 대로 말해질 수 없다.

재현은 각양각색의 세목과 정보를 포함한다. 일부 제작자들은 자신의 리포트가 자신이 만든 것을 사용자가 받아들이는데 필요한 것만을 포함하도록 가공한다. 다른 제작자들은 사용자가 필수적이라 여길 법하고, 최소한 또는 반(半)의식적으로 사용하거나 통째로 잊어버릴 법한 다른 많은 정보를 포함한다. 모든 사용자가 모든 것을 사용해야만 하는 것은 아니며, 그것은 그들에게 달렸다. 학술지 논문의 세심하게 구성된 논의(제작자가 제안한 것을 판단하고 받아들이기에만 충분한)로부터 잘 구성된 기록사진의 보다 포괄적인 콘텐츠(워커 에반스의 사진이 1920년대와 1930년대 미국 여성들의 상이한 방식을 탐구한 것처럼)에 이르는 차원을 생각해 보라.

이제 두 번째 차원을 생각해 보자. 한쪽 끝은 사용자가 많은 해석 작업을 하도록 허용하고(종종 절대적으로 그런 작업을 요구하고), 사용자들에게 많은 아이디어를 탐구하기 위해 사용할 자원(심지어 그 중 일부는 제작자가 전혀 생각지도 않았던)을 제공하는 재현들로 구성돼 있다. 다른 쪽 끝에는 무언가를 제공하는데 인색하면서 제작자가 염두에 둔 것에 대한 사용자의 해석 가능성을 제약하는데 최선을 다하는 재현들이 있다.

사회에 대한 재현의 세계는 이러한 작업을 수행하고 제작자와 사용자를 분리하는 가능한 수많은 방식들을 포함한다. 나는 현대 사회과학이 연구자가 자신이 연구하는 것에 관해 발견한 것을 말함에 있어서 수용 가능한 방식을 엄격하게 제한함으로써 스스로를 불구로 만들어 버렸다고 확신한다. 학술지 논문의 정형화된 속성은 우리가 알고 있는 다른 재현 양식을 허용하고 장려하며 혹은 심지어 요구할 수 있는 '외적' 세목이나 다양한 해석 가능성의 여지를 남겨놓지 않는다. 학술서적은 저자와 출판업자로 하여금 그런 도박을 하고자 할 보다 많은 여지를 남겨 놓는다(비록 거기에 연관된 위험이 상당히 크지 않더라도).

다른 재현 제작의 세계에서 작업하는 제작자들은, 특히 예술 분야에서 그런 작업을 하기 위한 자신만의 전문적 및 조직적 환경을 갖고 있는데, 이는 꽤 제약적일 수 있다. 그러한 세계 각각은 작업을 위한 각자의 '적절한 방식'을 갖고 있으며, 그러한 방식을 사용하지 않는 사람들은 자신의 경력과 평판을 걸고 도박을 하는 것이다. 예술가들은 너무 사회과학자 같은 행위를 하면 비난 받을 수 있다. 비평가들은 조르주 페렉이 사회학자처럼 글을 쓴다는 점에, 한스 하케의 작업이 조소 작품이 아닌 사회학이라는 점에 대해 불평했다. 그리고 통상적이지 않은 방법 또는 말하기 방식을 사용하는 사회과학자들은 '과학적'이지 않다는 이유로 비난을 받았다. 사회과학자들에게 있어서 심사위원 및 편집자가 출간을 위해 투고된 논문을 평가하는 낡은 방식은 투키의 상자-수염 도해 같은 '통상적이지 않은' 장치의 사용을 어렵게 만든다. '예술'처럼 보이는 시각적 자료 또는 포맷의 사용은 고사하고라도 말이다. 그럴 일은 결단코 없다. 그로 인해 초래되는 보수성은 사회과학과 예술 작업을 똑같이 약화시킨다. 우리는 '할아버지에게 적합했고 내게도 적합하다'는 나쁜 사례를 갖고 있다.

이 책은 사회에 대해 탐구하고 말하는데 전념하는 집합체에 참여하고 있는 우리가 잊고 있었던 가능성을 증언한다. 나는 그런 망각을 멈추고, 어떤 분야에 있게 됐든 우리 모두가 이미 존재하는 자원을 사용하기 시작해야 한다고 확신한다.

학술지 편집진, 대학 교수평가 위원회의 표준적 판정기준, 안 된다는 말만 늘어놓는 큐레이터, 비평가, 극단 연출자, 영화 스튜디오에서 가장 뚜렷이 체화된 엄격한 조직적 제약에도 불구하고 이것이 가능할 것인가? 물론 가능하다. 내가 사례로 들었던 작업들은 그것이 가능함을 보여준다. 이는 수학자들이 존재증명(existence proof)이라 부르는 것이다. 더 단순히 말하자면, 뭔가 이루어진 것은 이루어질 수 있다(베커, 포크너, 커셴블라트-짐블렛[Beck, Faulkner and Kirshenblatt-Gimbltt, 2006]의 논의 등 참조).

나는 내 설교를 늘어놓았다. 모든 설교자들처럼 나는 여기 모인 이들이 이를 듣기를 희망하지만, 너무 많이 희망하지도 않는다. 잘못된 것으로 드러나도 상관없다.

사회에 대해 말하기

　　"사회학은 무엇을 연구하는 학문인가?"는 사회학자들 사이에서도 꽤나 어려운 질문인 것 같다. 적지 않은 사회학자들이 "오랫동안 사회 학계에 몸담아 왔지만 그런 질문을 받으면 단번에 답하기가 쉽지 않다"는 이야기를 하곤 한다. 하지만 아무리 그렇다 해도 사회학이 '사회에 대해 말하는' 학문이라는데 이의가 있을 것 같지는 않다. 이 책은 바로 그 '사회에 대해 말하기'에 관한 것이다.

　　이 책의 저자인 하워드 베커(Howard S. Becker: 1928∽)는 미국의 사회학자로서 『아웃사이더들(*Outsiders*)』(1973)과 『예술세계(*Art World*)』(1982)가 대표작으로 꼽힌다(전자는 일탈 및 범죄에 관한 낙인이론에서, 후자는 문화사회학에서 많이 언급된다). 그러나 그의 또 다른 중요한 공헌은 자신의 연구 및 교육 경험을 바탕으로 연구자의 글쓰기와 아이디어를 발전시킬 수 있는 길을 모색한 일련의 저작들이다. 『사회과학자의 글쓰기(*Writing for Social Scientists*)』(1986년 원저 초판, 2007년 원저 2판, 초판은 1999년 번역 출간)는 저자(연구자)와 독자(학생 및 일반 독자) 간의 원활한 의사소통을 가능케 하는 글쓰기는 어떤 것인지에 대한 저자 스스로 및 여러 사람들의 경험에 기초한 고민을 담고 있고, 『학계의 술책(*Trick of the Trade*)』(1998년 원저 초판, 2005년 번역 출간)은 연구자가 현장연구를 통해 창의력을 발휘할 수 있는 방책에 대해 논의하고 있으며, 지금 번역해 내어놓는 『사회에 대해 말하기(*Telling About Society*)』(2007년 원저 초판)는 사회에 대해 말하는 것이 이른바 학계의 '표준'으로 통하는 방식들뿐만 아니라 매우 다양한 방식을 통해 가능함을 보여주는 책이다.

이 책은 크게 '제1부: 아이디어'와 '제2부: 사례'로 나뉘어 있다. 베커는 첫 장에서 오늘날 사회(과)학에서 '표준적'인 것으로 통하는 방식들, 이를테면 통계표와 수학적 모형 뿐만 아니라 그러한 표준과 일견 거리가 있는 방식들 또한 사회분석에 유용한 통찰력을 보여준다고 말한다. 그에 따르면 심지어 사진, 미술작품, 소설, 영화, 연극, 지도, 민속지 등도 사회에 대해 말하는 유용한 방식이라는 것이다. 이어서 두 번째 장에서는 이런 다양한 방식을 통해 사회에 대해 말하는 것을 '사회의 재현(representation of society)'이라는 용어로 지칭하면서, 사회의 재현은 그것을 만드는 사람(제작자) 뿐만 아니라 사용하는 사람(사용자)과의 분업 및 상호작용의 결과, 즉 조직적 산물이라는 점을 강조한다. 이어지는 장들은 이를 구체적으로 논하는 것으로서, 3장과 4장에서는 사회의 재현의 제작자와 사용자가 각각 무엇을 하며 서로에게 무엇을 기대하며 서로 간에 무엇을 주고받는지, 5장에서는 특히 데이터 배열 방식과 관련한 표준적 재현 방식과 그에 대한 혁신의 사례는 무엇인지, 6장에서는 재현 속의 세목(細目, detail)을 제작자가 어떻게 요약하고 이를 사용자가 어떻게 받아들이는지, 7장에서는 재현이 진실을 어디까지 담고 있으며 재현의 신뢰성의 기준은 무엇인지, 8장에서는 재현의 제작자와 사용자 간에 형성되는 도덕공동체의 특징은 무엇인지에 대해 논의한다. 즉 제1부는 사회의 재현의 생산, 분배, 사용을 제작자와 사용자 간의 분업과 상호작용의 측면에서 고찰하는 것으로서, 기본적으로 상호작용론적 전통에 기초해 있는 베커의 면모를 잘 보여주는 것이라 할 수 있다(그는 『아웃사이더들』에서 일탈은 누군가 다른 이에게 일탈자라는 낙인을 찍는 과정의 산물이라고 하고, 『예술세계』에서는 예술은 '예술세계'라 불리는 사회적 공간에 참여한 사람들의 분업과 상호작용의 산물이라고 한다. 그래서인지 이 책의 논의의 틀은 『예술세계』의 연장선상에 있다는 느낌도 든다).

제2부에서는 앞선 논의를 바탕으로 사회과학의 표준적 방식은 아니지만 사회에 대해 말하는 여러 사례들을 제시한다. 9장에서는 매우 유용하지만 사용자들이 잘 눈여겨보지 않는 사회의 재현의 예로 데이빗 앤틴(David Antin)의 우화(寓話), 막스 베버(Max Weber)의 이념형(理念型, ideal type), 수학적 모형을 살펴보고, 10장에서는 사회학의 몇몇 고전적 저작들이 데이터 제시에서 도해(圖解)를 적절히 활용하고 있음을 보여주며, 11장에서는 영상사회학(visual sociology), 다큐멘터리 사진, 보도사진이 무엇을 말하고자 하는지를 논의한다. 이어서 12장에서는 조지 버나드 쇼(George Bernard Sahw)를 비롯한 몇몇 극작가들의 희곡을

통한 사회에 대해 말하기를, 13장에서는 사회학자 어빙 고프만(Erving Goffman)의 저작이 보여주는 전방위 압박기관(total institution)의 특징에 대한 서술 전략이 의미하는 바를, 14장에서는 제인 오스틴(Jane Austen)의 소설 『오만과 편견(Pride and Prejudice)』이 당시 잉글랜드 특정 지역의 사회상에 대한 민속지적 말하기임을, 14장에서는 조르주 페렉(George Perec)의 작품들이 사물과 인간에 대한 세밀한 묘사를 통한 사회에 대한 말하기임을, 그리고 16장에서는 이탈로 칼비노(Italo Calvino)의 사뭇 공상적인 것처럼 보이는 글쓰기가 사실은 뛰어난 도시학자의 면모를 내포하고 있음을 보여준다.

사회학이 사회에 대해 말하기 위해 채택한 주요한 노선은 이른바 '과학으로서의 사회학'이다. 지금까지 사회학의 주된 추세는 사회에 대한 '과학적 탐구'를 추구하면서 사회를 분석하는 '표준적' 방식을 고안하고 사용하는 것이었다. 즉 이 책의 용어를 빌어 말하자면 분석 대상인 사회적 실재를 표준적 방식에 따라 표준적 포맷으로 재현하는 것이었다는 말이다. 특히 양적방법론에서 규정된 방식과 그에 따라 작성된 통계표나 차트 등은 대표적 사례라 할 수 있다. 오늘날 이러한 방식이 사회(과)학의 '표준'이 되다 보니, 여기서 벗어난 것, 즉 '비표준적'인 것은 '비과학적'이라는 평가를 받기 십상이다. 그렇다면, 그런 '비표준적' 방식은 정말로 비과학적이며 사회에 대해 아무 것도 말해주지 못하는가? 이 책은 "그렇지 않다"는 목소리를 담고 있다.

사회학은 '사회에 대해 말하는' 학문이다. 그러나 '사회에 대해 말하기'가 사회학의 전유물은 아니다(그럴 수도 없다). 이 책은 여러 유형의 사회에 대해 말하기가 가능함을 보여줌으로써 이를 예증하며, 사회학이 사회에 대해 말할 때 사회학계의 표준적 연구 관행만이 아닌 다양한 방식의 재현에 기초할 수 있음을 역설한다. 사실 사회에 대해 말하는 방식은 말하는 사람의 수만큼이나 다양하다고 할 수 있다. 사회학자나 다른 사람들이나 다 같은 사회에서 일상생활을 영위하고 있고, 그 한 명 한 명 모두가 자기 나름대로 사회에 대한 상(像)을 가지고 있다 보니, 누구나 사회란 무엇인지에 대해 한 마디씩 할 수 있고 또는 할 수 있다고 여긴다. 물론 '그냥' 말하는 것, '문학적 또는 예술적으로' 말하는 것, 그리고 '학술적 또는 전문적으로' 말하는 것은 분명 차이가 있다. 그러나 이들 간의 차이가 너무 커서 소통이 거의 되지 않을 정도라면, 다시 말해 사회학이 '사회에 대해 말하는' 것이 그 사회를 사는 사람들에게 도통 뭔지 모를 소리로만 들린다면 그것 또한 문제가 아닐 수 없다. "사회학자들은 온갖 전문용어와 방법을 동원해 사회에 대해 매우 어렵게 말하는 사람들"이라는 비아냥조의 말은 상당 부분 '표준'에 매몰된 연구방법, 그리고 그와 연결된 문제로서 독자와 유리된 말하기와 글쓰기 방식에 기인한 것이며, 베커는 『사회과학자의 글쓰기』, 『학계의 술책』, 그리고 『사회에 대해 말하기』를 통해 그러한 추세에 경종을 울리고자 한 것이 아닐까 한다.

상투적인 말일지 모르지만, 다른 언어를 우리말로 옮기는(다른 말로 하자면 우리말이 되게끔 만드는) 과정은 역시 결코 쉽지 않다는 것을 다시 한 번 절감했다. 특히 베커가 모든 문장을 구어체로 쓴지라(표준적인 학술적 글쓰기와 거리를 두고자 의도적으로 그렇게 한 것이 아닐까 싶다) 번역 초고가 거칠기 이를 데 없었는데, 이를 다듬고 또 다듬어 처음보다 훨씬 유려하게 만드는데 기여한 도서출판 인간사랑 관계자 여러분께 감사드린다. 그럼에도 여전히 번역상의 오류나 부자연스러운 문장이 있다면 그것은 전적으로 역자들의 책임이다.

역자들을 대신하여
김봉석

사회에 대해 말하기

| 참고문헌 |

Agee, James, and Walker Evans. [1941] 1988. *Let Us Now Praise Famous Men*. Boston: Houghton Mifflin.

Antin, David. 1976. *talking at the boundaries*. New York: New Directions.

_____. 1984. *tuning*. New York: New Directions.

Bakhtin, M. M. 1981. *The Dialogic Imagination: Four Essays*. Austin: University of Texas Press.

Bartow, Arthur. 1988. *The Director's Voice: Twenty-one Interviews*. New York: Theatre Communications Group.

Bateson, Gregory, and Margaret Mead. 1942. *Balinese Character: A Photographic Analysis*. New York: New York Academy of Sciences.

Bazerman, Charles. 1988. *Shaping Written Knowledge: The Genre and the Activity of the Experimental Article in Science*. Madison: University of Wisconsin Press.

Becker, Howard S. 1967. "Whose Side Are We On?" *Social Problems* 14:239-47.

_____. 1973. *Outsiders: Studies in the Sociology of Deviance*. New York: Free Press.

_____. 1982. *Art Worlds*. Berkeley: University of California Press.

_____. 1995. "Hypertext Fiction." *In Cultura e Economia*, edited by M. Lourdes Lima dos Santos. Lisbon: Edicões do Instituto de Ciencias Sociais.

_____. 1998. *Tricks of the Trade: How to Think about Your Research While You're Do-*

ing It. Chicago: University of Chicago Press.

_____. 2002. "Visual Evidence: *A Seventh Man*, the Specified Generalization, and the Work of the Reader." *Visual Studies* 17:3-11.

Becker, Howard S., and Robert R. Faulkner. 2006a. " 'Do You Know . . .?' The Jazz Repertoire: An Overview." Manuscript.

_____. 2006b. "The Jazz Repertoire." Manuscript.

Becker, Howard S., Robert R. Faulkner, and Barbara Kirshenblatt-Gimblett, eds. 2006. *Art from Start to Finish: Jazz, Painting, Writing, and Other Improvisations*. Chicago: University of Chicago Press.

Becker, Howard S., and Michal McCall. 1990. "Performance Science." *Social Problems* 37:117-132.

Becker, Howard S., Michal McCall, and Lori Morris. 1989. "Theatres and Communities: Three Scenes." *Social Problem* 36:93-112.

Becker, Howard S., and John Walton. 1975. "Social Science and the Work of Hans Haacke." In *Framing and Being Framed: Seven Works, 1970-75*, edited by Hans Haacke. Halifax: Press of the Nova Scotia College of Art and Design.

Becker, Karin E. 1985. "Forming a Profession: Ethical Implications of Photojournalistic Practice on German Picture Magazines, 1926-1933." *Studies in Visual Communication* 11:44-60.

Beckett, Samuel. 1960. *Krapp's Last Tape, and Other Dramatic Pieces*. New York: Grove.

_____. 1961. *Happy Days: A Play in Two Acts*. New York: Grove.

Bellos, David. 1993. *Georges Perec: A Life in Words*. Boston: David R. Godine.

Beniger, James R., and Dorothy L. Robyn. 1978. "Quantitative Graphics in Statistics: A Brief History." *American Statistician* 32:1-11.

Berger, John, and Jean Mohr. [1975] 1982. *A Seventh Man*. London: Writers and Readers Publishing Cooperative.

Bertin, Jacques. 1981. *Graphics and Graphic Information Processing*. New York: Walter de Gruyter.

Best, Joel. 2001. *Damned Lies and Statistics: Untangling Numbers from the Media,*

Politicians, and Activists. Berkeley: University of California Press.

Blauner, Bob. 1987. "Problems of Editing 'First-Person' Sociology." *Qualitative Sociology* 10:46-64.

Blumer, Herbert. 1951. "Collective Behavior." In *New Outline of the Principles of Sociology*, edited by A. M. Lee. New York: Barnes and Noble.

Borges, Jorge Luis. 1964. *Labyrinths: Selected Stories and Other Writings*. New York: New Directions.

Bourdieu, Pierre. 1990. *Photography: A Middle-Brow Art*. Stanford: Stanford University Press.

Brainard, Joe. [1975] 1995. *I Remember*. New York: Penguin.

Brassaï. 1976. *The Secret Paris of the '30s*. New York: Pantheon.

Brumfield, John. 1980. " 'The Americans' and the Americans." *Afterimage* 8:8-15.

Callahan, Sean, ed. 1972. *The Photographs of Margaret Bourke-White*. New York: New York Graphic Society.

Calvino, Italo. 1974a. *Invisible Cities*. New York: Harcourt Brace.

_____. 1974b. *Les villes invisibles*. Paris: Éditions du Seuil.

Campbell, Donald T., and J. C. Stanley. 1963. *Experimental and Quasi-Experimental Designs for Research*. Chicago: Rand McNally.

Candido, Antonio. 1995. *Essays on Literature and Society*. Princeton: Princeton University Press.

Capa, Cornell, ed. 1968. *The Concerned Photographer*. New York: Grossman.

Carpenter, Edmund S. 1960. "The New Languages." In *Explorations in Communication*, edited by Edmund S. Carpenter and Marshall McLuhan, 162-79. Boston: Beacon.

Chalvon-Demersay, Sabine. 1994. *Mille scénarios: Une enquête sur l'imagination en temps de crise*. Paris: A.-M. Métailié.

Chambers, John Whiteclay, Il. 2003. "S. L. A. Marshall's Men against Fire: New Evidence regarding Fire Ratios." *Parameters* 33:113-21.

Churchill, Caryl. 1996. *Mad Forest: A Play from Romania*. New York: Theatre Communications Group.

Citron, Michelle, dir. 1979. *Daughter Rite*. New York: Women Make Movies.

Clifford, James. 1988. "On Ethnographic Authority." In *The Predicament of Culture*, edited by James Clifford, 21-54. Cambridge, MA: Harvard University Press.

Clifford, James, and George E. Marcus, eds. 1986. *Writing Culture*. Berkeley: University of California Press.

Cohen, Patricia Cline. 1982. *A Calculating People: The Spread of Numeracy in Early America*. Chicago: University of Chicago Press.

Collier, John, and Malcolm Collier. 1986. *Visual Anthropology: Photography as a Research Method*. Albuquerque: University of New Mexico Press.

Conquergood, Dwight. 1992. "Ethnography, Rhetoric, and Performance." Quarterly Journal of Speech 78:1-23.

Cook, Jno. 1982. "Robert Frank's America." *Afterimage* 10:9-14.

_____. 1986. "Robert Frank." *Aperture* 24:31-41.

Cook, Thomas D, and Donald T. Campbell. 1979. *Quasi-Experimentation: Design and Analysis Issues for Field Settings*. Chicago: Rand McNally College.

Coser, Lewis. 1972. *Sociology through Literature*. Englewood Cliffs, NJ: Prentice-Hall.

Cressey, Donald R. 1951. "Criminological Research and the Definition of Crimes." *American Journal of Sociology* 56:546-51.

Danto, Arthur. 1964. "The Artworld." *Journal of Philosophy* 61: 571-8.

Davis, Allison, Burleigh B. Gardner, and Mary R. Gardner. 1941. *Deep South: A Social Anthropological Study of Caste and Class*. Chicago: University of Chicago Press.

Desrosières, Alain. 1993. *La politique des grands nombres: Histoire de la raison statistique*. Paris: Editions La Dècouverte.

DuBois, W. E. B. [1899] 1996. *The Philadelphia Negro: A Social Study*. Philadelphia: University of Pennsylvania Press.

Duneier, Mitchell. 2000. *Sidewalk*. New York: Farrar, Straus, and Giroux.

Ehrenberg, A. S. C. 1981. "The Problem of Numeracy." *American Statistician* 35:67-71.

Epstein, E. J. 1973. *News from Nowhere*. New York: Random House.

Ericson, Richard, Patricia M. Baranek, and Janet B. L. Chan. 1987. *Visualizing Deviance: A Study of News Organization*. Toronto: University of Toronto Press.

Evans, Walker. [1938] 1975. *American Photographs*. New York: East River.

Ferguson, Eugene S. 1977. "The Mind's Eye: Nonverbal Thought in Technology." *Science* 197:827-36.

Fienberg, Stephen E. 1979. "Graphical Methods in Statistics." *American Statistician* 33:165-78.

Frank, Robert. [1959] 1969. *The Americans*. New York: Aperture.

Freeman, Linton C. 2003. "Finding Social Groups: A Meta-Analysis of the Southern Women Data." In *Dynamic Social Network Modeling and Analysis*, edited by Breiger Ronald, Kathleen Carley, and Philippa Pattison, 39-97. Washington, DC: National Academies Press.

Friedenberg, Edgar Zodiag. 1965. *Coming of Age in America: Growth and Acquiescence*. New York: Random House.

Geertz, Clifford. 1974. *The Interpretation of Cultures*. New York: Basic Books.

_____. 1983. *Local Knowledge: Further Essays in Interpretive Anthropology*. New York: Basic Books.

Gerth, Hans H., and C. Wright Mills. 1946. *From Max Weber: Essays in Sociology*. New York: Oxford University Press.

Gitlin, Todd. 1980. *The Whole World Is Watching*. Berkeley: University of California Press.

Goffman, Erving. 1961. *Asylums*. Garden City: Doubleday.

Goody, Jack. 1977. *The Domestication of the Savage Mind*. Cambridge: Cambridge University Press.

Gopnik, Adam. 2000. "Street Furniture: The Mapmakers Who Know Where You Live." *New Yorker*, November 6, 2005, 54-57.

_____. 2005. "Homer's Wars: The Simple Epics of an American Artist." *New Yorker*, October 31, 2005, 66-73.

Gottschalk, Louis, Clyde Kluckhohn, and Robert C. Angell, eds. 1945. *The Use of*

Personal Documents in History, Anthropology, and Sociology. New York: Social Science Research Council.

Gove, Walter R. 1970. "Societal Reaction as an Explanation of Mental Illness: An Evaluation." *American Sociological Review* 35:873-84.

_____. 1975. "The Labelling Theory of Mental Illness: A Reply to Scheff." *American Sociological Review* 40:242-48.

Gusfield, Joseph R. 1976. "The Literary Rhetoric of Science: Comedy and Pathos in Drinking Driver Research." *American Sociological Review* 41:16-34.

_____. 1981. *The Culture of Public Problems: Drinking-Driving and the Symbolic Order*. Chicago: University of Chicago Press.

Gutman, Judith Mara. 1967. *Lewis W. Hine and the American Social Conscience*. New York: Walker.

Haacke, Hans. 1975. *Framing and Being Framed: Seven Works, 1970-75*. Halifax: Press of the Nova Scotia College of Art and Design.

Hacking, Ian. 1999. *The Social Construction of What?* Cambridge, MA: Harvard University Press.

Hagaman, Dianne. 1993. "The Joy of Victory, the Agony of Defeat: Stereotypes in Newspaper Sports Feature Photographs." *Visual Sociology* 8:48-66.

_____. 1996. *How I Learned Not to Be a Photojournalist*. Lexington: University Press of Kentucky.

Hall, Stuart. 1973. "The Determination of News Photographs." In *The Manufacture of News: A Reader*, edited by Stan Cohen and Jock Young. Beverly Hills, CA: sage.

Harper, Douglas. 1981. *Good Company*. Chicago: University of Chicago Press.

Hartman, Charles O. 1991. *Jazz Text: Voice and Improvisation in Poetry, Jazz, and Song*. Princeton, NJ: Princeton University Press.

Herndon, James. 1968. *The Way It Spozed to Be*. New York: Bantam.

Hersey, John. 1980. "The Legend on the License." *Yale Review* 70:1-25.

Hirsch, E. D, Joseph F. Kett, and James S. Trefil. 1987. *Cultural Literacy: What Every American Needs to Know*. Boston: Houghton Mifflin.

Hochschild, Adam. 1997. "Mr. Kurtz, I Presume." *New Yorker* 63:40-47.

Holt, John. 1967. *How Children Learn*. New York: Pitman.

Horan, James. 1966. *Timothy O'Sullivan: America's Forgotten Photographer*. New York: Bonanza.

Hughes, Everett Cherrington. n.d. "Action Catholique and Nationalism: A Memorandum on Church and Society in French Canada." Memo.

_____. 1943. *French Canada in Transition*. Chicago: University of Chicago Press.

_____. 1984. *The Sociological Eye*. New Brunswick, NJ: Transaction.

IVSA (International Visual Sociology Association). 2006. http://sjmc.cla.umn.edu/faculty/schwartz/ivsa/ (accessed March 16, 2006).

Jencks, Christopher. 1980. "Heredity, Environment, and Public Policy Reconsidered." *American Sociological Review* 45:723-36.

Jones, Lee. 1996. "Hollywood Realities: Hoop Dreams." *Jump Cut* 40:8-14.

Joyce, Michael. 1995. *Of Two Minds: Hypertext Pedagogy and Poetics*. Ann Arbor: University of Michigan Press.

Kaiser, David. 2005. *Drawing Theories Apart: The Dispersion of Feynman Diagrams in Postwar Physics*. Chicago: University of Chicago Press.

Karaganis, Joe. Forthcoming. *Structures of Participation in Digital Culture*. Durham, NC: Duke University Press.

Kawin, Bruce F. 1992. *How Movies Work*. Berkeley: University of California Press.

Kemeny, John G., J. Laurie Snell, and Gerald L. Thompson. 1974. *Introduction to Finite Mathematics*. Englewood Cliffs, NJ: Prentice-Hall.

Kluckhohn, Clyde. 1945. "The Personal Document in Anthropological Science." In *The Use of Personal Documents in History, Anthropology, and Sociology*, edited by Louis Gotttschalk, Clyde Kluckhohn, and Robert C. Angell, 78-173. New York: Social Science Research Council.

Kraft, Eric. 1994. *What a Piece of Work I Am (A Confabulation)*. New York: Crown.

Kuhn, Thomas. 1970. *The Structure of Scientific Revolutions*. Chicago: University of Chicago Press.

Latour, Bruno. 1983. "Give Me A Laboratory and I Will Raise the World." In *Sci-

ence Observed, edited by Karin D. Knorr-Cetina and Michael Mulkay. Beverly Hills, CA: Sage.

_____. 1986. "Visualization and Cognition: Thinking with Eyes and Hands." *Knowledge and Society* 6:1-40.

_____. 1987. *Science in Action*. Cambridge, MA: Harvard University Press.

_____. 1995. "The 'Pédofil' of Boa Vista: A Photo-Philosophical Montage." *Common Knowledge* 4:144-8.

_____. 1996. *Aramis: or, The Love of Technology*. Cambridge, MA: Harvard University Press.

Latour, Bruno, and Françoise Bastide. 1986. "Writing Science —Fact and Fiction: The Analysis of the Process of Reality Construction through the Application of Socio-semiotic Methods to Scientific Texts." In *Mapping the Dynamics of Science and Technology: Sociology of Science in the Real World*, edited by Michel Callon, John Law, and Arie Rip, 51-66. London: Macmillan.

Latour, Bruno, and Steve Woolgar. 1979. *Laboratory Life: The Social Construction of Scientific Fact*. Beverly Hills, CA: Sage.

Leenhardt, Jacques, and Pierre Józsa. [1982] 1999. *Lire la lecture: Essai de sociologie de la lecture*. Paris: L'Harmattan.

Lieberson, Stanley. 1980. *A Piece of the Pie: Blacks and White Immigrants since 1880*. Berkeley: University of California Press.

_____. 1985. *Making It Count*. Berkeley: University of California Press.

Lutz, Catherine A., and Jane L. Collins. 1993. *Reading "National Geographic."* Chicago: University of Chicago Press.

Lynch, Michael. 1991. "Pictures of Nothing? Visual Construals in Social Theory." *Sociological Theory* 9:1-21.

Lyon, Danny. 1968. *The Bikeriders*. New York: Macmillan.

Mamet, David. 1991. *On Directing Film*. New York: Penguin.

Matza, David. 1969. *Becoming Deviant*. Englewood Cliffs, NJ: Prentice-Hall.

McCloskey, Donald. 1985. *The Rhetoric of Economics. Madison*: University of Wisconsin Press.

_____. 1990. *If You're So Smart: The Narrative of Economic Expertise*. Chicago: University of Chicago Press.

McGill, Lawrence T. 1990. "Doing Science by the Numbers: The Role of Tables and Other Representational Conventions in Scientific Articles." In *The Rhetoric of Social Research: Understood and Believed*, edited by Albert Hunter, 129-41. New Brunswick, NJ: Rutgers University Press.

McGilligan, Pat, ed. 1991. *Backstory 2: Interviews with Screenwriters of the 1940s and 1950s*. Berkeley: University of California Press.

McKeon, Richard. 1979. "*Pride and Prejudice*: Thought, Character, Argument, and Plot." *Critical Inquiry* 5:511-527.

McPhee, William. 1963. *Formal Theories of Mass Behavior*. Glencoe, IL: Free Press. . 1967. "When Culture Becomes a Business." In *Sociological Theories in Progress*, edited by Joseph Berger Jr., Morris Zelditch, and Bo Anderson, 227-243. New York: Houghton Mifflin.

Meisalas, Susan. 1976. *Carnival Strippers*. New York: Farrar, Straus, and Giroux.

Meyer, Leonard B. 1956. *Emotion and Meaning in Music*. Chicago: University of Chicago Press.

Molotch, Harvey. 1994. "Going Out." *Sociological Forum* 9:229-3.

Molotch, Harvey, William Freudenburg, and Krista E. Paulsen. 2000. "History Repeats Itself, but How? City Character, Urban Tradition, and the Accomplishment of Place." *American Sociological Review* 65:791-823.

Molotch, Harvey, and Marilyn Lester. 1974. "News as Purposive Behavior: On the Strategic Use of Routine Events, Accidents, and Scandals." *American Sociological Review* 39:101-12.

Monmonier, Mark. 1991. *How to Lie with Maps*. Chicago: University of Chicago Press.

_____. 1993. *Mapping It Out: Expository Cartography for the Humanities and Social Sciences*. Chicago: University of Chicago Press.

Motte, Warren F. 1998. *Oulipo: A Primer of Potential Literature*. Normal, IL: Dalkey Archive Press.

Newhall, Beaumont. 1964. *The History of Photography*. New York: Museum of Modern Art.

Nova. 1983. "Papua New Guinea: Anthropology on Trial." Ambrose Video Publishing (United States), first aired November 1.

Ogburn, William F. 1947. "On Scientific Writing." *American Journal of Sociology* 52:383-88.

Oudshoorn, Nelly, and T. J. Pinch. 2003. *How Users Matter: The Co-construction of Users and Technologies*. Cambridge, MA: MIT Press.

Paumgarten, Nick. 2006. "Getting Where?" *New Yorker*, January 9, 86-101.

Penley, Constance. 1997. *NASA/TREK: Popular Science and Sex in America*. New York: Verso.

Perec, Georges. 1965. *Les choses: Une histoire des années soixante*. Paris: Julliard.

_____. 1975. *Tentative d'épuisement d'un lieu parisien*. Paris: Christian Bourgois Editeur.

_____. 1978. *Je me souviens*. Paris: Hachette.

_____. 1985. "Notes sur ce que je cherche." In *Penser/Classer*, 9-16. Paris: Hachette.

_____. *Life: A User's Manual*. Boston: D. R. Godine.

_____. 1990. *Things: A Story of the Sixties*. Boston: D. Godine.

Polya, George. 1954. *Mathematics and Plausible Reasoning*. Princeton, NJ: Princeton University Press.

Price, Richard. 1990. *Alabi's World*. Baltimore: Johns Hopkins University Press.

Price, Richard, and Sally Price. 1995. *Enigma Variations*. Cambridge, MA: Harvard University Press.

Ragin, Charles C. 1987. *The Comparative Method: Moving beyond Qualitative and Quantitative Strategies*. Berkeley: University of California Press.

_____. 2000. *Fuzzy-Set Social Science*. Chicago: University of Chicago Press.

Ragin, Charles C., Susan Meyer, and Kriss Drass. 1984. "Assessing Discrimination: A Boolean Approach." *American Sociological Review* 49-221-34.

Reid, Robert L., and Larry A. Viskochil, eds. 1989. *Chicago and Downstate: Illinois as Seen by the Farm Security Administration Photographers, 1936-1943*. Chicago:

Chicago Historical Society; Urbana: University of Illinois Press.

Rich, Frank. 1985. "Wallace Shawn's Aunt Dan and Lemon." *New York Times*, October 29.

Riis, Jacob. [1901] 1971. *How the Other Half Lives*. New York: Dover.

Robinson, Arthur Fl., and Barbara Bartz Petchenik. 1976. *The Nature of Maps*. Chicago: University of Chicago Press.

Rosenthal, Alan. 1971. *The New Documentary in Action: A Casebook in Film Making*. Berkeley: University of California Press.

_____, ed. 1988. *New Challenges for Documentary*. Berkeley: University of California Press.

Salomon, Erich. 1967. *Portrait of an Age*. New York: Collier.

Sander, August, Gunther Sander, and Ulrich Keller. 1986. *Citizens of the Twentieth Century: Portrait Photographs, 1892-1952*. Cambridge, MA: MIT Press.

Schafer, Dennis, and Larry Salvato. 1984. *Masters of Light: Conversations with Contemporary Cinemaphotographers*. Berkeley: University of California Press.

Scheff, Thomas J. 1974. "The Labelling Theory of Mental Illness." *American Sociological Review* 39:444-52.

_____. 1975. Reply to Chauncey and Gove. *American Sociological Review* 40:252-56.

Schelling, Thomas C. 1978. *Micromotives and Macrobehavior*. New York: W. W. Norton.

Schudson, Michael. 1978. *Discovering the News*. New York: Basic Books.

Scott, Marvin B. 1968. *The Racing Game*. Chicago: Aldine.

Sebald, W. G. 2001. *Austerlitz*. New York: Random House.

Shapin, Steven. 1994. *A Social History of Truth: Civility and Science in Seventeenth Century England*. Chicago: University of Chicago Press.

Shaw, George Bernard. [1925] 1946. *Mrs. Warren's Profession*. In *Plays Unpleasant*, edited by Dan B. Laurence, 181-286. New York: Penguin.

Shawn, Wallace. 1985. *Aunt Dan and Lemon*. New York: Grove Weidenfeld.

Siegel, Taggart. 1990. *The Heart Broken in Half*. San Francisco: AV/ITV Center, San Francisco State University.

Small, Mario. 2004. *Villa Victoria: The Transformation of Social Capital in a Boston Barrio*. Chicago: University of Chicago Press.

Smith, Anna Deveare. 2001. *Twilight*. Los Angeles: PBS.

_____. 1994. *Twilight Los Angeles, 1992 on the Road*. New York: Anchor.

Smith, Barbara Herrnstein. *1968. Poetic Closure: A Study of How Poems End*. Chicago: University of Chicago Press.

Snow, C. P. 1959. *The Search*. New York: Scribner.

Snyder, John P. 1993. *Flattening the Earth: Two Thousand Years of Map Projections*. Chicago: University of Chicago Press.

Sontag, Susan. 1982. "Writing Itself." *New Yorker*, April 26, 122-41.

Sperber, Murray. 1996. "Hollywood Dreams: Hoop Dreams (Steve James, 1994)." *Jump Cut* 40:3-7.

Stasz, Clarice. 1979. "The Early History of Visual Sociology." In *Images of Information: Still Photography in the Social Sciences*, edited by Jon Wagner, 119-36. Beverly Hills, CA: Sage.

Stryker, Roy Emerson, and Nancy Wood. 1973. In *This Proud Land: America 1935 – 1943 as Seen in the FSA Photographs*. Greenwich, CT: New York Graphic Society.

Szarkowski, John, and Maria Morris Hambourg. 1983. *The Work of Atget*. New York: Museum of Modern Art.

Trachtenberg, Alan. 1989. *Reading American Photographs: Images as History, Mathew Brady to Walker Evans*. New York: Hill and Wang.

Tuchman, Gaye. 1978. *Making News*. New York: Free Press.

Tucker, Anne Wilkes, and Philip Brookman, eds. 1986. *Robert Frank: New York to Nova Scotia*. Boston: Little, Brown.

Tufte, Edward R. 1983. *The Visual Display of Quantitative Information*. Cheshire, CT: Graphics.

_____. 1990. *Envisioning Information*. Cheshire, CT: Graphics.

Tukey, John W. 1972. "Some Graphic and Semigraphic Displays." In *Statistical Papers in Honor of George W. Snedecor*, edited by T. A. Bancroft, 293-316. Ames:

Iowa State University Press.

_____. 1977. *Exploratory Data Analysis*. Reading, MA: Addison-Wesley.

Turner, Victor, and Edith Turner. 1982. "Performing Ethnography." *Drama Review* 26:33-50.

Urfalino, Philippe. 1990. *Quatre voix pour un opéra: Une histoire de l'Opéra Bastille racontée par M. Audon, F. Bloch-Laine, G. Charlet, M. Dittman*. Paris: Editions Metailie.

Van Maanen, John. 1988. *Tales of the Field: On Writing Ethnography*. Chicago: University of Chicago Press.

Vaughan, Diane. 1986. *Uncoupling: Turning Points in Intimate Relationships*. New York: Oxford University Press.

Wainer, Howard. 1981. Comment. *Journal of the American Statistical Association* 76:272-75.

Watkins, Susan Cotts. 1985. "The History of Graphics in Demography." *Studies in Visual Communication* 11:2-21.

Weber, Max. 1949. *The Methodology of the Social Sciences*. Translated by Edward A. Shils and Henry A. Finch. New York: Free Press.

Weegee. 1945. *Naked City*. New York: Essential Books.

Weisstein, Eric. "Markov Process." From *MathWorld*—A Wolfram Web Resource. http://mathworld.wolfram.com/MarkovProcess.html.

White, Harrison C. 1963. *An Anatomy of Kinship: Mathematical Models for Structures of Cumulated Roles*. Englewood Cliffs, NJ: Prentice-Hall.

Whyte, William Foote. [1943] 1981. *Street Corner Society: The Social Structure of an Italian Slum*. Chicago: University of Chicago Press.

Wilson, Carter. [1965] 1974. *Crazy February: Death and Life in the Mayan Highlands of Mexico*. Berkeley: University of California Press.

Wiseman, Frederick, dir. 1967. *Titicutt Follies*. Cambridge, MA: Zipporah Films.

Zwerin, Charlotte. 1971. "Salesman." In *The New Documentary in Action: A Casebook in Film Making*, edited by Alan Rosenthal, 86-91.Berkeley:UniversityofCaliforniaPress.

| 색인 |

사회에 대해 말하기

발행일 1쇄 2016년 5월 20일

지은이 하워드 S. 베커

옮긴이 김봉석 · 김월화 · 이성용 · 고성호

펴낸이 여국동

펴낸곳 도서출판 인간사랑

출판등록 1983. 1. 26. 제일 - 3호

주소 경기도 고양시 일산동구 백석로 108번길 60-5 2층

물류센타 경기도 고양시 일산동구 문원길 13-34(문봉동)

전화 031)901 - 8144(대표) | 031)907 - 2003(영업부)

팩스 031)905 - 5815

전자우편 igsr@naver.com

페이스북 http://www.facebook.com/igsrpub

블로그 http://blog.naver.com/igsr

인쇄 인성인쇄 **출력** 현대미디어 **종이** 세원지업사

ISBN 978 - 89 - 7418 - 348 - 6 93330

이 도서의 국립중앙도서관 출판시도서목록(CIP)은 서지정보유통지원시스템 홈페이지(http://seoji.nl.go.kr)와 국가자료공동목록시스템(http://www.nl.go.kr/kolisnet)에서 이용하실 수 있습니다.(CIP제어번호: CIP2016010990)